Zur Strafbarkeit der Trennung siamesischer Zwillinge

Kerstin Gräbner

Zur Strafbarkeit
der Trennung siamesischer Zwillinge

Bibliografische Information der Deutschen Nationalbibliothek
Die Deutsche Nationalbibliothek verzeichnet diese Publikation
in der Deutschen Nationalbibliografie; detaillierte bibliografische
Daten sind im Internet über http://dnb.d-nb.de abrufbar.

Zugl.: Bayreuth, Unv., Diss, 2017

D 703
ISBN 978-3-631-74317-1 (Print)
E-ISBN 978-3-631-74359-1 (E-PDF)
E-ISBN 978-3-631-74360-7 (EPUB)
E-ISBN 978-3-631-74361-4 (MOBI)
DOI 10.3726/b13119

© Peter Lang GmbH
Internationaler Verlag der Wissenschaften
Berlin 2018
Alle Rechte vorbehalten.

Peter Lang Edition ist ein Imprint der Peter Lang GmbH.
Peter Lang – Berlin · Bern · Bruxelles · New York ·
Oxford · Warszawa · Wien

Das Werk einschließlich aller seiner Teile ist urheberrechtlich
geschützt. Jede Verwertung außerhalb der engen Grenzen des
Urheberrechtsgesetzes ist ohne Zustimmung des Verlages
unzulässig und strafbar. Das gilt insbesondere für
Vervielfältigungen, Übersetzungen, Mikroverfilmungen und die
Einspeicherung und Verarbeitung in elektronischen Systemen.

Diese Publikation wurde begutachtet.

www.peterlang.com

Meine Dissertation habe ich meinem geliebten Andreas sowie meiner geliebten Schwester Christina gewidmet. Sie haben mich während der Bearbeitung meiner Dissertation stets begleitet und moralisch unterstützt.

Mein besonderer Dank im Rahmen dieser Arbeit gilt jedoch Herrn Professor Dr. Valerius, dem Betreuer meiner Dissertation. Professor Valerius setzte als mein Doktorvater ein wunderbares Beispiel von unermüdlicher Geduld, Hilfsbereitschaft und Freundlichkeit.

Mein Dank gilt ebenbürtig auch meinen Eltern, Andrea und Rudi Gräbner, die mir das Interesse an der Welt und am Leben beibrachten und die mich auf meinem Weg durch das Studium und durch mein gesamtes bisheriges Leben begleitet haben.

Außerdem danke ich all denen, die mich bei der Erstellung meiner Dissertation begleitet haben, besonders Eva, Kristina und Christoph, die mir während der gesamten Bearbeitung meiner Dissertation stets hilfreich zur Seite standen.

Inhaltsverzeichnis

Abkürzungsverzeichnis xi

§ 1 Einführung 1
    A. Einleitende Gedanken und zentrale Problemstellung 1
    B. Gang der Untersuchung 4

§ 2 Fallkonstellationen bei siamesischen Zwillingen 7
    A. Grundlagen – Epidemiologie und Embryologie 7
        I. Begriffsbestimmung und medizinische Einordnung 7
        II. Erscheinungsformen und Häufigkeit 8
        III. Ätiologie der Doppelmissbildungen 11
        IV. Ursachen 12
            1. Früher vorherrschende Ursachentheorien 12
            2. Medizinisch belegbare Ursachen 13
        V. Pränatale und postnatale Besonderheiten 14
    B. Fallgruppen 15
        I. Grundlagen 15
        II. Elektive Trennungsoperation im Interesse beider Zwillinge 16
        III. Elektive Trennungsoperation unter Opferung eines Zwillings 17
        IV. Notoperation unter Opferung eines Zwillings 18
    C. Bekannte Fälle 18
        I. Chang und Eng Bunker aus Thailand 19
            1. Medizinische Fallkonstellation 19
            2. Rechtliche Entscheidung und Ergebnis 20
        II. Ladan und Laleh Bijani aus dem Iran 20
            1. Medizinische Fallkonstellation 20
            2. Rechtliche Entscheidung 22
            3. Ergebnis 24
        III. Jodie und Mary aus Malta 25
            1. Medizinische Fallkonstellation 25
            2. Rechtliche Entscheidung 26
            3. Ergebnis 30

§ 3 Rechtliche Wertung 31
   A. Vorfragen 31
      I. Siamesische Zwillinge als zwei geborene Individuen 31
         1. Beginn und Ende des Lebensschutzes 32
            a. Grundlagen 32
            b. Lebensfähigkeit 33
         2. Siamesische Zwillinge als eine Person? 38
            a. Das Gehirn als Lebenszentrum 38
            b. Eigenständigkeit 40
      II. Exkurs: Trennung von erwachsenen siamesischen Zwillingen 47
         1. Grundsätzliches 47
         2. Einwilligungsfähigkeit und Willensfreiheit 47
         3. Dispositionsbefugnis und Sittenwidrigkeit 50
         4. Vergleich zum „Body-Identity-Integrity-Disorder-Syndrom" ... 55
         5. Strafbarkeit nach Tötungsdelikten 57

   B. Rechtsdogmatische Beurteilung 58
      I. Strafbarkeit der Trennung 59
         1. Symmetrische Gefahrengemeinschaft 59
            a. Elektive Trennungsoperation im Interesse
               beider Zwillinge 59
               aa. Tatbestand 60
               bb. Rechtswidrigkeit 64
                   (1)   Rechtfertigungsgründe 64
                   (a)   Einwilligung durch die Eltern? 68
                   (b)   Zusätzlich Einwilligung des Familiengerichts? 77
                   (c)   Verfahrensrechtliche Besonderheiten 85
                   (d)   Andere Rechtfertigungsgründe 87
                   (2)   Problemkreis Organzuteilung 90
            b. Elektive Trennungsoperation unter Opferung
               eines Zwillings 95
               aa. Tatbestandsfragen 95
                   (1)   Tötungstatbestand 95
                   (2)   Tatbestandliche Ausschlussgründe 98
                   (a)   Tatbestandlicher „Sonderausschluss" 98
                   (b)   Objektiver Zurechnungsausschluss 103
               bb. Rechtfertigungs- und Entschuldigungsgründe 106
                   (1)   Rechtfertigungsgründe 106
                   (2)   Entschuldigungsgründe 111

			cc. Verschiedene Lösungsansätze	116

- cc. Verschiedene Lösungsansätze 116
  - (1) Bekannte Fälle 116
    - (a) Bahnwärterfall 116
    - (b) Flugabschussfall 117
      - (aa) Darstellung und Behandlung 117
      - (bb) Sonderregelung des § 14 III LuftSiG 118
      - (cc) Ergebnis 118
    - (c) Früheuthanasie 126
    - (d) Perforation 129
    - (e) Fährmannfall 133
    - (f) NS-Anstaltstötungen 136
  - (2) Andere Lösungsansätze 139
    - (a) Warten auf akute Gefahrenlage 140
    - (b) Organtransplantation / Anschließen an Apparatur 140
    - (c) Sinn und Zweck 141
    - (d) Auswahlverfahren 142
    - (e) Verbotsirrtum 148
  - dd. Stellungnahme 149
- c. Nottrennung unter Opferung eines Zwillings 149
  - aa. Indirekte Tötung 149
  - bb. Nothilfe gem. § 32 StGB 150
  - cc. Notstand gem. § 34 StGB 151
  - dd. § 34 StGB analog 151
  - ee. Pflichtenkollision 152
  - ff. Entschuldigender Notstand gem. § 35 StGB 153
  - gg. Übergesetzlicher entschuldigender Notstand 154
2. Asymmetrische Gefahrengemeinschaft 156
   a. Elektive Trennungsoperation im Interesse beider Zwillinge 157
   b. Elektive Trennungsoperation unter Opferung eines Zwillings 157
   c. Nottrennung unter Opferung eines Zwillings 161
      aa. Mutmaßliche Einwilligung 162
      bb. Nothilfe gem. § 32 StGB 163
      cc. Notstand gem. § 34 StGB 163
      dd. Defensivnotstand 165

II. Strafbarkeit der Nichttrennung 174
    1. Strafbarkeit der Ärzte 175
    2. Strafbarkeit der Eltern 177

     C. Rechtsethische Wertung 179
     I. Vorüberlegungen 179
          1. Was bedeutet lebenslange, unlösbare Verbindung mit
             einem anderen Menschen? 179
          2. Menschenwürdiges Sterben des nicht mehr zu rettenden
             siamesischen Zwillings 180
          3. Glaubensaspekte 182
          4. Elternrechte 185
     II. Rechtsethische Untersuchung der gefundenen Ergebnisse 187
          1. Elektive Trennungsoperation im Interesse beider Zwillinge ... 187
          2. Elektive Trennungsoperation unter Opferung
             eines Zwillings 194
          3. Nottrennung unter Opferung eines Zwillings 201
          4. Auswahlverfahren 204

§ 4 Kritische Analyse und zusammenfassende Gedanken 211

§ 5 Schluss 221

Literaturverzeichnis 225

Abkürzungsverzeichnis

a. A.	anderer Ansicht
a. a. O.	am angeführten, angegebenen Ort
abl.	ablehnend
a.F.	alte Fassung
AG	Amtsgericht
allg.	allgemein
Alt.	Alternative
Anm.	Anmerkung
Art. /Artt.	Artikel
ARSP	Archiv für Rechts- und Sozialphilosophie
AT	Allgemeiner Teil
AöR	Archiv für öffentliches Recht
BAG	Bundesarbeitsgericht
BayObLG	Bayerisches Oberstes Landesgericht
BayVBl	Bayrische Verwaltungsblätter
BÄO	Bundesärzteordnung
BB	Betriebsberater
BBG	Bundesbeamtengesetz
Bd.	Band
BeckOGK	Beck'scher Grosskommentar
BeckOK	Beck'scher Online-Kommentar
BeckRS	Beck online Rechtsprechung
BGB	Bürgerliches Gesetzbuch
BGBl	Bundesgesetzblatt
BGH	Bundesgerichtshof
BGHSt.	Entscheidungssammlung des Bundesgerichtshofs in Strafsachen
BGHZ	Amtliche Sammlung der Entscheidungen des Bundesgerichtshofs in Zivilsachen
BIID	Body Identity Integrity Disorder
Brit. Z.	Britische Zone
bspw.	Beispielsweise
BT	Besonderer Teil
BT – Drucks.	Drucksache des Deutschen Bundestages
BtG	Betreuungsgesetz

BVE	Bundesgesetz über die verdeckte Ermittlung
BVerfG	Bundesverfassungsgericht
BverfGE	Amtliche Sammlung der Entscheidungen des Bundesverfassungsgerichts
BVerfGG	Bundesverfassungsgerichtsgesetz
BvR	Registerzeichen bzw. Aktenzeichen des Bundesverfassungsgerichts
bzgl.	bezüglich
bzw.	beziehungsweise
C. D. Board.	Charlie Dunbar Broad
Childs Nerv Syst	Child's Nervous System
DÄBl.	Deutsches Ärzteblatt
d. h.	das heißt
ders.	derselbe
diesbzgl.	diesbezüglich
Dig.	Digesten
DR	Deutsches Recht
Ebda	Ebenda
E.D. Pennsylvania	Eastern District of Pennsylvania
EGMR	Europäische Gerichtshof für Menschenrechte
EMRK	Europäische Konvention zum Schutze der Menschenrechte und Grundfreiheiten
etc.	et cetera
et al.	et alii / und andere
EuGRZ	Europäische Grundrechte
EUV	Vertrag über die Europäische Union
evtl.	eventuell
FamFG	Gesetz zur Reform des Verfahrens in Familiensachen und in den Angelegenheiten der freiwilligen Gerichtsbarkeit
FamG	Familiengericht
FamGerMKindwG	Gesetz zur Erleichterung familiengerichtlicher Maßnahmen bei Gefährdung des Kindeswohls
FamRZ	Zeitschrift für das gesamte Familienrecht
f. / ff.	folgend(e)
Fn.	Fußnote
FS	Festschrift
FuR	Familie und Recht

GA	Goltdammer's Archiv für Strafrecht
gem.	gemäß
GG	Grundgesetz
ggf	gegebenenfalls
ggü.	gegenüber
grds.	grundsätzlich
GRC	Charta der Grundrechte der Europäischen Union
GVG	Gerichtsverfassungsgesetz
Halbs.	Halbsatz
HCR	Juramagazin
h. L.	herrschende Lehre
h. M.	herrschende Meinung
Hrsg.	Herausgeber
hrsg.	herausgegeben
iErg	im Ergebnis
insb.	insbesondere
INI	International Neuroscience Institute® Hannover
i.S.d.	im Sinne des
i. V. m.	in Verbindung mit
JA	Juristische Arbeitsblätter
J. Ped. Surg.	Journal of Pediatric Surgery
JuS	Juristische Schulung (Zeitschrift)
juris	Juristisches Informationssystem für die Bundesrepublik Deutschland
jurisPK	juris PraxisKommentar
JMP	Journal of Medicine and Phylosophy
JME	Journal of Medical Ethics
JR	Juristische Rundschau
JZ	Juristenzeitung
Kap.	Kapitel
KKG	Gesetz zur Kooperation und Information im Kinderschutz
krit.	kritisch
LG	Landgericht
lit.	litera
L. Rev.	Law Review
LuftSiG	Luftsicherheitsgesetz

m. Anm.	mit Anmerkung
MDR	Monatsschrift für Deutsches Recht
m. E.	meines Erachtens
MedR	Medizinrecht
Med J	Medical Journal
mind.	mindestens
MüKo	Münchner Kommentar
Nachw.	Nachweis
n.F.	neue Fassung
NHS	National Health Service
NK-BGB	Nomos-Kommentar zum BGB
NK-GG	Nomos-Kommentar zum GG
NK-StGB	Nomos-Kommentar zum StGB
NJW	Neue Juristische Wochenschrift
Nr.	Nummer
NS	Nationalsozialismus
NStZ	Neue Zeitschrift für Strafrecht
NZWehrr	Deutsches Wehrrecht
OGHSt	Entscheidungen des Obersten Gerichtshofes für die Britische Zone in Strafsachen
OLG	Oberlandesgericht
PStV	Personenstandsverordnung
Rdnr.	Randnummer
Re A	Entscheidung des Court of Appeal
RG	Reichsgericht
RGRK	Reichsgerichtsräte-Kommentar BGB
RGSt	amtliche Sammlung der Rechtsprechung des Reichsgerichts in Strafsachen
Rn.	Randnummer
RPflG	Rechtspflegergesetz
Rpfleger	Rechtspfleger
Rspr.	Rechtsprechung
RuP	Recht und Politik
S.	Satz / Seite
SchKG	Schwangerschaftskonfliktgesetz
SGB	Sozialgesetzbuch

SJZ	Süddeutsche Juristenzeitung
SK-StGB	Systematischer Kommentar zum Strafgesetzbuch
sog.	sogenannte
Sp.	Spalte
StGB	Strafgesetzbuch
StGBL	Staatsgesetzblatt
StS	Strafsenat
TPG	Transplantationsgesetz
UN	Vereinte Nationen
Urt.	Urteil
u. ö.	und öfter
v.	vom
v. a.	vor allem
WHO	World Health Organization
z. B.	zum Beispiel
ZfL	Zeitschrift für Lebensrecht
ZIS	Zeitschrift für Internationale Strafrechtsdogmatik
Ziff.	Ziffer
ZPO	Zivilprozessordnung
ZStW	Zeitschrift für die gesamte Strafrechtswissenschaft

§ 1 Einführung

A. Einleitende Gedanken und zentrale Problemstellung

„Das Ziel heißt Leben!" Diesen Titel wählte der bekannte Neurochirug Dr. Ben Carson für sein Buch[1] über die Trennung des siamesischen Zwillingspaares Tabea und Lea aus Lemgo. Doch wie soll man diesen Titel verstehen? Bei der Trennung von siamesischen Zwillingen besteht für beide Zwillinge immer eine große Lebensgefahr. Im ungetrennten Zustand hingegen würden beide jedoch nie ein „normales" Leben führen können. Teilweise ist es sogar sehr wahrscheinlich, dass beide im ungetrennten Zustand noch nicht einmal ihr erstes Lebensjahr überstehen.

Häufig ist die Trennung die einzige lebensrettende Variante, allerdings in vielen Fällen nur für einen der beiden siamesischen Zwillinge. Die Ausgangslage zeigt also ein ethisches Dilemma. Wie muss bzw. sollte man sich in einer solchen Situation „richtig" verhalten? Wer soll diese Entscheidung hinsichtlich der Tatsache, dass der optimale Trennungszeitpunkt laut Medizinern innerhalb des ersten Lebensjahres liegt,[2] treffen? Und gibt es überhaupt eine „richtige" Entscheidung? Diese äußerst problematischen medizinischen, rechtsdogmatischen und rechtsethischen Fragestellungen, welche die Trennung oder Nicht-Trennung von siamesischen Zwillingen betreffen, sollen in dieser Arbeit näher betrachtet, diskutiert und reflektiert werden.

Nicht nur angesichts der Vielzahl der Formen und Konstellationen von siamesischen Zwillingen ist die Problematik sehr vielseitig. Die erste dokumentierte Trennung stammt bereits aus dem Jahr 1495 aus Deutschland.[3] Diese Trennungsoperation konnte dem Zitat von Dr. Carson jedoch nicht genügen, da das Zwillingspaar damals starb. Die erste erfolgreiche Trennung konnte knapp 200 Jahre später im Jahr 1689 durchgeführt werden.[4] Umso erstaunlicher erscheint es, dass das Erscheinungsbild siamesischer Zwillinge schon deutlich früher dokumentiert wurde. In der römischen Mythologie gab es den Gott Janus, von dem auch der Ausdruck Janusköpfigkeit und der Monat Januar

---

1 Ben Carson, Das Ziel heißt Leben (2008).
2 Weishäupl, Bericht über zwölf siamesische Zwillingspaare, S. 104.
3 Wolf, Trennungsoperationen siamesischer Zwillinge, S. 31 f.
4 Wolf (Fn. 3), S. 31.

stammt.⁵ Janus war der Gott des Anfangs und des Endes, der Türen und Tore und stand stets für Neuanfänge.⁶ Dargestellt wurde er mit zwei in entgegengesetzte Richtungen blickenden Gesichtern als Symbol für Zwiespältiges und Widersprüchliches.⁷

Doch was hat dies mit der zu besprechenden Problematik der siamesischen Zwillinge zu tun? Zum einen wird der Gott Janus als eine besonders selten⁸ vorkommende Form eines siamesischen Zwillings, nämlich als Cephalopage dargestellt,⁹ zum anderen ist es jedoch die angeführte Bedeutung, die hinter dem Wort Janus steckt, die an siamesische Zwillinge erinnert.

Zwischen dem Bild sowie der Symbolik des Janus und der realen Fallproblematik von siamesischen Zwillingen besteht demzufolge eine historisch-mythologisch/metaphorische Analogie: Bei den Lösungsversuchen der Problematik, die sich bei der Trennung von siamesischen Zwillingen ergibt, befinden sich Eltern, Mediziner, Juristen, Ethiker etc. im äußersten Zwiespalt. Zum einen besteht im Falle einer Trennung eine große Lebensgefahr für beide Zwillinge, zum anderen kann die Nichttrennung aber ebenfalls zum Tod der Zwillinge führen, da es beispielsweise nur ein Herz gibt und dieses auf Dauer nicht zwei Körper am Leben erhalten kann. Zudem kann das dauerhafte ununterbrochene Zusammensein mit einem anderen Menschen in allen Lebenslagen einen unerträglichen Zustand darstellen.

Hier könnte man ferner eine Bedeutungsanalogie zwischen Janus und siamesischen Zwillingen annehmen: Auch die Bedeutung „Gott des Anfangs und des Endes" ist sehr zutreffend, da die Trennung von siamesischen Zwillingen, oft – z. B. für den Fall, dass Organe nur einmal vorhanden sind oder es nur einen Körper gibt – für den überlebenden Zwilling der Anfang eines neuen eigenständigen Lebens bedeuten kann, für den anderen Zwilling führt die Trennung dann jedoch zum Ende seines Lebens. Es können durch die Trennung von siamesischen Zwillingen – um bei der Bedeutung des Wortes Janus zu bleiben – Türen und Tore für einen oder beide siamesische Zwillinge in ein neues eigenständiges Leben geöffnet werden, allerdings können diese ebenso durch den Tod von einem oder beiden für immer verschlossen werden. Leben und Tod, Neubeginn und Ende

---

5   Merkel, An den Grenzen von Medizin, Ethik und Strafrecht: Die chirurgische Trennung sogenannter siamesischer Zwillinge, in: Roxin/Schroth, Handbuch des Medizinstrafrechts, S. 603 ff., 608.
6   Duden, Janus.
7   Ebda.
8   Nur ca. 20 bekannte Fälle bis 2008; Wolf (Fn. 3), S. 37.
9   Wolf (Fn. 3), S. 37.

liegen in diesem Fall sehr nahe beieinander und produzieren schließlich die äußerst zwiespältige Entscheidungssituation.

Zentrales Problem der Trennung von siamesischen Zwillingen ist also das Spannungsverhältnis zwischen der Rettung eines eigenständigen „normalen" Lebens von mindestens einem siamesischen Zwilling und der großen Lebensgefahr durch den Eingriff sowohl für beide Zwillinge als auch die teilweise bestehende Gewissheit, dass durch diese Trennungsoperation mit hoher Wahrscheinlichkeit einer der Zwillinge stirbt.

Es geht hier stets um das Rechtsgut „Leben" von zwei Personen. Nicht in jeder Konstellation kann aber das Leben beider siamesischer Zwillinge geschützt werden.

Trotz dieser komplexen Problematik und der weiten Verbreitung dieser biologischen Anomalie bzw. Anomalie der Natur in allen Bereichen[10] kam es diesbezüglich in Deutschland noch nie zu einer höchstrichterlichen Entscheidung. Aufgrund des medizinischen Fortschritts sind seit 1950 jedoch schon über 100 Trennungsoperationen durchgeführt worden,[11] obwohl in Deutschland keine klare Rechtslage vorliegt. Denn auch in der deutschen Literatur wurden die strafrechtlichen Aspekte der Trennung von siamesischen Zwillingen trotz der praktischen Relevanz bislang nur sehr wenig diskutiert.[12] Daher erscheint die Kritik der Medizinerin Bockenheimer-Lucius berechtigt, dass die rechtliche Debatte in Deutschland auf diese Problematik nicht vorbereitet sei.[13] Weishäupl beschreibt in ihrer Dissertation die Trennungsoperation von zwölf siamesischen Zwillingspaaren in München, wobei einige Zwillinge bzw. Zwillingsteile während

---

10 Beispiele für berühmte Werke und Gemälde über siamesische Zwillinge: Sebastian Brandt: „Wormser Zwillinge" Holzschnitt 1495; Albrecht Dürer: Zeichnungen 1512, Renaissance-Gemälde Trinität (Dreifaltigkeit) von Jeronimo Cosida; Mariä-Krönungsaltar (geweiht 1489) in der Bischofskapelle der Basilika Seckau mit der später verbotenen Darstellung der Dreifaltigkeit als Figur mit drei Köpfen und zwei Armen (sozusagen siamesischer Trilling (so selten wie Siebenlings Geburt (Weishäupl, S. 9)); Film „Chained for life" aus dem Jahr 1951; Buch „The one of us" von Dreger; der Doppeladler als Symbol für Kaiser und König beim Deutschen Bund ist ein siamesischer Zwilling (Dizephali); Tierkreiszeichen Zwilling, das in der Astrologie sehr häufig als siamesischer Zwilling dargestellt wird etc.

11 Merkel (Fn. 5), S. 607.

12 Joerden, Dürfen siamesische Zwillinge getrennt werden?, in: Menschenleben, S. 119 ff.; Koch, Strafbarkeit der Trennung siamesischer Zwillinge?, GA 2011, S. 129 ff.; Merkel (Fn. 5); Wolf (Fn. 3); Zimmermann, Rettungstötungen, S. 141 ff.

13 Bockenheimer-Lucius, Siamesische Zwillinge – Trennen oder nicht?, Ethik Med 12 (2000), 223, 226.

dieser Eingriffe starben.[14] Dass bislang in Deutschland noch keine strafrechtlichen Verfahren gegen Ärzte bezüglich solcher Trennungsoperationen eingeleitet wurden,[15] stellt keinerlei Ergebnis hinsichtlich der strafrechtlichen Erlaubnis solcher Trennungsoperationen dar, weshalb es dringend einer strafrechtlich-medizinisch-ethischen Auseinandersetzung bedarf.

Das Ziel dieser Arbeit ist es daher, sich mit der Problematik über die Trennung von siamesischen Zwillingen in verschiedenen Bereichen auseinanderzusetzen, um fundierte Kenntnisse zu erlangen und Einschätzungen vornehmen zu können, damit aus der Perspektive des deutschen Rechts sämtliche aufgeworfene medizinische, rechtsdogmatische, rechtsethische und rechtspolitische Fragestellungen möglichst umfassend erörtert werden.

B. Gang der Untersuchung

Die Untersuchung dieser Arbeit geht in fünf Schritten vor: Im ersten Kapitel werden zunächst medizinische Tatsachen (Epidemiologie und Embryologie) über siamesische Zwillinge und die sich daraus ergebenden Fallkonstellationen für die weitere rechtliche Untersuchung aufgezeigt.

Auf der Basis der tatsächlichen Gegebenheiten beginnt anschließend die rechtliche Bewertung der Trennung bzw. Nichttrennung von siamesischen Zwillingen. Diese beiden Varianten werden sowohl aus rechtsdogmatischer als auch aus rechtsethischer Sicht untersucht. In Form von allgemeinen übergreifenden Überlegungen wird analysiert, ob es sich bei siamesischen Zwillingen um einen oder zwei Menschen handelt, da diese Frage von grundsätzlicher Natur für die anschließend zu diskutierenden Strafbarkeiten der handelnden Personen ist. Weiterhin wird hier ein kurzer Exkurs bezüglich der rechtlichen Betrachtung über die Trennung von erwachsenen siamesischen Zwillingen geboten. Der Schwerpunkt der Arbeit liegt jedoch aufgrund der Häufigkeit und Relevanz bei der Trennung von siamesischen Zwillingen innerhalb des ersten Lebensjahres. Die darauffolgende rechtsdogmatische Untersuchung geht in zwei Schritten vor: Zunächst wird die Frage behandelt, ob und inwieweit es strafbar ist, siamesische Zwillinge im Säuglingsalter bei den verschiedenen Konstellationen zu trennen. Um diese siamesische Zwillings-Problematik jedoch umfassend klären zu können, wird anschließend auch die Situation betrachtet, falls Ärzte die Trennung entgegen dem Wunsch der Eltern ablehnen, also ob eine mögliche Strafbarkeit der handelnden Personen im Falle der Nichttrennung entsteht.

---

14 Weishäupl (Fn. 2), S. 1 ff.
15 Koch, GA 2011, S. 129 ff.

Anschließend erfolgt eine breite rechtsdogmatische Prüfung der Strafbarkeit der handelnden Personen auf allen relevanten Ebenen des herrschenden strafrechtlichen Prüfungsaufbaus.[16]

Im Anschluss an die rechtsdogmatische Würdigung der Problematik folgt die rechtsethische Betrachtung. Sie beleuchtet unter anderem die Frage über die Problematik der dauernden Verbundenheit der Zwillinge, Glaubensaspekte, das Zusammenspiel mit Art. 6 GG und der in der rechtsdogmatischen Wertung gefundenen Ergebnisse aus rechtsethischer Sicht.

Um schließlich einen Gesamtüberblick zu ermöglichen, wird im vierten Schritt die hier behandelte Problematik aus rechtspolitischer Perspektive kritisch analysiert.

Zum Schluss werden die gewonnenen Erkenntnisse zusammengefasst und im Rahmen eines Ausblicks reflektiert.

---

16 Siehe hierzu Kühl, AT, § 1, Rn. 22 ff.; Wessels/Beulke/Satzger, StrafR AT, § 21, Rn. 893 ff.

§ 2 Fallkonstellationen bei siamesischen Zwillingen

A. Grundlagen – Epidemiologie und Embryologie
I. Begriffsbestimmung und medizinische Einordnung

Um sich mit der Strafbarkeit bezüglich der Trennung bzw. des Unterlassens des Trennens siamesischer Zwillinge beschäftigen zu können, muss zuerst festgestellt werden, welche Art von Missbildung an Menschen dazu führt, sie als „siamesische Zwillinge" zu bezeichnen. Der Begriff „siamesischer Zwilling" geht auf das Zwillingspaar Chang (chinesisch: links) und Eng (chinesisch: rechts) Bunker zurück, welche aus Siam (Thailand) stammten.[17] Sie gehören wie alle siamesischen Zwillinge zur Gruppe der symmetrischen Doppelbildung.[18] Doppelbildungen stellen eine Untergruppe der in der fetalen Entwicklung zustande kommenden Missbildungen dar.[19] Doppelbildungen werden als „Körper, welcher mindestens eine teilweise Verdoppelung der Körperachse aufweist," beschrieben.[20]

Diese Doppelbildungen werden in der Medizin – auch wenn die Grenzen freilich fließend sind – wiederum wie folgt unterteilt:[21] Zu unterscheiden sind die freien Doppelbildungen (eineiige, freie Zwillinge) und die zusammenhängenden Doppelbildungen. Die zusammenhängenden Doppelbildungen lassen sich wiederum in die Duplicitas symmetros (symmetrische Doppelbildungen = siamesische Zwillinge), die Duplicitas asymmetros (asymmetrische Doppelbildungen = Autosit und Parasit) und die Teratome untergliedern.[22]

Bei der asymmetrischen Doppelbildung handelt es sich (anders als bei der symmetrischen Doppelbildung) nicht um zwei nur durch Verwachsung verbundene selbstständige Individuen, sondern um einen Autosit, welcher weitgehend normal entwickelt ist, und um einen Parasit, welcher unvollständig ist und nur in Abhängigkeit des Autositen bestehen kann.[23] Ein Parasit, der in sich in der Bauchhöhle

---

17 Spencer, Conjoined twins, S. 25.
18 Weishäupl (Fn. 2), S. 13.
19 Weishäupl (Fn. 2), S. 13.
20 Schwalbe, Die Morphologie der Missbildungen des Menschen und der Tiere, S. 10.
21 Eder/Gedigk, Allgemeine Pathologie und Pathologische Anatomie, S. 231 f.
22 Eder/Gedigk, Allgemeine Pathologie und Pathologische Anatomie, S. 232.
23 Richieri-Costa/Guion-Almeida, Heteropagus Epignatus: Report on a Brazilian twin, S. 383 ff.

oder Kopfhöhle des Autosits abgeschlossen ist, ist eine fehlgebildete, parasitäre, monozygotische (befruchtete Eizelle) und diamniotische (mit eigener Eihaut) Zwillingsbildung, welche im Körper eines lebenden Kindes oder Erwachsenen gefunden wird.[24]

Die asymmetrische Doppelbildung ist von Teratomen zu unterscheiden, was im Einzelfall schwer abzugrenzen ist. Als Teratome bezeichnet man Geschwülste oder geschwulstartige Gewebevermehrungen, welche in ihrer Entstehung auf pluripotente Zellen zurückgeführt werden.[25] Dermoidzysten, bei welchen es sich meist um einen von einer Kapsel umgebenen Hohlraum handelt, in welchem Talgmassen, Haare, Muskulatur, Fettgewebe, Zähne, Knorpel und Nervenzellen gefunden werden können, und der mit Epidermis ausgekleidet ist, stellen außerdem eine Unterform der Teratome dar.[26]

Im Folgenden soll nur auf die symmetrische Doppelbildung (siamesischen Zwillinge) eingegangen werden.

II. Erscheinungsformen und Häufigkeit

Die gängigste Nomenklatur ist morphologisch beschreibend und bezeichnet bei symmetrischen Doppelbildungen (siamesische Zwillinge) den jeweiligen Körperbereich, an dem die Verwachsung besteht.[27] Ergänzt wird dies mit dem Zusatz „pagus" (griechischer Ausdruck für fixiert).[28]

Bei Craniopagen lässt sich etwa eine Verwachsung im Kopfbereich feststellen, weshalb es hier zu einer gemeinsamen Schädelhöhle, zu einer Vereinigung der Weichteile oder zu einem gemeinsamen Sinus (venöser Blutleiter im Gehirn) kommen kann.[29] Thorakopagen hingegen haben eine Verwachsung ventral oberhalb des Nabels, wodurch meist nur ein gemeinsamer Herzbeutel (Perikard) mit gemeinsamen Herz und Brustfellhöhle (Pleurahöhle) vorhanden ist. Kaphalothorakopagen stellen eine Sonderform der Thorakopagen dar, bei welchen zusätzlich eine Verwachsung im Kopfbereich zu finden ist. Xiphopagen hingegen stellen

---

24 Hoeffel et al., A Case Report and Literature Review, S. 1335 ff.
25 Wolf (Fn. 3), S. 40.
26 Eder/Gedigk (Fn. 20), S. 265.
27 Weishäupl (Fn. 2), S. 13.
28 Walker/Browd, Craniopagus twins: embryology, classification, surgical anatomy and separation, S. 555 f.
29 Eine Beschreibung sämtlicher siamesischer Zwillinge wie hier folgend lässt sich finden bei Kaufman, The Embryology of Conjoined Twins, Child's Nerv Syst 20 (2004), 508 ff.; Merkel (Fn. 5), S. 607; Walker/Browd, Craniopagus twins: embryology, classification, surgical anatomy and separation, S. 555 f. sowie bei Weishäupl (Fn. 2), S. 14 f.

eine weniger ausgeprägte Form des Thorakopagen mit einer Verwachsung in der Gegend des Schwertfortsatzes dar. Auch Sternopagen können als eine schwache Form der Thorakopagen, bei der eine Verwachsung am Brustbein besteht, eingeordnet werden.

Bei den Omphalopagen handelt es sich um siamesische Zwillinge, die im Nabel-/Abdominalbereich verbunden sind, weswegen es bei dieser Form eines siamesischen Zwillings häufig zu einer Verbindung des Magen-Darm-Traktes und der Leber kommt. Eine weitere Form der siamesischen Zwillinge sind die Ischiopagen, die aufgrund der Verwachsung im Beckenbereich oft einen gemeinsamen Genital- und Urogenitaltrakt haben. Als vorletzte aufzuzählende Erscheinungsform werden schließlich noch die Pygopagen genannt. Sie haben eine Verwachsung im Steiß-/Kreuzbeinbereich, weswegen es zu einer Verwachsung in der Darm- oder Dammregion oder zu einem gemeinsamen Rückenmarksanteil kommen kann. Der Diprosopus (auch Dizephalus genannt) besitzt lediglich einen Körper, einen Hals und ein Herz, jedoch zwei Köpfe und zwei Gesichter.[30] Trotzdem können hier zwei Wirbelsäulen, zwei Herzen, vier Lungen, zwei Mägen, zwei Zwölffingerdärme, aber auch ein gemeinsames Ileum und ein gemeiner Enddarm vorhanden sein.[31]

Als Sonderform des Diprosopus gilt der janusköpfige siamesische Zwilling (Cephalopagen). Dieser hat einen gemeinsamen Kopf und zwei Gesichter, welche in gegensätzliche Richtungen orientiert sind.[32] Schon aufgrund der anatomischen Gegebenheiten wird deutlich, dass bei Cephalopagen schwere Organanomalien (wie die des Herz-Kreislaufsystems und des zentralen Nervensystems) vorhanden sind.[33]

Damit sich auch die Anzahl der Extremitäten in der genaueren Bezeichnung eines siamesischen Zwillings niederschlägt, kann man die Nomenklatur ergänzen, indem man di-, tri- oder tetra- mit -brachius (Arm) oder -pus (Bein) verbindet.[34] So ist beispielsweise ein Craniopagus tribrachius ein Craniopagenpaar mit drei Armen.

Bei der Häufigkeit der Erscheinungsformen ergeben sich große Unterschiede: Die größte Gruppe siamesischer Zwillinge sind die Thorakopagen (ca. 74 %), ge-

---

30 Merkel (Fn. 5), S. 607; Weishäupl (Fn. 2), S. 14 f.
31 Kaufman, The Embryology of Conjoined Twins, Child's Nerv Syst 20 (2004), 508, 521.
32 Siehe Fn. 7.
33 Kastenbaum et al., Janiceps Conjoined Twins with Extreme Asymmetry: Case Report with Complete Autopsy and Histopathologic Findings, Pediatr Dev Pathol 12 (2009), S. 377 ff.
34 Wolf (Fn. 3), S. 36.

folgt von den Pygopagen (ca. 17 %), den Ischiopagen (ca. 6 %), den Craniopagen (ca. 2 %) und den Omphalopagen (ca. 1 %).[35] Den kleinsten Anteil haben die sog. Janusköpfe (Cephalopagen); bis zum Jahr 2008 sind laut medizinischer Fachliteratur weltweit nur 20 Fälle bekannt.[36]

Die Häufigkeit von symmetrischen Doppelbildungen wird auf 1:50.000 bis 100.000 Schwangerschaften geschätzt.[37] Jedoch ermittelte eine amerikanische Langzeitstudie bei siamesischen Zwillingen einen Anteil von Totgeburten in Höhe von 39,5 % sowie eine Mortalität von 34,6 % innerhalb des ersten Lebenstages.[38] Damit lag die tatsächliche Häufigkeit siamesischer Zwillinge bezogen auf Lebendgeburten bisher etwa bei 1:250.000. Bei ca. jedem 400. Paar eineiiger Zwillinge handelt es sich um siamesische Zwillinge.[39] Dabei muss allerdings beachtet werden, dass sich die prozentuelle Zwillingszahl hierzulande in den letzten Jahrzehnten verdoppelt oder so sogar verdreifacht hat und diese Tendenz aufgrund verschiedener medizinischer Faktoren wohl noch weiter zunehmen wird,[40] sodass insgesamt von einem deutlichen Anstieg der Zwillingsgeburten und damit auch der siamesischen Zwillingsgeburten sowie der hier behandelten Problematik auszugehen ist. Weibliche Zwillinge dominieren hier im Verhältnis 3:1, wobei unter den Totgeburten der männliche Anteil deutlich überwiegt.[41] Bei diesen vorgenannten Statistiken erscheint es nicht verwunderlich, dass bei siamesischen Zwillingen die Rate der fetalen Missbildungen (abgesehen von den Verwachsungen) gegenüber „normalen" Feten deutlich erhöht ist.[42]

---

35 Robertson, Craniopagus parletalis report of case, Archives of Neurology and Psychiatry 70, S. 189 ff.; Wolf (Fn. 3), S. 37.
36 Kastenbaum et al. (Fn. 33), S. 377.
37 Kokcu, J Matern Fetal Neonatal Med 20 (2007), 349, 351.
38 Edmonds, Conjoined twins in the United States, Teratology 25, S. 301 ff.
39 Grover/Chawla/Mishra, Management of conjoined twins, International Journal of Gynecology and Obstetrics 31, S. 67 ff.
40 Siehe beispielsweise auf der Internetseite des Statistischen Bundesamtes (https://www.destatis.de/DE/ZahlenFakten/GesellschaftStaat/Bevoelkerung/Geburten/Tabellen/GeburtenMehrlinge.html) oder auf der Seite des Landesamtes für Statistik des Freistaates Bayerns (https://www.statistik.bayern.de/presse/archiv/2013/005_2013.php).
41 Rejjal/Nazer/Abu-Osba/Rifai/Ahmed, Conjoined twins: medical, surgical and ethical challenges, Australian and New Zealand Journal of Surgery 62, S. 287 ff.; Spitz, Prenat Diagn 25 (2005), 814.
42 Hay/Wehung, Congenital malformations in twins, American Journal of Human Genetics 22, S. 662.

Eine besondere Auffälligkeit bezüglich der Verteilung über den Geburtszeitraum im Kalenderjahr kann nicht festgestellt werden.[43] Die Prävalenz von symmetrischen Doppelbildungen variiert hingegen auf den verschiedenen Kontinenten: So liegt die Häufigkeit in Afrika bei 1:14.000, wovon eine erhöhte Inzidenz unter der dunkelhäutigen Bevölkerung angenommen wird.[44] Im südlichen Afrika ist die Durchschnittshäufigkeit mehr als doppelt so hoch wie im weltweiten Vergleich.[45] Gründe sind hierfür nicht bekannt; als mögliche Ursachen denkbar sind aber Krankheiten der Mutter, die in ärmeren Ländern der Welt nicht oder nicht in dem erforderlichen Maße behandelt werden können, wodurch es verstärkt zu Missbildungen kommen kann.

III. Ätiologie der Doppelmissbildungen

Nach dem heutigen Stand der Medizin können sich siamesische Zwillinge ausschließlich in dem zweiten Entwicklungsstadium eines Embryos, nämlich der Blastogenese entwickeln, demzufolge zu einem sehr frühen Zeitpunkt der Schwangerschaft.[46] Damit sich die getrennten Zellhaufen jeweils zu gleichwertigen Keimen regenerieren können, erfolgt in dieser Entwicklungsphase die Separierung (zwischen dem 13. und 15. Tag post conceptionem, also nach Befruchtung der Eizelle)[47] einer großen Anzahl von Zellen; dadurch entstehen aus einer einzigen Zygote (befruchtete Eizelle) zwei oder mehr freie Individuen, demgemäß eineiige gleichgeschlechtliche Zwillinge bzw. Mehrlinge.[48]

Nach der herrschenden Trennungstheorie entwickeln sich durch eine unvollständige Separierung der Zellhaufen unfreie, d. h. teilweise miteinander verwachsene Doppelbildungen, also siamesische Zwillinge.[49] Die Fusionstheorie dagegen geht von einer sekundären Fusion embryonaler Strukturen aus, d. h. von einer Fusion von zwei dizygoten oder monozygoten Embryonen.[50] Als wichtigste Grundlage für die herrschende Trennungstheorie dienen die Versuche von Spen-

---

43 Weishäupl (Fn. 2), S. 24.
44 Filler/Crocker, Conjoined twins, Pediatric Surgery 3, S. 809 ff.; Machin, Conjoined Twins: Implications for Blastogenesis, Birth Defects 29, S. 141 ff.
45 Bhettay/Nelson/Beighton, Epidemic of Conjoined Twins in Southern Africa?, The Lancet 18, S. 741.
46 Weishäupl (Fn. 2), S. 101.
47 Wolf (Fn. 3), S. 34.
48 Weishäupl (Fn. 2), S. 22.
49 Kaufman (Fn. 31), S. 508; Kokcu, J Matern Fetal Neonatal Med 20 (2007), 349, 351; Spitz, Prenat Diagn 25 (2005), 814, 814 f.
50 Spencer (Fn. 17), S. 428 ff.

cer mit Lurcheiern: Hier konnte Spencer nach Durchschnürung eines einzigen Eies zwischen Furchung und Gastrulation Zwillinge erzeugen; bei einer unvollständigen Durchschnürung wiederum erhielt er unfreie Doppelmissbildungen mit entsprechenden Verwachsungen.[51] Wenn man auch aufgrund des heutigen medizinischen Wissensstandes der Trennungstheorie folgt, so ist insofern nicht von einem „Zusammengewachsensein" bei siamesischen Zwillingen zu sprechen, sondern von einer „körperlichen Verbundenheit bzw. Verwachsenheit".[52]

IV. Ursachen

1. Früher vorherrschende Ursachentheorien

Über die Hintergründe von Doppelbildungen wurde schon früh gerätselt. Die Babylonier beispielsweise sahen die Sternstellung zur Zeit der Geburt als verantwortliche Ursache an und werteten diese mal als positives und mal als negatives Zeichen.[53] Schon 1573 veröffentlichte der berühmte französische Chirurg Ambroise Pare das Buch „Des montres tant terrestres que marins avec leurs portraits", in welchem er sich mit für Missbildungen verantwortlichen Ursachen beschäftigt:[54] Der Ruhm Gottes, begangene Sünden (unrechtmäßiger Geschlechtsverkehr), Überfluss an Samen oder mütterlicher Materie, Kraft und Gewalt der Einbildung, Enge des Uterus, schlechte Körperhaltung der Mutter in der Schwangerschaft, Fall einer Schwangeren oder Stoß auf den Leib, Vererbung oder Krankheit, verdorbener Samen, Vermischung von menschlichem und tierischem Samen, List der bösen Bettler im Spital, sowie der Teufel, Erdmännlein oder böse Geister wurden für die Entstehung siamesischer Zwillinge verantwortlich gemacht. Durch diese vermuteten, teils auch negativen Hintergründe der genannten Ursprünge vermag es nicht zu verwundern, dass nicht selten missgestaltete Kinder getötet wurden oder sowohl die Mutter als auch das missgebildete Kind z. B. der Teufelsbuhlerschaft angeklagt und anschließend auf dem Scheiterhaufen verbrannt wurden.[55] Die Anomalie konnte also nur als „Abfall" von der Norm erklärt werden, ob biologisch, sexualmoralisch-sittlich, religiös oder gesellschaftlich.

---

51 Spencer (Fn. 17), S. 591 ff.
52 Wolf (Fn. 3), S. 34.
53 Weishäupl (Fn. 2), S. 10.
54 Schumacher, Zur Geschichte angeborener Fehlbildungen unter besonderer Berücksichtigung der Doppelbildungen, Anatomischer Anzeiger 164, 225, 231.
55 Weishäupl (Fn. 2), S. 9.

Als mit Beginn der Aufklärung im 17. Jahrhundert die Naturwissenschaften allmählich an Bedeutung gewannen, änderten sich auch die Ursachen.[56] Anstelle von Mythen und Aberglaube wurde nun nach einem möglichst objektiven, medizinisch belegbaren Explikationsmodell für die Entstehung von Doppelbildungen gesucht.

2. Medizinisch belegbare Ursachen

Wie schon vor mehreren Hundertjahren herrscht auch heutzutage trotz des medizinischen Fortschritts noch Unklarheit über die Grundlage der Entstehung siamesischer Zwillinge. Als mögliche Ursachen werden die Lebensumstände der Eltern, der soziale Status der Familie, die „Rassenzugehörigkeit" der Eltern, der Verlauf der Schwangerschaft, die Ernährungsgewohnheiten sowie der Lebensstil der betroffenen Familien genannt.[57]

Keiner dieser Gründe kann jedoch mangels medizinischer Kenntnisse nachgewiesen werden. Eine auffällig hohe Anzahl der Mütter brachte siamesische Zwillinge während einer Influenza-Epidemie zur Welt, was eine mögliche Ursache darstellen könnte.[58] Bezeichnend ist allerdings das Vorkommen von Doppelbildungen in Familien mit gehäufter Anzahl an Zwillingsgeburten, wohingegen wohl eher keine Erklärung in klassischen genetischen Mechanismen (Chromosomenveränderungen) gefunden werden kann, da dies aufgrund gegenteiliger Statistiken nicht realistisch nachweisbar ist.[59]

Aufgrund der heute herrschenden Trennungstheorie, nach der siamesische Zwillinge durch eine unvollständige Separierung der Zellhaufen entstehen, erscheint auch der Erklärungsversuch der Befruchtung durch zwei Spermien veraltet. Einen ähnlichen Ansatz stellt die Theorie des doppelköpfigen Spermiums dar, welches bereits von Wissenschaftlern beobachtet wurde.[60]

Am vorstellbarsten erscheint es, dass mehrere Faktoren zusammenwirken. Daher ist es für Mediziner am wahrscheinlichsten, dass bestimmte Umwelteinflüsse (wie beispielsweise toxische Substanzen oder eine erhöhte Temperatur der Umwelt) zum ausschlaggebenden Zeitpunkt (Entstehungszeitpunkt von siamesischen

---

56 Wolf (Fn. 3), S. 34.
57 Weishäupl (Fn. 2), S. 26.
58 Bhettay/Nelson/Beighton, Epidemic of Conjoined Twins in Southern Africa?, The Lancet 18, S. 741 ff.
59 Rohrbach, Beschreibung eines Thoracocephalopagus monosymmetros, Zentralblatt der Allgemeinen Pathologie 86, S. 378 ff.
60 Weishäupl (Fn. 2), S. 27.

Zwillingen, also zwischen dem 13. bis 15. Tag nach Befruchtung der Eizelle) eine latente genetische Disposition „aktivieren" können.[61]

Eine befriedigendere Aussage kann zum derzeitigen Zeitpunkt nicht gegeben werden. Zum einen stellen die geringen Fallzahlen von Doppelbildungen ein Hindernis dar. Zum anderen stammen die meisten dieser genannten Erkenntnisse zur Ätiologie der Doppelbildungen aus Tierexperimenten, mit beispielsweise Hamstern oder Zebrafischen, aus denen man nur begrenzt auf Entstehung und Ursachen dieser Missbildungen beim Menschen schließen kann.[62]

V. Pränatale und postnatale Besonderheiten

Zunächst lassen sich bezüglich der Besonderheiten folgende Stadien unterscheiden:[63] Schwangerschaft (pränatal), Geburt, postnatale Phase bis zur Trennungsoperation, Trennungsoperation und postoperativer Verlauf.

Während der Schwangerschaft mit siamesischen Zwillingen zeigen sich nicht überdurchschnittlich häufig Besonderheiten wie extreme Frühgeburtlichkeit oder ein abweichendes Geburtsgewicht.[64] Wegen eventuell auftretender erheblicher Komplikationen oder sogar einer damit verbundenen Lebensgefahr für die Mutter der Kinder kann es sein, dass der Mutter zur Abtreibung geraten wird; dies ist insbesondere beim Vorliegen von komplexen kardialen Fusionen oder ausgeprägten cerebralen Fusionen der Fall.[65] In der Natur der Sache liegt es, dass die Entbindung meist per sectionem (Kaiserschnitt) in der 36. bis 38. Schwangerschaftswoche erfolgt.[66]

Als optimaler Zeitraum zwischen der Geburt und der Trennungsoperation wird ein Alter von vier bis zwölf Monaten[67] genannt, wohingegen man früher siamesische Zwillinge möglichst frühzeitig, also vor dem vierten Monat, trennen wollte, da man davon ausging, dass ein längerfristiges Aneinandergewöhnen der Zwillinge für deren weiteres Leben und deren Gesundheit nachteilig wäre.[68] In-

---

61 Weishäupl (Fn. 2), S. 101.
62 Harris/Goldenthal, Conjoined twins (Cephalothoracopagus) in a Charles River CD rat, Veterinary Pathology 14, S. 519 f.; Mutinelli/Nani/Zampiron, Conjoined twins (Thoracopagus) in a Wistar Rat (Rattus norvegicus), Laboratory Animal Science 42, S. 612 f.
63 Spitz (Fn. 40), S. 816; Weishäupl (Fn. 2), S. 103 ff.; Wolf (Fn. 3), S. 37 ff.
64 Weishäupl (Fn. 2), S. 103.
65 Wolf (Fn. 3), S. 37.
66 Wolf (Fn. 3), S. 38.
67 Merkel spricht von einem Zeitraum zwischen dem 9. und dem 12. Monat; Merkel (Fn. 5), S. 612.
68 Weishäupl (Fn. 2), S. 104.

zwischen ist die Medizin jedoch der Ansicht, dass eine zu frühe Trennung ein vermeidbares Risiko für die Kinder bedeutet, da zum einen die Kinder erst ein bestimmtes Alter und Gewicht erreicht haben sollen, zum anderen es wichtig ist, sich präoperativ ein genaues anatomisches Bild der Verwachsungen zu machen.[69]

Bei der Trennungsoperation an sich stellt die Haut- und Weichteildeckung der entstandenen Defekte, welche durch präoperativ eingesetzte Hautexpander bewältigt werden sollen, für die zwei anwesenden OP-Teams eine der größten Herausforderungen dar.[70] Daher erscheint es nicht unwahrscheinlich bzw. verwunderlich, dass zahlreiche Vor-/Nach- und Korrekturoperationen notwendig werden.[71]

Eine Trennung kann aufgrund von anatomischen Gegebenheiten wie z. B. ausgedehnten Organverbindungen oder wegen bleibender inakzeptabler Deformierungen nach einer Trennung ausgeschlossen sein.[72] Aufgrund dieser Gegebenheiten wird eine Trennung bei Parapagen und Thorapagen nur (sehr) selten, bei Cephalopagen und Dezephali überhaupt nicht durchgeführt.[73]

B. Fallgruppen

I. Grundlagen

Anhand der genannten medizinischen Fakten wird eines der Hauptprobleme bei siamesischen Zwillingen deutlich: Jedes Paar ist – wie jeder Mensch – einzigartig. Wegen der vielfältigen Formen dieser Doppelbildungen sind Verallgemeinerungen und grundsätzliche Aussagen kaum möglich.[74] Trotzdem bietet es sich an, zur Vereinfachung der Darstellung und Bearbeitung der folgenden Problematik Fallgruppen für die Trennungsproblematik selbst zu bilden.

Bei Trennungsoperationen lässt sich eine Unterscheidung nach Interessenwahrnehmung und Operationszeitpunkt vornehmen. Diese Einteilung erscheint sinnvoll, da aus den unterschiedlichen medizinischen Indikationslagen, die es für die Realisierung der Trennungsoperation bei siamesischen Zwillingen innerhalb dieser Fallgruppen gibt, eine unterschiedliche rechtliche Würdigung folgt. Zum einen gibt es die elektive Trennungsoperation, welche im Interesse beider

---

69 Ebda.
70 Weishäupl (Fn. 2), S. 104 f.
71 Spitz (Fn. 40), S. 817 f.; Weishäupl (Fn. 2), S. 105.
72 Spitz (Fn. 40), S. 816.
73 Quigley, Conjoined Twins – An Historical, Biological and Ethical Issues Encyclopedia, S. 40 ff.
74 Wolf (Fn. 3), S. 37.

Zwillinge oder bei infauster Diagnose unter Opferung eines der Zwillinge stattfinden kann. „Infaust" bedeutet, dass die Vorhersage für den weiteren Krankheitsverlauf sehr ungünstig ausfällt und der (momentane) Zustand des Patienten keine Heilung ermöglicht, weswegen mit dem konsekutiven Tod zu rechnen ist.[75] Mit dem Begriff „elektiv" wiederum bezeichnen Ärzte Eingriffe, die nicht dringend notwendig sind (Wahloperationen) bzw. Operationen, deren Zeitpunkt man relativ frei wählen kann.[76]

Im Gegensatz dazu müssen Notoperationen sofort, dringliche Operationen hingegen innerhalb von 24 Stunden durchgeführt werden, wie etwa die Nottrennung zum Erhalt des Lebens eines oder beider Zwillinge.[77]

II. Elektive Trennungsoperation im Interesse beider Zwillinge

Eine elektive Trennungsoperation im Interesse beider Zwillinge wird durchgeführt, damit beiden Zwillingen ein Leben im ungetrennten Zustand ermöglicht werden kann.[78] Dies ist in der Regel die angestrebte Variante. Für optimal wird hierfür ein Alter der siamesischen Zwillinge zwischen dem neunten und dem zwölften Lebensmonat gehalten, da die Kinder in diesem Alter physisch hinreichend stabil sind, um die teils mehr als 15 Stunden dauernden Trennungsoperationen überstehen zu können.[79] Gleichzeitig ist das Alter der Kinder rechtlich gesehen ein Problem. Anders als bei Erwachsenen kann hier kein Wille der Zwillinge für oder gegen eine solche Operation ermittelt werden. Daher muss bei der strafrechtlichen Prüfung, insbesondere bei der Rechtfertigung, auch ein besonderes Augenmerk auf die Besonderheiten des Falls gelegt werden.

Elektive Trennungsoperationen ermöglichen eine gute Vorbereitung, so dass physiologische Fusionsverhältnisse geklärt werden, und die erforderlichen Ärzteteams mehrfach sämtliche Eventualitäten durchproben können.[80] So erscheint es nicht verwunderlich, dass bei elektiven Operationen die Überlebenszahlen bei über 80 % liegen, bei Notoperationen hingegen nur bei weniger als 29 %.[81]

---

75 Duden, 2006, Infaust.
76 Duden, 2006, Elektiv.
77 Weishäupl (Fn. 2), S. 89 f.
78 Wolf (Fn. 3), S. 24.
79 Merkel (Fn. 5), S. 612 f.
80 Merkel (Fn. 5), S. 612.
81 Spitz (Fn. 40), S. 818; Wolf (Fn. 3), S. 39; die Prozentzahl bezieht sich bei der elektiven Trennung im Interesse beider Kinder auf beide Kinder, bei der eltektiven Trennung unter Opferung eines Zwillings hingegen auf den zu rettenden Zwilling.

Es kommt jedoch vor, dass nicht alle Organe oder Extremitäten doppelt vorhanden sind, so dass auch bei deren Zuteilung rechtliche Probleme auftreten können. Diese Problematik erstreckt sich in ähnlicher Weise über alle drei Fallgruppen: Es geht also in den nächsten Fallgruppen um Verteilungsentscheidungen hinsichtlich eines nur einmal vorhandenen Organes bzw. von nur einmal vorhandenen Extremitäten bezogen auf nur ein zu rettendes Leben.

III. Elektive Trennungsoperation unter Opferung eines Zwillings

Bei der zweiten Fallgruppe wird die Trennung elektiv durchgeführt, jedoch in Abgrenzung zur Fallgruppe 1 nicht im Interesse beider Zwillinge, sondern unter Opferung eines der Zwillinge. Hier ist einer der Zwillinge nicht lebensfähig und wird durch die Trennungsoperation vorzeitig getötet.

Im Wesentlichen sind es drei Konstellationen, in denen vor der Operation feststeht, dass (jedenfalls auf dem gegenwärtigen Stand der Kinderchirurgie) das Leben nur eines der beiden Zwillinge erhalten werden kann:[82] Dies ist bei Thorakopagen mit einer Fusion der (oder jedenfalls einzelner) Herzkammern, bei Omphalo- oder Ischiopagen mit nur einem System der extrahepatischen Gallengänge sowie bei dizephalen Zwillingen mit einem Körper und zwei Köpfen der Fall.[83]

In Fallgruppe 2 besteht gerade noch keine akute Lebensgefahr, d. h. im Zeitpunkt der Trennungsoperation bestand für die Zwillinge vorerst keine Lebensgefahr. Es handelt sich hier vielmehr um eine sogenannte infauste Diagnose hinsichtlich der siamesischen Zwillinge, bei der die Vorhersage für den weiteren Krankheitsverlauf sehr ungünstig ausfällt. Aus diesen Gründen wäre die einzige Möglichkeit der Heilung, zumindest eines Zwillings, die Trennung der siamesischen Zwillinge. Es steht also fest, dass ohne eine Trennungsoperation

---

82 Zum folgenden O'Neill et al., Surgical Experience with Thirteen Conjoined Twins, Annals of Surgery 208 (1988), 308.

83 Daher wird von manchen Kinderchirurgen die Trennung dizephaler siamesischer Zwillinge schlicht für „unmöglich" erklärt – deren Lebenserhaltung freilich ebenfalls, weswegen man sie eben sterben lassen müsse, vgl. Groner/Teske/Teich, Dicephalus Dipus Dibrachius: An Unusual Case of Conjoined Twins, J. Ped. Surg. 31 (1996), 1698, 1700. – Bei Ärzten, die anderer Meinung sind und solche Operationen zur Rettung eines der Kinder ggf. auch ausführen, ist wiederum die Neigung zur euphemistischen Maskerade des wirklichen Entscheidungsproblems bezeichnend; so sprechen Golloday et al., Dicephalus Dipus Conjoined Twins: A Surgical Separation and Review of Previously Reportet Cases, J. Ped. Surg. 17 (1982), S. 259 ff., mehrfach von einer „Amputation" des einen Zwillings vom anderen – als ginge es um das Abtrennen überflüssiger Gliedmaßen eines der beiden Kinder und nicht um die Tötung des anderen.

beide Zwillinge aufgrund ihrer Verbundenheit sterben werden, auch wenn die Lebensgefahr zu diesem Zeitpunkt nicht akut ist. Sollte diese Trennungsoperation jedoch durchgeführt werden, so würde ein Zwilling sicher im Operationszeitpunkt sterben. Für den überlebenden Zwilling verbessern sich allerdings dessen Chancen auf ein Leben ohne starke Einschränkung, wenn die Trennung nicht erst durchgeführt wird, wenn die Gefahr akut ist.

Bei dieser Fallkonstellation und damit bei der Frage, welcher Zwilling im Falle der Trennung geopfert wird bzw. werden muss, kann man zudem zwischen der symmetrischen und asymmetrischen Gefahrengemeinschaft unterscheiden. Innerhalb einer symmetrischen Gefahrengemeinschaft sind die Rettungschancen gleichmäßig verteilt, wohingegen bei der asymmetrischen Gefahrengemeinschaft die Rettungschancen ungleich verteilt sind. Außerdem sind die Verteilungschancen für beide Kinder hier gleich hoch, da ein Organ exemplarisch genau in der Mitte von beiden Körpern liegt. Bei der asymmetrischen Gefahrengemeinschaft hingegen sind die Verteilungschancen ungleich auf beide Kinder verteilt, wenn sich ein nur einmal vorhandenes Organ beispielsweise im Körper des einen Zwillings befindet, jedoch den Körper des anderen Zwillings von dort aus mitversorgt.

IV. Notoperation unter Opferung eines Zwillings

In der Fallgruppe 3 ist einer der Zwillinge nicht lebensfähig und wird durch die Trennungsoperation vorzeitig getötet. Jedoch sind die Überlebenschancen des zu rettenden Zwillings hier grundsätzlich auch schlechter als bei der Fallgruppe 2 (elektive Trennungsoperation bei infauster Diagnose unter Opferung eines der Zwillinge), da die Lebensgefahr bei beiden Zwillingen schon akut ist. Es steht also fest, dass ohne eine Trennungsoperation beide Zwillinge bald sterben werden. Sollte diese Trennungsnotoperation jedoch durchgeführt werden, so würde ein Zwilling sicher im Operationszeitpunkt sterben. Auch bei dieser Fallgruppe kann zwischen der symmetrischen und asymmetrischen Gefahrengemeinschaft unterschieden werden.

C. Bekannte Fälle

Wie bereits erwähnt liegt der medizinisch geeignetste Zeitraum der Trennung von siamesischen Zwillingen am Ende des ersten Lebensjahres. Es gibt jedoch auch Zwillinge, die sich hätten trennen können, jedoch bis zum Tod verbunden waren, oder Zwillinge, die sich erst im Erwachsenenalter haben trennen lassen. Um in der darauffolgenden rechtsdogmatischen und rechtsethischen Diskussion auch das Wesen, die Denkweise und die Gefühlslage von verbundenen Zwillingen verstehen zu können, sollen nun einige Beispiele von teils „berühmten" siamesischen Zwillingen vorgestellt werden.

I. Chang und Eng Bunker aus Thailand

1. Medizinische Fallkonstellation

Die namensgebenden siamesischen Zwillingsbrüder Chang und Eng Bunker wurden am 11. Mai 1811 in Siam, dem heutigen Thailand, als erste von zwölf weiteren gesunden Kindern chinesischer Eltern geboren.[84] Sie gehören zur Gruppe der Omphalopagen. Diese waren über eine schmale und überaus elastische Substanzbrücke im Bereich des Nabels verbunden, welche es ihnen sogar ermöglichte nebeneinander aufrecht zu stehen.[85] Beide Brüder waren jedoch sowohl vom Körperbau als auch vom Charakter unterschiedlich:[86] Eng war kräftiger und 2 cm größer als Chang. Chang hingegen war der aggressivere der beiden und neigte oft zu Wutausbrüchen. Aus diesem Grund wurde der Wunsch der Brüder nach einer Trennung immer größer. Daher kam es auch zu einem Versuch der Trennung der beiden durch einen Pariser Chirurgen, welcher jedoch abgebrochen werden musste, da die Zwillinge während des Versuchs, das verbindende Band zu komprimieren, ohnmächtig wurden.[87]

Chang und Eng haben sich durch ihre Verwachsungen nicht vom Führen eines relativ normalen Lebens abhalten lassen:[88] Ihr Geld verdienten die Zwillinge, indem sie aus ihrem Makel eine sensationelle Besonderheit machten und als „The Siamese Double Boys" überall auf der Welt als Jahrmarktsattraktion auftraten. Auch heirateten sie die zwei Schwestern Adelaide und Sarah Yates und hatten mit ihnen insgesamt 21 Kinder.

Die Brüder starben schließlich am 10. Februar 1874 im Alter von 62 Jahren. Chang erlitt einen tödlichen Gehirnschlag. Dadurch hat sich höchstwahrscheinlich ein Blutpool gebildet, weshalb Eng nur etwa eine Stunde später verblutete. Bei der Autopsie[89] wurde später festgestellt, dass eine 11,5 cm lange und 9 cm breite Gewebsbrücke zwischen den beiden bestand. Bis auf einen kleinen Anteil

---

84 Weishäupl (Fn. 2), S. 5.
85 Luckhardt, Report of the autopsy of the Siamese twins together with other interesting information covering their life, Surg Gynecol Obstet 72 (1941), S. 116 ff.
86 Quigley (Fn. 61), S. 28.
87 Weishäupl (Fn. 2), S. 6.
88 Ebda.
89 Luckhardt, (Fn. 81), S. 116–125.

von Lebergewebe, dem Bauchfell und der Arteria und Vena hypogastrica teilten sich die beiden Brüder keine weiteren Körperbestandteile.

2. Rechtliche Entscheidung und Ergebnis

Da die Zwillinge nicht getrennt wurden und beide von Beginn an eine normale Lebenserwartung hatten, also gerade keine elektive Trennungsoption wegen infauster Diagnose vorlag, gab und gibt es hier keinen Anlass, rechtlich eine Entscheidung zu treffen.

Chang und Eng sind ein beeindruckendes Beispiel dafür, dass man im Einzelfall auch im verbundenen Zustand ein relativ normales Leben führen kann. Durch ihr Selbstbewusstsein und ihren Mut sich nicht zu verstecken, sondern sich der Welt zu zeigen, schafften sie in der ganzen Welt Akzeptanz für ihre Doppelmissbildung.

II. Ladan und Laleh Bijani aus dem Iran

1. Medizinische Fallkonstellation

Beim zweiten hervorzuhebenden Fall handelt es sich um die 29-jährigen siamesischen Zwillinge Ladan (iranisch für „Tulpe") und Laleh (iranisch für „Hanfnessel") Bijani aus dem Iran.[90] Sie sind am 17. Januar 1974 in Firuzabad (Iran) geboren und am 8. Juli 2003 in Singapur auf dem Operationstisch verstorben. Sie waren Craniopagen, d. h. am Kopf zusammengewachsene Zwillinge mit teils fusionierten Gehirnen. Sie stammten aus einer armen Bauernfamilie aus dem südiranischen Bergdorf Lohrasb. Durch die vielen Krankenhausaufenthalte wurde jedoch ein wohlhabender Arzt aus Teheran auf die beiden aufmerksam und adoptierte sie. Es wurde stets versucht, den beiden Schwestern alles zu ermöglichen, um ein nahezu normales Leben zu führen. So begannen die Schwestern 1994 mit dem Jurastudium in Teheran, das sie im Jahr 2000 mit einem guten Examen abschlossen. Jedoch empfanden sie sich als gänzlich unterschiedliche Persönlichkeiten und sehnten sich sehr nach einem unabhängigen Leben. So wollte die lebendigere Ladan beispielsweise Anwältin werden und die ruhigere Laleh Journalistin.

Anders als die siamesischen Zwillinge Chang und Eng wollten sie sich nie mit ihrem Schicksal abfinden. Aus diesem Grund flogen sie um die ganze Welt auf

---

90 Fallschilderung im Folgenden aus Bockenheimer-Lucius, Siamesische Zwillinge und die „Operation Hoffnung", Ethik Med 15 (2003), S. 226 ff.; Koch, GA 2011, 129, 133; Richter, Deutsches Ärzteblatt 2003, 1979; Wilkinson, Separating Conjoined Twins 2005, S. 257 f.

der Suche nach einem Neurochirurgen, der die beiden trennen würde. Bereits im Sommer 1977 flogen die Adoptiveltern deshalb erstmals mit ihren damals dreijährigen siamesischen Zwillingen nach Deutschland. Die Neurochirurgen in Erlangen und Bonn lehnten eine Trennungsoperation jedoch wegen des zu hohen Risikos ab. Zwanzig Jahre später flogen die Schwestern wieder nach Deutschland (Heidelberg), um nochmals um eine Trennungsoperation nun im Erwachsenenalter zu bitten. Das Ärzteteam in Heidelberg stellte nach vielen Untersuchungen jedoch fest, dass eine Trennung „zu gefährlich" wäre, da damit zu rechnen wäre, „dass zumindest ein Zwilling nicht zu retten, der andere hochgradig gefährdet sei" (Sprecherin der Universitätsklinik Annette Tuffs).

Schließlich erklärte sich der Neurochirurg Keith Goh mit seinem 129-köpfigen Operationsteam aus Singapur bereit, die erste Trennungsoperation bei erwachsenen Craniopagen im Jahr 2003 durchzuführen. Bereits im Frühjahr 2001 trennte er Craniopagen erfolgreich, allerdings waren die beiden aus Nepal stammenden Mädchen zum Zeitpunkt des Eingriffs erst elf Monate und nicht 29 Jahre alt. Bei der Operation, die von 6. Juli 2003 bis 8. Juli 2003 dauerte, gab es einige Probleme: Schon das Aufschneiden der Schädeldecke hatte länger gedauert als erwartet, da die Knochen sehr dick und kompakt waren, insbesondere dort, wo sie zusammengewachsen waren. Auch wurde während der Operation festgestellt, dass die Gehirne enger miteinander verbunden waren als vermutet. Das größte Risiko war jedoch die Vene, durch die das Blut aus ihren Gehirnen abfloss, da diese nur einmal vorhanden war. Daher hatten die Ärzte begonnen in den Köpfen einen Venen-Bypass zu legen, welcher im weiteren Verlauf der Operation verstopfte. Daraufhin boten die Ärzte den Angehörigen einen Abbruch der Operation an, was die Angehörigen jedoch ablehnen, da sie der Ansicht waren, es wäre der Wunsch der Schwestern gewesen, unter allen Umständen weiterzumachen. Laut Prof. Madjid Samii, Präsident des Internation Neuroscience Institute (INI) in Hannover, lag aber genau hier die große Gefahr der Trennung: „Die größte Herausforderung ist die Rekonstruktion des Blutleiters vom Gehirn zum Herzen. Sie bedeutet eine hämodynamische Veränderung, die die feinen Venen im Gehirn wahrscheinlich nicht tolerieren werden."[91]

Am Dienstag, den 8. Juli 2003, ereignete sich schließlich die als wahrscheinlich geltende Komplikation: Nach starken Blutungen bricht zuerst der Blutkreislauf von Ladan und zwei Stunden später auch der von Laleh zusammen, beide sterben noch auf dem Operationstisch.

---

91 Zitat aus dem Interview von Prof. Madjid Samii am 7. Juli 2003 im Zweiten Deutschen Fernsehen (ZDF) zu diesem Fall.

2. Rechtliche Entscheidung

Nach dieser Trennungsoperation wurde sowohl in der medizinischen als auch in der ethischen und rechtlichen Fachliteratur viel über diesen Fall diskutiert. Ausgangspunkt eines jeden medizinischen Eingriffs ist nach allen Meinungen die medizinische Indikation. Bereits hier trat der erste Streitpunkt auf, da die beiden jungen Frauen im Alter von 29 Jahren gesund waren und für ein ärztliches Eingreifen, zumal es eine extrem risikoreiche Operation war, keine zwingende und schon gar keine lebensrettende medizinische Indikation vorlag.[92] Jedoch gibt es mittlerweile schon in vielfältigen Zusammenhängen ärztliches Handeln ohne eine rein medizinische Indikation, was rechtlich und ethisch anerkannt ist: Etwa bei der Lebendspende eines Organs, bei Geschlechtsumwandlung, Sterilisation, Schwangerschaftsabbruch usw. handelt es sich um Indikatoren, die solche Eingriffe nur unter gewissen Voraussetzungen zulässig machen.[93] Die fehlende medizinische Begründung zwingt dann in besonderer Weise zur moralischen und rechtlichen Rechtfertigung, zur Vorsicht und Abwägung.[94]

Diskussionswürdig war zudem die Frage, ob die Schwestern überhaupt eine wirksame Einwilligung abgeben konnten. Denn laut mehrerer Stimmen in der Literatur war zweifelhaft, ob die Bijanischwestern das Ausmaß und das Risiko hinsichtlich der Trennung überhaupt verstanden hatten.[95] Die Schwestern hatten sich so extrem, nahezu pathologisch, nach einer Trennung gesehnt, dass dies ihre Einwilligungsfähigkeit beeinträchtigt haben könnte.[96]

Ebenso wird in der Literatur bei diesem Fall aus deutscher Sicht die Sittenwidrigkeitsgrenze des § 228 StGB und der Tatbestand einer Tötung auf Verlangen nach § 216 StGB bzw. eines Totschlags gem. § 212 StGB diskutiert. Nach dem Bundesgerichtshof[97] in Deutschland ist eine Einwilligung des Patienten in eine so riskante Operation immer sittenwidrig und die Einwilligung damit unwirksam, da eine solche Operation die Zwillinge sogar in konkrete Lebensgefahr bringt und nicht der Lebensrettung dient.[98] Nach Koch soll bei diesem Fall hier jedoch eine Ausnahme gemacht werden, da der Heilversuch zwar

---

92 Bockenheimer-Lucius (Fn. 89), S. 226.
93 Bockenheimer-Lucius (Fn. 89), S. 226.
94 Ebda.
95 Quaas/Zuck, Medizinrecht, § 75, Rn. 227; Wolf (Fn. 3), S. 125.
96 Wolf (Fn. 3), S. 125.
97 BGHSt 49, 166, 171.
98 Genauere Auseinandersetzung mit der Einwilligungsproblematik bei § 3 A. II.

nicht auf die Lebenserhaltung abzielt, jedoch auf die Behebung eines für die Zwillinge als unerträglich empfundenen Zustands des körperlichen Verbundenseins, was durch die Suche nach Spezialisten auf der ganzen Welt deutlich wurde.[99] Doch selbst wenn man Koch folgt, so müsste die Sittenwidrigkeit trotz dieses Ausnahmecharakters bejaht werden, da in diesem Fall der mit der Tat zu erreichende Erfolg mit einem nicht mehr zu vertretenden Risiko behaftet war.[100] Laut dem Neurochirurgen Khan sei das Gelingen dieser Operation an erwachsenen siamesischen Zwillingen ein reiner „Wunschtraum" gewesen, denn Trennungsoperationen an erwachsenen Craniopagen sind schwer durchführbar oder sogar unmöglich.[101]

Weiterhin wird auch eine Strafbarkeit der Ärzte nach § 212 StGB diskutiert. Die Exisrtenz des § 216 StGB zeigt, dass eine Einwilligung in die eigene Tötung unwirksam ist. Auch wenn den Ärzten im Fall Bijani keine Absicht bezüglich der Tötung unterstellt werden kann, so würde die Zulässigkeit der Trennungsoperation im Juli 2003, bei der ein so hohes Todesrisiko bestand, dem Lebensschutzgrundsatz nicht gerecht werden.[102] Daher könnte sich zumindest ein bedingter Vorsatz und damit trotzdem eine Strafbarkeit nach § 212 StGB ergeben. Nach dem BGH bedarf es zu dieser Ermittlung eines restriktiven Ansatzes unter Einbeziehung einer Gesamtschau aller subjektiven und objektiven Tatumstände.[103] Nach der sog. „Hemmschwellen-Theorie" des BGH ist angesichts der hohen natürlichen Hemmschwelle vor der Tötung eines Menschen die Annahme von der zutreffend erkannten hohen Lebensgefahr auf bedingten Tötungsvorsatz nur rechtsfehlerfrei, wenn der Tatrichter in seine Erwägungen alle einzelfallrelevanten Umstände mit Indizwert einbezogen hat, die diesen infrage stellen.[104]

Bei ärztlicher Heilbehandlung wird man im Regelfall hiernach keinen Tötungsvorsatz unterstellen können, da der Tod des Patienten normalerweise kein typisches Risiko der Behandlung ist.[105] Etwas anders gilt jedoch bei hoch risikoträchtigen Eingriffen, die vorgenommen werden, weil sonst der Patient in Kürze auf andere Weise versterben würde: Hier kann auch nach der „Hemmschwellen-

---

99   Koch, GA 2011, 129, 133 f.
100 Wolf (Fn. 3), S. 126.
101 Khan/Hamidi/Miri, Craniophagus, Laleh and Ladan Twins, Sagital Sinus, Turkish eurosurgery 17 (2007), 27, S. 27 und S. 30.
102 Wolf (Fn. 3), S. 126; a.A. Koch, GA 2011, 129, 133 f.
103 BGHSt 36, 1, 19 ff.
104 BGHSt 36, 1, 19 ff.; NStZ 1992, 384.
105 Kudlich, NJW 2011, 2856.

Theorie" ausnahmsweise bei hoch riskanten Eingriffen durch Mediziner durchaus das Bewusstsein und ein insoweit reduziertes voluntatives Element dahingehend vorliegen, dass der Patient den Eingriff möglicherweise nicht überleben wird; bei nüchterner Betrachtung kann er nämlich nicht darauf vertrauen, dass der Tod ausbleiben wird, vielmehr muss er die Möglichkeit eines tödlichen Ausgangs in Betracht ziehen und sich mit ihr abfinden.[106] In dem vorliegenden Fall kann man auch nicht wie in anderen Konstellationen — ordnungsgemäße Aufklärung des Patienten, seine Einwilligung, eine Indikation für den Eingriff und seine kunstgerechte Ausführung vorausgesetzt — dem Arzt den Tod des Patienten schon nicht zuzurechnen, da er ausschließlich ein durch eine Einwilligung erlaubtes Risiko geschaffen hat.[107] Hier ist die Einwilligung aufgrund der Sittenwidrigkeitsgrenze nämlich gerade nicht möglich. Aus diesem Grund könnte man hier den Ärzten ausnahmsweise zumindest einen Eventualvorsatz unterstellen und sie nach den §§ 212 ff. StGB bestrafen.

Wenn das Ärzteteam aus Deutschland die Trennungsoperation damals durchgeführt hätte, wären auf diese wahrscheinlich strafrechtliche Konsequenzen zugekommen. In Singapur wurde jedoch kein Verfahren eingeleitet.

3. Ergebnis

Der soeben diskutierte Fall besticht durch seine Tragik und zeigt auch, welch eine große Belastung das dauerhafte Verbundensein mit einem anderen Menschen, der andere Interessen, eine andere Persönlichkeit, schlicht ein eigenes Leben hat und führen möchte, für einen Menschen bedeutet. Auch für die Ärzte war der Fall Bijani sicher sehr schwierig zu beurteilen, und dies sowohl medizinisch als auch ethisch sowie rechtlich. Die Ärzte mussten hier neben der medizinisch hochkomplexen Operation die teilweise auch im Vorfeld nicht feststellbaren Gegebenheiten – wie hier der sehr engen Verbundenheit der Gehirne der Zwillinge – berücksichtigen sowie einen Einklang zwischen dem Respekt vor der Autonomie und Selbstbestimmtheit der beiden Frauen und den ärztlichen Verpflichtungen zur Fürsorge und dem Gebot, niemanden zu schaden (nil nocere), finden.[108]

---

106 Spickhoff/*Knauer/Brose*, Medizinrecht Kommentar, § 212 StGB, Rn. 16.
107 Spickhoff/*Knauer/Brose*, Medizinrecht Kommentar, § 212 StGB, Rn. 16.
108 Bockenheimer-Lucius (Fn. 89), S. 227.

III. Jodie und Mary aus Malta

1. Medizinische Fallkonstellation

Das siamesische Zwillingspaar Jodie und Mary[109] wurde wie Ladan und Laleh getrennt, jedoch schon im ersten Lebensjahr und mit sicherer Kenntnis, dass Mary bei dem Eingriff ums Leben kommen wird. Jodie und Mary wurden am 8. August 2000 in Gozo (Malta) geboren.[110] Die beiden Schwestern gehören zur Gruppe der Ischiopagen, d. h. sie waren im unteren Abdominalbereich eng fusioniert.

Mary hatte wegen einer gravierenden Unterentwicklung des Herzens und der Lunge seit kurz nach der Geburt irreversibel keine eigene Herz- und Lungentätigkeit, weshalb sie physiologisch vollkommen von der Herz- und Lungentätigkeit Jodies abhängig war. Darüber hinaus war ihr Gehirn erheblich deformiert und schwer geschädigt.

Jodie hingegen war bis auf die Verbundenheit zu ihrer Schwester ein normal entwickelter gesunder Säugling. Der Doppelbelastung durch ihre Schwester hielt das Herz-Kreislaufsystem der beiden zunächst ohne Weiteres stand. Nach und nach beobachteten die Ärzte, dass die eigentlich gesunde Jodie unterernährt wurde, was auf eine funktional „parasitäre" Beziehung Marys zum Körper ihrer Schwester zurückgeführt wurde. Weitere Untersuchungen ergaben außerdem, dass es mit hoher Wahrscheinlichkeit zu einer künftigen Überforderung von Jodies Herz und Lunge kommen würde. Eine dauerhafte Überlebenschance beider Kinder wurde daher so gut wie ausgeschlossen.[111] Es wurde von den Ärzten prognostiziert, dass die Zwillinge ohne eine Trennungsoperation noch höchstens drei bis sechs Monate überleben könnten. Die Überlebensprognose war deshalb für beide Kinder nach Aussage der Ärzte infaust. Die Trennungsoperation, welche nur vor Erreichen einer weiteren gesundheitlichen Destabilisierung für Jodie Erfolg versprach, wäre für den schwächeren Zwilling (Mary) mit Sicherheit tödlich. Ein weiteres Abwarten hätte Mary also zwar mehr Lebenszeit gegeben, hätte aber gleichzeitig auch die Überlebenschancen für Jodie erheblich verringert.

---

109 „Jodie" und „Mary" sind Tarnnamen. In Wirklichkeit heißen die Zwillinge Gracie und Rosie Attard, in Quigley, Conjoined Twins – An Historical, Biological and Ethical Issues Encyclopedia, S. 94.
110 Fallschilderung aus Bockenheimer-Lucius (Fn. 13), S. 223 ff.; Koch, GA 2011, 129, 142; Merkel (Fn. 5), S. 635; Tolmein, taz vom 11.9.2000, 11; Zimmermann, Rettungstötungen, 471, 472 f.
111 So auch die klinischen Fakten bei Court of Appeal, Re A (children) 2000, S. 7 ff..

Die Eltern der beiden flogen mit ihren erst wenige Wochen alten siamesischen Zwillingen wegen der besseren medizinischen Versorgung von Malta nach Großbritannien. Nach Auffassung der Ärzte im Manchester-Klinikum des National Health Service konnten die Kinder im verbundenen Zustand nicht mehr lange überleben.[112] Daher hatten die Ärzte dringend zu einer Trennungsoperation geraten, so dass zumindest einer der beiden Zwillinge (Jodie) ein einigermaßen normales Leben führen könne.

Die Eltern sprachen sich aus religiösen Gründen allerdings gegen eine solche Trennung aus. Das Töten eines der beiden Zwillinge widersprach nach der Ansicht der katholischen Eltern dem Willen Gottes. Dazu kam noch die Gefahr, dass Jodie nach der Trennungsoperation schwer behindert sein würde und wegen der schlechten medizinischen Versorgung in ihrem Heimatland sowie aufgrund der Tatsache, dass die Familie wenig Geld hatte, kein gutes Leben führen könne.

Die Ärzte der Klinik wollten diese Entscheidung jedoch nicht akzeptieren, so dass daraufhin von der Klinikleitung das Familiengericht eingeschaltet wurde, welches die verweigerte Einwilligung der Eltern ersetzen sollte.[113]

2. Rechtliche Entscheidung

Zunächst gab Richter Johnson die Erlaubnis zur Trennung in erster Instanz.[114] Richter Johnson sah in der Trennung der beiden Zwillinge kein Tun, sondern ein Unterlassen.[115] Bezug nahm er dabei auf den Präzedenzfall Airedale NHS Trust v Bland[116], bei welchem das Unterbinden der Nahrungs- und Hydrationszufuhr eines über drei Jahre im Wachkoma liegenden Patienten nicht als Tun, sondern als Unterlassen qualifiziert wurde. Somit seien die Ärzte in Analogie zum Behandlungsabbruch nach Richter Johnson im vorliegenden Fall – genau wie im Präzedenzfall – nicht strafbar, wenn sie keine weitere Behandlungspflicht hätten. Folglich sei die Trennungsoperation, die die Unterbindung der Blutzufuhr von Jodie zu Mary zur Folge hat, ein Unterlassen und somit rechtmäßig.[117] Gegen dieses erstinstanzliche Urteil legten die Eltern Berufung ein.

---

112 Tolmein, taz vom 11.9.2000, 11.
113 Merkel (Fn. 5), S. 635.
114 Das Urteil ist nicht öffentlich zugänglich; Passagen des Urteils finden sich jedoch in Re A (children), S. 988 f.
115 So auch nach der Schilderung bei Wolf (Fn. 3), S. 132.
116 Airedale NHS Trust v Bland (1993) 2 WLR 316.
117 Passage abgedruckt in Re A (children), S. 989.

Zuerst befassten sich die Richter der zweiten Instanz mit der Frage, in wessen Entscheidungskompetenz die Frage über das Durchführen oder Unterlassen der Trennungsoperation fällt.[118] Nach englischen Recht sei es die Pflicht der Eltern, für ihr Kind/ihre Kinder in eine medizinische Behandlung einzuwilligen, wenn diese im besten Interesse des Kindes ist; falls die Eltern eine solche Einwilligung verweigern, kann das Krankenhaus die Zustimmung für die Behandlung vom Gericht einholen (parens patriae powers).[119] Die drei Richter des Court of Appeal waren sich einig, dass die Trennungsoperation eindeutig im Interesse des zu rettenden Zwillings Jodie lag, welches die Eltern bei der Verweigerung der Einwilligung außer Acht gelassen hätten. Die Besorgnis der Eltern hinsichtlich der Probleme, die Jodies körperliche Behinderungen mit sich bringen würden, vor allem auch in Bezug auf die medizinische Versorgung auf Malta, sowie die sich daraus ergebende finanzielle Belastung[120], beträfen ausschließlich die Interessen der Eltern und seien daher nicht zu beachten.

Uneinig waren sich die Richter jedoch bezüglich Marys Interesses: Richter Brooke und Richter Ward waren in diesem Zusammenhang der Ansicht, dass eine Trennungsoperation in Marys Recht auf Leben eingreife, da die Operation Mary töte und ihr somit keinen nutzbringenden Ausgleich bringe.[121] Richter Walker hingegen merkte an, dass eine Trennungsoperation sehr wohl im Interesse von Mary sei, da eine Verlängerung von Marys Leben für wenige Monate keinen tatsächlichen Vorteil für sie bringe, sondern nur Nachteile. Er begründete dies damit, dass die medizinische Beweislage keine sicheren Erkenntnisse darüber zulässt, ob Mary überhaupt Schmerz empfinden konnte.[122] Auch könne Mary nicht weinen, da ihre Lunge nicht funktioniert. Laut Richter Walker würde Mary das Weiterleben in der damaligen körperlichen Verbundenheit das Recht zur körperlichen Integrität und menschlichen Würde verwehren.[123] Er festigte seine Argumentation noch mit Folgendem: Wenn Mary getrennt von Jodie geboren wäre und ihr Leben nicht von Jodie, sondern von einer lebenserhaltenden Apparatur aufrechterhalten würde, würde man ihr erlauben zu sterben; somit läge

---

118 Das 110 Seiten lange Urteil der Richter (Lords Justices) Ward, Brooke und Walker findet sich in Re A (children), S. 962 ff..
119 S. 1 I Children Act 1989 (Welfare of child).
120 Dies war schließlich keine Schwierigkeit mehr, da sämtliche Kosten bisher durch öffentliche Spenden und Einnahmen aus öffentlichen Interviews, sowie die OP selbst durch die englische Staatskasse bezahlt wurden; Quigley (Fn. 61), S. 12 ff.
121 Brooke, Re A (children), S. 1019; Ward, Re A (children), S. 1001.
122 Walker, Re A (children), S. 1057.
123 Walker, Re A (children), S. 1069.

die Trennungsoperation seiner Meinung nach nicht nur im Interesse von Jodie, sondern auch im Interesse von Mary.[124]

Gegen diese Ansicht würde zumindest nach deutschem Recht die Garantie des absoluten Lebensschutz, unabhängig auch von einer möglichen Dauer der Lebenszeit[125], sprechen. Darüber hinaus wird jedoch stets der Status quo geschützt, keine hypothetischen Konstellationen.[126]

Damit stellte die Durchführung einer Trennungsoperation – unabhängig von der Tatsache, dass sich am Ende alle drei Richter für eine Trennung aussprachen – nur für Richter Ward und Richter Brooke überhaupt einen Interessenkonflikt dar. Diesen Konflikt müsse das Gericht hier so versuchen zu lösen, indem das geringere Übel gewählt wird.[127] Die Frage war hier jedoch auch, ob damit nicht die Grenze der Abwägbarkeit beim Eintritt des Todes eines der Zwillinge erreicht ist. Leben kann grundsätzlich nicht gegen Leben abgewogen werden.[128]

Beachtet werden müssen nach Meinung der mit dem Fall befassten Richter dabei folgende Faktoren: Zum einen hat jedes Kind ein eigenes Recht auf Leben. Zum anderen seien die Vorteile und Nachteile einer Trennung für jeden Zwilling abzuwägen, sowie die Art und Weise, wie die Zwillinge ihr Leben lebten.[129] Ward stellte daraufhin fest, „Mary hat ein Recht auf Leben, aber sie hat wenig Recht darauf, lebendig zu sein. Sie ist lebendig, […] weil sie das Leben von und aus Jodie saugt."[130] Somit tendierte die Waage hin zu Gunsten von Jodie.

Die drei Richter beriefen sich bei ihrer Begründung auf ein ganzes Ensemble von Rechtfertigungsansätzen, wobei sie in einer Art Gesamtschau unter anderem auch Parallelen zum Bergsteiger-Fall oder zu den Anstaltsmorden sahen.[131] Richter Ward[132] kommt in seinem Urteil zum Ergebnis, dass die Ärzte bei Durchführung der Trennungsoperation sowohl durch die Rechtsfigur der Pflichtenkollision als auch durch die analoge Anwendung eines Nothilferechts gerechtfertigt werden könnten. Es müsse im Fall einer Pflichtenkollision (conflict of duty) den Ärzten ein Ausweg gegeben werden, indem man es ihnen

---

124 Walker, Re A (children), S. 1057.
125 BeckOK-StGB/*Eschelbach*, § 212 StGB, Rn. 3.
126 Ausführliche Diskussion hierzu siehe unter anderem § 3 B. II. 1. b. aa. (2).
127 Ward, Re A (children), S. 1010.
128 Das Kriterium des „geringeren Übels" wird ausführlich im rechtsdogmatischen Teil diskutiert.
129 Ward, Re A (children), S. 1010 f.
130 Deutsche Übersetzung. Im englischen Original "Ward, Re A (children), S. 1010".
131 Zimmermann (Fn. 12), S. 473, Fn. 1965.
132 Ward, Re A (children), S. 1010 ff.

freistelle, mit pflichtgemäßem Ermessen das kleinere der zwei Übel zu wählen. Den Ausschlag für die Zustimmung zur Trennung gab Jodies Aussicht auf ein relativ normales Leben und die Tatsache, dass Mary ohnehin sterben würde.[133] Für Richter Ward bedeutete es außerdem keinen rechtlichen Unterschied, ob die Tötung in einem Unterlassen (gegenüber Jodie bei Nichttrennung) oder in einem Tun (gegenüber Mary bei Trennung) liege.[134] Aus diesen Gründen kommt er zu einer Rechtmäßigkeit der Trennung aufgrund der Pflichtenkollision. Darüber hinaus rechtfertige die Trennung eine analoge Anwendung des Nothilferechts (self-defence) zu Gunsten von Jodie, da auch die Anwendung des Notwehrrechts, modifiziert wegen der außergewöhnlichen Umstände des vorliegenden Falles, die Intervention der Ärzte rechtmäßig mache.[135] Nach Ansicht von Ward konnte es nämlich nicht gerecht sein, dass Jodie diese Situation tolerieren müsse, so dass es aufgrund des Nothilferechts rechtmäßig sei, wenn die Ärzte Jodie zu Hilfe kämen, indem sie Mary durch eine Trennungsoperation entfernen würden.[136]

Richter Brooke hingegen kam zu dem Ergebnis, dass die Ärzte durch den Notstand (necessity) gerechtfertigt seien, da die Trennungsoperation die einzige Möglichkeit sei, um Jodie zu retten.[137] Seiner Meinung nach sei die Tötung Marys im Verhältnis zum verhinderten Übel – das Sterbenlassen beider Zwillinge – nicht unverhältnismäßig. Man müsse darüber hinaus auch sehen, dass durch die Trennung den Zwillingen ihre körperliche Integrität gegeben werde, welche ihnen von der Natur vorenthalten wurde.[138]

Richter Walker nahm wie seine zwei Kollegen die Rechtmäßigkeit der Trennung von Jodie und Mary, jedoch mit einer dritten Meinung an: Er bejahte die Anwendbarkeit der Lehre von der Handlung mit Doppelwirkung (doctrine of double effect) und verneinte die Mordabsicht der Ärzte.[139] Seiner Meinung nach sei es nicht das Ziel der Operation, Mary zu töten. Marys Tod sei nur die negative Nebenfolge der Trennung, da ihr Körper nicht unabhängig von Jodies funktioniere. Weiterhin merkte er an, dass er, wenn es notwendig wäre, auch gewillt sei, Notstand (necessity) zu bejahen.[140]

---

133 Ward, Re A (children), S. 1016.
134 Ward, Re A (children), S. 1015.
135 Ward, Re A (children), S. 1017.
136 Ward, Re A (children), S. 1010.
137 Brooke, Re A (children), S. 1051 f.
138 Brooke, Re A (children), S. 1023 ff.
139 Walker, Re A (children), S. 1062 f.
140 Walker, Re A (children), S. 1062 ff.

Insgesamt wurde die Berufung der Eltern der beiden siamesischen Zwillinge somit mit 3:0 Stimmen abgelehnt.

3. Ergebnis

Trotz des eindeutigen Stimmergebnisses der Berufung wird eines sehr deutlich: Das geltende Recht stößt im vorliegenden Fall an seine Grenzen. Die einzelnen Urteile sind sehr ergebnisorientiert gefällt worden und trotzdem in ihrer Begründung grundverschieden. Alle Urteile folgen jedoch stets der Intuition, dass es keinen Sinn ergeben würde, zwei Menschen in den Tod zu schicken, nur um nicht gegen das Tötungsverbot zu verstoßen, wenn einer gerettet werden kann und der andere ohnehin hoffnungslos verloren ist.[141] Es liegt in der Natur der Sache, dass bei der vorliegenden Fallkonstellation jedwede Entscheidung des Gerichts – und freilich ebenso eine solche der Eltern – zu einem unbefriedigenden Ergebnis geführt hätte, zumal es sich auch um arglose Neugeborene handelte, die sich ihrem Schicksal nicht erwehren können. Laut Richter Ward wurde jedoch keine Entscheidung für eine Situation (das Sterben von Mary), sondern vielmehr eine Entscheidung gegen eine Situation (das Sterben von Mary und Jodie) gefällt.[142]

Unmissverständlich klar wird, dass eine solche Situation wie hier jederzeit auch in Deutschland auftreten kann, und es wichtig ist, dass die Rechtswissenschaft nicht wie in Großbritannien vollkommen unvorbereitet mit einem derart schwierigen Problem konfrontiert wird.

---

141 Wolf (Fn. 3), S. 175.
142 Richter Ward in „The Telegraph" vom 23. September 2000.

§ 3 Rechtliche Wertung

A. Vorfragen

Um in die rechtsdogmatische Problematik einsteigen zu können, müssen gewisse grundsätzliche Parameter fixiert werden. Wichtig ist es zunächst festzulegen, in welchen Konstellationen bei siamesischen Zwillingen von zwei geborenen Individuen gesprochen werden kann. Dafür ist es notwendig zu klären, ab wann ein Mensch als geboren gilt, denn nur ab diesem Zeitpunkt kommt eine Strafbarkeit bei einer möglichen Trennung nach §§ 211 ff. bzw. §§ 223 ff. StGB in Betracht. Anschließend muss erörtert werden, welche Kriterien entscheidend sind, um von zwei eigenständigen Menschen mit eigenständigen Rechten sprechen zu können.

Wenn diese Kriterien festgelegt sind, ist zwischen der Trennung von erwachsenen siamesischen Zwillingen und einer solchen bei siamesischen Zwillingen im Säuglingsalter zu unterscheiden. Diese Unterscheidung ist nötig, da es sich bei diesen Konstellationen um verschiedene Problemschwerpunkte handelt, die vor allem im Bereich der Einwilligungsfähigkeit bzw. in deren Fehlen liegen.

I. Siamesische Zwillinge als zwei geborene Individuen

Entscheidend für die weitere rechtliche Würdigung der Trennungsproblematik ist die Frage, wann im Zusammenhang mit siamesischen Zwillingen überhaupt von einem Menschen und wann von zwei Menschen gesprochen werden kann. Sollte es sich bei siamesischen Zwillingen um einen Menschen handeln, wäre die Abtrennung der zusätzlichen Extremitäten und Organe wohl lediglich als gewöhnliche (gefährliche) Körperverletzung zu qualifizieren, welche durch Einwilligung gerechtfertigt werden könnte.[143]

Um die gerade angedeutete Frage klären zu können, ist es zunächst wichtig zu erläutern, zu welchem Zeitpunkt der Lebensschutz eines Menschen, welcher strafrechtlich durch die §§ 211 ff. StGB gesichert werden soll, beginnt und endet.

Diese Problematiken sind auch insofern bedeutend, da es aufgrund des technischen und medizinischen Fortschritts immer wichtiger, teils aber auch schwieriger wird, zu definieren, was einen Menschen ausmacht,[144] und ab welchem Zeitpunkt man von einem zu schützenden Leben dieses Menschen ausgehen muss.

---

143 Joerden (Fn. 12), 119, 121.
144 Notes, What We Talk About When We Talk About Persons: The Language of a Legal Fiction, Harvard Law Review 114 (2001), 1746, 1768.

1. Beginn und Ende des Lebensschutzes
a. Grundlagen

Das Leben als Mensch, der aus einem menschlichen Samen und einer menschlichen Eizelle entstanden ist,[145] beginnt für das Gebiet des Strafrechts mit dem Anfang der Geburt, d. h. bei regulärem Geburtsverlauf nicht erst mit Beginn der Treib- und Presswehen, sondern schon mit dem tatsächlichen – ggf., „künstlich" vorgezogenen oder hinausgeschobenen – Beginn der sog. Eröffnungswehen.[146] Bei operativ durchgeführter Geburt entscheidet hingegen nach überwiegender Ansicht die Öffnung des Uterus,[147] nicht der Bauchdecke[148] oder schon die Narkoseeinleitung bei der Schwangeren.[149] Jedoch kann diese Problematik bei siamesischen Zwillingen soweit dahingestellt werden, da eine Trennungsoperation jedenfalls immer nach Vollendung des Geburtsaktes durchgeführt wird.

Schutzobjekt der §§ 211–217 StGB ist der geborene Mensch.[150] Demgegenüber betreffen die Vorschriften über den Schwangerschaftsabbruch (§§ 218–219b StGB) Beeinträchtigungen des ungeborenen Lebens. Tatobjekt ist dabei die Leibesfrucht der Schwangeren ab dem Zeitpunkt der abgeschlossenen Einnistung des befruchteten Eies in die Gebärmutter (§ 218 I 2 StGB).[151] Das Absterben des noch lebenden Fötus im Mutterleib oder der tödliche Abgang der Frucht bilden den Taterfolg des Schwangerschaftsabbruchs, nicht den Taterfolg der §§ 211–217 StGB.[152] Ob eine Tat nach den §§ 211–217 StGB oder nach den §§ 218 ff. StGB vorliegt, wird durch den Zeitpunkt der Einwirkung entschieden.[153] Danach sind die §§ 218 ff. StGB anwendbar bei pränatalen Handlungen, die prä- oder postnatal den Tod herbeiführen, da es für die Beurteilung nämlich gerade nicht auf den Zeitpunkt des Erfolgseintritts (arg. § 8 S. 2 StGB),

---

145 Wolf (Fn. 3), S. 86.
146 BGHSt 32, 194; ZStW 115 (2004), 765, 775; L/K/*Kühl*, Vor §§ 211 ff. StGB, Rn. 3; Otto, Jura 2003, 612, 614.
147 Prütting/*Duttge*, Medizinrecht, § 212 StGB, Rn. 6; Sch/Sch/*Eser*, Vor §§ 211 ff. StGB Rn. 13; NK-Medizinrecht/*Gaidzik*, §§ 211–216 StGB, Rn. 2.
148 So jedoch *Lüttger*, in: FS Heinitz, 359, 366.
149 L/K/*Kühl*, Vor §§ 211 ff. StGB, Rn. 3.
150 MüKo-StGB/*Schneider*, Vor §§ 211 ff. StGB, Rn. 1.
151 NK-StGB/*Merkel*, § 218 StGB Rn. 1; Sch/Sch/*Eser*, § 218 StGB Rn. 5 f.
152 MüKo-StGB/*Schneider*, Vor §§ 211 ff. StGB, Rn. 1; Prütting/*Duttge*, Medizinrecht, § 218 StGB, Rn. 10.
153 NK-Medizinrecht/*Gaidzik*, §§ 218–219b StGB, Rn. 3 f.

sondern auf den Augenblick ankommt, zu dem das täterschaftliche Verhalten „auf das Opfer einwirkt".[154]

Fraglich ist in diesem Zusammenhang jedoch, ob es für den Schutz durch die §§ 211–217 StGB auch auf die Lebensfähigkeit des Säuglings ankommt. Nach h.M. wird dies abgelehnt.[155] Um Objekt der Tötungs- und Körperverletzungsdelikte sein zu können, ist es also lediglich erforderlich, dass das Kind im vorbezeichneten Zeitpunkt der Tat tatsächlich gelebt hat, ohne dabei noch vom Leben der Mutter abhängig zu sein.[156] Deswegen kann auch ein Säugling, der nach Alter oder Bildung seiner Organe keine Chance hat, außerhalb des Mutterleibes längere Zeit fortzuleben, Objekt eines Tötungsdeliktes sein, da angesichts der Lebensgarantie des Art. 2 II 1 GG auch der strafrechtliche Lebensschutz grundsätzlich weder von der physischen Lebensfähigkeit oder Lebenserwartung noch vom subjektiven Lebenswillen, geschweige denn von seiner sozialen Funktionsfähigkeit oder gesellschaftlichen Wertschätzung abhängig gemacht werden kann und darf.[157] Die in der medizinischen Literatur teilweise vertretene Gegenauffassung[158] ist nicht akzeptabel, weil sie die Fähigkeit zum Weiterleben zur Bedingung des Lebens des neugeborenen Menschen erhebt, was der grundrechtlich geschützten Lebensgarantie klar widerspricht.[159]

b. Lebensfähigkeit

Doch im Zusammenhang mit siamesischen Zwillingen ergibt sich hier ein weiteres Problem: Was ist mit Zwillingen, bei denen sämtliche Organe nur einmal vorhanden sind? Hier ist mindestens einer der beiden Zwillinge zu keinem Zeitpunkt selbstständig lebensfähig. Zwar kann er vom Mutterleib ge-

---

154 BGHSt 31, 348, 352; BGH NStZ 2008, 393, 394; Prütting/*Duttge*, Medizinrecht, § 212 MüKo-StGB/*Schneider*, Vor §§ 211 ff. StGB, Rn. 71.
155 Gössel/Dölling, BT 1, § 2, Rn. 5 f.; LK/*Jähnke*, § 211 StGB Rn. 6; L/K/*Kühl*, Vor §§ 211 ff. StGB, Rn. 3; NK-StGB/*Neumann*, Vor §§ 211 ff. StGB, Rn. 12; Sch/Sch/ *Eser/Sternberg-Lieben*, § 211 StGB, Rn. 14.
156 RG, DR 1939, 365; BGHSt 10, 291, 292 f.; LK/*Jähnke*, § 211 StGB, Rn. 5 ff.; Rengier, BT 2, § 2, Rn. 6; Sch/Sch/*Eser/Sternberg-Lieben*, Vor §§ 211 ff. StGB, Rn. 14; Sowada, Der strafrechtliche Schutz am Beginn des Lebens, GA 2011, 389, 407.
157 Maunz/Dürig/*di Fabio*, Art. 2 II GG, Rn. 8 ff.; Sch/Sch/*Eser/Sternberg-Lieben*, Vor §§ 211 ff. StGB, Rn. 14.
158 Hiersche, Schwangerschaftsabbruch und Anencephalus, MedR 1984, 215, 215 f. in Bezug auf die Anencephalie.
159 So auch BGHSt 10, 291, 292, wonach sogar bei Föten, die infolge eines missglückten Schwangerschaftsabbruchs ausgestoßen wurden, die weitere Lebensfähigkeit entbehrlich sei.

trennt zumindest kurzzeitig leben, jedoch nicht getrennt von seinem anderen siamesischen Zwilling. Ist für die Definition „geborener Mensch" und damit für den Schutz der Delikte gegen den Menschen die selbstständige (kurze) Lebensfähigkeit des Säuglings oder lediglich die Lebensfähigkeit außerhalb des Mutterleibs entscheidend? Wäre lediglich die selbstständige Lebensfähigkeit außerhalb des Mutterleibes entscheidend, so könnte ein siamesischer Zwilling als geborener Mensch gelten, wenngleich er nur mithilfe der Organe seines Zwillingsgeschwisterchens leben kann. Wenn man auf die autonome Lebensfähigkeit des Einzelnen, also auch auf die eigenständige Lebensfähigkeit unabhängig von seinem siamesischen Zwillingsgeschwisterteil, abstellt, ergibt sich bei siamesischen Zwillingen mit beispielsweise nur einem Herzen die Situation, dass nur einer der Zwillinge, in dessen Körper das nur einmal vorhandene Herz liegt, theoretisch selbstständig leben könnte. Somit würde das Zwillingspaar rechtlich gesehen dann aus einer Lebend- und einer Totgeburt bestehen. Wenn dies so wäre, folgt daraus jedoch auch, dass eine Trennung, die für den Zwilling, der keine eigenen Organe hat, tödlich wäre, rein rechtlich keine großen Probleme darstellen würde, da man juristisch gesehen nur eine Totgeburt von einer Lebendgeburt[160] abtrennen würde.

Nach der Definition der Weltgesundheitsorganisation (World Health Organization, kurz WHO) aus dem Jahr 1974 und in Anlehnung an § 29 III PStV kann von einer Lebendgeburt gesprochen werden, wenn der Fötus mindestens 500 Gramm wiegt und nach der Trennung vom Mutterleib entweder sein Herz geschlagen, er geatmet oder seine Nabelschnur pulsiert hat.[161] Es wird jedoch schwer bei einem siamesischen Zwilling, der über die Organe seines Zwillingsgeschwisterteils versorgt wird und daher oft auch über dessen Nabelschnur schon im Mutterleib versorgt wurde, einen autonomen Herzschlag, eine autonome Atmung oder ein Pulsieren seiner Nabelschnur festzustellen. Somit könnte man bei einem so gelagerten Fall von siamesischen Zwillingen rein nach dem Wortlaut

---

160 Hier kommt es für die Einordnung m. E. darauf an, worauf man abstellt. Da man hier gerade auf eine eigenständige autonome Lebensfähigkeit abstellt, käme man zum genannten Ergebnis, da dieser Zwilling nach operativer Wahrscheinlichkeit postoperativ selbstständig sein könnte, müsste man von einer Lebend- und einer Totgeburt ausgehen. Streng genommen kann aber auch der Zwilling, in dessen Körper das Herz liegt, nicht autonom existieren, weil eine Trennung ja gerade noch nicht im Raum steht und diese abermals Zuteilungsprobleme aufwerfen würde. Das würde jedoch bedeuten, dass es zwei Totgeburten wären, von denen dann eine bei Trennung lebendig werden würde.
161 Fischer, StGB, Vor § 211 StGB, Rn. 5; Ullmann, NJW 1994, S. 1575.

der Definitionen, auf die unser Strafrecht teils zurückgreift,[162] tatsächlich von einer Lebend- und einer Totgeburt ausgehen oder auch insgesamt nur von einem lebend geborenen Menschen.

Man muss daneben bedenken, dass es bei diesen Definitionsinhalten hierzulande stets um die Abgrenzungsmerkmale einer Strafbarkeit nach den §§ 211–217 StGB von einer Strafbarkeit nach §§ 218 ff. StGB geht, weshalb es nach dem Sinn und Zweck hier wohl rein um eine Lebensfähigkeit, wenn auch nur für eine Sekunde, außerhalb des Mutterleibs, geht. Dabei müsste es für diese Abgrenzung also grundsätzlich keine Rolle spielen, ob der siamesische Zwilling außerhalb des Mutterleibs von einer anderen Person als seiner Mutter am Leben gehalten wird. Diese Definition dient auch zur genaueren Qualifizierung des Schutzgutes der §§ 211 ff. StGB. Schutzgut ist das höchstrangige Rechtsgut „Leben".[163] Daher ist es einer Abwägung mit anderen Gütern entzogen.[164] Die Tötungsdelikte gewährleisten nicht nur umfassenden, sondern auch absoluten Lebensschutz, dergestalt, dass das Leben in jeder Phase in gleicher Weise als Rechtsgut angesehen wird.[165] Die Garantie der Menschenwürde aus Art. 1 I GG und der Gleichheitssatz aus Art. 3 I GG gewährleisten die Geltung dieser Prinzipien.[166] Daher kann die Lebensfähigkeit auf den strafrechtlichen Schutz des Menschen grundsätzlich keinen Einfluss haben. Ein Kind, das lebend zur Welt kommt, ist ab dem Zeitpunkt des Geburtsanfangs taugliches Objekt der Tötungs- und Körperverletzungsdelikte, sofern es unabhängig von der Mutter in menschlicher Weise lebt.[167] Um den Schutz des Lebens nach Art. 2 II 1 GG umfassend zu gewährleisten, muss jedes menschliche Wesen, das unabhängig vom Mutterleib lebt, auf welche Weise auch immer als Lebendgeburt und damit als geborener Mensch i.S.d. §§ 211 ff. und §§ 223 ff. StGB gelten. Jedes andere Ergebnis würde ebenso ethisch gesehen keinerlei Grundlage finden können. Abzustellen ist also auf die Trennung von Mutter und Neugeborenen und nicht von Neugeborenen und Neugeborenen.[168]

---

162 Prütting/*Duttge*, Medizinrecht, § 212 StGB, Rn. 7.
163 MüKo-StGB/*Schneider*, Vor §§ 211 ff. StGB, Rn. 27.
164 MüKo-StGB/*Erb*, § 34 StGB, Rn. 116.
165 LK/*Jähnke*, § 211 StGB, Rn. 5; Maurach/Schroeder/Maiwald, BT 1, § 1, Rn. 5–7.
166 MüKo-StGB/*Schneider*, Vor §§ 211 ff. StGB, Rn. 27.
167 BGHSt 10, 291, 292 f.; LK/*Jähnke*, § 211 StGB, Rn. 5 ff.; Rengier, BT 2, § 2, Rn. 6; Sch/Sch/*Eser*/Sternberg-Lieben, Vor §§ 211 ff. StGB, Rn. 14; Sowada, GA 2011, 389, 407.
168 Siehe auch Wolf (Fn. 3), S. 86, sowie die Richter im Urteil von Jodie und Mary in Re A (children), S. 1054.

Wenn nun siamesische Zwillinge als geborene Menschen zu qualifizieren sind, so stellt sich nachfolgend die Frage nach deren Todeszeitpunkt. Ist ein siamesischer Zwilling, der beispielsweise kein eigenes Herz hat und nur durch sein Geschwisterteil am Leben erhalten wird, nicht schon tot?

Der Tod ist kein exakter Zeitpunkt, sondern ein fortschreitender Prozess, bei dem ein sukzessives Absterben der Organe und Gewebe zu beobachten ist.[169] Der Begriff „Sterben" wird medizinisch als der „Vorgang des Erlöschens der Lebensfunktion bis zum Tod" definiert.[170] Man kann ihn nur aufgrund verschiedener Kriterien festlegen. Früher war der Herztod ein Kriterium, d. h. ein Mensch galt in der Medizin als tot, wenn bei diesem ein Atem- und Herzstillstand diagnostiziert wurde.[171] In einem solchen Fall würde der vorher beschriebene siamesische Zwilling als tot gelten. Allerdings würde diese Denkweise auch wieder zu dem absurden Ergebnis führen, dass dieser siamesische Zwilling zwar aufgrund des absoluten Lebensschutzes als geborener Mensch gelten würde, jedoch aufgrund seines fehlenden Herzensschlages nach einer juristischen Sekunde als tot gelten würde. Aufgrund dieses Umstandes und wegen der fortschreitenden Medizin kann dieses Kriterium nicht ausschlaggebend sein. Angesichts von bspw. Herz-Lungen-Maschinen würden Menschen nach dem Herztodkriterium als noch am Leben gelten.

Daher wurde in neuerer Zeit als Todeszeichen nach h.M. das sog. Hirntodkriterium festgelegt.[172] Denn da es dem Strafrecht um den Schutz menschlichen Lebens geht und der Sitz dessen, was das „Person-Sein" des Menschen und sein Lebenszentrum ausmacht, nicht im Herzen oder einem sonstigen Organ, sondern im Gehirn als zentralem Steuerungsorgan des Gesamtorganismus zu erblicken ist,[173] wird der das Ende spezifisch menschlichen Lebens markierende Vorgang zu Recht im irreversiblen und totalen Funktionsausfall des Gehirns gesehen.[174]

---

169 Pawlowski, Die strafrechtliche Bewertung der Organtransplantation, S. 7.
170 Hildebrandt, Pschyrembel Klinisches Wörterbuch, S. 1460.
171 Schlake/Roosen, Der Hirntod als der Tod der Menschenwürde, S. 15.
172 Günther, in: Bien/Conzelmann, Hirntodkriterium und Organtransplantation, S. 19; Klinge, Todesbegriff, Totenschutz und Verfassung, 1996, 125, 147; Kühl, JA 2009, 321, 323; Küper, BT, S. 298; Lüttger, JR 1971, S. 309 ff.; Merkel, Früheuthanasie, S. 111, 113; Sch/Sch/*Eser/Sternberg-Lieben*, Vor §§ 211 ff. StGB, Rn. 20; Sternberg-Lieben, JA 1997, S. 80 ff.; Tag, Der Körperverletzungstatbestand im Spannungsfeld zwischen Patientenautonomie und Lex artis, S. 145; v. Thannhausen, Der Todesbegriff im Strafrecht, S. 228; Wessels/Hettinger, BT 1, Rn. 21.
173 *Stratenwerth*, in: FS Engisch, S. 543.
174 Merkel, Jura 1999, 113; Sch/Sch/*Eser/Sternberg-Lieben*, Vor §§ 211 ff., Rn. 19.

Denn der Hirntod stellt den Zeitpunkt des „point of no return" eines Menschen dar und zeigt dessen Todeseintritt an.[175]

Gegen das Herztodkriterium könnte auch folgender Fall aus Schweden[176] sprechen: Dort war einem Patienten erfolgreich das Herz eines anderen Menschen eingepflanzt worden. Der Patient, dem das Herz eingepflanzt wurde, hatte jedoch vor der Transplantation gegen das schwedische Steuerrecht verstoßen und war daher straffällig geworden. Bei der Gerichtsverhandlung, die nach der Transplantation stattfand, berief sich der Anwalt des Steuersünders auf eine Vorschrift, in der ausdrücklich geregelt war, dass ein Mensch für das Recht dann tot sei, wenn sein Herz aufgehört habe zu schlagen. Scharfsinnig hatte sein Rechtsanwalt daraus geschlossen, dass sein Mandant jedenfalls nicht mehr dieselbe Person sein könne, die möglicherweise früher einmal gegen das Steuerrecht verstoßen habe, da der Steuersünder laut Gesetzeswortlaut in dem Augenblick gestorben sei, als sein eigenes Herz aufgehört habe zu schlagen. Dem schwedischen Staatsanwalt blieb letztlich nur der Rückzug. Die Strafverfolgung wurde daraufhin eingestellt. Freilich könnte man möglicherweise versuchen, das Gesetz nach dem Sinn und Zweck auszulegen, und somit eventuell zu einem anderen Ergebnis gelangen, jedoch wird durch diesen Fall abermals deutlich, dass einzig ein irreversibler totaler Funktionsausfall des Gehirns den Prozessbeginn des kommenden Todes darstellen kann.

So ist auch der Hirntod im Transplantationswesen vom Gesetzgeber als entscheidende Voraussetzung eines toten Spenders für eine postmortale Organspende als der „endgültige, nicht behebbare Ausfall der Gesamtfunktion des Großhirns, des Kleinhirns und des Hirnstamms nach Verfahrensregeln, die dem Stand der Erkenntnisse der medizinischen Wissenschaft entsprechen" (§ 3 II Nr. 2 TPG) definiert worden. Aufgrund dessen könnte man sagen, dass in § 5 I TPG eine falsche Formulierung verabschiedet wurde. In dieser Norm wird vom Stillstand von Herz und Kreislauf gesprochen. Jedoch wird bei der Annahme von zwei verschiedenen Todesbegriffen des § 3 bzw. § 5 TPG verkannt, dass letzterenfalls bei nicht mehr behebbarem Stillstand von Herz und Kreislauf nach Ablauf von weiteren drei Stunden für die Todesfeststellung bereits ein Arzt (statt sonst zwei) genügt, ohne dass damit die Hirntodfeststellung i.S.v. § 3 TPG entfiele.[177]

---

175   Fischer, StGB, Vor § 211, Rn. 15.
176   Joerden (Fn. 12), 37, 38 f.
177   Sch/Sch/*Eser*/Sternberg-Lieben, Vor §§ 211 ff., Rn. 20.

Diese entwickelten Grundsätze erscheinen auch bei siamesischen Zwillingen als sachgerecht. Somit gelten auch siamesische Zwillinge erst als tot, wenn ihr jeweiliger Hirntod festgestellt werden kann.

2. Siamesische Zwillinge als eine Person?

a. Das Gehirn als Lebenszentrum

Dem Strafrecht geht es um den Schutz menschlichen Lebens. Das menschliche Leben hat das „Person-Sein" des Menschen und sein Lebenszentrum zum Inhalt und wird nicht am Herzen oder einem sonstigen Organ, sondern im Gehirn als zentralem Steuerungsorgan des Gesamtorganismus festgemacht.[178] Nach dieser Definition wäre ein Mensch eine eigenständige Person, wenn er ein eigenes Gehirn hat. Im Umkehrschluss bedeutet das jedoch auch, dass ein siamesischer Zwilling mit zwei vollständig ausgebildeten Körpern, aber nur einem Kopf bzw. nur einem Gehirn eben kein siamesischer Zwilling im eigentlichen Sinne ist, sondern vielmehr eine parasitäre Doppelbildung (siehe § 2 A. I.), was eine Vorstufe zum entwickelten siamesischen Zwilling darstellt und welche sich biologisch betrachtet nur graduell von einem siamesischen Zwilling unterscheidet.[179] Jedoch ist offenbar die Ausbildung eines zweiten Gehirns zugleich das maßgebliche Kriterium, dass es sich um zwei Personen handelt.[180] Die Frage, ob ein zweiter kompletter Körper besteht oder nicht, ist also hinsichtlich der Lösungsfindung, ob siamesische Zwillinge eine oder zwei Personen darstellen, nur begrenzt hilfreich. Aufgrund der Schwierigkeit bei der Festlegung, was ein vollständiger Körper ist, besteht zudem die Gefahr willkürlicher Abgrenzung, weswegen weitere Merkmale, die eine Person charakterisieren, zu untersuchen sind.[181]

Joerden[182] hat diesbezüglich bei siamesischen Zwillingen eine auf den ersten Blick etwas befremdlich wirkende, jedoch durchaus überlegenswerte Theorie aufgestellt: Statt nach weiteren Merkmalen zu suchen, stellt er die These auf, es könnte sich bei siamesischen Zwillingen nicht um zwei separate, aber zusammengewachsene Wesen handeln, sondern um ein einheitliches Wesen, gleichsam mit zwei Gehirnen und weiteren Doppelungen von Extremitäten und Organen, bei welchem sich die Frage nach einer Trennung gar nicht stellen würde, sofern die Lebensfähigkeit dieses Wesens gegeben wäre. Falls die Überlebensfähigkeit da-

---

178 *Stratenwerth*, in: FS Engisch, S. 543.
179 Wolf (Fn. 3), S. 88; Joerden (Fn. 12), 119, 121.
180 Joerden (Fn. 12), 119, 121.
181 Wolf (Fn. 3), S. 93.
182 Joerden (Fn. 12), 119, 122 f.

von abhinge, dass ein Gehirn und weitere Organe und Extremitäten dieses einen Wesens abgetrennt werden, so bedarf es dann lediglich der Rechtfertigung einer Körperverletzung.

Gegen diese Idee von Joerden spricht jedenfalls nicht die genetische Konstitution:[183] Die genetische Verfassung der Zellen ist bei siamesischen, wie auch bei allen nicht zusammengewachsenen eineiigen Zwillingen, nicht unterschiedlich, sondern bei allen Zellen der beiden identisch.[184] Gleichfalls kann man grundsätzlich gesehen auch nicht aus der bloßen Verdopplung von Extremitäten, Organen etc. bei siamesischen Zwillingen pauschal darauf schließen, dass es sich allein daher um zwei Individuen handle, denn schließlich käme auch bei einem „normal" ausgebildeten Menschen niemand auf die Idee, dass es sich eigentlich um zwei Wesen handeln müsse, da viele Körperteile wie beispielsweise Augen, Ohren, Arme, Beine, Nieren, Gehirnhälften etc. doppelt vorkommen.[185] Auch verbietet sich das Argument gegen Joerden, dass es sich bei siamesischen Zwillingen offenbar um gleichsam ungewöhnliche Wesen handelt, denn menschliche Lebewesen sind weder in bestimmter Hinsicht normiert, noch soll eine solche Normierung gemacht werden.[186] Allerdings überzeugt diese Sichtweise nicht, da es schon eine Art durch medizinische Kenntnisse vorgegebene „Normalanatomie" eines Menschen gibt. Das bedeutet hingegen freilich nicht, dass Abweichungen hiervon wie bspw. das Vorhandensein von nur vier Fingern an einer Hand zu einer Absprechung des „Menschen-Daseins" führen.

Nach Joerden sind die genannten Anzeichen oder Äußerlichkeiten zwar Indizien für das Vorliegen von zwei Individuen, jedoch keine hinreichende Begründung.[187] Grund, weswegen wir in unserem Inneren bei siamesischen Zwillingen mit zwei Köpfen und zwei Gehirnen von zwei Menschen ausgehen, ist laut Joerden vielmehr die Befolgung der „Goldenen Regel", nach welcher man demjenigen, in welchen man sich hineinversetzen kann, die gleiche Achtung schuldet, die man auch für sich selbst beansprucht.[188] Daraus folgt bezogen auf siamesische Zwillinge, dass man bei der Ausbildung eines Wesens mit zwei voneinander getrennten Gehirnen auch von zwei Personen ausgehen muss, da wir uns in jeden

---

183 Ebda.
184 Wolf (Fn. 3), S. 100.
185 Ebda.
186 Ebda.
187 Joerden (Fn. 12), 119, 122 f.
188 Auslegung der „Goldenen Regel" nach Tobias, 4, 16 und Matthäus, 7, 12: „Was du nicht willst, dass man dir tu', das füg' auch keinem andern zu!"; Joerden (Fn. 12), 119, 123.

der beiden Zwillinge unabhängig voneinander hineindenken können.[189] Für den Fall der Craniopagen, die am Kopf derart verwachsen sind, dass die beiden Gehirne praktisch ineinander übergehen, geht Joerden allerdings davon aus, dass es sich hier um nur ein Wesen handelt da keine zwei Gehirne, sondern nur ein verwachsenes Gehirn vorliegt.[190]

Diese Aussage ist m. E. widersprüchlich zu dem vorherigen Gesagten von Joerden. Wenn es tatsächlich die Fähigkeit ist, uns in eine andere Person hineinzudenken, die uns zu dem Schluss bringt, dass wir es mit einer eigenständigen Person zu tun haben, wieso soll das bei Craniopagen mit verwachsenen Gehirnen nicht denkbar sein? Selbst wenn die Gehirne derart verwachsen sind, dass nicht einmal ein Mediziner – ohne genaue Sektion der Gehirne – erkennen kann, wem welcher Teil des Gehirns gehört, so ändert dies nichts daran, dass wir – schon allein da wir von außen gar nicht sehen können, inwiefern sich die Gehirne ineinander verwachsen haben – uns in beide unabhängig voneinander hineinversetzen können. Hintergrund hierfür ist nämlich, dass wir bei zwei Köpfen mit zwei Gesichtern, auch wenn die Köpfe verwachsen sind (Craniopagen), automatisch von zwei Menschen ausgehen.[191] Insgesamt lässt sich daher sagen, dass sich auch aus Joerdens Definition ergibt, dass es für das Vorliegen von zwei Menschen erforderlich ist, zwei Köpfe und damit zwei Gehirne zu besitzen, da man sich in diesem Fall in beide unabhängig voneinander hineinversetzen kann.

Selbst wenn man das Vorgehen der h.M., die mit dem Vorhandensein eines Gehirns das Vorhandensein eines Menschen gleichsetzt, für einzig entscheidend und klar abgrenzbar hält, so könnte sich unabhängig von Joerden bei Craniopagen (am Kopf verwachsene siamesische Zwillinge) durch die häufig verwachsenen Gehirne trotzdem ein Problem ergeben.

b. Eigenständigkeit

In diesem Zusammenhang stellt sich rechtsethisch auch die Frage, was einen Menschen tatsächlich zu einer eigenständigen Person[192] und damit siamesische Zwillinge zu zwei Individuen macht. Was sind also die elementaren Vorausset-

---

189 Joerden (Fn. 12), 119, 123 f.
190 Joerden (Fn. 12), 119, 124.
191 Beispielsweise Pearn, Bioethical Issues in Caring for Conjoined Twins and Their Parents, The Lancet 357 (2001), 1968, 1968; Wolf (Fn. 3), S. 100 f.
192 Hier wird der philosophischen Theorie gefolgt, dass dem Menschen „Person-Sein" zugeschrieben wird, weil er ein individuelles sittliches Subjekt ist; Definition siehe Wolf (Fn. 3), S. 90; auf andere Theorien wird hier mangels Relevanz und aus Platzgründen nicht eingegangen.

zungen des Menschseins bzw. seines Wesenskerns? Andere Stimmen argumentieren im Zusammenhang mit Föten in ähnlicher Weise, welche Eigenschaften es sind, die Lebewesen haben können, die für die Einräumung des Lebensrechts eines Menschen relevant ist: Hoerster sieht die Antwort auf diese Frage allein in dem Vorhandensein des Interesses, das gewisse Lebewesen an ihrem Weiterleben oder Überleben besitzen.[193] Es wird an anderer Stelle[194] in diesem Zusammenhang ebenso von „Schmerzbewusstsein"[195], Vernunft, Individualität, Selbstbewusstsein, Selbstreflexion, sozialer Zugehörigkeit oder Interaktionskompetenz[196] gesprochen, die die „Personalität" ausmachen.[197] Fraglich ist also, ob beispielsweise auch Craniopagen mit verwachsenen Gehirnen diese aufgezählten Eigenschaften aufweisen. Sobald siamesische Zwillinge zwei Gehirntätigkeiten zeigen, besitzen sie grundsätzlich die Fähigkeit, unabhängig voneinander mit ihrer Umwelt zu kommunizieren, auch wenn sie wegen schwerer Beeinträchtigung teilweise niemals in der Lage zur selbstständigen Existenz sein werden.[198] Bisweilen kann es auch sein, dass der zweite Kopf lediglich Lebenszeichen, wie etwa blinzeln, lächeln und weinen aufzeigt, doch auch dies sind Lebenszeichen.[199]

Weiterhin wird generell in der Literatur von unterschiedlichen Persönlichkeiten beider siamesischer Zwillinge berichtet.[200] Auch legen viele siamesische Zwillinge viel Wert darauf, als zwei unterschiedliche Individuen mit unterschiedlichen Persönlichkeiten und Geschmäckern gesehen und behandelt zu werden, weshalb man sagen kann, dass sie unabhängig voneinander zur Reflexion fähig sind.[201]

Die amerikanische Professorin und Psychologin Sagal[202] meint sogar, dass körperliches Verbundensein das Bedürfnis verstärkt, sich individuell vom anderen abzugrenzen. Darüber hinaus wird stets von unterschiedlichen Temperamenten, beruflichen Ambitionen, Geschmäckern und Lebenszielen sia-

---

193 Hoerster, NJW 1991, 2540, 2542.
194 Hoerster, JuS 1989, 172, 175; Tröndle, NJW 1991, 2542, 2542.
195 Hoerster, NJW 1991, 2540, 2541.
196 Interaktionskompetenz meint die Fähigkeit zur Interaktion, zum Sprechen, Sichausdrücken-Können und Handeln; Definition siehe Duden, Interaktion und Kompetenz.
197 Wolf (Fn. 3), S. 91.
198 Wolf (Fn. 3), S. 86.
199 Wolf (Fn. 3), S. 87.
200 Bockenheimer-Lucius, (Fn. 89), S. 226; Dreger, One of Us. Conjoined Twins and the Future of Normal, S. 1 ff.; Quigley (Fn. 61), S. 7 ff.; Weishäupl (Fn. 2), S. 5 ff.; sowie beispielsweise auch bei Wilkinson, Separating Conjoined Twins 2005, S. 257 f.
201 Wolf (Fn. 3), S. 94.
202 Sagal, Entwined Lives: Twins and What They Tell Us about Human Behavior, S. 309.

mesischer Zwillinge berichtet.²⁰³ Dreger²⁰⁴ drückt das Dilemma sehr schön aus, indem er sagt, siamesische Zwillinge seien autonom und individuell im Geiste, jedoch gefangen im verbundenen Körper. Dieses Gefangensein zweier Seelen in einem verbundenen Körper lässt sich jedoch nicht, wie dies in der Literatur²⁰⁵ angedacht wird, mit einer Person mit multipler Persönlichkeitsstörung vergleichen. Bei Menschen mit multipler Persönlichkeitsstörung handelt es sich unbestreitbar um eine Person mit einer mehrfach ausgefächerten Psyche, also ein psychologisches Krankheitsbild, wohingegen es sich bei siamesischen Zwillingen um zwei Persönlichkeiten handelt, die sich in zumindest teilweisen organischen Ausbildungen manifestieren.²⁰⁶ Darüber hinaus kann jeder siamesische Zwilling im Unterschied zu Menschen mit multipler Persönlichkeitsstörung gleichzeitig unterschiedlich interagieren und sprechen, wenn auch teilweise wegen des engen Zusammenlebens und der Umwelteinflüsse sehr ähnlich.²⁰⁷ Im Ergebnis lässt sich also feststellen, dass siamesische Zwillinge in der Öffentlichkeit sowie aus der Sicht der Zwillinge selbst nach den oben genannten Merkmalen zwei Personen darstellen, die unabhängig voneinander zur Kommunikation mit der Umwelt fähig sind.²⁰⁸

Die Frage ist in diesem Zusammenhang aber ebenso, inwiefern sich dieser eigene Wille realisieren lässt. Siamesische Zwillinge sind zwei Individuen mit zwei eigenen Gedankenvorgängen und Willen, jedoch kann stets nur einem Willen gefolgt werden. Wie ist dies bei Behinderten oder Kindern, Kleinkindern oder Babys? Diese können grundsätzlich dem eigenen Willen,²⁰⁹ sobald man einen solchen feststellen kann, auch nur beschränkt folgen. Wie die vorgestellten Fragen zeigen, impliziert jeder Versuch einer Ungleichbehandlung eine willkürliche Ausgrenzung und Selektion, die nach der geschichtlichen Erfahrung soweit gehen kann, dass selbst rasse-ideologische Kriterien Relevanz erlangen.²¹⁰ Denn aus

---

203 Wilson, On Human Nature, S. 45 f.; Sagal (Fn. 201), S. 304.
204 Dreger (Fn. 176), 17, 44.
205 Barilan, One or Two: An Examination of the Recent Case of Conjoined Twins from Malta, JMP 28 (2003), 27, 35 f.
206 Wolf (Fn. 3), S. 95.
207 Wolf (Fn. 3), S. 96.
208 So auch Wolf (Fn. 3), S. 97.
209 Nach Singer/Kuhse, Muss dieses Kind am Leben bleiben?, S. 243 ff., sind Neugeborene und Kleinkinder nicht fähig, sich selbst als Wesen zu sehen, Wünsche zu äußern oder zukunftsorientiert zu handeln, weswegen ihnen deren Meinung nach kein inhärentes Lebensrecht zusteht.
210 Neuner, Zur Rechtsfähigkeit des Anencephalus, MedR 31 (2013), 647, 650.

einer bloß tatsächlichen Dominanz eines bestimmten Erscheinungsbildes (dem „Normaltypus") lassen sich keine rechtsethischen Werturteile ableiten, erst recht verbietet es sich, sich über Mitmenschen zu erheben und prinzipiell darüber zu befinden, wann diesen beispielsweise ein „relevantes Überlebensinteresse" fehlt, sei es als Neugeborene[211], bis zu zehn Wochen nach der Geburt[212], als Kinder mit Behinderungen oder bei siamesischen Zwillingen.

Sobald tatsächlich naturwissenschaftliche Zweifel über die Spezieszugehörigkeit – wie bei Craniopagen Zweifel über das Vorliegen eines eigenen Gehirns – bestehen, sollte ein Wesen als Mensch gelten; es ist für die Grundrechtsordnung nämlich hinnehmbarer, dass ein „Nicht-Mensch" irrtümlich so behandelt wird, als habe er Menschenwürde, als dass der Anspruch eines Menschen auf Achtung seiner Würde verletzt wird („in dubio pro dignitate").[213] Denn anderenfalls würde auch die ethische und rechtliche Grundmaxime der Gleichberechtigung und des gegenseitigen Achtens[214] von vornherein aufgegeben werden.

Darüber hinaus sind einzig die Grundrechte, insbesondere die Menschenwürde nach Art. 1 I GG[215] und das Recht auf Leben und körperliche Unversehrtheit gemäß Art. 2 II 1 GG und deren hohe ethische Bedeutung grundlegend für diese Beurteilung.[216] Der uneingeschränkte Schutz des Art. 1 I GG ist Ausdruck der verfassungsgeberischen Reaktion auf die systematische Verfolgung und Ermordung von Menschen während der NS-Diktatur, die nicht der „Norm" entsprechen (sog. „Ballastexistenzen").[217] Denn die Würde des Menschen ist nicht nur als Wert, sondern auch mit dem Gebot benannt, sie zu beachten (vgl. Art. 2 S. 1 EUV).[218] Aus diesen Normen heraus verbietet sich eine Art teleologische Reduktion der §§ 211 ff. StGB und der §§ 223 ff. StGB auf Menschen, die „Ich-Bewusstsein", „Rationalität" oder Interesse am Weiterleben bzw. Überleben haben. Mit der lex lata sind solche Einschränkungen unvereinbar.[219]

---

211 Wie bei Hoerster, Neugeborene und das Recht auf Leben, 1995, S. 16 ff.; Hoerster, JuS 1989, 172, 178; kritisch hierzu Tröndle, NJW 1991, 2542, 2542 f.; Neuner, Zur Rechtsfähigkeit des Anencephalus, MedR 31 (2013), 647, 650.
212 Mangels unpräziser Festlegung eines genauen Zeitpunkts verbietet sich eine grundsätzliche reduzierte Schutzwürdigkeit Neugeborener; Wolf (Fn. 3), S. 99.
213 Seubold/Hillgruber, Humantechnologie und Menschenbild 2006, 87, 95–97; BeckOK-GG/*Hillgruber*, Art. 1 GG, Rn. 3.1; Neuner, MedR 31 (2013), 647, 650.
214 Wolf/Neuner, AT des Bürgerlichen Rechts, 10. Auflage 2010, § 10, Rn. 2 ff.
215 Oder auch nach Art. 1 GRC.
216 Tröndle, NJW 1991, 2542, 2542.
217 Lindner, Theorie der Grundrechtsdogmatik, S. 189 ff.
218 GHN/*Hilf/Schorkopf*, Art. 2 EUV, Rn. 22.
219 Neuner, MedR 31 (2013), 647, 650.

Vielmehr gewährleistet die Garantie der Menschenwürde Achtung und Schutz des Einzelnen in seinem „Sosein".[220] Niemand darf aufgrund von körperlichen Gegebenheiten benachteiligt werden (Art. 3 GG). Der ethisch bedeutsame Gehalt des Gleichheitssatzes ist darin zu sehen, dass derjenige, der einem Individuum ein Recht zuschreibt, begründen muss, warum er dieses Recht einem anderen Individuum nicht zuschreibt, indem er zeigt, dass in Bezug auf jenes andere Individuum, dem er das betreffende Recht nicht zuschreiben will, ethisch bzw. rechtlich andere Umstände gegeben sind.[221]

Bei oben genannten Unterscheidungsmerkmalen, wie beispielsweise Interesse am Weiterleben/Leben, „Schmerzbewusstsein", Vernunft, Individualität, Selbstbewusstsein, Reflexion, soziale Zugehörigkeit oder Interaktionskompetenz, kann kein genauer Zeitpunkt identifiziert werden, ab welchem diese Eigenschaften vorliegen.[222] Aus dem Gesichtspunkt der vertikalen Gleichheit verbietet sich eine Verknüpfung des Zeitpunktes der Entwicklung dieser Eigenschaften mit der ethisch und rechtlich relevanten zeitlichen Grenze für die Zuschreibung bzw. Nichtzuschreibung von verschiedensten Rechten und Pflichten eines Individuums, hier insbesondere die Zuschreibung bzw. Nichtzuschreibung eines Lebensrechts.[223]

Darüber hinaus erscheint es nicht nachvollziehbar, wieso man allein aufgrund der mangelnden Fähigkeit, diese Kriterien zu besitzen bzw. ausüben zu können, auf die generelle Schutzunwürdigkeit von Leben schließen sollte, statt beispielsweise zunächst an eine Art Pflegschaft durch die Eltern oder den Staat zu denken, bis diese Eigenschaften ausgeprägt sind.[224]

Aus den genannten Gründen entzieht sich die Beurteilung, ob siamesische Zwillinge eine Person oder zwei Personen sind, diesen Kriterien. Das bedeutet für unseren Fall, dass man bei siamesischen Zwillingen auch für den Fall von stark verwachsenen Gehirnen jedenfalls von zwei Personen ausgehen muss.

Nun könnte man jedoch sagen, dass es im Fall von siamesischen Zwillingen in erster Linie um die Frage geht, ob es sich überhaupt um einen oder zwei Grundrechtsträger handelt. Erst wenn zwei Grundrechtsträger festgestellt werden, wäre fraglich, ob diesen dann voller Grundrechtsschutz zusteht. Dies ist jedoch zweifelsfrei bei einer menschlichen Person mit einem Gehirn, unabhängig von dessen

---

220 Maunz/Dürig/*Herdegen*, Art. 1 GG, Rn 2.
221 Joerden (Fn. 12), 37, 41.
222 Joerden (Fn. 12), 37, 44.
223 Ebda.
224 Joerden (Fn. 12), 37, 44 f.

Ausprägungsstadium,²²⁵ gegeben. Denn wie bereits festgestellt, gilt der „in dubio pro dignitate" Grundsatz, weswegen auch bei Craniopagen mit verwachsenen Gehirnen oder Gehirnteilen schon allein deswegen von zwei Individuen auszugehen ist.

Das Bundesverfassungsgericht²²⁶ stellte zudem klar, dass mit dem Wort „Mensch" i.S.d. Grundgesetzes nicht an die Menschengestaltigkeit angeknüpft wird, sondern allein an den biologischen Begriff des Menschen. Daher wird der vorgenannten Diskussion allein schon aufgrund der Rechtsverbindlichkeit dieses Urteils (§ 31 BVerfGG) die Grundlage entzogen. Auch nach Art. 23 der UN – Kinderrechtskonvention²²⁷ sowie dem UN – Übereinkommen vom 13.12.2006 über die Rechte von Menschen mit Behinderungen²²⁸ wird beispielsweise deutlich, dass an der Rechts- und Grundrechtsfähigkeit von Kindern selbst bei Anencephalie²²⁹ nicht zu rütteln ist. Dadurch wird klar, dass auch bei siamesischen Zwillingen nichts anderes gelten kann und darf, da siamesische Zwillinge, selbst wenn ihre Gehirne, wie bei vielen Craniopagen, zusammengewachsen sind, jedenfalls mindestens so viel Gehirnabschnitte aufweisen wie ein Anencephalus. Somit handelt es sich bei siamesischen Zwillingen um zwei Personen.

Problematisch könnte nur noch die Frage der Rechtsfähigkeit bzw. genauer gesagt, der Fähigkeit, ein eigenständiges Rechtssubjekt darzustellen (Rechtssubjektivität) sein. Jeder Mensch ist in grundsätzlich gleicher Weise fähig, Träger von Rechten und Pflichten zu sein.²³⁰ Für diese Rechtsfähigkeit ist es nicht erforderlich, dass ein Kind eine normale menschliche Gestalt besitzt.²³¹ Auch abnorm gebildeten menschlichen Wesen kommt Rechtsfähigkeit zu.²³²

Jedoch führt das körperliche Verbundensein siamesischer Zwillinge im alltäglichen Leben zu rechtlichen und praktischen verzwickten Situationen wie beispielsweise bei der Beantragung von Führerscheinen, Pässen und Heirats-

---

225 Hofmann, Die versprochene Menschenwürde, AöR 118 (1993), 353, 376; Neuner, MedR 31 (2013), 647, 650; Wolfslast, Grenzen der Organgewinnung – Zur Frage einer Änderung der Hirntodkriterien, MedR 1989, 13, 164 ff.; Wolf (Fn. 3), S. 76.
226 BVerfGE 87, 209, 225; siehe hierzu auch Spickhoff, Medizinrecht Kommentar, Art. 2 II GG, Rn. 19.
227 BGBl. 1992 II, S. 121 ff., 131 f.
228 BGBl. 2008 II, 1419 ff.
229 BVerfGE 39, 1, 41; BVerfGE 88, 203, 252; Benda, Verständigungsversuche über die Würde des Menschen, NJW 2001, 2147, 2148.
230 BeckOK-BGB/*Bamberger*, § 1 BGB, Rn. 6.
231 BeckOK-BGB/*Bamberger*, § 1 BGB, Rn. 13.
232 Staudinger/*Weick*, § 1 BGB, Rn. 9; RGRK-BGB/*Krüger-Nieland*, § 1 BGB, Rn. 1.

urkunden.²³³ Auch bei der „Bestrafung" durch die Eltern, wenn eines ihrer Kinder ungezogen ist²³⁴ oder bei der strafrechtlichen Verfolgung ergeben sich praktische Probleme.²³⁵ Wenn ein Zwilling nämlich eine Straftat begangen hat und dafür beispielsweise in Haft kommt, so muss die Strafverfolgung aufgegeben werden, da man den anderen Zwilling nicht bestrafen darf.²³⁶ Nichtsdestotrotz sind siamesische Zwillinge zwei Menschen und damit auch zwei Rechtssubjekte, die Träger von Rechten und Pflichten sind.²³⁷ Die strafrechtliche oder zivilrechtliche Durchsetzung dieser Rechte und Pflichten ist Teil des Vollstreckungsrechts, nicht des materiellen Rechts, weswegen Probleme in der Durchsetzung dieser Rechte oder strafrechtlichen Sanktionen nicht dazu führen können, dass dem einzelnen siamesischen Zwilling die Rechtssubjektivität aberkannt wird.²³⁸

Das Recht hat also letztendlich nur das Leben im Blick, das den Menschen als Rechtssubjekt ausmacht. Überwiegend wird man sich insgesamt einig sein, dass ein siamesisches Zwillingspaar, bei welchem die medizinische Beweislage deutlich zeigt, dass der eine Zwilling trotz seiner Abhängigkeit von seinem Zwillingsgeschwisterteil eine eigenständige Person mit eigenen Rechten und Pflichten, insbesondere natürlich mit einem eigenen Recht auf Leben und körperliche Unversehrtheit, ist.²³⁹ Wenn ein separates bzw. fast separates, zumindest teilweise funktionsfähiges Gehirn bzw. Hirnteile vorhanden sind und dadurch ein Potential insoweit gegeben ist, dass er unabhängig vom anderen siamesischen Zwilling mit der Welt kommunizieren kann, so handelt es sich beim siamesischen Zwilling um einen Menschen.²⁴⁰

Es ist also festzuhalten, dass der Lebensschutz schon allein aufgrund des geschichtlichen Hintergrundes und hinsichtlich der rasanten medizinischen Entwicklungen sowie der dadurch möglich gewordenen lebenserhaltenden Maßnahmen sehr weit gefasst wird.²⁴¹

Somit muss über eine mögliche Strafbarkeit des Trennens bzw. Nichttrennens nicht auf der Tatbestandsebene über das Merkmal „Mensch" entschieden werden.

---

233 Quigley (Fn. 61), S. 109.
234 Dreger (Fn. 176), S. 34.
235 Quigley (Fn. 61), S. 75.
236 Wie beispielsweise im Fall der Godinobrüder; siehe Quigley (Fn. 61), S. 76.
237 Wolf (Fn. 3), S. 98.
238 Ebda.
239 Wie am Beispiel Jodie und Mary auch Richter Ward in Re A (children), S. 995.
240 Wolf (Fn. 3), S. 101 f.
241 Wolf (Fn. 3), S. 102.

II. Exkurs: Trennung von erwachsenen siamesischen Zwillingen

1. Grundsätzliches

Wie bereits in § 2 festgestellt, liegt der optimale Trennungszeitpunkt innerhalb des ersten Lebensjahres der Zwillinge und damit nicht im Erwachsenenalter. Aufgrund dieser medizinischen Tatsache liegt es auf der Hand, dass die Zahl der Trennungen von siamesischen Zwillingen im Erwachsenenalter sehr gering ist. Der bekannteste ist der bereits genannte Fall der beidseitig tödlichen Trennung der Bijani-Zwillingsschwestern mit knapp 30 Jahren.

Bei erwachsenen siamesischen Zwillingen liegen die Probleme insgesamt weniger im juristischen als vielmehr im medizinischen Bereich.[242] Da der optimale Trennungszeitpunkt lange verstrichen ist, ist jeder derartige Eingriff regelmäßig[243] mit nochmals gesteigerten Risiken verbunden.[244] Aus dieser Tatsache heraus ergibt sich bei Erwachsenen bereits die erste Problemstellung: Ausgangspunkt eines jeden medizinischen Eingriffs ist nach allen Meinungen die medizinische Indikation.[245] Dies ist – wie beim Bijani-Zwillings-Fall diskutiert – ein Problem, da die erwachsenen siamesischen Zwillinge in der Regel physisch gesund sind und für ein ärztliches Eingreifen, zumal es eine extrem risikoreiche Operation wäre, keine zwingende und schon gar keine lebensrettende Indikation vorliegt.[246] Daher zwingt die fehlende medizinische Begründung in besonderer Weise zur moralischen und rechtlichen Rechtfertigung, zur Vorsicht und Abwägung.[247]

2. Einwilligungsfähigkeit und Willensfreiheit

In eine chirurgische Trennung von erwachsenen siamesischen Zwillingen müssen beide wirksam einwilligen.[248] § 228 StGB beschränkt abschließend bei Körperverletzungstatbeständen die Wirksamkeit einer Einwilligung.[249] Entgegen der Überschrift des § 228 StGB regelt die Norm nicht deren Voraussetzungen, sondern sie setzt diese voraus und schränkt deren rechtfertigende Reichweite unter be-

---

242 Koch, GA 2011, 129, 133.
243 Etwas anderes kann nur im Ausnahmefall gelten, wenn – wie bspw. bei den Bunker Brüdern – die (Haut-)Verwaschung gering ist, so dass die Risiken einer Trennung nicht gravierender wären als bei einer größeren „gewöhnlichen" Operation.
244 Bockenheimer-Lucius (Fn. 89), S. 226; Koch, GA 2011, 129, 133.
245 Bockenheimer-Lucius (Fn. 89), S. 226.
246 Koch, GA 2011, 129, 133.
247 Bockenheimer-Lucius (Fn. 89), S. 226.
248 RGSt 25, 375; BGHSt 17, 359; OLG Oldenburg NJW 1966, S. 2132.
249 SSW/*Momsen*, StGB, § 228, Rn. 1.

stimmten Voraussetzungen ein.[250] Die praktische Bedeutung ist im medizinischen Bereich allerdings beschränkt, da hier meist speziellere Vorschriften, wie bspw. § 8 TPG oder § 2 KastrG, § 228 StGB ergänzen.[251]

Bei der Einwilligung ist es durchaus ein wesentlicher Aspekt, dass jeder der beiden Geschwisterteile ohne den unmittelbaren Einfluss des jeweils anderen zu einer freien Entscheidung finden kann, denn neben dem „Ich" und dem „Du" gibt es auch immer ein „Wir", was die Gemeinsamkeit der Entscheidung betont.[252] Erforderlich sind also zwei Entscheidungen, die übereinstimmen müssen.

Aus diesem Grund stellt sich dann die Frage, ob erwachsene siamesische Zwillinge überhaupt eine wirksame Einwilligung abgeben können. Erforderlich hierzu sind unter anderem das Bestehen einer Einwilligungsfähigkeit beider Zwillinge und das Fehlen eines Willensmangels bei Abgabe der Einwilligung. Beides könnte hier problematisch sein.

Einwilligungsfähig ist zunächst, wer über die natürliche Einsichtsfähigkeit hinsichtlich der Sachlage und der Tragweite (Risiken) der Handlungen sowie seiner Einwilligung verfügt.[253] Bei gesunden Erwachsenen ist diese grundsätzlich vorhanden.[254] Laut mehrerer Stimmen in der Literatur ist zweifelhaft, ob diese in ihrer Situation das Ausmaß und das Risiko hinsichtlich der Trennung überhaupt verstehen können.[255] Bei den siamesischen Zwillingen, die sich im Erwachsenenalter trennen lassen wollen, ist der Wunsch nach der Trennung in den meisten Fällen fast pathologisch, sodass dies ihre Einwilligungsfähigkeit beeinträchtigen könnte. Die Tatsache, dass sie trotz einer solch gefährlichen Operation, die je nach körperlicher Verbundenheit auch oft eine Lebensgefahr beinhaltet, auf sich nehmen wollen, zeigt die große Sehnsucht nach körperlicher Trennung von ihrem Zwillingsgeschwisterteil.

Jedoch kann man hierin keinen generellen Grund für die Einschränkung der Einwilligungsfähigkeit sehen. Aufgrund des hohen Risikos, welches bei der Trennung von erwachsenen siamesischen Zwillingen besteht, ist es eher unwahrscheinlich, dass ein siamesisches Zwillingspaar beim ersten Spezialisten einen Unterstützer ihrer Trennungsidee finden wird. Diese Tatsache belegt aber auch, dass ein erwachsenes siamesisches Zwillingspaar die medizinischen

---

250 Spickhoff/*Knauer/Brose*, Medizinrecht, § 228 StGB, Rn. 1.
251 SSW/*Momsen*, StGB, § 228, Rn. 6.
252 Bockenheimer-Lucius (Fn. 89), S. 227.
253 BGH NJW 1978, 1206; Fischer, StGB, § 228, Rn 5.
254 BeckOK-StGB/*Eschelbach*, § 228 StGB, Rn. 13.
255 Koch, GA 2011, 129, 133; Bockenheimer-Lucius (Fn. 89), S. 226 f.; Wolf (Fn. 3), S. 122 ff.

Schwierigkeiten kennen und bedenken muss, sowie dass diese generell genug Zeit hatten, eine autonome und authentische Entscheidung fällen zu können.[256] Denn würde man die Entscheidung und die Einwilligung der erwachsenen siamesischen Zwillinge nicht als autonom anerkennen, so müsste man jede Patientenentscheidung in Frage stellen, die immer mit der besonderen körperlichen und seelischen Not des Krankseins und der damit verbundenen Abhängigkeiten belastet ist.[257]

Darüber hinaus ist ferner fraglich, ob die Zwillinge frei von Willensmängeln einwilligen. Bei Vorliegen erheblicher Willensmängel (Drohung, Täuschung, Erklärungsirrtum) nimmt die Rechtsprechung nämlich aufgrund des Fehlens der Freiwilligkeit regelmäßig eine Unwirksamkeit der Einwilligung an.[258] Weitergehend wird die Einwilligung schon dann für unwirksam erklärt, wenn der Einwilligende aufgrund eines Irrtums nicht erkennt, welche Folgen seine Erklärung für seine Werte hat.[259] Somit können Irrtümer wie Erklärungs- oder Entscheidungsfehler einschließlich Motivirrtümer und nicht-rechtsgutsbezogene Irrtümer die Wirksamkeit der Einwilligung meist ebenso wie täuschungsbedingte Irrtümer ausschließen, so dass gleichfalls wegen eines Irrtums über den Zweck des Eingriffs die Wirksamkeit ausgeschlossen sein könnte; zum Schutz des Vertrauens des Erklärungsempfängers ist dann aber die Zurechnung des von ihm bewirkten Erfolgs gesondert zu prüfen.[260] Auch Rönnau vertritt hierzu eine ähnliche Ansicht, indem er aber bei einem rechtsgutsbezogenen Irrtum über Art, Umfang und Gefährlichkeit des Eingriffs bereits die Einwilligung verneint.[261]

Bei der Durchführung der Trennung von erwachsenen siamesischen Zwillingen wird den Ärzten – bspw. wie im Fall der Zwillinge aus dem Iran – oft vorgeworfen, sie würden die Operation nur als Experiment sehen. Wenn dies so wäre und die Zwillinge dies nicht erkannt hätten und es ihnen nicht mitgeteilt worden wäre, so wäre es denkbar hier jedenfalls auch einen Irrtum über den Zweck des Eingriffs zu sehen. Da Ärzten so etwas jedoch schon aufgrund ihres abgegebenen Eides nicht unterstellt werden darf, scheidet diese Überlegung aus.

---

256 Bockenheimer-Lucius (Fn. 89), S. 227.
257 Ebda.
258 BGHSt 4, 113; 16, 309; NJW 1998, 1784; Kern, MedR 1998, 516, 518; OLG Hamm NJW 1987, 1043.
259 Amelung, ZStW 109, 489, 516; ders., GA 1999, 182, 198.
260 Amelung, Irrtum und Täuschung als Grundlage von Willensmängeln bei der Einwilligung des Verletzten, S. 46, 72; Mitsch, JZ 1999, 513, krit. aber Weber, GA 2000, 77.
261 Rönnau, Jura 2002, 665, 672.

Wenn der Patient alle bedeutsamen Umstände, wie den medizinischen Befund, die Art des geplanten Eingriffs, seine voraussichtliche gesundheitliche Tragweite sowie – bezogen auf die konkrete Situation dieses Patienten – die mit und die ohne diesen Eingriff zu erwartenden Heilungsaussichten, mögliche andere medizinisch sinnvolle Behandlungsweisen, ferner die mit und die ohne diesen Eingriff zu erwartenden oder möglichen, nicht völlig unerheblichen Risiken einer Verschlechterung des Gesundheitszustands kennt,[262] so liegt kein Irrtum des Patienten vor.

Ebenso werden die erwachsenen Zwillinge in der Regel ausführlich über die großen Risiken eines solchen Eingriffs informiert, so dass auch ein solcher Irrtum wohl ausscheidet.

3. Dispositionsbefugnis und Sittenwidrigkeit

Der behandelnde Arzt muss im Falle einer Bejahung der Einwilligungsfähigkeit eine Abwägung zwischen dem Respekt vor der Autonomie und Selbstbestimmtheit des erwachsenen siamesischen Zwillingspaars und seinen ärztlichen Verpflichtungen zur Fürsorge und dem Gebot des Nichtschadendürfens vornehmen.[263] Der Wille des Patienten steht bei der medizinischen Entscheidungsfindung also einflussreich neben der Erfahrung und dem Wissen des Arztes, dessen Aufgabe es ist, die Grenzen des medizinisch Machbaren und Verantwortbaren aufzuzeigen.[264]

Wegen des hohen Risikos und der erheblichen Gefahren handelt es sich meist um medizinische Heilversuche.[265] Heilversuche kennzeichnen sich durch ihre individuelle Ausrichtung auf den Patienten und dessen dringendes Behandlungsinteresse.[266] Sie sind jedoch nur zulässig, sofern keine Behandlungsalternativen gegeben sind.[267]

Die Patienten müssen bei solchen Heilversuchen „intensiv" aufgeklärt werden.[268] Das bedeutet, dass der Arzt nicht nur auf die üblichen Aufklärungspflichten – wie den Verlauf des Eingriffs, seine Erfolgsaussichten, seine Risiken und mögliche Behandlungsalternativen mit wesentlich anderen Belastungen, Chancen und Gefahren im Großen und Ganzen – hinweisen muss, sondern darüber hi-

---

262 Spickhoff/*Knauer*/*Brose*, Medizinrecht, § 223 StGB, Rn. 26.
263 Bockenheimer-Lucius (Fn. 89), S. 227.
264 Ebda.
265 Quaas/Zuck, Medizinrecht, § 75, Rn. 60 ff.; Oswald, Heilversuch, Humanexperiment und Arzneimittelforschung, S. 687 ff.; Hart, MedR 1994, 94, 95.
266 Quaas/Zuck, Medizinrecht, § 75, Rn. 64.
267 Koch, GA 2011, 129, 133.
268 Sch/Sch/*Eser*/*Sternberg-Lieben*, § 223 StGB, Rn. 50a; Frister, AT, 15. Kapitel, Rn. 4.

naus darauf, dass sich die Behandlung im Versuchsstadium befindet und dass es durchaus unbekannte Risiken und Gefahren geben kann,[269] die der Arzt selbst bei genauer Analyse der Anatomie der siamesischen Zwillinge nicht erkennen kann. Hierdurch werden das Selbstbestimmungsrecht und das Recht auf körperliche Unversehrtheit der Patienten gewahrt.[270] Zwar schützt § 223 StGB nicht die Selbstbestimmungsfreiheit, jedoch enthält die geschützte Körperintegrität selbstredend die subjektive Verfügungsmacht über den eigenen Körper.[271]

Insgesamt lässt sich sagen: Je größer das gesteigerte Risiko ist, desto höher sind die Anforderungen an eine Aufklärung.[272] Unter dem Aspekt der Aufklärungspflicht kann eine Einwilligung in eine solche hochriskante Trennungsoperation also nur dann wirksam sein, sofern eine intensive ärztliche Aufklärung über die Operationsrisiken beider siamesischer Zwillinge erfolgt.[273]

Ebenso wird in der Literatur bei diesem Fall die Sittenwidrigkeitsgrenze des § 228 StGB diskutiert.

Die „Sittenwidrigkeit der Tat" grenzt die Verfügungsbefugnis des Rechtsgutsinhabers ein, da die körperliche Integrität gegenüber Beeinträchtigungen durch Dritte nicht immer, sondern nur innerhalb eines hinnehmbaren Rahmens zur Disposition des Einzelnen gestellt sei.[274] Die rechtfertigende Kraft der Einwilligung ist durch die mangelnde Sittenwidrigkeit der Tat bedingt und daher auch durch einen äußerst unscharfen Rechtsbegriff, weshalb vielfach an der Verfassungsmäßigkeit der Norm gezweifelt wird.[275] Die h.M. sieht hier allerdings keine verfassungsrechtlichen Bedenken,[276] da unter anderem mit § 228 StGB tiefverwurzelte Kulturnormen und gesellschaftliche Wertanschauungen geschützt würden, und damit das Schutzgut der soziale Friede sei.[277]

---

269 BGH NJW 2006, S. 2477 f.
270 BGH NJW 1989, 1533; NJW 2011, 1088 ff.
271 Ähnlich auch LK/*Lilie*, vor § 223, Rn. 1.
272 Oswald (Fn. 235), S. 687 f.
273 Koch, GA 2011, 129, 134.
274 NK-StGB/*Paeffgen*, § 228 StGB, Rn. 33.
275 Berz, GA 1969, 145 ff; ders., JZ 1964, 283; *Class*, in FS Schmidt, S. 122, 129; Geerds, GA 1954, 262, 266; Hanack, JZ 1964, 393, 396; *Jakobs* in FS Schroeder, S. 507, 510; Kohlhaas, NJW 1963, 2348; Lenckner, JuS 1968, 249; Reinhardt JR 1964, 368; Rönnau, Willensmängel, S. 173; Roxin, JuS 1964, 373; Woesner, NJW 1963, 273, 275.
276 BGH 49, 34, 41; JR 2004, 387 ff.; BGH 4, 24, 32; NJW 1953, 473; Arzt/Weber/Heinrich/Hilgendorf, BT 2 § 6, Rn. 29; *Dreher,* in FS Heinitz, S. 207, 222; Fischer, StGB, § 228, Rn. 8; Hardtung, Jura 2005, 401, 405; *Kühl*, in FS Schroeder, S. 521, 531; Mosbacher, JR 2004, 390 f.
277 Göbel, Einwilligung, S. 54 f.

Um schließlich dem Bestimmtheitsgebot zu genügen, muss der Sittenwidrigkeitsbegriff auf seinen Kern eingeschränkt werden.[278] Lässt sich nicht sicher feststellen, ob eine Tat sittenwidrig ist, dann scheidet eine Verurteilung wegen eines Körperverletzungsdelikts aus.[279] Das heißt, dass ein Verstoß der Körperverletzungstat gegen die guten Sitten nur angenommen werden kann, wenn sie nach allgemein geltenden Moralmaßstäben mit dem eindeutigen Makel der Sittenwidrigkeit behaftet ist.[280] Nur in diesem Sinne ist eine Körperverletzung trotz Einwilligung des Verletzten sittenwidrig, wenn sie gegen das Anstandsgefühl „aller billig und gerecht Denkenden" verstößt.[281] Die allgemein gültigen, vernünftigerweise nicht anzweifelbaren sittlichen Wertmaßstäbe sind ferner im beweisrechtlichen Sinne allgemeinkundig.[282]

Um jedoch auch dem Selbstbestimmungsrecht der Patienten und deren Dispositionsfreiheit über ihre Körperintegrität gerecht zu werden, muss § 228 StGB eng ausgelegt werden.[283]

Nur wenn der Körperverletzungserfolg für jedermann – und eben gerade nicht nur für einzelne Bevölkerungsteile – sittenwidrig ist, scheidet die Einwilligung als Rechtfertigungsgrund tatsächlich aus.[284] Aufgrund der Tatsache, dass es keine allgemeinen Erhebungen zu Moralvorstellungen gibt, existieren auch keine eindeutigen Abgrenzungskriterien.[285] Bei der Abwägung und Auslegung können die gesetzlichen Wertungen des TPG, AMG, KastrG etc. herangezogen werden.[286] Darüber hinaus fällt es jedoch schwer, Anknüpfungspunkte zu finden. Die Rechtsordnung gibt keine klaren Vorgaben, wann Sittenwidrigkeit anzunehmen ist.[287] Nach einer starken Ansicht sei die Sittenwidrigkeit daher auf lebensgefährliche Körperverletzungen bzw. schwere Gesundheitsgefahren zu beschränken.[288] Allein

---

278 BeckOK-StGB/*Eschelbach*, § 228, Rn. 23.
279 BGHSt 4, 24, 32; 49, 34, 41; 49, 166, 169 f.; Duttge, NJW 2005, 260 ff.; Stree, NStZ 2005, 40 f.
280 *Weber*, in FS Baumann, 43, 47.
281 RG JW 1938, 30; JW 1943, 579; BGH 4, 24, 32; NJW 1953, 473; BGH 4, 88; NJW 1953, 912; BGHZ 67, 48, 50; NJW 1976, 1790.
282 BGHSt 49, 31, 34.
283 SSW/*Momsen*, StGB, § 228, Rn. 9.
284 Spickhoff/*Knauer*/*Brose*, Medizinrecht, § 228 StGB, Rn. 3.
285 Fischer, StGB, § 228, Rn. 11.
286 Schroth, JZ 1997, 1149, 1152.
287 Spickhoff/*Knauer*/*Brose*, Medizinrecht, § 228 StGB, Rn. 3.
288 BGHSt 49, 166; L/K/*Kühl*, § 228, Rn. 11; MüKo-StGB/*Hardtung*, § 228, Rn. 30.

die Unvernünftigkeit einer Einwilligung genügt – im Gegensatz zu abwegigen Motiven wie Mutproben – nicht.[289]

Bei der Abwägung sollte es nach ehemals h.M. vorwiegend auf den Zweck der Beeinträchtigung, insbesondere also auf die Beweggründe und Ziele ankommen, die mit der Verletzung verfolgt werden.[290] Nachdem allerdings zwei Senate des BGH diese Ansicht verworfen haben und sich einem großen Teil der Literatur angeschlossen haben, wird nunmehr in erster Linie auf das Gewicht des jeweiligen tatbestandlichen Rechtsgutsangriffs abgestellt.[291] Nach der „ex ante" vorzunehmenden Beurteilung sind der Umfang der vom Opfer hinzunehmenden Körperverletzung und der Grad der hiermit verbundenen Leibes- oder Lebensgefahr maßgeblich.[292] Nach dem BGH ist eine Tat jedenfalls dann sittenwidrig, wenn bei vorausschauender objektiver Betrachtung der Einwilligende durch die Körperverletzungshandlung einer konkreten Todesgefahr ausgeliefert werde (Verletzungs-Intensitäts-Doktrin).[293]

Auch im Bereich des Medizinstrafrechts kann die Vorschrift nicht dazu dienen, dem Patienten allgemeine Vernünftigkeitserwägungen aufzuzwingen, so dass die Einwilligung in eine gegen die Standards medizinischer Wissenschaft verstoßende medizinische Behandlungsmaßnahme bei vollumfänglicher Aufklärung nicht unwirksam werden kann.[294] Ebenso wird man in Fällen von Eingriffen ohne medizinische Indikation außerhalb schwerer bzw. gar lebensgefährdender Schädigung eine Sittenwidrigkeit generell verneinen.[295] Erforderlich ist vielmehr die Feststellung, dass die Verletzung angesichts des Zwecks der Maßnahme, der Gefährdung des Betroffenen und des Gewichts des Eingriffs zweifelsfrei gegen allgemein gültige sittliche und moralische Maßstäbe verstößt, die vernünftigerweise nicht in Frage gestellt werden können. Diese Wertung muss sich zudem in einer gesetzgeberischen Entscheidung niederschlagen.

---

289 Fischer, StGB, § 228, Rn. 10.
290 BGH 49, 34 ff.; NJW 2004, 1054; BGH 49, 166 ff.; NJW 2004, 2458; Hirsch, JR 2004, S. 475 ff.; Arzt, JZ 2005, 1000, 1003.
291 Der 3. Senat des BGH 49, 34 ff.; JR 2004, 387 ff. und der 2. Senat des BGH 49, 166 ff.; JR 2004, 472 ff.
292 Ebda; NK-StGB/*Paeffgen*, § 228, Rn. 41.
293 BGH 49, 34 ff.; NJW 2004, 1054; BGH 49, 166 ff.; NJW 2004, 2458; BGH 53, 55 ff.; NJW 2009, 1155.
294 Niedermair, Körperverletzung mit Einwilligung und die guten Sitten, S. 195; Spickhoff/*Knauer/Brose*, Medizinrecht, § 228 StGB, Rn. 4.
295 Regelmäßig kann man solche Fälle aber über die fehlende Einwilligungsfähigkeit lösen, Spickhoff/*Knauer/Brose*, Medizinrecht, § 228 StGB, Rn. 4.

Grundsätzlich steht die Sittenwidrigkeitsgrenze des § 228 StGB einer Einwilligung nicht entgegen, weil die Lebensgefährlichkeit der Operation durch ihren positiven Zweck kompensiert werden könnte.[296] Dabei sind grundsätzlich Art und Gewicht des Körperverletzungserfolges und die konkret lebensgefährlichen Handlungen sittenwidrig, sofern der Heilversuch nicht der Lebenserhaltung des Patienten dient.[297]

Nach dem BGH[298] ist nämlich eine Einwilligung in einen riskanten Eingriff zumindest aufgrund der fehlenden Sittenwidrigkeit der Tat wirksam, wenn er der Lebensrettung dient. Dies ist bei der hoch riskanten Trennungsoperation von gesunden siamesischen Zwillingen nicht der Fall, vielmehr bringt die konkrete Trennungsoperation die Zwillinge sogar erst in eine konkrete Lebensgefahr, falls die Trennung nicht notwendig ist. Hier könnte man jedoch an eine Ausnahme denken, da der Heilversuch zwar nicht auf die Lebenserhaltung abzielt, allerdings auf die Behebung eines für die Zwillinge als unerträglich empfundenen Zustandes des körperlichen Verbundenseins. Bei medizinischen Eingriffen, bei denen keine klar fassbare medizinische Indikation gegeben ist, besteht immer das Problem, seelische Not, existenzielle Konflikte und subjektive Beeinträchtigungen der Lebensqualität einschätzen und abwägen zu müssen.[299] Diese Abwägung muss in der gänzlich besonders gelagerten Konstellation von siamesischen Zwillingen genauer betrachtet werden: Die Trennungsoperation dient zwar nicht dem physischen Überleben, wohl allerdings der Beendigung eines von den Betreffenden als psychisch unerträglich empfundenen Zwangszustandes,[300] der „umfassenden physischen Zwangsunion mit einem Menschen, das niemals „Bei-sich-alleine-Sein", mit allen destruktiven Konsequenzen für die persönliche Autonomie und Freiheit."[301] In der Rechtsordnung wird Schwerkranken die Hoffnung und damit auch die Autonomie gegeben, ihre Leiden durch das „Experiment" eines „Heilversuchs" zu beenden; dies muss ebenso für siamesische Zwillinge gelten, die ihren Zustand als lebensunwürdig empfinden.[302]

Es müssen neben der Lebensgefahr jedenfalls auch mögliche andere Operationsfolgen miteinbezogen werden, wie operativ hervorgerufene Verstümmelungen und Behinderungen, die in Abwägung gegenüber dem Leben ohne Trennung

---

296   Koch, GA 2011, 129, 133.
297   BGHSt 49, 166, 171.
298   Ebda; siehe hierzu auch Oswald (Fn. 235), S. 693.
299   Bockenheimer-Lucius (Fn. 89), S. 226.
300   So auch Koch, GA 2011, 129, 134.
301   Merkel (Fn. 5), S. 626.
302   Koch, GA 2011, 129, 134.

betrachtet werden müssen.[303] Zu beachten ist jedoch, dass die Zwillinge auch in ungetrenntem Zustand teilweise schwer behindert sind. Dies muss im Einzelfall entschieden werden und kann nicht generell für oder gegen eine Trennung im Erwachsenenalter sprechen.

4. Vergleich zum „Body-Identity-Integrity-Disorder-Syndrom"

Doch sogar für den Fall, dass die Verstümmelungen sehr stark wären und nur schwer mit der Alternative – also dem Verbundensein – in Ausgleich zu bringen sind, auch wenn diese psychische Belastung durch die Verbundenheit stark ist, könnte man versuchen, die Problematik über die „Regeln" des sog. „Body Identity Integrity Disorder Syndroms" zu lösen.

Beim „Body Identity Integrity Disorder Syndrom" (BIID) handelt es sich um eine Krankheit, die sich folgendermaßen äußert: Beim Patienten besteht ein langjähriger, intensiver Wunsch nach Amputation eines Gliedmaßes, der mit erheblichem Leidensdruck einhergeht und der primär aufgrund der Überzeugung motiviert ist, erst durch die Amputation eine Kongruenz im Körper-Selbst-Verhältnis zu erfahren. Zusätzlich muss ein Ausschluss alternativer Ursachen wie Psychose, Dysmorphophobie und die zwanghafte, gezielte Selbstverletzung vorliegen.[304] Auch bei diesem Syndrom stellt sich die Frage, ob ein solcher Eingriff eines Arztes (Amputation eines gesunden Körperteils) straflos bleibt.

Laut Literatur verliert die Indikation als normative Voraussetzung ärztlicher Intervention in dem Maße an Gewicht, in dem neben der traditionellen indikationsgebundenen Medizin eine neue wunscherfüllende Medizin Raum gewinnt, die nicht der Bedürftigkeit des Kranken oder des in seiner Gesundheit gefährdeten Menschen abhilft, sondern dem Begehren, der bloßen Nachfrage folgt.[305] Dabei scheint nicht mehr das „Ob" als vielmehr nur noch das „Wie" in ärztlicher Verantwortung zu stehen.[306]

Nach Niedermair[307] kann § 228 StGB im Bereich des Medizinstrafrechts nicht dazu dienen, dem Patienten allgemeine Vernünftigkeitserwägungen aufzuzwingen, so dass die Einwilligung in eine gegen die Standards medizinischer Wissenschaft verstoßende medizinische Behandlungsmaßnahme bei vollumfänglicher Aufklärung nicht unwirksam werden wird. In diesen Fällen wird man außerhalb

---

303 Bockenheimer-Lucius (Fn. 89), S. 227.
304 Brugger, Ars Medici 2 (2011), 59.
305 Laufs/Uhlenbruck, Handbuch des Arztrechts (2010), § 6, Rn. 21.
306 Ebda.
307 Niedermair, Körperverletzung mit Einwilligung und die guten Sitten, S. 195.

schwerer bzw. gar lebensgefährdender Schädigung eine Sittenwidrigkeit grundsätzlich verneinen müssen.[308] Extremfälle können eine Ausnahme darstellen, wie beispielsweise die Einwilligung der Frau, die sich vom Schönheitschirurgen das Antlitz in ein Tigergesicht umoperieren lässt; dies ist doch so wenig nachvollziehbar, dass die Rechtsordnung die Einwilligung aufgrund der entstehenden Gesundheitsgefährdung bei diesem schweren Eingriff nicht akzeptieren muss.[309] Solche Fälle können nach einer anderen Ansicht aber ebenso über die fehlende Einwilligungsfähigkeit gelöst werden.[310] Richtigerweise ist daher die Einwilligung nicht allein deshalb als unwirksam zu erachten, weil der beabsichtigte Eingriff nicht medizinisch indiziert ist; dies gilt schon deswegen, da § 228 StGB für jede Körperverletzung gilt und nicht nur für ärztliche Eingriffe. Nach dem BGH ist für die „ex ante" vorzunehmenden Beurteilung vorrangig der Umfang der vom Opfer hinzunehmenden Körperverletzung und der Grad der hiermit verbundenen Leibes- oder Lebensgefahr relevant.[311] Die Wunschamputation ist jedoch selbst dann nicht sittenwidrig, wenn ein wichtiges Glied i.S.v. § 226 StGB betroffen ist.[312]

Wenn man die Problematik, die das BIID-Syndrom aufweist, mit der Problematik bei der Trennung erwachsener siamesischer Zwillinge vergleicht, so kann man – abgesehen von der Missbildung bei siamesischen Zwillingen – einige Gemeinsamkeiten feststellen: In beiden Fällen werden riskante Operationen vorgenommen, obwohl der Mensch an sich körperlich gesund ist. Die Belastung, weswegen dieser jeweils schwere Eingriff vorgenommen werden soll, ist in beiden Fällen psychisch bedingt. Wenn man aus diesem Grund eine vergleichbare Interessenlage bejahen könnte, würde es nahe liegen die von der Literatur aufgestellten Grundsätze für das BIID Syndrom auf die Problematik bei der Trennung von erwachsenen siamesischen Zwillingen anzuwenden. Da es bei erwachsenen siamesischen Zwillingen hingegen nicht – wie dies in der Regel bei dem BIID Syndrom der Fall ist – ausschließlich um die Schutzgüter körperliche Unversehrtheit und Gesundheit geht, sondern vielmehr auch um das nicht einwilligungsfähige Schutzgut Leben, unterscheiden sich die Interessenlagen entscheidend. Daher können die für das BIID-Syndrom aufgestellten Grundsätze nicht auf die Trennung von erwachsenen siamesischen Zwillingen angewendet werden, zumindest nicht sobald durch den Eingriff das Schutzgut Leben betroffen sein könnte.

---

308 Spickhoff/*Knauer/Brose*, Medizinrecht Kommentar, § 228 StGB, Rn. 4.
309 Ebda.
310 Ebda.
311 Ebda; NK-StGB/*Paeffgen*, § 228 StGB, Rn. 41.
312 Spickhoff/*Knauer/Brose*, Medizinrecht Kommentar, § 228 StGB Rn. 4; Sch/Sch/*Eser/Sternberg-Lieben*, § 226a, Rn. 5.

Wenn man nun Koch folgt und die Selbstautonomie des einzelnen erwachsenen siamesischen Zwillings als einzig entscheidendes Kriterium ansieht, so müsste dennoch die Sittenwidrigkeit trotz dieses Ausnahmecharakters bejaht werden, da der mit der Tat zu erreichende Erfolg mit einem nicht mehr zu vertretenden Risiko behaftet sein kann (bzw. wie bei den Bijami-Zwillingen war).[313] Laut dem Neurochirurgen Khan sei das Gelingen einer Operation an erwachsenen siamesischen Zwillingen ein reiner „Wunschtraum", denn Trennungsoperationen an erwachsenen siamesischen Zwillingen sind, bis auf siamesische Zwillinge, deren Körper nur eine kleine Verwachsungsbrücke besitzen – wie beispielsweise Chang und Eng Bunker –, schwer durchführbar oder gar unmöglich.[314]

Es muss im Fall von erwachsenen siamesischen Zwillingen also je nach Einzelfall entschieden werden. Eine generelle Entscheidung kann aufgrund der Vielfältigkeit und Einzigartigkeit jedes einzelnen siamesischen Zwillingspaares nicht getroffen werden.

5. Strafbarkeit nach Tötungsdelikten

Weiterhin muss auch eine Strafbarkeit der Ärzte nach den §§ 221 ff. StGB diskutiert werden. Aus § 216 StGB folgt mittelbar, dass eine Einwilligung in die eigene Tötung unwirksam ist. Daher ist zu fragen, ob eine solche Operation wirklich durchgeführt werden darf, wenn dabei möglicherweise eines der beiden oder beide Menschenleben geopfert werden muss bzw. müssen. Allgemein wird man wohl sagen, dass eine Strafbarkeit nach § 216 StGB ausscheidet, da die Patienten weder einen Tötungswunsch geäußert haben, noch die Ärzte mit Tötungsvorsatz gehandelt haben. Auch wenn Ärzten grundsätzlich kein Tötungsvorsatz unterstellt werden kann, so würde die Zulässigkeit einer Trennungsoperation, bei der ein so hohes Todesrisiko besteht, dem Lebensschutzgrundsatz, welcher von den §§ 211 ff. StGB geschützt wird, nicht gerecht werden.[315] Somit käme bei einer Trennungsoperation, bei der ein so hohes Sterberisiko besteht, wie beispielsweise bei den Bijani-Zwillingen, hier zulande eine Strafbarkeit der Ärzte nach Tötungsdelikten (nach § 212 StGB oder nach § 222 StGB) grundsätzlich in Betracht.[316]

Es lässt sich also insgesamt feststellen, dass selbst die modernste Medizin hier an ihre Grenzen stößt, da die Trennung von erwachsenen siamesischen Zwillingen oft zu riskant sein wird. Deutsche Ärzte lehnten wegen des zu hohen Todesrisikos

---

313 Wolf (Fn. 3), S. 126.
314 Wilkinson, Separating Conjoined Twins 2005, S. 257 f.
315 Wolf (Fn. 3), S. 126.
316 Siehe hierzu auch § 2 C. II. 2.

beispielweise die Trennung der Bijani – Zwillinge ab, jedoch wahrscheinlich auch, weil sie davon ausgingen, dass diese Trennung nicht ohne strafrechtliche Konsequenzen vonstatten hätte gehen können. Erwachsene siamesische Zwillinge befinden sich körperlich meist in einem gesunden Zustand, so dass ein solch gefährlicher Eingriff wahrscheinlich in den wenigsten Fällen gerechtfertigt werden kann.[317] Es erscheint daher eventuell sinnvoller, wenn man siamesischen Zwillingen, die das Verbundensein psychisch so sehr belastet, gute psychologische Unterstützung zur Seite stellt, um ihnen auf diese Weise helfen zu können, ohne sie diesem Todesrisiko auszusetzen.[318]

Aus dieser Problematik heraus ergibt sich allerdings auch umso mehr, dass es wichtig ist siamesische Zwillinge – wenn dies möglich ist – im optimalen Trennungszeitraum, also in ihrem ersten Lebensjahr, zu trennen. Aus diesem Grund beschränkt sich die weitere Untersuchung dieser Arbeit auf die Trennung von siamesischen Zwillingen im Säuglingsalter.

B. Rechtsdogmatische Beurteilung

Die folgende rechtsdogmatische Untersuchung teilt sich in zwei Schritte: Zunächst wird der Frage nachgegangen, ob und inwieweit es strafbar ist, siamesische Zwillinge im Babyalter (bei verschiedenen Konstellationen) zu trennen. Um diese Problematik jedoch umfassend klären zu können, muss anschließend ebenso die Situation betrachtet werden, dass die Ärzte die Trennung entgegen dem Wunsch der Eltern ablehnen. Zu prüfen ist hier, ob die ärztliche Operationsverweigerung und damit das „Sterbenlassen" des überlebensfähigen Zwillings eine Strafbarkeit aus §§ 212, 13 StGB begründet.

Weiterhin wird erörtert, ob sich die Eltern bei einer Verweigerung der Trennungsoperation bzw. im Falle eines Verhinderns der Trennung wegen §§ 211 ff. StGB strafbar machen könnten. Es ist wichtig beide Varianten zu beleuchten, denn es wäre widersprüchlich, wenn sich ein Arzt in beiden Varianten strafbar machen würde. In diesem Fall könnte er dann strafbar sein, wenn er die Trennung der siamesischen Zwillinge vornimmt oder aber auch, wenn er eine Trennungsoperation ablehnt. Um solche verworrenen Ergebnisse – die anschließend freilich korrigiert werden könnten – wie einer doppelten Strafbarkeit zu verhindern, scheint es sinnvoll zu sein, die Problematik von mehreren Seiten zu beleuchten.

---

317 Wolf (Fn. 3), S. 127.
318 So auch Wolf (Fn. 3), S. 127.

I. Strafbarkeit der Trennung

Bei der Betrachtung der Strafbarkeit der beteiligten Personen wegen Trennung der siamesischen Zwillinge bei Vorliegen einer Gefahr sollte man zwischen der symmetrischen und der asymmetrischen Gefahrengemeinschaft unterscheiden.[319] Die Gefahrengemeinschaft ist in der Grundkonstellation durch die Zugehörigkeit des Opfers zu einer Gruppe von Menschen gekennzeichnet, die ohne die Opferung von einem oder mehreren Mitgliedern, alle ums Leben kommen würden[320] oder erhebliche Gesundheitsbeeinträchtigungen erleiden würden. Da sich die siamesischen Zwillinge verschiedene Gefahrenherde, wie beispielsweise Infektionskrankheiten, Herzstillstand oder einen Organausfall aufgrund der Mehrbelastung teilen, kann auch hier von einer Gefahrengemeinschaft gesprochen werden. Bei der symmetrischen Gefahrengemeinschaft stehen die Verteilungschancen für beide Kinder gleich, da ein Organ beispielsweise genau in der Mitte von beiden Körpern liegt. Bei der asymmetrischen Gefahrengemeinschaft hingegen sind die Verteilungschancen ungleich auf beide Kinder verteilt, da etwa ein nur einmal vorhandenes Organ sich im Körper des einen Zwillings befindet, jedoch den Körper des anderen Zwillings von dort aus mitversorgt wird, wie dies im Fall Jodie und Mary in England (siehe § 2 C. III.) der Fall war.

Bei der symmetrischen Gefahrengemeinschaft sind die Rettungschancen gleichmäßig verteilt, wohingegen bei der asymmetrischen Gefahrengemeinschaft die Rettungschancen ungleich verteilt sind.

In allen drei Fallgruppen geht es also um Verteilungsentscheidungen sowohl hinsichtlich eines nur einmal vorhandenen Organes oder von nur einmal vorhandenen Extremitäten als auch bezogen auf nur ein zu rettendes Leben.

1. Symmetrische Gefahrengemeinschaft

a. Elektive Trennungsoperation im Interesse beider Zwillinge

Die symmetrische Gefahrengemeinschaft wird in der juristischen Literatur wohl am meisten diskutiert, liegt jedoch bei siamesischen Zwillingen nach den medizinischen Fallbeschreibungen nur äußerst selten vor.

---

319 Auch lässt sich innerhalb der Fallgruppen eine Unterscheidung nach egoistischen und altruistischen Rettungstötungen durchführen, welche aber für diese Arbeit nicht relevant ist, da beide Fallgruppen auf der Rechtfertigungsebene gleich zu behandeln sind. Im Fall der Trennung von siamesischen Zwillingen handelt es sich um altruistische Rettungstötungen zum Zweck der Rettung des zu rettenden Zwillings (Siehe hierzu Zimmermann (Fn. 12), S. 209 ff., 311 f.).
320 MüKo-StGB/*Erb*, § 34, Rn. 117 ff.; NK-StGB/*Neumann*, § 34, Rn. 75.

Eine elektive Trennungsoperation im Interesse beider Zwillinge wird durchgeführt, damit beiden Zwillingen ein Leben im getrennten Zustand und dadurch eine bessere Lebensqualität ermöglicht werden kann. Diese Fallgruppe unterscheidet sich laut Joerden letztlich nicht von dem einer zu Heilzwecken vorgenommenen Operation an einem Kind. Dieser gewagten These wird nun nachgegangen.

aa. Tatbestand

Zunächst ist zu fragen, ob die Trennungsoperation auch in dem Fall, dass beide Zwillinge überleben, tatbestandlich eine (schwere) Körperverletzung i.S.d. §§ 223 ff. StGB darstellt, welche gerechtfertigt sein könnte.

Der Arzt könnte durch die Trennung eine körperliche Misshandlung (§ 223 I 1.Alt. StGB) und/oder eine Gesundheitsschädigung (§ 223 I 2.Alt. StGB) an den Zwillingen begehen. Körperliche Misshandlung ist eine üble, unangemessene Behandlung, die zu einer nicht unerheblichen Beeinträchtigung des körperlichen Wohlempfindens oder der körperlichen Unversehrtheit führt.[321] Durch die Trennungsoperation entstehen Wunden an beiden Körpern, die auch Schmerzen verursachen, weswegen von einer körperlichen Misshandlung auszugehen ist.

Eine Gesundheitsbeschädigung wiederum ist in jedem Hervorrufen oder Steigern eines vom Normalzustand der körperlichen Funktionen des Menschen nachteilig abweichenden krankhaften Zustandes zu sehen, also in einem, wenn auch nur vorübergehenden Herbeiführen einer pathologischen Verfassung, wobei die Beeinträchtigung nicht von Dauer zu sein braucht.[322] Aufgrund der durch die Trennung entstehenden Wunden liegt ein negativ vom Normalzustand abweichender Zustand vor. Die Tatsache, dass teilweise Körperteile entfernt werden, um als Hautlieferant für die meist zahlreichen offenen Hautstellen zu dienen, bestärkt diese Annahme, so dass insgesamt von einer Gesundheitsschädigung auszugehen ist.

Die Frage ist nun, ob sich hieran etwas ändert, da es sich um eine ärztliche Maßnahme handelt. Hier könnte ein sog. „Heileingriff" vorliegen. Ein Heileingriff ist ein Eingriff, der zu Heilzwecken aus medizinischen Gründen sinnvoll oder

---

321 BGHSt 14, 269, 271; 25, 277, 278; BGH NJW 1991, 2918, 2919; NStZ 1997, 123; StV 2001, 680; BeckRS 2010, 24058; Sch/Sch/*Eser/Sternberg-Lieben*, § 223, Rn. 3; Fischer, StGB, § 223, Rn. 4; MüKo-StGB/*Joecks*, § 223, Rn. 4; NK-StGB/*Paeffgen*, § 223, Rn 8.

322 BGHSt 36, 1, 6; 36, 262, 265; 43, 346, 354; Sch/Sch/*Eser/Sternberg-Lieben*, § 223, Rn. 5; Fischer, StGB, § 223, Rn. 8; NK-StGB/*Paeffgen*, § 223, Rn. 14; Wessels/Hettinger, BT 1, Rn. 257.

erforderlich, mithin indiziert, ist. Er muss weiterhin von einem mit Heilwillen handelnden Arzt nach den Regeln der ärztlichen Kunst, d. h. „lege artis", gemäß einer etablierten und standardisierten Behandlungsmethode durchgeführt werden.[323] Die Behandlung solcher „Heileingriffe" ist in der strafrechtlichen Prüfung umstritten.

Die Rechtsprechung sieht in jeder in die körperliche Unversehrtheit eingreifenden ärztlichen Behandlungsmaßnahme seit nun über 120 Jahren trotz der Kritik der Literatur eine vorsätzliche Körperverletzung.[324] Es sei nach deren Meinung verfehlt, nur wegen des heilenden Zwecks des Eingriffs anzunehmen, man könne begrifflich nicht von einer Misshandlung sprechen.[325] Auch um das Selbstbestimmungsrecht zu wahren, müsse man von einem normwidrigen Handeln ausgehen, welches objektiv rechtswidrig sei, solange dem Handelnden nicht ein Recht – insbesondere eine Einwilligung oder eine mutmaßliche Einwilligung – zugesprochen werden könnte.[326]

Der überwiegende Teil der Literatur sieht jedenfalls bei erfolgreichen Eingriffen durch Ärzte in der ausnahmslosen Subsumtion dieses Handelns unter den Körperverletzungstatbestand einen Verstoß gegen das Bestimmtheitsgebot des Art. 103 II GG.[327] Welche Konsequenzen sich hieraus indes ergeben, wird nicht einheitlich beantwortet,[328] kann hier allerdings auch dahinstehen.

Diese Theorien kommen bei der Trennung von siamesischen Zwillingen jedenfalls zu demselben Ergebnis, da solche Konstruktionen wie die der Literatur nur dort diskutabel sind, wo nach einer rein medizinisch bestimmenden, korrekten Indikation die vorgeschlagene Therapiemaßnahme „lege artis" durchgeführt wird.[329] Die Frage, ob hier eine Trennung siamesischer Zwillinge vorgenommen werden sollte, hat normativ völlig verschiedene Voraussetzungen und eine andere Logik, da es hierbei gerade um die Frage geht, was normativ zweifelhaft und

---

323 Schöning, Rechtliche Aspekte der Organtransplantation, S. 93.
324 RGSt 25 (1894), 375, 378; RGSt 74, 91, 92 f.; DR 1943, 579 Nr. 11; BGH 11, 111, 112; NJW 1958, 267; 12, 379, 382 ff.; NJW 1959, 825; 16, 309; NJW 1962, 682; BGH NStZ 1996, 34; Spickhoff/*Knauer/Brose*, Medizinrecht Kommentar, § 223 StGB, Rn. 16.
325 Spickhoff/*Knauer/Brose*, Medizinrecht Kommentar, § 223 StGB, Rn. 16.
326 RGSt 25, 375, 377 f.; BGH NJW 2011, 1088, 1089; zur mutmaßlichen Einwilligung: RGSt 61, 242, 256.
327 LK/*Lilie*, vor § 223, Rn. 3 ff.; Sch/Sch/*Eser/Sternberg-Lieben,* § 223, Rn. 30; Engisch, ZStW 58, 1, 5; Laufs, NJW 1974, 2025; Hardwig, Betrachtungen zur Frage des Heileingriffs, GA 1965, 162, 163.
328 Spickhoff/*Knauer/Brose*, Medizinrecht Kommentar, § 223 StGB, Rn. 17.
329 Merkel (Fn. 5), S. 626 nennt hierfür das Beispiel einer durch eine akute Blinddarmentzündung indizierte Operation.

daher legitimationsbedürftig ist.[330] Die eigentliche Frage, ob die Trennung indiziert ist,[331] ist nicht auf Tatbestandsebene als Ausschlusskriterium zu verstehen, sondern vielmehr im Wege der Abwägung, also einer ethischen wie rechtlichen Entscheidung zu klären.[332]

Nach den allgemeinen Regeln der objektiven Zurechnung könnte jedoch weiterhin gefragt werden, ob das körperliche Wohlbefinden insgesamt nach dem Eingriff erhöht oder jedenfalls nicht verschlechtert worden ist.[333] Wenn diese Frage bejaht werden kann, könnte hiernach der Tatbestand einer Körperverletzung aufgrund der Risikoverteilung nicht erfüllt sein. Diese Festlegung führt bei der Trennung von siamesischen Zwillingen nicht zum Ziel, da es bei Trennungsoperationen nicht nur um die Verringerung eines körperlichen Schadens (d. h. das Verbundensein siamesischer Zwillinge [Anomalie]) geht sondern besonders um die zukünftige Lebensqualität und Lebensweise der Zwillinge.[334] Die Trennungsoperation verringert nicht ein tatbestandliches Risiko für das geschützte Rechtsgut, sondern ersetzt es durch ein anderes, das im Zusammenhang des gesamten erwartbaren Lebens der Kinder als das geringere Übel erscheint.[335] Solch eine Abwägung ist keine Frage des Tatbestands, sondern vielmehr eine exemplarische Frage der Rechtfertigung.[336]

Fraglich ist darüber hinaus noch, ob eine gefährliche Körperverletzung gegeben ist. Ärztliche Instrumente haben keine waffentypische Bestimmung, so dass § 224 I Nr. 2 1.Alt. StGB ausscheidet. Gemäß § 224 I Nr. 2 2.Alt. StGB sind Skalpelle, Spritzen etc. zwar nach ihrer objektiven Beschaffenheit geeignet erhebliche Verletzungen hervorzurufen, doch erscheint es seltsam diesen durch die Benutzung eines Arztes eine Gefährlichkeit zu unterstellen. Wenn ein ausgebildeter Arzt „lege artis" Schnitte oder Spritzen setzt, gilt dies überwiegend nicht als gefährlich, sondern als notwendige Maßnahme zur Heilung/Rettung.[337]

Erwähnenswert könnte auch die Frage sein, ob ein Arzt durch die Trennungsoperation eine das Leben gefährdende Behandlung gem. § 224 I Nr. 5 StGB be-

---

330 Merkel (Fn. 5), S. 627.
331 Eine rein medizinische Indikation der Trennung ist m. E. nur denkbar, wenn einer der beiden Zwillinge im Sterben liegt, und der andere abgetrennt wird, damit er nicht auch stirbt.
332 Merkel (Fn. 5), S. 627.
333 Wolf (Fn. 3), S. 107.
334 Merkel (Fn. 5), S. 626.
335 Merkel (Fn. 5), S. 626.
336 Merkel (Fn. 5), S. 627.
337 BGH NJW 1978, 1206; Sch/Sch/*Stree/Sterberg-Lieben*, § 224, Rn. 9b.

geht. Dies muss bei einer Trennungsoperation, schon allein wegen der Mortalität, bejaht werden. Eine abstrakte Lebensgefahr, wie dies der BGH[338] und die h.M. fordern, ist hier jedenfalls gegeben.

Weiterhin könnte eine schwere Körperverletzung gemäß §§ 226 I Nr. 2, 3 StGB gegeben sein. Strittig ist, ob eine Trennungsoperation den Verlust eines wichtigen Körpergliedes zur Folge hat. Nach der h.M. gilt jedes Körperteil, das mit einem anderen durch ein Gelenk verbunden ist, als Glied.[339] Eine andere Ansicht[340] definiert Glieder als Körperteile, die eine in sich abgeschlossene Existenz mit besonderer Funktion im Gesamtorganismus haben. Innere Organe erfüllen diese Funktion und würden somit unter § 226 I Nr. 2 StGB subsumiert werden können. Dieses Ergebnis ist aber abzulehnen: Zum einen hätte der Gesetzgeber bei der letzten Strafrechtsreform das von der Gegenansicht gewollte Subsumtionsergebnis festschreiben können, zum anderen wird mit der h.M. der Schutz des Opfers sachgerecht beurteilt, ohne dass der Täter einem unangemessen hohen Risiko ausgesetzt wird.[341] Danach käme es hier rein auf den Einzelfall an. Wenn beispielsweise nur zwei Arme vorhanden sind und nach der Trennung jeder siamesische Zwilling einen Arm zugeteilt bekommt, so stellt sich die Frage, wem die Arme „gehörten". Wenn beide Arme einem der Zwillinge zugeordnet werden konnten und dieser somit einen Arm verloren hat, so kann § 226 I Nr. 2 StGB bejaht werden. Teils müssen auch Extremitäten entfernt werden, um davon die Haut als Transplantat zu gewinnen und hieraus die entstehenden offenen Wunden versorgen zu können.[342] Auch § 226 I Nr. 3 StGB kann im Einzelfall bejaht werden, da es vorkommt, dass siamesische Zwillinge durch die Trennung in erheblicher Weise dauerhaft entstellt werden oder in Siechtum, Lähmung oder geistige Krankheit oder Behinderung verfallen.[343]

Somit kann bei der Trennung von siamesischen Zwillingen der Tatbestand einer (schweren bzw. gefährlichen) Körperverletzung bejaht werden.

---

338 BGH 2,163; NJW 2002, 3264; BGH NStZ 2004, 618; BGH NStZ 2007, 339; BGH NStZ 2013, 345, 346; Fischer, StGB, § 224, Rn. 12; MüKo-StGB/*Hardtung*, § 224 StGB, Rn. 30; SSW/*Momsen/Momsen-Pflanz*, § 224 StGB, Rn. 28; BeckOK-StGB/*Eschelbach*, § 224 StGB, Rn. 41.
339 NK-StGB/*Paeffgen*, § 226 StGB, Rn. 26.
340 Otto, AT, § 17, Rn. 6.
341 Hörnle, Jura 1998, 169, 179.
342 Wie bei der Falldarstellung bei Chen at al., Emergency Separation of Ischiopagus Tripus Conjoined Twins in the Newborn Period, J. Ped. Surg. 29 (1994), S. 1417 ff.
343 Durch die lange Zeit, die eine Trennungsoperation in Anspruch nimmt, sind vor allem geistige Behinderungen kein Einzelfall (so auch bei Jodie siehe § 2 C. III.).

bb. Rechtswidrigkeit

(1) Rechtfertigungsgründe

In Betracht kommt – wie schon bei den erwachsenen siamesischen Zwillingen – die gewohnheitsrechtlich anerkannte rechtfertigende Einwilligung.[344]

Die Wirksamkeit einer solchen Einwilligung als Ausdruck freier Selbstbestimmung des Verletzten darf nur angenommen werden, wenn dieser über eine natürliche Einsichtsfähigkeit hinsichtlich der Sachlage und der Tragweite der Handlungen sowie seiner Einwilligung verfügt.[345] Bei Minderjährigen kommt es hier gar nicht auf die Geschäftsfähigkeit im Sinne der §§ 104 ff. BGB an, sondern vielmehr auf die individuelle Reife.[346] Fehlt die tatsächliche Einsichtsfähigkeit aufgrund fehlender Reife, so kann die Einwilligung, insbesondere in ärztliche Eingriffe, durch einen gesetzlichen Vertreter oder Betreuer erklärt werden.[347]

Da hier die Trennung von siamesischen Zwillingen im Säuglings- und Kleinkindalter betrachtet wird, kommt naturgemäß nur eine rechtfertigende Einwilligung durch die gesetzlichen Vertreter, also meist durch die Eltern, (§§ 1626 I, 1631 I BGB) in Betracht.

Die Durchführung der Trennungsoperation bedarf aufgrund der Einstufung als tatbestandliche Körperverletzung grundsätzlich der Einwilligung beider Eltern (§ 1629 I BGB). Die Entscheidung über die Trennung ist keine „Angelegenheit des täglichen Lebens" i.S.v. § 1687 I 2 i.V.m. 3 BGB, die ein Alleinentscheidungsrecht eines Elternteils begründen könnte.[348]

Sollten die Ärzte die Trennungsoperation gegen den Willen der Eltern durchführen, so machen sie sich grundsätzlich strafbar.[349]

Bei der Sorgerechtsausübung handelt es sich um sog. „pflichtgebundenes Recht", d. h. „ausschließlich fremd, also kindnütziges" Recht.[350] Verfassungsrechtlich resultiert die elterliche Sorge zur Pflege und Erziehung aus Art. 6 II GG ab Geburt des Kindes, wobei die Eltern hier freilich einen gewissen Gestaltungsspielraum haben, solange es dem Schutz des Kindes sowie der Förderung seines

---

344 BGH NJW 2000, 885, 886; Fischer, StGB, Vor § 32 ff., Rn. 4.
345 BGH NJW 1978, 1206; Rogall, NJW 1978, 2344; L/K/*Kühl,* § 228, Rn. 5; NK-StGB/*Paeffgen,* § 228, Rn. 14; Fischer, StGB, § 228, Rn. 5.
346 BGHSt 4, 88, 90; BGHSt 12, 379, 383; BayObLG NJW 1999, 372 f.; NK-StGB/*Paeffgen,* § 228, Rn. 14.
347 Kern, NJW 1994, 753 ff.; Fischer, StGB, § 228, Rn 6.
348 Siehe allgemein für Gesundheitsangelegenheiten Schwab, FamRZ 1998, 457, 469.
349 Koch, GA 2011, 129, 131.
350 Soergel/*Strätz,* § 1626 BGB, Rn. 3.

Wohles und nicht der Verfolgung eigennütziger Interessen dient.[351] Das elterliche Sorgerecht findet seine Grenze in den Grundrechten des Kindes als verfassungsimmanente Schranke.

In Betracht kommen hier insbesondere die Würde des Menschen gemäß Art. 1 I GG, das Selbstbestimmungsrecht der Kinder über das eigene Leben gemäß Art. 1 I, 2 I GG und das Grundrecht auf Leben und körperliche Unversehrtheit gemäß Art. 2 II 1 GG.[352] Im Ergebnis ist der Eingriff in Art. 6 GG daher verhältnismäßig im Sinne der praktischen Konkordanz und damit auch rechtmäßig.

Wenn die Eltern entgegen dem Wohl ihres Kindes, sowohl in physisch als auch in psychischer Art und Weise, handeln, muss das Wächteramt des Staates gemäß Art. 6 II 2 GG eingreifen, indem das Familiengericht gemäß § 1666 BGB tätig wird.[353]

Gemäß §§ 1666 I, III Nr. 5 BGB kann das Familiengericht bei Gefährdung des Kindeswohls die Einwilligung der Eltern in eine Heilbehandlung ersetzen. Da es sich bei einer Trennungsoperation um eine einmalige Entscheidung handelt, muss das Familiengericht keinen Vormundschaftsrichter bestellen.[354]

Seit dem 12. Juli 2008[355] ist die missbräuchliche Ausübung des Sorgerechts zumindest nach dem Wortlaut[356] der genannten Vorschriften, anders als die Kindesgefährdung und die fehlende Bereitschaft oder Fähigkeit der Eltern die Gefahr abzuwenden, keine Voraussetzung für das Ersetzen der Einwilligung durch das Gericht mehr. Wenn diese Voraussetzungen des §§ 1666 I, III Nr. 5 BGB vorliegen, kann das Familiengericht bei einer Weigerung der Eltern, ihr Kind operieren oder eine Bluttransfusion vornehmen zu lassen, wenn diese medizinischen Behandlungen im Interesse des Kindes objektiv geboten wären, die fehlende Zustimmung für den ärztlichen Eingriff ersetzen.[357] So ge-

---

351 Wolf (Fn. 3), S. 108.
352 So auch BVerfGE 83, 130, 139 f. für den Bereich Kinder- und Jugendschutz.
353 Ebda.
354 BeckOK-FamFG/*Schlünder*, § 166, Rn. 6.
355 Art. 1 des Gesetzes zur Erleichterung familiengerichtlicher Maßnahmen bei Gefährdung des Kindeswohls (FamGerMKindwG) vom 04.07.2008, BGBl. I S. 1188; Geltung ab 12.07.2008.
356 Da sich an der Eingriffsschwere der Norm nichts verändert haben soll, sei laut Literatur diese Voraussetzung jedoch trotzdem ungeschriebene Voraussetzung und die alte Rechtsprechung behalte Bedeutung, NK-BGB/*Rakete-Domeck*, § 1666 BGB, Rn. 2.
357 BayObLG, FamRZ 1976, 43.

schieht dies regelmäßig bei den sogenannten „Zeugen-Jehovas-Fällen".[358] Das Bundesverfassungsgericht stellte in der sog. „Gesundbeterentscheidung" klar, dass die Glaubensfreiheit des Grundgesetzes „nicht nur die (innere) Freiheit zu glauben oder nicht glauben" umfasst, „sondern auch die äußere Freiheit, den Glauben zu manifestieren, zu erkennen und zu verbreiten. Dazu gehört auch das Recht des Einzelnen, sein gesamtes Verhalten an den Lehren seines Glaubens auszurichten und seiner inneren Glaubensüberzeugung gemäß zu handeln."[359] Die Religionsfreiheit der Eltern muss wie beispielsweise im Fall Jodie und Mary[360] bei der Trennung von siamesischen Zwillingen genau wie bei den gerade geschilderten Konstellationen allerdings in den Hintergrund treten. Denn anders als in der „Gesundbeterentscheidung", geht es hier nicht um die glaubensüberzeugte Handlung der Kinder selbst bzw. der einwilligungsfähigen Erwachsenen, sondern darum, dass die Eltern ihren Glauben in ihren noch nicht entscheidungsfähigen Säuglingen leben wollen. Das Grundrecht der Religionsfreiheit wird bei aus medizinischer Sicht notwendigen Eingriffen durch die verfassungsimmanenten Schranken – insbesondere im Einzelfall kollidierender Grundrechte der Kinder aus Art. 1 I GG, Artt. 1 I, 2 I GG und Art. 2 II 1 GG, der Sittenordnung und dem Menschenbild des Grundgesetzes – begrenzt.[361]

Beachtet werden muss jedoch, dass im Gegensatz zu den „Zeugen-Jehovas-Fällen", der Ausgang der medizinischen Behandlung ungewiss ist und die Risiken hoch sind, weswegen neben den medizinischen Aspekten zusätzliche Gesichtspunkte von Bedeutung sind[362], wie die zukünftige Lebensqualität, der Grad der bleibenden Verstümmelungen und die Tatsache, dass eine zeitlich spätere Operation höhere Risiken birgt.[363] Abzustellen ist hier einzig auf das Kindeswohl.

Deswegen überzeugt es auch nicht zu sagen, dass die Eltern die „psychischen Folgen ihrer Entscheidung zu tragen haben" oder die Tatsache, dass diese später mit den „Konsequenzen" leben müssen.[364] Der Beurteilungsspielraum der Eltern

---

358 Hier brauchen kranke Kinder zur Lebenserhaltung die Verabreichung einer Bluttransfusion. Die Eltern verweigern aus religiösen Gründen jedoch deren Einwilligung, welche dann durch das Gericht ersetzt wird, siehe hierzu etwa: OLG Hamm NJW 1968, 212 ff.
359 BVerfGE 32, 98, 106 f.
360 Wolf (Fn. 3), S. 66.
361 NK-GG/*Bergmann*, Art. 4 GG, Rn. 92 ff.
362 Wolf (Fn. 3), S. 111.
363 Siehe § 3 A. I. 2.
364 So Koch, GA 2011, 129, 131.

muss generell als eng angesehen werden,[365] weswegen die Gerichte und die Ärzteschaft eine Verweigerung in einen medizinisch erforderlichen indizierten Eingriff vor dem Hintergrund des Art. 6 GG durch die Eltern nicht respektieren müssen, ja vielmehr eventuell gar nicht respektieren dürfen.[366]

Etwas anderes soll allerdings gelten, wenn aufgrund der Komplexität der Wertungen Entscheidungen bezüglich der Durchführung oder Nichtdurchführung des Eingriffs nicht eindeutig falsch sind, da diese dann außerhalb der Sphäre des Strafbaren liegen.[367] Merkel führt weiter aus, dass auch umgekehrt eindeutig falsche Entscheidungen bzw. solche, die vorwiegend einen experimentellen Charakter aufweisen, im strafbaren Raum liegen.[368] Bei einer missbräuchlichen Ausübung der elterlichen Entscheidungskompetenz, verstoßen die Eltern darüber hinaus nämlich auch gegen ihre Garantenpflicht, weshalb dann eine Strafbarkeit wegen §§ 223 ff., 13 StGB[369] droht, wenn die körperliche Verbundenheit selbst eine erhebliche Beeinträchtigung des jetzigen und zukünftigen körperlichen Wohls der siamesischen Zwillinge darstellt.[370]

Fraglich ist ebenso, ob die Trennungsoperation nicht ohnehin sittenwidrig i.S.d. § 228 StGB wäre.

Ein riskanter Eingriff wäre allerdings – wie bereits bei den erwachsenen siamesischen Zwillingen diskutiert – nicht sittenwidrig und die Einwilligung in einen solchen nicht unwirksam, wenn er der Lebensrettung dient.[371] Dies ist bei der hoch riskanten Trennungsoperation von zumindest überwiegend gesunden siamesischen Zwillingen nicht der Fall, vielmehr bringt die konkrete Trennungsoperation die Zwillinge oftmals sogar in konkrete Lebensgefahr bzw. die Gefahr einer schweren Körperverletzung.

Miteinbezogen werden müssen neben der Lebensgefahr jedenfalls auch mögliche operativ hervorgerufene Verstümmelungen und Behinderungen, die in der Abwägung gegenüber dem Leben ohne Trennung betrachtet werden müssen.[372] Dies muss im Einzelfall entschieden werden und kann nicht generell für oder gegen eine Trennung sprechen.

---

365 Wolf (Fn. 3), S. 111.
366 Vor dem Hintergrund, dass bei Unterlassen dieses erforderlichen Eingriffs, sonst auch eine Strafbarkeit der Ärzte droht (siehe § 3 B. I.).
367 Merkel (Fn. 5), S. 624.
368 Ebda.
369 Diese Prüfung folgt in § 3 B. II. 2.
370 Merkel (Fn. 5), S. 625 f., Fn. 52.
371 Ebda; Oswald (Fn. 235), S. 693.
372 Bockenheimer-Lucius (Fn. 89), S. 227.

Eine generelle Entscheidung kann aufgrund der Vielfältigkeit und Einzigartigkeit jedes einzelnen siamesischen Zwillingspaares auch hier nicht getroffen werden.

(a) Einwilligung durch die Eltern?

Nun stellt sich schließlich noch die Frage, ob die Eltern hier tatsächlich einwilligen dürfen oder ob die soeben aufgestellten Grundsätze nicht vielmehr von einem Ergänzungspfleger oder dem Familiengericht zu beachten sind. Bei der Beurteilung, ob die Eltern eine Einwilligung abgeben oder nicht, sollen sie rein im Interesse des Kindes entscheiden. Hier stehen sich jedoch zwei Interessen ihrer Kinder gegenüber. Ein und derselbe Eingriff bedarf zweier Einwilligungen, nämlich einer Einwilligung der Eltern als Sorgeberechtigte des einen Zwillings und einer Einwilligung der Eltern als Sorgeberechtigte des anderen Zwillings. Hier könnte ein Interessenkonflikt entstehen, so dass es möglich sein könnte, dass die Eltern unter Heranziehung verschiedener Normen und Rechtsgedanken gar nicht einwilligen dürften.

Die Entscheidung über die Durchführung der Trennung kann nach einigen Stimmen in der Literatur jedoch nicht gegen das Votum der Eltern durch das Familiengericht ergehen, da die Entscheidung für oder gegen eine Trennung auf einer Prognose von Operationsrisiken und zukünftigen Lebensqualitäten basiert und die Eltern die Folgen dieser Entscheidung zu tragen haben.[373] Dieser Prognose liegt demnach ebenso die Frage zugrunde, ob den Kindern eine riskante Operation mit der möglichen oder sogar unausweichlichen Folge schwerster Behinderungen eher zuzumuten ist, als die lebenslange, unlösbare Verbindung mit einem anderen Menschen.

Wenn sich eingehend aufgeklärte und beratene Eltern in dieser ethischen Ausnahmesituation gegen eine Trennungsoperation aussprechen, so müssen Gerichte und Ärzteschaft dies vor dem Hintergrund von Art. 6 GG grundsätzlich respektieren.[374] Bei ethischen Entscheidungen müsse dem Willen der Eltern, die auch die psychischen Folgen der Entscheidung mittragen müssen,[375] Vorrang eingeräumt werden. Auch Merkel[376] betont, dass Entscheidungen, die nicht eindeutig falsch

---

373 Merkel (Fn. 5), S. 614 f.; Koch, GA 2011, 129, 131.
374 Rauscher, Familienrecht, S. 934, Rn. 1026; so im Ergebnis auch Everschor, Probleme der Neugeborenenethanasie und der Behandlungsgrenzen bei schwerstgeschädigten Kindern und ultrakleinen Frühgeborenen aus ethischer Sicht, 2000, S. 101 f., S. 116 f.
375 Koch, GA 2011, 129, 132.
376 Merkel (Fn. 5), S. 624.

sind, außerhalb des Strafbaren liegen sollten. Generell kann also wohl nicht von einer Kindeswohlgefährdung ausgegangen werden.

Danach sind Ausnahmen hiervon jedoch zuzulassen, sofern die Eltern die Trennungseinwilligung verweigern, obwohl die Operation nach medizinischer Prognose weitgehend komplikationslos verlaufen würde.[377]

Fraglich ist, ob die Einwilligungsmöglichkeit der Eltern tatsächlich auch nur nach §§ 1666 I, III Nr. 5 BGB aufgrund von Kindeswohlgefährdung entzogen werden sollte und könnte. Nach dieser Norm können im Fall von Kindeswohlgefährdung jeder Art Erklärungen des Inhabers der elterlichen Sorge durch das Familiengericht ersetzt werden.

Der rechtsdogmatisch saubere und der Situation entsprechender Weg wäre es die hier vorliegende Problematik eventuell über die § 1796 i.V.m. §§ 1909, 1915, 1631b analog BGB zu lösen. Nach diesen Normen hingegen kann das Familiengericht partiell die elterliche Sorge entziehen, wenn bei Abgabe der Erklärung durch die Eltern die konkrete Gefährdung eines Interessenkonflikts in einem bestimmten Bereich besteht und daher wiederum die Gefahr, dass diese nicht nur ausschließlich dem Kindeswohl entsprechend handeln. Das Familiengericht würde die elterliche Sorge anschließend in dem gefährdeten Bereich an einen Ergänzungspfleger übertragen, der seine Entscheidung aufgrund der Schwere des Eingriffs in die Rechte des Vertretenen schließlich erneut vom Familiengericht genehmigen lässt. Dieses Vorgehen ist kein Unbekanntes, auch im Transplantationswesen kommt es zur Anwendung. So muss bei minderjährigen Lebendspendern im Rahmen einer Knochenmarkspende bspw. an einen Geschwisterteil nach § 8a S. 2 TPG dies aufgrund von möglichen Interessenkonflikten der Erziehungsberechtigten bei Abgabe deren Zustimmung dem Familiengericht vorgelegt werden.

Zu erkennen ist allgemein, dass § 1666 I, III Nr. 3 BGB stets anzuwenden ist, wenn es um eine Kindeswohlgefährdung geht. § 1796 i.V.m. §§ 1909, 1915, 1631b analog BGB hingegen sind spezieller. Diese Normenkette knüpft nicht an die Kindeswohlgefährdung an sich an, sondern an den Interessenkonflikt, in dem sich Eltern befinden könnten, an. Damit kann es auch bei der Trennung von siamesischen Zwillingen grundsätzlich sein, dass sowohl § 1666 I, III Nr. 5 BGB und § 1796 i.V.m. §§ 1909, 1915, 1631b analog BGB parallel einschlägig sind. Es könnte schließlich sein, dass sich die Eltern bei der Abgabe ihrer Zustimmung bzw. Verweigerung zur Trennungsoperation in einen Interessenkonflikt zwischen der Wahrnehmung der Pflichten ihren Kindern gegenüber befinden und daher eine konkrete Kindeswohlgefährdung droht. In einem solchen Fall erscheint die

---

377 Koch, GA 2011, 129, 132.

Anwendung der § 1796 i.V.m. §§ 1909, 1915, 1631 b analog BGB aufgrund des interessengerechteren Vorgehens vorzugswürdig. Erst bei einem Scheitern dieses Vorgehens würde dann der § 1666 I, III Nr. 5 BGB zum Tragen kommen. Nach beiden Vorschriften würde die Genehmigung letztendlich jedoch beim Familiengericht liegen.

Ähnlich wie bei der Patientenverfügung, bei der der BGH diese nur als strafrechtlich zulässige Einwilligung werten lässt,[378] wenn daneben eine Zivilrechtsakzessorietät vorliegt, d. h. wenn die Patientenverfügung auch zivilrechtlich wirksam ist, könnte die Problematik auch hier gelöst werden. Auf das Zivilrecht, genauer gesagt das Familienrecht, ist somit ebenfalls ein besonderer Blick zu richten.

Bei genauerer Betrachtung der §§ 1795 f. BGB fällt auf, dass dieser eine Verwehrung der elterlichen Vertretungsmacht darstellt, wenn die Eltern durch diese Erklärung in eine Zwangslage geraten würden, in welcher sie nicht mehr nur zum Wohle des Vertretenen handeln, da sie bei der abzugebenden Erklärung ebenso die andere Partei vertreten.

Die §§ 1795 I und 1796 BGB ergänzen somit die Bestimmung des § 181 BGB. Zunächst wird ein Blick auf den spezielleren § 1795 BGB geworfen. Nach § 1795 BGB ist in bestimmten Fällen die Vertretungsmacht des Vormunds für Rechtsgeschäfte kraft Gesetzes ausgeschlossen, um eine mögliche Gefährdung der Interessen des Mündels durch Missbrauch der Vertretungsmacht zu verhindern.[379]

Ob im Einzelfall die Interessen des Mündels auch tatsächlich gefährdet sind, ist für § 1795 I BGB unerheblich.[380] Den in § 1795 BGB aufgezählten gesetzlichen Ausschlusstatbeständen stellt § 1796 BGB hingegen die Entziehung der Vertretungsmacht durch Richterakt gegenüber, die im einzelnen Fall dann anzuordnen ist, wenn zwar die Voraussetzungen der §§ 1795, 181 BGB nicht vorliegen, aber konkret festzustellen ist, dass die Interessen des Vormunds oder einer der in § 1795 I Nr. 1 BGB bezeichneten Personen zu den Interessen des Mündels in einem erheblichen Gegensatz stehen.[381]

In den Fällen, in denen der Vormund nach § 1795 oder § 1796 BGB von der Vertretung des Mündels ausgeschlossen ist, muss gemäß § 1909 I 1 BGB ein Ergänzungspfleger bestellt werden, der den Mündel in der fraglichen Angelegenheit gegenüber dem Vormund vertritt.[382]

---

378 BGHSt 55, 191; DNotI-Report 2010, S. 186.
379 Staudinger/*Barbara Veit*, § 1795 BGB, Rn. 1.
380 BGHZ 21, 229, 230 f.; FamRZ 1961, 473, 475; 1968, 245, 246.
381 Staudinger/*Barbara Veit*, § 1795 BGB, Rn. 2.
382 Staudinger/*Barbara Veit*, § 1795 BGB, Rn. 3.

Die §§ 1795 f. BGB gelten nicht nur für den Vormund, sondern auch für Ergänzungspfleger (§§ 1915, 1909 BGB) und Betreuer (§ 1908i I 1 BGB), auch wenn sie ihren Hauptanwendungsbereich im Bereich der Vorschriften über die elterliche Sorge haben.[383] Daher wäre es im Falle eines Interessenkonflikts nach §§ 1795 f. BGB erforderlich, bei siamesischen Zwillingen zwei Ergänzungspfleger zu bestellen, um keinen doppelten Anwendungsfall dieser Vorschriften zu riskieren.

Doch nun ist fraglich, ob der § 1795 BGB oder der § 1796 BGB überhaupt einschlägig sind und dadurch eine Einwilligung der Eltern in die Trennungsoperation rechtlich nicht von Anfang an unmöglich ist.

Man könnte daran denken, hier schon den Abschluss des Behandlungsvertrages gem. §§ 630a ff. BGB zwischen den Eltern als Vertreter ihrer Zwillinge und dem behandelnden Arzt als Rechtsgeschäft i.S.d. § 1795 BGB anzusehen, bei welchem die Sorgeberechtigten bereits in einem Interessenkonflikt stehen könnten. Die ist m. E. jedoch abzulehnen, da sich zu diesem Zeitpunkt noch keine abstrakte Gefahr von Interessenkonflikten verdichtet hat. Es bedarf nämlich noch eines wesentlichen Zwischenschritts: Der Arzt, mit dem der Behandlungsvertrag geschlossen wurde, muss nach § 630d BGB vor der Durchführung einer medizinischen Maßnahme den Patienten ausdrücklich und unmissverständlich fragen, ob dieser in die Maßnahme einwilligt. Erst zu diesem Zeitpunkt entsteht die mögliche Gefährdung der Interessen des Mündels durch Missbrauch der Vertretungsmacht der Eltern. Daher ist m. E. auf die Einwilligung an sich abzustellen.

Im Fall der Einwilligung in die Trennungsoperation von siamesischen Zwillingen handelt es sich nicht um ein Rechtsgeschäft, weshalb § 1795 BGB nicht direkt als zivilakzessorische Vorschrift herangezogen werden kann. Die Einwilligung ist kein Rechtsgeschäft, d.h. ihre rechtfertigende Wirkung beruht nicht auf einer dem Täter – und sei es auch nur bis auf Widerruf – eingeräumten Rechtsmacht, sondern ergibt sich allein daraus, dass die tatbestandsmäßige Handlung mit dem gegenwärtigen Willen des Berechtigten übereinstimmt.[384]

Jedoch ist es der Rechtsgedanke, welcher hier zu einem anderen Ergebnis führen könnte. Die Norm (§ 1795 BGB) bezweckt den Schutz des Mündels vor dem Missbrauch der Vertretungsmacht und vor der Verfolgung eigennütziger Interessen des Vormunds und unterstellt in bestimmten Fallkonstellationen eine abstrakte Gefahr von Interessenkonflikten unabhängig davon, ob diese im konkreten Fall tatsächlich besteht.[385]

---

383 Gernhuber/Coester-Waltjen, Familienrecht, § 61 Rn 17 ff.
384 Amelung/Eymann, JuS 2001, 937, 937.
385 BeckOK-BGB/*Bettin*, § 1795 Rn. 1; BeckOGK-BGB/Sonnenfeld, § 1795 BGB, Rn. 3; MüKo-BGB/Wagenitz, § 1795 BGB, Rn. 1.

Bei einem Vergleich der Situation bei § 1795 BGB mit der hier vorliegenden Problematik fällt auf, dass der Sinn und Zweck, den § 1795 BGB schützt, hier erst recht erfüllt ist.

Diesen Gedanken des § 1795 BGB greift allerdings auch § 1796 BGB auf. § 1796 BGB bezweckt wie auch § 181 BGB und § 1795 BGB den Schutz des Mündels vor Nachteilen bei Interessenkonflikten, in die der Vormund bei der Ausübung seiner Vertretungsmacht (§ 1793 BGB) geraten kann.[386] Die Norm spricht von „Vertretung"; diese ist ebenso außerhalb des rechtsgeschäftlichen Handelns, also bei der Vertretung im Bereich der Personensorge, denkbar.[387]

Anders als §§ 181, 1795 BGB, die auf einen abstrakten Interessengegensatz abstellen, das Vorliegen eines solchen aber nicht zum Tatbestandsmerkmal erheben, verlangt diese Norm vielmehr einen erheblichen Interessengegensatz im konkreten Einzelfall.[388] Dieser wird hier eben nicht bezogen auf bestimmte Konstellationen unterstellt, sondern muss vom Gericht im konkreten Einzelfall festgestellt werden.[389]

Neben dem in § 1796 II BGB enthaltenen Tatbestandsmerkmal „erheblicher Interessengegensatz" wird als weiteres ungeschriebenes Tatbestandsmerkmal gefordert, dass die Entziehung aus Kindesschutzgründen unter Berücksichtigung des Grundsatzes der Verhältnismäßigkeit erforderlich ist.[390]

Im Wesentlichen besteht Konsens darüber, dass von einem erheblichen Interessengegensatz grundsätzlich auszugehen ist, wenn die Interessen des Einen nur auf Kosten der Interessen des Anderen durchgesetzt werden können.[391]

Überwiegend wird allerdings zusätzlich verlangt, dass zu erwarten sein muss, dass der Vormund wegen des objektiv bestehenden Interessengegensatzes nicht in der Lage sein wird, eine am Mündelinteresse orientierte Entscheidung zu treffen.[392]

---

386 BeckOK-BGB/*Bettin*, § 1796 Rn. 1; BeckOGK-BGB/*Sonnenfeld*, § 1796 BGB, Rn. 3.
387 Soergel/*Zimmermann*, § 1796 BGB, Rn. 1; jurisPK-BGB/*Lafontaine*, § 1796 BGB, Rn. 10.
388 BeckOGK-BGB/*Sonnenfeld*, § 1796 BGB, Rn. 25; MüKo-BGB/*Wagenitz*, § 1796 BGB, Rn. 13.
389 BeckOK-BGB/*Bettin*, § 1796 Rn. 1; BeckOGK-BGB/*Sonnenfeld*, § 1796 BGB, Rn. 3.
390 BeckOK-BGB/*Bettin*, § 1796 Rn. 2; BeckOGK-BGB/*Sonnenfeld*, § 1796 BGB, Rn. 4.
391 Staudinger/*Veit*, § 1796 BGB, 2014, Rn. 11; BeckOK-BGB/*Bettin*, § 1796 BGB, Rn. 3; Erman/*Saar*, § 1796 BGB, Rn 2; Soergel/*Zimmermann*, § 1796 BGB, Rn. 3; jurisPK-BGB/*Lafontaine*, § 1796 BGB, Rn. 11; BeckOGK-BGB/*Sonnenfeld*, § 1796 BGB, Rn. 22.
392 BeckOGK-BGB/*Sonnenfeld*, § 1796 BGB, Rn. 23: kritisch, aber im Ergebnis ebenso: jurisPK-BGB/*Lafontaine*, § 1796 BGB, Rn. 12.

Daraus folgt schließlich, dass eine Entziehung der Vertretungsmacht nur dann geboten ist, wenn prognostisch unter Berücksichtigung aller objektiv-sachlichen und subjektiv-persönlichen Umstände des konkreten Einzelfalls zu befürchten ist, dass der gesetzliche Vertreter gegen die bedeutenden und damit erheblichen Interessen des Mündels handeln wird.[393]

Der Entzug der Vertretungsmacht kommt nicht generell in Betracht, wenn die Maßnahme zum Schutze der Interessen des Kindes nicht erforderlich ist, denn sie unterliegt strikt dem Grundsatz der Verhältnismäßigkeit.[394]

Interessenkonflikte können sich beispielsweise häufig ergeben, wenn es um die Einwilligung in eine ärztliche Maßnahme geht, etwa, weil die Eltern in eine Knochenmarkspende des einen Kindes zu Gunsten des anderen Kindes ihre Einwilligung geben wollen.[395] Dabei handelt es sich wie bei der Einwilligung in eine Trennungsoperation nicht um eine rechtsgeschäftliche Erklärung, sondern um die Gestattung zur Vornahme einer tatsächlichen Handlung.[396] Es geht um die Vertretung in einer Angelegenheit der Personensorge und nicht nur um einen Akt tatsächlicher Sorge.[397] Es liegt auch kein Vertrag zwischen den beiden Kindern vor, §§ 181, 1795 BGB greifen nicht. Gleichwohl ist ein erheblicher Interessengegensatz denkbar.[398] Deshalb verpflichtet § 8a S. 2 TPG den gesetzlichen Vertreter, die Knochenmarkspende des Minderjährigen dem Familiengericht unverzüglich anzuzeigen. Aus diesem Grund scheint hier grundsätzlich ein solcher erheblicher Interessenkonflikt erst recht vorzuliegen. Freilich kann es extrem schwache Formen von siamesischen Zwillingen geben, die teils nur an einzelnen kleineren Hautstellen verwachsen sind, jedoch dürfte auch bei diesen Säuglingen der Eingriff durch die offenen Hautstellen und die daraus folgende Infektionsgefahr zumindest so groß sein wie bei einer Knochenmarkspende von meist größeren Kindern.

Damit kann man die konkrete Gefahr eines erheblichen Interessenkonflikts feststellen, die in der Regel vorliegen wird. Es dürfte für die Eltern unmöglich sein, objektiv zu entscheiden, was für beide Kinder das Beste ist. Und auch die Frage, was geschieht, wenn z. B. Extremitäten nicht doppelt vorhanden sind oder wenn die Operation für den einen Zwilling ein relativ normales Leben ermöglichen

---

393 BeckOGK-BGB/*Sonnenfeld*, § 1796 BGB, Rn. 28; MüKo-BGB/*Wagenitz*, § 1796 BGB, Rn. 6; Staudinger/*Veit*, § 1796 BGB, 2014, Rn. 9; BeckOK-BGB/*Bettin*, § 1796 BGB, Rn. 3; im Ergebnis so auch jurisPK-BGB/*Lafontaine*, § 1796 BGB, Rn. 12.
394 jurisPK-BGB/*Lafontaine*, § 1796 BGB, Rn. 20; BGH NJW 2012, 1150.
395 BeckOGK-BGB/*Sonnenfeld*, § 1796 BGB, Rn. 18.1.
396 BGH NJW 1959, 811.
397 Hoffmann, Personensorge, 2. Aufl. 2013, 162 Rn. 6.
398 jurisPK-BGB/*Lafontaine*, § 1796 BGB, Rn. 16.

würde, für den zweiten daraus jedoch eine erhebliche Behinderung entstehen würde, bleibt zu beantworten. Wie man anhand dieser wenigen Beispiele erkennt, dürfte es schwierig sein, hier als Eltern objektiv zu entscheiden. Auch wenn man trotzdem im Rahmen des § 1796 BGB stets auf den konkreten Einzelfall zu achten hat, so dürfte fast in jedem Fall der Trennung von siamesischen Zwillingen eine solche fehlende Objektivität und ein erheblicher Interessenkonflikt zu erwarten sein.

Wenn man nun diesen bejaht hat, so stellt sich die Frage, ob das Familiengericht hierfür die Vertretungsmacht auf Ergänzungspfleger übertragen „kann" oder „soll".

Die Normstruktur hierzu wird zu Recht als unklar angesehen. Während es in § 1796 I BGB heißt, das Familiengericht „kann" die Vertretungsmacht entziehen, beschreibt Abs. 2 unter welchen dort näher bezeichneten Voraussetzungen dies erfolgen „soll".[399] Richtigerweise sind die Absätze als Einheit zu sehen: Abs. 1 regelt die grundsätzliche Zuständigkeit und Befugnis des Familiengerichts in die Vertretungsmacht des Vormunds einzugreifen, Abs. 2 hingegen die Voraussetzungen, unter denen das erfolgen soll.[400]

Strittig ist weiterhin nun, ob es sich um eine gebundene Entscheidung handelt oder die Norm ein gerichtliches Ermessen eröffnet. Während die Rechtsprechung[401] von einer Ermessensentscheidung ausgeht, handelt es sich nach h.M. in der Literatur[402] bei dem Begriff „erheblicher Interessengegensatz" um einen unbestimmten Rechtsbegriff.[403] Diese letztgenannte Ansicht ist wegen des Schutzgedankens der Norm gerechtfertigt, wenn die Tatbestandsvoraussetzungen „erheblicher Interessengegensatz" in dem hier verstandenen engen Sinne interpretiert werden.[404] Daraus ergibt sich im Zusammenspiel von Abs. 1 und 2, dass das Familiengericht „nur" unter den in Abs. 2 beschriebenen Voraussetzungen die Vertretungsmacht entziehen soll, bei deren Vorliegen aber auch zu entziehen

---

399 BeckOGK-BGB/*Sonnenfeld*, § 1796 BGB, Rn. 13.
400 MüKo-BGB/*Wagenitz*, § 1796 BGB, Rn. 3; jurisPK-BGB/*Lafontaine*, § 1796 BGB, Rn. 4; Soergel/*Zimmermann*, § 1796 BGB, Rn. 3, Staudinger/*Veit*, § 1796 BGB, 2014, Rn. 5.
401 BGH NJW 1975, 345 (freies Ermessen); OLG Stuttgart MDR 1983, 841 (pflichtgemäßes Ermessen); BayObLG FamRZ 1982, 1134.
402 MüKo-BGB/*Wagenitz*, § 1796 BGB, Rn. 3; Palandt/*Götz*, § 1796 BGB, Rn. 1; Erman/*Saar*, § 1796 BGB, Rn. 2; jurisPK-BGB/*Lafontaine*, § 1796 BGB, Rn. 28; Staudinger/*Veit*, § 1796 BGB, Rn. 10; Soergel/*Zimmermann*, § 1796 BGB, Rn. 3.
403 BeckOGK-BGB/*Sonnenfeld*, § 1796 BGB, Rn. 14.
404 BeckOGK-BGB/*Sonnenfeld*, § 1796 BGB, Rn. 14.

„hat".[405] Die Ermessensentscheidung ist im Falle der siamesischen Zwillinge jedoch ebenso nach der anderen Ansicht jedenfalls auf Null reduziert.

Somit hat das Familiengericht den Eltern aufgrund des Vorliegens eines erheblichen Interessenkonflikts die Vertretungsmacht zu entziehen. Dies ist freilich auch verhältnismäßig, da es erforderlich ist, um eine objektive Entscheidung zum Wohle der Kinder zu erzielen. Im Ergebnis war der Eingriff in Art. 6 GG daher verhältnismäßig im Sinne der praktischen Konkordanz und damit auch rechtmäßig.

Wichtig ist jedoch, dass die Eltern trotz eines bisherigen Fehlens einer gesetzlichen Regelung hierfür von den Ergänzungspflegern angehört werden, allerdings ohne die endgültige objektive Entscheidung selbst treffen zu müssen.

Offenstehend ist weiterhin, wie die Übertragung dieses Rechts abläuft. Die Übertragung des Sorgerechts der Eltern, eines Elternteils oder eines Vormunds für ein unmündiges Kind auf eine dritte Person durch das zuständige Familiengericht nach § 1909 BGB wird als Ergänzungspflegschaft bezeichnet.

Die sachliche Zuständigkeit des Familiengerichts hierfür ergibt sich aus § 23 a I GVG und § 151 Nr. 5 FamFG, während sich die örtliche Zuständigkeit aus § 152 FamFG ergibt und durch den inländischen Wohnsitz der Kinder bestimmt wird.

Weiterhin bleibt im Gegensatz zur Vormundschaft das Sorgerecht im Falle einer Ergänzungspflegschaft weiterhin beim Sorgerechtsinhaber.[406] Der Ergänzungspfleger hingegen bekommt nur einen Teilbereich (hier Gesundheitsfürsorge) übertragen. In § 1630 BGB ist die Sorge der Eltern bzw. des Vormunds bei einer Ergänzungspflege geregelt.

Weiterhin muss hier darauf geachtet werden, dass die beiden siamesischen Zwillinge unterschiedliche Ergänzungspfleger an die Seite gestellt bekommen. Ansonsten käme wiederum ein Fall der §§ 1795 f. BGB in Betracht, da diese auch auf Ergänzungspfleger anwendbar sind.[407]

In Betracht käme es ebenso, statt einer natürlichen Person eine Ethikkommission als Ergänzungspfleger durch das Familiengericht gem. § 1796 BGB bestellen zu lassen. Fraglich ist jedoch, ob so etwas rechtlich denkbar wäre. Da für den Ergänzungspfleger, der für einen Teil der elterlichen Sorge zuständig ist, die Regeln über den Vormund (§§ 1915, 1909 BGB) anwendbar sind,[408] ist entscheidend, ob ein solches Vorgehen im Vormundschaftsrecht möglich wäre.

---

405 Ähnlich MüKo-BGB/*Wagenitz*, § 1796 BGB, Rn. 3; Erman/*Saar*, § 1796 BGB, Rn. 2; Staudinger/*Veit*, § 1796 BGB, 2014, Rn. 5; Soergel/*Zimmermann*, § 1796 BGB, Rn. 3.
406 Staudinger/*Veit*, § 1795 BGB, Rn. 5.
407 Staudinger/*Veit*, § 1795 BGB, Rn. 5.
408 Gernhuber/Coester-Waltjen, Familienrecht, § 61 Rn. 17 ff.

Das deutsche Vormundschaftssystem ermöglicht mehrere Formen der Vormundschaft. So unterscheidet das BGB zwischen Einzelvormundschaft, Vereinsvormundschaft und Amtsvormundschaft. Nach § 1791a I BGB kann ein rechtsfähiger Verein zum Vormund bestellt werden, wenn er vom Landesjugendamt hierzu für geeignet erklärt worden ist. Der Verein darf nach § 1791a I 2 BGB nur zum Vormund bestellt werden, wenn eine als ehrenamtlicher Einzelvormund geeignete Person nicht vorhanden ist oder, wenn er nach § 1776 BGB als Vormund berufen ist; die Bestellung bedarf der Einwilligung des Vereins.

Die Frage ist also auch, ob Ethikkommissionen unter § 1791a I BGB subsumiert werden können.

Ethikkommissionen waren zunächst als Selbstkontrollorgan der Forschung konzipiert, gewinnen allerdings nun immer mehr einen öffentlich-rechtlichen Charakter.[409] Soweit nämlich gesetzliche Bestimmungen ein Votum einer Ethikkommission verlangen, besteht Einigkeit darüber, dass diese, jedenfalls soweit es sich um öffentlich-rechtlich gebildete Ethikkommissionen handelt, Aufgaben der öffentlichen Verwaltung wahrnehmen und damit nach verbreiteter Auffassung als Behörde im Sinne der Verwaltungsverfahrensgesetze angesehen werden.[410] Als solche können sie also keine Vereine i.S.d. § 1791a BGB sein. Zwar verdrängen diese öffentlichen Ethikkommissionen die privaten Ethikkommissionen, die meist in Form einer GbR oder einer GmbH gegründet werden,[411] jedoch lassen sich dennoch einige finden.

§ 1791a BGB trifft Sonderregelungen für die Fälle, in denen ein rechtsfähiger Verein zum Vormund bestellt wird.[412] Es handelt sich um eine abschließende Regelung. Andere juristische Personen als Vormundschaftsvereine können nicht zum Vormund bestellt werden.[413] Daher verbietet sich eine analoge Anwendung dieser Regelung auf Ethikkommissionen.

Ein zum Vormund bestellter Verein kann nach einer Entscheidung des BGH aus dem Jahr 2011[414] keine Vergütung und keinen Aufwendungsersatz verlangen. Daraus ergibt sich ein konkreter Unterschied zwischen den Ethikkommissionen, die für ihre Gutachten stets eine Vergütung verlangen. Auch aus diesem Grund

---

409 Taupitz, Biomedizinische Forschung zwischen Freiheit und Verantwortung, S. 85.
410 Classen, MedR 1994, 148, 149; Deutsch, Medizinrecht, Rn. 639; Schreiber, S. 162; Stamer, S. 108 ff.
411 Deutsch, Medizinrecht, Rn. 594.
412 Zur Geschichte der Vereinsvormundschaft Schindler in Oberloskamp Vormundschaft § 13 Rn. 1 ff.
413 BeckOGK BGB/*Hoffmann*, § 1791a, Rn. 2.
414 BGH NJW 2011, 2727.

lässt sich diese Norm nicht auf die Ethikkommission erweitern bzw. eine Ethikkommission als Verein gründen, der schließlich die Norm erfüllt.

Aus diesen Gründen kann eine Ethikkommission (noch) nicht als Ergänzungspfleger bestellt werden.

(b) Zusätzlich Einwilligung des Familiengerichts?

Nun stellt sich die Frage, ob ein bzw. zwei Ergänzungspfleger eine solche Entscheidung tatsächlich eigenständig treffen und verantworten können oder ob es zusätzlicher Stellen bedarf.

Man könnte zunächst in den Raum stellen, dass es keiner (nochmaligen) Entscheidung des Familiengerichts bedürfe, da sich das Familiengericht bei der Entziehung der elterlichen Sorge nach § 1796 BGB schon einmal mit der Problematik beschäftigt hat und aus diesem Grund als Ergänzungspfleger eine Person zu bestellen hat, die eine solche Entscheidung tragen kann.

Zunächst muss gesagt werden, dass sich das Familiengericht bisher nur mit der Problematik des Interessenkonflikts innerhalb des § 1796 BGB befasst hat und nicht mit der Frage ob aufgrund der Schwere des Eingriffs selbst eine zusätzliche familiengerichtliche Genehmigung erforderlich ist sowie einer Abwägung über das Für und Wider eines solchen Eingriffs.

Dagegen ist weiter vorzubringen, dass eine solche Entscheidung wahrscheinlich niemals eine Person tragen könnte. Man braucht hierzu medizinische (und hier auch verschiedene), psychologische, rechtliche und allgemeine sonstige weitere Kenntnisse, die wahrscheinlich keine Person in sich vereinen kann. Aufgrund der äußersten Schwierigkeit dieser Entscheidung ist dies schwer vorstellbar. Hinzukommt, dass der Ergänzungspfleger – auch mangels irgendwelcher Entscheidungen in dieser Problematik bisher – überhaupt keine Anhaltspunkte hat, wie er bei seiner Entscheidungsfindung bestmöglich vorgehen sollte. Daher erscheint hier das Mehraugenprinzip dringend geboten.

Fraglich ist weiterhin also, ob in Bezug auf die Trennungsoperation eine familiengerichtliche Genehmigung erforderlich ist.

Nach § 1915 I BGB finden auf die durch das Familiengericht bestellte Pflegschaft die für die Vormundschaft geltenden Vorschiften entsprechende Anwendung, soweit sich aus dem Gesetz nichts anderes ergibt. Hier sind bei den Vorschriften der Pflegschaft (§§ 1909 ff. BGB) keine anderweitigen Normen erkennbar, weshalb insbesondere auf die §§ 1821 f. BGB einzugehen ist. Nach §§ 1821 f. BGB bedarf die Entscheidung des Vormunds (hier des Ergänzungspflegers) der Genehmigung des Familiengerichts in den dort genannten Fällen.

Der Fall der Einwilligung in einen gefährlichen Eingriff durch Ärzte ist dort nicht explizit erfasst. Nach h.M. sind die §§ 1821, 1822 BGB so auszulegen, dass im Interesse der Sicherheit des Rechtsverkehrs eine eindeutige Abgrenzung zwischen genehmigungspflichtigen und genehmigungsfreien Geschäften ermöglicht wird (sog. rein formale Auslegung).[415] Hiernach würde die Einwilligung allein durch den Ergänzungspfleger ergehen dürfen.

Genehmigungspflichtig sind nämlich grundsätzlich nur alle zum Katalog des § 1821 BGB gehörenden Rechtsgeschäfte, die der Vormund auf Grund seiner gesetzlichen Vertretungsmacht vornimmt und die das Mündelvermögen, auch bei Gesamthands- und Bruchteilsbeteiligung, betreffen.[416]

Wenn man das Gesetz allerdings etwas genauer betrachtet, so wird deutlich, dass damit zum einen nur Rechtsgeschäfte, zum anderen jedoch auch nur Rechtsgeschäfte von besonderer Bedeutung gemeint sind. Hinzu kommen die weiteren, im Vormundschaftsrecht des BGB geregelten Vorbehalte familiengerichtlicher Genehmigung in Angelegenheiten der Vermögenssorge (siehe §§ 1811, 1814, 1815, 1816, 1819, 1820, 1824, 1902 BGB; vgl. auch § 1803 II BGB) und der Personensorge (§ 1800 i.V.m. § 1631b BGB).[417]

§ 1631c BGB, der eine Einwilligung in eine Sterillisation bei Minderjährigen verbietet, betrifft zwar die Personensorge, hilft hier allerdings nicht weiter, da selbst bei Ischiopagen, bei denen eine Trennung regelmäßig zu einer Sterilisation führt, diese nur Folge des Eingriffs ist und gerade nicht der Zweck[418] eines solchen.

Einschlägig könnten die sich mit der Personensorge befassenden § 1800 i.V.m. § 1631b BGB sein. In § 1800 i.V.m. § 1631b BGB geht es um die Notwendigkeit einer familiengerichtlichen Genehmigung bei freiheitsentziehenden Maßnahmen. Die mit Freiheitsentziehung verbundene Unterbringung des Kindes bspw. in einer Psychiatrie ist eine Maßnahme von besonders einschneidender Tragweite.[419] § 1631b BGB soll durch das Mittel der gerichtlichen Genehmigung gewährleisten, dass die Eltern ihr Kind nicht in eine geschlossene Einrichtung verbringen, wenn bei sinnvoller Wahrnehmung des Erziehungsrechts eine Problemlösung auf weniger schwerwiegende Weise erreicht werden kann.[420] Die zu § 1800 II a.F. BGB ergangene Rechtsprechung kann auch für § 1631b BGB herangezogen werden,

---

415 BGHZ 38, 26, 28; NJW 1962, 2344; BGH Rpfleger 1989, 281, 282.
416 BeckOK-BGB/*Bettin*, § 1821 BGB, Rn. 4.
417 MüKo-BGB/*Wagenitz*, § 1821 BGB, Rn. 3.
418 BeckOGK BGB/*Kerscher*, § 1631c, Rn. 6.
419 MüKo-BGB/*Huber*, § 1631b BGB, Rn. 1.
420 Beschlussempfehlung und Bericht des Rechtsausschusses (6. Ausschuss), BT-Drucks. 8/2788, S. 38 zu 3.2.

da der Wortlaut des § 1800 II a. F. BGB weitgehend in den neu geschaffenen § 1631b BGB übernommen wurde.[421] Bedenken gegen die Verfassungsmäßigkeit des § 1631b BGB, die sich darauf stützen, dass das Elternrecht durch das Genehmigungserfordernis übermäßig eingeschränkt werde,[422] sind unbegründet: Schließlich ist eine Erziehung unter den Bedingungen der Freiheitsentziehung ein so starker Eingriff in die Kindesentwicklung, dass eine gerichtliche Genehmigung, die z. B. nach § 1643 I i.V.m. § 1821 I Nr. 1 BGB unstreitig für jede Verfügung über eine Kindeshypothek gefordert wird, hier schwerlich von Verfassungswegen verboten sein kann.[423] Das Genehmigungserfordernis rechtfertigt sich also letztlich aus der besonderen Schutzwürdigkeit eines Kindes angesichts einer drohenden Unterbringung mit Freiheitsentziehung und der Stärke des Eingriffs.[424]

Bei der Unterbringung in einer Klinik zum Zwecke einer Trennungsoperation mit anschließender langandauernder Nachbehandlung (bspw. aufgrund der nach der Trennung fehlenden Weichteilabdeckung) könnte es sich um eine solche genehmigungsbedürftige Maßnahme handeln.

Eine Unterbringung i.S.d. § 1631b BGB liegt vor, wenn die Eltern für das Kind einen ständigen Aufenthalt außerhalb des Elternhauses vorsehen, z. B. in einer Anstalt, in einem Heim oder in einem Krankenhaus.[425] Die Unterbringung muss auf eine gewisse Dauer ausgerichtet sein,[426] was jedoch die Anwendung des § 1631b BGB bei einem von vornherein zeitlich begrenzten Aufenthalt, z. B. anlässlich einer Entziehungskur in einer Suchtklinik, ebenso wenig ausschließt wie bei einer Verbringung zu längerfristiger Beobachtung und Behandlung in eine sonstige therapeutische Klinik.[427]

Umstritten ist, wie diejenigen Fälle zu behandeln sind, in denen sich das Kind in einer (offenen) Klinik aufhält, in der dem Kind aber durch mechanische Vorrichtungen, Medikamente o. ä. seine persönliche Bewegungsfreiheit individuell

---

421 Beschlussempfehlung BT-Drucks. 8/2788, S. 51; Soergel/*Strätz*, § 1631b BGB, Rn. 3.
422 Schmitt-Glaeser, Das elterliche Erziehungsrecht in staatlicher Reglementierung, 1980, S. 58 f.; siehe auch Beschlussempfehlung BT-Drucks. 8/2788 S. 51; vgl. auch BVerfGE 10, 302; NJW 1960, 811, worin ausdrücklich offengelassen wurde, ob Art. 104 II 2 GG auch für Freiheitsentziehungen kraft elterlicher Aufenthaltsbestimmungen gelte.
423 MüKo-BGB/*Huber*, § 1631b BGB, Rn. 1.
424 Staudinger/*Salgo*, § 1631b BGB, Rn. 4; Gernhuber/Coester-Waltjen § 7 Rn. 11 f.
425 Soergel /*Strätz*, §1631b BGB, Rn. 4; NK-BGB/*Rakete-Dombek*, § 1631b BGB, Rn. 2.
426 OLG Düsseldorf NJW 1963, 397, 398; Soergel/*Strätz*, §1631b BGB, Rn. 4; RGRK-BGB/*Wenz*, § 1631b BGB, Rn. 5; a.A. Staudinger/*Salgo*, § 1631b BGB, Rn. 11; jurisPK-BGB/*Schwer/B. Hamdan*, § 1631b BGB, Rn. 2.
427 MüKo-BGB/*Huber*, § 1631b BGB, Rn. 2.

über einen längeren Zeitraum oder regelmäßig entzogen wird.[428] Beispiele sind die regelmäßige Fixierung des Kindes durch einen Bauchgurt am Stuhl tagsüber oder die Eingitterung seines Bettes. In der Rechtsprechung wurden diese sog. unterbringungsähnlichen Maßnahmen überwiegend als freiheitsentziehend i.S.d. §§ 1800, 1631b BGB behandelt, allerdings in Fällen, in denen es um erwachsene Mündel ging, nicht um Kinder.[429]

Im Betreuungsrecht wurden in § 1906 IV BGB die unterbringungsähnlichen Maßnahmen einer freiheitsentziehenden Unterbringung ausdrücklich gleichgestellt, wohingegen bei § 1631b BGB eine solche ausdrückliche Gleichstellung fehlt.[430] Umstritten ist, ob die Gleichstellungsvorschrift des § 1906 IV BGB auf die Fälle des § 1631b BGB analog anzuwenden ist. Eine verneinende Ansicht verweist zur Begründung darauf, dass es keine Gesetzeslücke gäbe, weil der Gesetzgeber im Betreuungsgesetz (BtG) bewusst auf eine Erstreckung auf § 1631b BGB verzichtet habe und die Regelung der Unterbringung von Kindern unberührt habe lassen wollen.[431] Ebenso greife nach dieser Ansicht eine Erstreckung des Genehmigungsvorbehalts zu stark in das elterliche Erziehungsrecht ein, weil auch alltägliche Maßnahmen der Erziehung von (kleinen) Kindern darunter fallen würden.[432] Fehlverhalten der Eltern müsse hiernach vielmehr über § 1666 BGB korrigiert werden.

Die Gegenansicht wendet § 1906 IV BGB im Rahmen des § 1631b BGB analog an und verlangt daher auch bei unterbringungsähnlichen Maßnahmen eine familiengerichtliche Genehmigung.[433] Die Beeinträchtigung der persönlichen Bewegungsfreiheit durch derartige medizinische Maßnahmen trifft ein Kind nach dem Schutzzweck des Genehmigungserfordernisses grundsätzlich in gleichem Maße wie einen Erwachsenen.[434] Dieser teleologische Aspekt hat für die Frage der Analogie Vorrang vor – zumal zu dieser konkreten Problematik nicht eindeutigen – Äußerungen im Gesetzgebungsverfahren.[435] Das elterliche Erziehungsrecht wird durch die Analogie zu § 1906 IV BGB ebenfalls nicht über Gebühr eingeschränkt, da nur Maßnahmen erfasst werden, die während des Aufenthalts des Kindes in

---

428 MüKo-BGB/*Huber*, § 1631b BGB, Rn. 6.
429 LG Berlin FamRZ 1991, 365; AG Frankfurt/M. FamRZ 1988, 1209; a.A. AG Recklinghausen FamRZ 1988, 653: Lediglich freiheitsbeschränkend.
430 MüKo-BGB/*Huber*, § 1631b BGB, Rn. 7.
431 LG Essen FamRZ 1993, 1347 f.; Bienwald, Betreuungsrecht, § 1906 BGB, Rn. 28 ff.
432 BT-Drucks. 11/4528 S. 82.
433 Staudinger/*Salgo*, § 1631b BGB, Rn. 14 f.; Palandt/*Diederichsen*, §1631b BGB, Rn. 2.
434 MüKo-BGB/*Huber*, § 1631b BGB, Rn. 8.
435 MüKo-BGB/*Huber*, § 1631b BGB, Rn. 8.

derartigen Anstalten oder Institutionen erfolgen.[436] Dort wird man allerdings nur schwer von einer echten Freiheitsentziehung sprechen können, wenn das Kind ohnehin nicht zur selbständigen Fortbewegung in der Lage ist; das Schutzgitter vor dem Bett des Babys bleibt also im Krankenhaus genehmigungsfrei.[437]

Fraglich ist nun, was dies für die Trennungsoperations-Problematik bedeutet. Diese Konstellation ist nicht gesetzlich geregelt.

Zunächst muss festgestellt werden, dass die Kinder im Säuglingsalter getrennt werden. Daher sind sie grundsätzlich zu diesem Zeitpunkt nicht selbstständig zur Fortbewegung in der Lage. Aus diesem Grund käme nach obiger Ausführung eine familiengerichtliche Genehmigung unabhängig von den beiden unterschiedlichen Ansichten nach dem Wortlaut grundsätzlich nicht in Betracht.

Betrachtet man jedoch den Schutzzweck dieser Vorschrift, so könnte man zu einer anderen Meinung kommen. Sinn und Zweck ist es, einen angemessenen Ausgleich zwischen der Einschränkung des Elternrechts und der Notwendigkeit einer gerichtlichen Überprüfung aufgrund der Schwere des Eingriffs in die Kindesentwicklung zu finden.

Feststeht, dass die Vornahme einer Trennungsoperation von siamesischen Zwillingen, bei welchen meist starke Verstümmelungen zurückbleiben, einen so starken Eingriff in die Kindesentwicklung darstellt, dass eine gerichtliche Genehmigung, die z. B. nach § 1643 I i.V.m. § 1821 I Nr. 1 BGB unstreitig für jede Verfügung über eine Kindeshypothek gefordert wird oder für einen Aufenthalt in einer Psychiatrie, gefordert werden muss. Bestätigt werden kann dies, da die Behandlung schließlich noch nicht mit einem erfolgreichen Trennungsoperationsmarathon endet, sondern stattdessen vielmehr zahlreiche monatelange Voruntersuchungen sowie viele Nachbehandlungen und wohl auch Psychotherapien zur Folge hat. Es wäre aber auch denkbar, in der Verweigerung der Trennung eine Art freiheitsentziehende Maßnahme zu sehen. Ohne die Trennung können sich

---

436 Ebenda.
437 NK-BGB/*Rakete-Dombek,* § 1631b, Rn. 4. Aus dogmatischer Sicht ist zu bedenken, dass es bei isolierter (also die Vorschrift des § 1906 IV außer Acht lassender) Betrachtung des Begriffs der Freiheitsentziehung i.S.d. § 1631b vertretbar erschiene, die sog. unterbringungsähnlichen Maßnahmen darunter zu fassen: Wenn bereits die verschlossenen Haustüren eine Freiheitsentziehung darstellen können, dann erst recht die Fesselung an das Bett, LG Berlin FamRZ 1991, 365, 368. Es geht also streng genommen nicht um die Frage, ob § 1906 IV auf § 1631b analog anzuwenden ist, sondern vielmehr darum, ob die Einführung des § 1906 IV zu einer Beschränkung des Begriffs der Freiheitsentziehung i.S.d. § 1631b geführt hat; So Gernhuber/ *Coester-Waltjen* § 62 Rn. 22 Fn. 45.

die Zwillinge niemals frei bewegen, sondern nur in Abhängigkeit des anderen, weswegen man in der Entscheidung über die Trennung zugleich eine Entscheidung über eine freiheitsentziehende Maßnahme erkennen könnte.

Dadurch, dass es im Falle der Trennung aufgrund der zahlreichen offenen Hautstellen und der Notwendigkeit von „Hautlieferanten" regelmäßig zur Opferung von Extremitäten wie Beinen kommt, kann auch unter diesem Aspekt in der Entscheidung über die Trennung im weiteren Sinne eine solche über eine freiheitsentziehende Maßnahme erblickt werden. Das Opfern von Extremitäten sorgt bei den Zwillingen dafür, dass sie in ihrem künftigen Leben in ihrer Fortbewegungsfreiheit eingeschränkt sein werden.

Darüber hinaus kann man ebenso grundsätzlich feststellen, dass Säuglinge zwar keine Fähigkeit besitzen sich willentlich fortzubewegen, allerdings werden siamesische Zwillinge generell erst in einem Alter von 4–12 Monaten getrennt, in welchem Säuglinge in der Regel langsam beginnen, sich durch Krabbeln, Robben, Rollern etc. willentlich fortzubewegen.

Desweiteren sollte man bedenken, dass die Zwillinge bereits ab kurz nach der Geburt in die Trennungsklinik eingeliefert und dort Monate lang durch dutzende Vor-OPs (bspw. durch das Einsetzen von Hautexpandern) auf die Trennung vorbereitet werden. Anschließend folgt eine Stunden oder sogar Tage lange Trennungsoperation, gefolgt von zahlreichen Nach-OPs, um vor allem die offenen Hautstellen als unmittelbare Folge der Trennung möglichst schließen zu können. Insgesamt sind die Zwillinge damit ein bis eineinhalb Jahre lang in der Trennungsklinik. In diesem Zeitraum können sie sich nicht altersgerecht „normal" entwickeln und vor allem auch nur schwer eine „normale" Verbindung zu ihren Eltern aufbauen, was in den ersten Jahren eines Lebens ja besonders wichtig ist. Es erscheint daher durchaus nachvollziehbar, dass ein solcher Prozess eine enorme Auswirkung auf die Kindesentwicklung der Zwillinge haben wird und einen besonders einschneidenden Eingriff in deren Leben darstellt. Es muss nämlich ebenso gesehen werden, dass die Trennung nicht erst in dem Zeitpunkt der Trennungsoperation selbst beginnt, sondern prinzipiell schon mit der Einwilligung zur Durchführung der Vorbereitungen auf eine solche, also mit den Voruntersuchungen und Vor-OPs. Die Trennung von siamesischen Zwillingen ist damit ein Prozess, der insgesamt wohl meist über ein Jahr dauern wird.

Aus diesen Gründen ist der Sinn und Zweck, der hinter § 1631b BGB steht, im Hinblick auf den Anwendnungsbereich, der sich nach dem Wortlaut ergibt, erst recht erfüllt.

Deswegen erscheint es in Bezug auf die Intensität des Eingriffs dringend angezeigt, hier nicht die Entscheidung alleine dem Ergänzungspfleger zu überlassen, sondern vielmehr eine familiengerichtliche Genehmigung zu fordern. Im Vergleich zu den anderen Fällen des Erfordernisses einer familiengerichtlichen Genehmigung erscheint eine solche bei einer solch lebensbestimmenden Entscheidung erst recht notwendig zu sein. Aus diesem Grund ist eine Analogie zu § 1631b BGB dringend angezeigt und eine familiengerichtliche Genehmigung notwendig.

Bestärkt werden kann dies durch die Forderung aus der Literatur[438] und die in diesem Zusammenhang erfolgte Anfrage des BGH[439] an das BVerfG, im Hinblick auf die Zwangsbehandlung Minderjähriger bzw. Volljährigen. Auch hier geht es um die Frage, weswegen im Betreuungsrecht eine zusätzliche familiengerichtliche Genhmigung erforderlich ist und bei Minderjährigen, die grundsätzlich im BGB höchsten Schutz genießen, nicht. Der BGH hat beschlossen, die Entscheidung des BVerfG zu der Frage einzuholen, ob es mit Art. 3 I GG vereinbar ist, dass eine Zwangsbehandlung Volljähriger mangels gesetzlicher Grundlage nur im Rahmen einer freiheitsentziehenden Unterbringung durchgeführt werden könne.[440] Nach dem BGH ist wegen des Fehlens einer gesetzlichen Konkretisierung der Voraussetzungen einer Zwangsbehandlung von Minderjährigen und wegen der Nichterforderlichkeit einer zusätzlichen familiengerichtlichen Genehmigung de lege lata zumindest insoweit verfassungsrechtlich ein Problem zu sehen, als ein Vormund oder ein Pfleger in die Zwangsbehandlung des Minderjährigen im Gegensatz zu einem Volljährigen ohne eine solche einwilligen kann: Den Staat treffen gegenüber einem Minderjährigen, dem er einen gesetzlichen Vertreter bestellt hat, jedoch die gleichen Schutzpflichten wie gegenüber einem Volljährigen.[441] Es gelte im Verhältnis des Betreuers zum Betroffenen nämlich grundsätzlich nichts anderes als in dem Verhältnis zwischen Vormund/Pfleger und Mündel. Das BVerfG[442] selbst hat entschieden, dass der Vormund/Pfleger im Rahmen der Fürsorge eine öffentliche Funktion wahrnehme und sich der Mündel somit gegenüber Handlungen des Vormunds auf seine Grundrechte berufen könne.[443] Obwohl sich die Handlungsbefugnisse des bestellten gesetzlichen Vertreters unmittelbar aus dem Zivilrecht ergeben, müsse die gebotene staatliche Kontrolle des Handelns des bestellten gesetzlichen Vertreters daher inhaltlich den Anforderungen genügen,

---

438 Hoffmann, NZFam 2015, 985 ff.; Milzer, NZFam 2015, 780 ff.
439 BGH, NJW 2015, 2528.
440 Ebda; Hoffmann, NZFam 2015, 985, 986; Milzer, NZFam 2015, 780 ff.
441 So bereits BGH NJW 2006, 1277 sowie BGH NJW 2012, 2967; Hoffmann, NZFam 2015, 985, 986.
442 BVerfG NJW 1960, 811.
443 BGH NJW 2012, 2967.

die das BVerfG für eine an den Staat adressierte Ermächtigungsgrundlage für das Durchführen einer Zwangsbehandlung fordere.[444] Nach Hoffmann folgt daraus zwingend die Erforderlichkeit einer den Regelungen für Volljährige entsprechende Konkretisierung der Voraussetzungen für eine Zwangsbehandlung Minderjähriger inklusive der Normierung der Erforderlichkeit einer familiengerichtlichen Genehmigung im BGB, wenn die Entscheidung durch einen Vormund oder einen Pfleger mit entsprechendem Aufgabenkreis getroffen wird.[445] Diesen Gedanken könnte man auch auf die hier behandelnde Problematik übertragen, was das Erfordernis einer zusätzlichen familienrechtlichen Genehmigung verstärkt.

Den Staat treffen nämlich gegenüber allen Personen, die ihr Selbstbestimmungsrecht noch nicht oder nicht mehr selbst wahren können, in gleicher Weise (Art. 3 I GG) besondere Schutzpflichten, denn das Selbstbestimmungsrecht bilde den Kern der durch Art. 1 GG geschützten Menschenwürde.[446]

Nach § 1915 BGB sind zwar die Regelungen über die Betreuung, insbesondere der hier sehr passende § 1904 BGB, auf den Ergänzungspfleger aufgrund des eindeutigen Wortlauts nicht anwendbar. Dies gilt insbesondere, da der Ergänzungspfleger grundsätzlich partiell die Rolle der Eltern einnimmt, und gegenüber diesen § 1904 BGB wegen der verfassungsrechtlich geschützten engen Eltern-Kind-Beziehung und daher mangels Vergleichbarkeit zum Betreuungsverhältnis nicht in Betracht kommt.[447] Dadurch, dass der Ergänzungspfleger allerdings kein verfassungsrechtliches Schutzbedürfnis nach Art. 6 II GG hat und wegen den vom BGH und von Hoffmann bei den Zwangsmaßnahmen genannten Gründen, könnte man dennoch zumindest den Maßstab des § 1904 BGB anwenden, um zugleich den Ärzten und Ergänzungspflegern ein Stück mehr Rechtssicherheit geben zu können. Wenn man den Maßstab des § 1904 I BGB ansetzt, so bedürfen ärztliche Maßnahmen einer zusätzlichen gerichtlichen Genehmigung unter folgenden Voraussetzungen: Es muss sich um einen riskanten ärztlichen Eingriff handeln, welcher schon bei einer 20 %igen Wahrscheinlichkeit der Gefahrverwirklichung gegeben ist.[448] Um das Selbstbestimmungsrecht zu achten ist eine solche Genehmigung auch bei persönlichkeitsverändernden Behandlungen erforderlich.[449] Desweitern muss die begründete Gefahr, also über das Durchschnittsrisiko hinausgehend, vorliegen, dass der Behandelnde aufgrund der Maßnahme stirbt oder

---

444 Ebda.
445 Hoffmann, NZFam 2015, 985, 988.
446 Lipp, FamRZ 2013, 913; Hoffmann, NZFam 2015, 985, 988.
447 Staudinger/*Bienwald*, § 1915 BGB, Rn. 6; MüKo-BGB/*Schwab*, § 1915 BGB, Rn. 8.
448 MüKo-BGB/*Schwab*, § 1904 BGB, Rn. 32, 34.
449 BT-Drs. 11/4528, 142; MüKo-BGB/*Schwab*, § 1904 BGB, Rn. 36.

einen schweren und länger dauernden (mindestens ein Jahr) gesundheitlichen Schaden erleidet.[450] Es erfolgt hiernach schließlich eine Abwägung der Chancen und Risiken unter Beachtung des Patientenwohls (mutmaßlicher Wille § 630d I 4 BGB).[451] Nach § 1904 II BGB gilt dies auch im Falle der Nichteinwilligung in eine angezeigte, d. h. vom Arzt angebotene, Maßnahme.[452]

Als notwendige Unterstützung erscheint es außerdem sinnvoll, dem Ergänzungspfleger und dem Familiengericht eine Ethikkommission, in der verschiedene Berufsgruppen vertreten sind, beratend zur Verfügung zu stellen. Die Hinzuziehung einer solchen ist bisher für Trennungsoperationen von siamesischen Zwillingen nicht festgelegt. Es gibt jedoch schon Bereiche, in denen Ethikkommissionen erforderlich sind: Für klinische Prüfungen von Arzneimitteln (§§ 40, 42 AMG) und Medizinprodukten (§§ 20, 22 MPG) sind die Ethikkommissionen der Länder die zuständigen Genehmigungsbehörden.[453] Auch für Versuche mit ionisierender Strahlung ist deren Zustimmung notwendig (§§ 24, 92 StrSchV, §§ 28b, 28g RöV). Darüber hinaus sehen §§ 8 f. StZG für den Import embryonaler Stammzellen eine Prüfung und Bewertung durch eine dafür gebildete Ethikkommission vor.[454]

(c) Verfahrensrechtliche Besonderheiten

Weiterhin muss gesehen werden, dass § 181 BGB und seine Ausprägungen in den §§ 1795 f. BGB keine Anwendung auf Prozesshandlungen finden.[455] Allerdings gibt es den allgemein anerkannten Rechtsgedanken, dass in einem Prozess niemand auf beiden Seiten Partei oder Parteivertreter sein kann.[456] Daher können die Eltern ebenso in dem Familiengerichtsverfahren ihre Kinder nicht wirksam vertreten. Es gilt also das oben Gesagte auch hier.

Im Verfahren hinsichtlich § 1631b BGB wird den Grundrechtsgarantien des Art. 104 I 1[457] bzw. Art. 2 II 1 GG Rechnung getragen. Das Familiengericht wird von Amts wegen tätig, sobald ihm Anhaltspunkte für die Notwendigkeit einer

---

450 BT-Drs. 11/4528, 141.
451 OLG Hamm NJWE-FER 1997, 178, 179; MüKo-BGB/*Schwab*, § 1904 BGB, Rn. 38.
452 MüKo-BGB/*Schwab*, § 1904 BGB, Rn. 45 ff.
453 Felder, PharmR 2007, 226, 227.
454 Valerius, NStZ 2008, 121.
455 BGHZ 41, 104, 107.
456 BGH NJW 1996, 658; BayObLG FamRZ 1982, 1134, 1135; OLG Koblenz NJW 2006, 3649; MüKo-BGB/*Schramm*, § 181 BGB, Rn 40: in Analogie zu § 181; Staudinger/*Schilken*, § 181 BGB, Rn 27: allgemeiner Verfahrensgrundsatz; Palandt/*Ellenberger*, § 181 BGB, Rn 5.
457 BVerfG FamRZ 2007, 1627, 1628 f.

bevorstehenden Unterbringung bekannt werden; ein Antrag auf Unterbringung ist Anregung i.S.d. § 24 FamFG, keine Verfahrensvoraussetzung.[458] Materiell rechtliche Voraussetzung der Genehmigungsentscheidung ist eine von den Sorgerechtsinhabern zu treffende oder bereits getroffene Entscheidung über die Unterbringung des Kindes.[459] Versäumen die Sorgerechtsinhaber pflichtwidrig eine dahingehende Entscheidung oder lehnen sie eine notwendige Unterbringung ab, kann im Einzelfall zugleich der Anwendungsbereich des § 1666 BGB eröffnet sein.[460] Da hier bezüglich der Gesundheitsfürsorge schon ein Ergänzungspfleger bestellt wurde, wird dies nicht einschlägig sein.

In diesen Fällen kann eine Anrufung des Familiengerichts durch das Jugendamt nach § 8a SGB VIII in Betracht kommen; unter den Voraussetzungen des § 4 KKG können auch die befassten Ärzte oder Kliniken das Jugendamt informieren.[461]

Im Verfahren sind gemäß § 167 I 1 FamFG die für Unterbringungssachen nach § 312 Nr. 1 FamFG geltenden Vorschriften anzuwenden, allerdings mit den in § 167 II–VI FamFG vorgesehenen Besonderheiten. Zuständig für die Genehmigung nach § 1631b BGB ist das Familiengericht, wie durch die Einordnung als Kindschaftssache (§ 151 Nr. 6 FamFG) klargestellt wird.[462] Dies gilt nicht nur, wenn § 1631b BGB isoliert zur Anwendung kommt, sondern auch, wenn § 1631b BGB über die Verweisungsnorm des § 1800 BGB zur Anwendung gelangt, wie dies hier der Fall ist (vgl. § 151 I Nr. 6 FamFG).[463] Die örtliche Zuständigkeit ergibt sich aus §§ 167 I 1, 313 FamFG. Bezüglich der funktionellen Zuständigkeit ist § 3 Nr. 2 lit. a RPflG verfassungskonform auszulegen: Aufgrund des freiheitsentziehenden bzw. hier stark entwicklungseingreifenden Charakters kann nicht der Rechtspfleger, sondern nur der Richter zuständig sein (Art. 104 II 1 GG; § 4 II Nr. 2 Halbs. 1 RPflG), so dass § 3 Nr. 2 lit. a RPflG trotz fehlenden Vorbehalts in § 14 RPflG keine Zuständigkeit des Rechtspflegers begründet.[464] Im Verfahren gibt es umfassende Anhörungspflichten, die sich grundsätzlich aus § 167 I i.V.m. §§ 319 ff. FamFG, gegebenenfalls auch § 160 FamFG, ergeben; allerdings können

---

458 BeckOK-BGB/*Veit*, § 1631b BGB, Rn. 10; Musielak/Borth/Grandel, § 167 FamFG, Rn. 2; Vogel FamRZ 2015, 1, 2; Staudinger/*Salgo*, § 1631b BGB, 2015, Rn. 20, 21a; Vogel FamRB 2015, 291, 293; a.A. OLG Frankfurt a. M. BeckRS 2015, 12185 Rn. 11.
459 BeckOGK-BGB/*Kerscher*, § 1631b BGB, Rn. 52.
460 Staudinger/*Salgo*, § 1631b BGB, 2015, Rn. 41.
461 DIJuF-Rechtsgutachten JAmt 2015, 84.
462 MüKo-BGB/*Huber*, § 1631b BGB, Rn. 19.
463 MüKo-BGB/*Huber*, § 1631b BGB, Rn. 19.
464 MüKo-ZPO/*Heilmann*, § 151 FamFG, Rn. 43.

die in § 167 FamFG enthaltenen Sonderregeln vorrangig zu beachten sein (wie bspw. § 167 IV FamFG).[465] Spezielle Bedeutung hat die persönliche Anhörung des Kindes (§ 319 FamFG).[466] Allerdings dürfte diese aufgrund des Säuglingsalters der Zwillinge unmöglich durchführbar sein.

Darüber hinaus dürfte die Bestellung eines Verfahrensbeistands – der gem. § 167 I 2 FamFG an die Stelle des Verfahrenspflegers tritt – nach § 317 FamFG stets erforderlich sein.[467] § 167 II FamFG verpflichtet die Gerichte zur gegenseitigen Information.[468]

Statthaftes Rechtsmittel gegen die Endentscheidung des FamFG über die Genehmigung der Unterbringung ist die Beschwerde gem. § 58 FamFG.[469]

(d) Andere Rechtfertigungsgründe

Darüber hinaus stellt sich die Frage, ob die (schwere) Köperverletzung auch auf andere Weise gerechtfertigt werden kann. In Betracht kommen hier insbesondere die mutmaßliche Einwilligung der Neugeborenen bzw. des Ergänzungspflegers oder des Familiengerichts und der Aggressivnotstand gemäß § 34 StGB.

Der Arzt hat unabhängig von der Einwilligungskompetenz der Eltern eine Hilfspflicht aus § 323c StGB und kann sich zudem nach §§ 223, 13 StGB strafbar machen, da eine Körperverletzung nicht erst dann vorliegt, wenn es zu einer Verschlechterung des Gesundheitszustandes kommt, sondern schon bei einer Vermehrung oder Verlängerung von Schmerzen.[470] Fraglich ist daher einzig, wie die Handlung des Arztes im Fall der Vornahme einer Trennung gerechtfertigt werden könnte.

Laut Merkel[471] sei die Notstandslösung anzuwenden, da sie eine Offenlegung aller normativen Entscheidungskriterien einfordert. Die Tatsache, dass das Rechtsinstitut des Aggressivnotstandes damit für prima facie normfremde Zwecke utilisiert wird, kann jedoch nach allgemeinen methodischen Regeln per Analogie begründet werden:[472] Die Interessenlagen sind ähnlich, da es in beiden Fällen darum geht, dass in Situationen auswegloser Not moralisch richtige Handlungen

---

465 Staudinger/*Salgo*, § 1631b, Rn. 39 f.
466 jurisPK-BGB/*Schwer/Hamdan*, § 1631b, Rn. 34; Staudinger/*Salgo*, § 1631b BGB, Rn. 26 f.
467 NK-BGB/*Rakete-Dombek*, § 1631b, Rn. 11; Staudinger/*Salgo*, §1631b BGB, Rn. 36 ff.
468 MüKo-BGB/*Huber*, § 1631b BGB, Rn. 19.
469 MüKo-BGB/*Huber*, § 1631b BGB, Rn. 20.
470 BGHSt 14, 213, 216; OLG Hamm, NJW 1975, 604 f.
471 Merkel (Fn. 5), S. 627 ff.
472 Merkel (Fn. 5), S. 628 f.

ausnahmsweise im Widerspruch zu den rechtlichen Garantien der Normalität zugelassen werden sollen.[473] Ebenfalls besteht hier eine planwidrige Regelungslücke, da es nicht verständlich ist, wieso bei solchen Handlungen, bei denen die Notstandsgefahr als Zwang zum solidarischen Opfer auf einen unbeteiligten Dritten abgewälzt werden darf (also eine Konstellation des § 34 StGB), aber im Fall der Identität von Belastetem und Begünstigtem einer Notstandstat restriktivere Kriterien gelten sollen.[474]

Auch kann davon ausgegangen werden, dass der Gesetzgeber diese Regelungslücke, die schließlich nur im Fall von siamesischen Zwillingen auftritt, schlicht nicht bedacht hat und ebenso mangels Rechtsstreitigkeiten bezüglich dieser Problematik noch keine Notwendigkeit sah, diese Konstellation mit in den § 34 StGB aufzunehmen.

Wenn man nun Merkel folgt und die Notstandslösung anwendet, so ergibt sich ein weiteres Problem: § 34 StGB fordert grundsätzlich ein „wesentliches" Überwiegen des Rettungsinteresses, weshalb kein schlichtes Überwiegen genügt. Jedoch erscheint nach dieser Ansicht in den Identitäts-Fällen diese Bedingung funktionslos und kann daher für die vorliegende Analogie gestrichen werden, da Träger sowohl des geschützten als auch des beeinträchtigten Interesses ein und dieselbe Person ist.[475]

Gegen die Notstandslösung spricht allerdings, dass § 34 StGB eine anders gelagerte Konfliktlage voraussetzt; § 34 StGB betrifft die Kollision von Interessen verschiedener Personen, während es hier auch um die Abwägung verschiedener Interessen jeweils derselben Person geht, nämlich um die Existenzalternativen „getrennt bzw. ungetrennt" für jeden der beiden Zwillinge.[476] Für solche Fälle ist allerdings generell das Autonomie-Surrogat[477] der mutmaßlichen Einwilligung geschaffen worden.

Somit müsste das Rechtsinstitut der mutmaßlichen Einwilligung einschlägig sein. In Betracht kommt sowohl eine mutmaßliche Einwilligung der Neugeborenen als auch eine solche des Ergänzungspflegers bzw. des Familiengerichts.

Eine mutmaßliche Einwilligung ist stets subsidiär, d. h. auf sie darf nur zurückgegriffen werden, wenn das Einholen einer Einwilligung aus objektiver Sicht ex ante nicht mehr (rechtzeitig) möglich ist.[478] Da es bei elektiven Tren-

---

473 Merkel (Fn. 5), S. 629.
474 Ebda.
475 Merkel (Fn. 5), S. 629; so im Ergebnis auch Joerden (Fn. 12), 119, 125.
476 Merkel (Fn. 5), S. 627.
477 Ebda.
478 BGHSt 16, 209, 312; Sch/Sch/*Lenckner/Sternberg-Lieben*, Vor §§ 32 ff., Rn. 54.

nungen stets möglich ist eine Einwilligung durch den Ergänzungspfleger bzw. das Familiengericht einzuholen, scheidet eine mutmaßliche Einwilligung durch diese Stellen aus.

Der Wille, der für die mutmaßliche Einwilligung der Neugeborenen ausschlaggebend ist, kann nicht ermittelt werden, da ein wirklicher Wille der Säuglinge zu der fraglichen Entscheidung nicht nur im Einzelfall unbekannt, sondern generell unmöglich ist.[479] Die mutmaßliche Einwilligung ist nämlich grundsätzlich am mutmaßlichen Willen des Patienten auszurichten, also an den persönlichen Umständen des Betroffenen, an seinen individuellen Interessen, Wünschen, Bedürfnissen und Wertevorstellungen.[480] Gerade nicht maßgeblich sind dabei die Sicht des Arztes sowie die Meinung eines „vernünftigen Dritten".[481] Neugeborene und Kleinstkinder sind allerdings zur eigenverantwortlichen Willensbildung noch nicht in der Lage, wodurch es unmöglich wird, den wirklichen Willen der Zwillinge festzustellen.[482] Laut Neumann seien solche Fälle trotzdem unter die mutmaßliche Einwilligung zu subsumieren, da der Vorrang der fiktiven individuellen Präferenzen vor standardisierten und heteronomen Wertungen hierdurch symbolisch zum Ausdruck gebracht werde.[483] Dieses Argument kann man allerdings auch umdrehen, denn man bedeckt das die Begründung tragende Argument und setzt unter der Hand die Begründungslasten für die getroffene Entscheidung herab.[484] Die implizierte Behauptung, man ratifiziere nur, was der Betroffene mutmaßlich möchte, macht diesen selbst zum primär Zuständigen für den Entscheidungsinhalt.[485] Von Relevanz ist es, dass die Rechtfertigungskonstruktion abbildet, was man wirklich tut, hier nämlich eine objektive Interessenabwägung, und nicht, was man lieber täte, wenn es möglich wäre,[486] nämlich den Willen der Zwillinge zu realisieren.

Sowohl die Einwilligungslösung als auch die Notstandslösung kommen letztendlich zu einer Interessenabwägung des Für und Wider einer Trennungsoperation, bei welcher insbesondere spezifische Operationsrisiken, der Aspekt der Lebensdauer und die Lebensqualitäten gegenübergestellt werden sollen. Aufgrund

---

479 Merkel (Fn. 5), S. 627 f.
480 BGH MedR 1988, 248.
481 Ebda.
482 Wolf (Fn. 3), S. 113.
483 NK-StGB/*Neumann*, § 34 StGB, Rn. 20.
484 Merkel (Fn. 5), S. 628.
485 Ebda.
486 Ebda.

der Individualität der siamesischen Zwillinge wird hier schließlich der Einzelfall entscheiden.[487]

Zu beachten ist schließlich zugleich, dass, soweit man sich nach den vorangegangenen Überlegungen im Anwendungsbereich einer Einwilligung befindet, diese gegenüber § 34 StGB in mehrfacher Hinsicht eine Sperrwirkung entfaltet:[488] Eine Rechtsgutsverletzung, die durch eine wirksame Einwilligung gerechtfertigt ist, darf jedenfalls nicht unter Berufung auf § 34 StGB gewaltsam verhindert werden. Wird diese verweigert, so ist die entsprechende Entscheidung auch dann zu respektieren, wenn sie sich – etwa bei der Ablehnung medizinisch erforderlicher Eingriffe in die körperliche Integrität – als objektiv unvernünftig erweist; dies gilt grundsätzlich selbst dann, wenn der Betroffene keine Dispositionsbefugnis über das Rechtsgut hat, zu dessen Erhaltung die Maßnahme erforderlich ist, also in dessen aktive Verletzung er nicht wirksam einwilligen könnte (Leben sowie Gesundheit jenseits der durch § 228 StGB gesetzten Grenzen).[489] Deswegen kann z. B. die Vornahme einer lebensrettenden Operation gegenüber dem Betroffenen nicht unter Berufung auf § 34 StGB erzwungen werden, ebenso wenig wie eine vom Patienten aus religiösen Gründen abgelehnte Bluttransfusion.[490]

Auch wenn dies hier aufgrund der Tatsache, dass die Zwillinge ja noch gar nicht einwilligen können, nicht exakt übertragen werden kann, so wird bei einer sinngemäßen Übertragung doch deutlich, dass die Einwilligung der Eltern bzw. des Ergänzungspflegers sowie des Familiengerichts vorrangig gegenüber der Anwendung des § 34 StGB sind.

(2) Problemkreis Organzuteilung

Ein weiteres Problem ergibt sich bei der Frage nach der Zuordnung nur einmal vorhandener Körperteile, wie z. B. bei Extremitäten oder auch bei Organen, die zwar für das Überleben nicht zwingend notwendig sind, deren Fehlen aber eine erhebliche Belastung der zukünftigen Lebensqualität bedeuten würde. Diese Frage

---

487 Eine allgemeine Abwägung auch unter rechtsethischen Gesichtspunkten hierzu findet sich in § 3 B. II. 1.
488 MüKo-StGB/*Erb* § 34 StGB, Rn. 35.
489 MüKo-StGB/*Erb* § 34 StGB, Rn. 35.
490 NK/*Neumann*, § 34, Rn 35a; a.A. OLG München vom 31. 1. 2002, MedR 2003, 174 mit ablehnender Anmerkung Bender; der Versuch, hier aus den „standes- und berufsrechtlichen Pflichten", der „ärztlichen Ethik" oder der möglichen Gewissensnot des Arztes Einschränkungen des Selbstbestimmungsrechts des Patienten abzuleiten, so *Ulsenheimer*, in: FS Eser, 2005, 1225, 1238 f., 1241 f., verkennt, dass letzteres umgekehrt die unübersteigbare Grenze für alle Rechte und Pflichten des Arztes bildet.

stellt sich – wenn man der Notstandslösung folgt – direkt in der Interessenabwägung bei § 34 StGB oder als Frage der „Angemessenheit" der eingesetzten Mittel der Notstandshandlung bei der Rechtfertigung.

Dabei muss danach differenziert werden, ob das Organ oder die Extremität neurologisch einem der Zwillinge zugeordnet werden kann oder nicht.

Für den Fall, dass man das betreffende Körperteil neurologisch einem der Zwillinge zuordnen kann, ist die Zuteilung dieses Organs oder dieser Extremität grundsätzlich unproblematisch, indem man den jeweiligen Teil des Körpers dem Zwilling zuspricht, bei welchem sich die Lokalisierung des jeweiligen Organs bzw. der Extremität findet. In diesen Fällen wird keinem der Zwillinge etwas weggenommen, was ihm oder ihr „gehört".[491] Eine Ausnahme hiervon könnte jedoch der bisher einmalige „Gallengänge-Fall" bilden: Hier hatte einer der Zwillinge den lebensfähigen, gesünderen Anteil des Gesamtherzes, der andere Zwilling das nur einmal vorhandene System der extrahepatischen Gallengänge.[492] Hier hat man dem Zwilling, dessen Herzversagen Ursprung der akuten Lebensbedrohung für beide gewesen ist, nicht – als den für die Gefahr „Zuständigen" – geopfert, sondern gerettet, und ihm das gesündere Herz des an seiner Stelle geopferten Anderen reimplantiert.[493]

Willkürlich war diese Wahl freilich nicht; sie hatte triftige medizinische Gründe. Das Herz ließ sich ex- und wieder implantieren, das nur einmal vorhandene System der extrahepatischen Gallengänge nicht;[494] eben dieses war jedoch physiologisch dem herzkranken Zwilling zugeordnet. Diese Ausnahmekonstellation spielt jedoch in der Fallgruppe 1 keine Rolle. Sobald ein lebenswichtiges Organ nur einmal vorhanden ist, scheidet eine Subsumtion unter diese Fallgruppe, die die elektive Trennung im Interesse beider Zwillinge untersucht, aus.

---

491 Wolf (Fn. 3), S. 117.
492 O'Neill et al., Surgical Experience with Thirteen Conjoined Twins, Annals of Surgery 208 (1988), S. 308; Merkel (Fn. 5), S. 622.
493 Der lebensfähige gesündere Anteil „gehörte" neurologisch und vaskulär (den Blutgefäßen nach) dem anderen Zwilling zugehörte. Die Methode der Zukunft in solchen Fällen sieht man heute übrigens darin, den missgebildeten Herzkomplex zunächst zu explantieren, dann buchstäblich zurechtzustutzen („refashion") und in einer „Autotransplantation" zurückzuverpflanzen; dazu O'Neill et al., Surgical Experience with Thirteen Conjoined Twins, Annas of Surgery 208 (1988), S. 308; Merkel (Fn. 5), S. 622.
494 Im Folgenden soll zum Zweck einer klareren Profilierung der Probleme (und medizinisch wohl einigermaßen realistisch) von dieser chirurgischen Unmöglichkeit ausgegangen werden, so auch Merkel (Fn. 5), S. 622.

Wolf[495] kombiniert bei dem Versuch einer Lösungsfindung ein medizinisches bzw. tatsächliches Lösungsmodell: Zunächst ist festzustellen, dass laut medizinischer Fachliteratur[496] bei siamesischen Zwillingen regelmäßig ein Zwilling schwächer und kleiner ist als der andere, was allerdings laut Medizinern lediglich eine logische Folge aus der Tatsache sei, dass die Entstehung von siamesischen Zwillingen auf die inkomplette Teilung einer einzelnen Zygote in der embryonalen Entwicklung basiert. Daher erscheint es nicht verwunderlich, dass bei siamesischen Zwillingen eine gehäufte Prävalenz von sonstigen Fehlbildungen anzutreffen sei.[497] Durchblutungsverhältnisse, Innervation, Nachbarschaftsbeziehungen zu anderen körperlichen Strukturen, die Vorhersagbarkeit der zukünftigen Funktionalität von Organen sind in der Regel nicht spiegelbildlich verteilt, sondern in den Gesamtkontext des jeweiligen stärkeren oder schwächeren Zwillings eingebunden, was jedoch oft erst intraoperativ identifiziert werden kann.[498] Aus diesen Kriterien kann man Konsequenzen für die Überlebenschancen des jeweiligen Zwillings und die Funktionalität seiner Organe ziehen.[499] Aufgrund dieser medizinischen Faktenlage erscheint es grundsätzlich abwegig, eine zufällige oder nach dem Losverfahren gemachte Organzuteilung durchzuführen. Da jedes siamesische Zwillingspaar einzigartig ist, müssen hier Einzelfallentscheidungen oftmals auch spontan und intraoperativ unter rein medizinischen Gesichtspunkten getroffen werden.[500]

Problematischer ist demgegenüber aber die sehr selten auftretende[501] zweite Fallgruppe, bei der das singuläre Organ keinem der Zwillinge zugeordnet werden kann. Hier wird vorwiegend als scheinbar willkürfreies Verfahren das Losverfahren gefordert.[502] Dieses Verfahren verkörpere Gerechtigkeit und Fairness, da die Unbeeinflussbarkeit des Ausgangs des Verfahrens dieses zu einem gerechten und willkürfreien Verfahren mache.[503] Wegen der Nähe des Begriffes Los zu einem „Spiel" könnte man diesem Verfahren allerdings Zynismus vorwerfen.[504] Ent-

---

495 Wolf (Fn. 3), S. 118 f.
496 Atkinson, Childs Nerv Syst 20 (2004), 504, 505; Holcomb/O'Neill, Conjoined Twins, S. 1928.
497 Atkinson, Childs Nerv Syst 20 (2004), 504, 505.
498 Holcomb/O'Neill, Conjoined Twins, S. 1928, 1931 ff.
499 Wolf (Fn. 3), S. 118.
500 Weishäupl (Fn. 2), S. 90.
501 Wolf (Fn. 3) nennt diese Fälle Ausnahmefälle (S. 118).
502 Merkel (Fn. 5), S. 630.
503 Ebda.
504 Merkel (Fn. 5), S. 630 f.

wickelt wurde der Losentscheid für die Gefahrengemeinschaft mit gleichmäßig verteilten Überlebenschancen.[505] In den Rettungsbootfällen, für die dieses Verfahren entwickelt wurde, haben alle Bootsinsassen dieselben Ausgangsvoraussetzungen,[506] dem ist bei siamesischen Zwillingen hingegen nicht so.

Ähnlich wie bei der Organverteilung gibt es bei der Organtransplantation nämlich keine exakt gleichen Kriterien, beide Patienten unterscheiden sich stets in unterschiedlichen Kriterien. Daher muss die Beurteilung eines Losentscheids für die vorliegende Situation ausscheiden.[507]

Bei siamesischen Zwillingen muss die Zuteilung rein von medizinischen Determinanten abhängen, so beispielsweise von den jeweiligen Operationsrisiken[508], die sich bei symmetrisch verteilten Chancen je nach Zuteilung ergeben. Darüber hinaus bezieht das Losverfahren seine Legitimation gerade aus der freiwilligen Aussetzung der Betroffenen in diese Situation, was bei siamesischen Zwillingen nicht zutrifft, da hier ein Dritter in verbotener Weise Schicksal spielen würde, wenn man ohne den Willen der Zwillinge über deren Zukunft „die Münze wirft".[509]

Ebenso kann diese Entscheidung keine der Eltern sein. Denn auch hier besteht ein Interessenkonflikt (i.S.d. § 1796 BGB), weswegen die Eltern nicht gleichzeitig zum Wohle beider Kinder handeln können. Fraglich könnte zugleich sein, ob diese Zuteilungsentscheidung schließlich vom Ergänzungspfleger oder dem Familiengericht getroffen werden kann. Dies dürfte sich in der Praxis allerdings als schwierig darstellen. In der Theorie müssten die Ärzte grundsätzlich dem Ergänzungspfleger bzw. dem Familiengericht einen Bericht abgeben und alle relevanten Fakten vorlegen. Daraufhin würde das Familiengericht schließlich aufgrund der medizinischen Lage die Zuteilung genehmigen. M.E. wird dies in der Praxis jedoch oft schwer umsetzbar sein. Die genaue Lage eines Organs bzw. deren Verwachsungen mit anderen Organen oder Körperteilen lassen sich teilweise erst während der Operation selbst feststellen. In einer solchen Situation müsste man die Entscheidung – freilich immer auf der Grundlage der medizinischen Lage und der vorher festgelegten Kriterien – den Ärzten zusprechen. Bei im Vorfeld sichtbaren Konstellationen (wie bspw. einem dritten Bein) bedarf es weiterhin

---

505 Bernsmann, „Entschuldigung" durch Notstand (1989), S. 336 ff.; Zimmermann, (Fn. 12), S. 419 ff.
506 Koch, GA 2011, 129, 133.
507 Koch, GA 2011, 129, 132 sowie generelle Bedenken schon bei Archangelskij, Das Problem des Lebensnotstandes am Beispiel eines von Terroristen entführten Flugzeuges (2005), S. 42 f.; Renzikowski, Notstand und Notwehr (1994), S. 258 f.
508 Ebda.
509 Ebda.

der Genehmigung, bei schwierigen vorher nicht feststellbaren Entscheidungen müsste man m. E. den Ärzten Leitlinien[510] an die Hand geben, nach denen diese schließlich entscheiden.

Bei dieser Problematik ergibt sich bei dem Fall der symmetrisch verteilten Zuteilungschancen der Zwillinge eine zusätzliche Problematik, sobald eines der Kinder behindert ist. In einem international sehr anerkannten medizinischen Lehrbuch heißt es hierzu, dass „…die Allokation von Organen […] individuell mit dem Ziel entschieden werden (muss), zum Wohle der beiden Kinder zu handeln. Dies gilt insbesondere dann, wenn keine medizinischen Unterschiede zwischen den Zwillingen bestehen. Ist jedoch einer der Zwillinge geistig oder körperlich behindert, dann sollten solche Organe dem gesünderen Zwilling zugeteilt werden."[511]

Dieser Aussage darf in Deutschland keinesfalls gefolgt werden, da sie zweifelsfrei gegen Art. 3 II 2 GG verstößt, wonach niemand wegen seiner Behinderung benachteiligt werden darf. Dieser Artikel bindet den Staat sowie alle staatlichen Krankenhäuser sogar unmittelbar und öffnet gemäß Art. 3 II 2 GG eine staatliche Schutzaufgabe auch gegenüber jedermann[512], der dieser Norm zuwiderhandelt.[513]

Allerdings scheint aus diesem Grund auch die umgekehrte Regel, nämlich die Zuordnung eines singulären Organs stets und zwingend zu dem behinderten Kind, nicht akzeptabel zu sein.[514] Die Behinderung als solche alleine ist nämlich kein medizinischer Grund, der eine Zuordnung rechtfertige. Hier ist vielmehr eine Abwägung hinsichtlich der Vor- und Nachteile des Erhaltens bzw. Nichterhaltens der Organe für die Zwillinge vorzunehmen, wenn diese keinem der Zwillinge medizinisch zugeordnet werden können.[515]

Beispielsweise sollte, wenn ein Zwilling das Organ ohnehin nicht nutzen kann, dieses Organ dem Zwilling zugesprochen werden, dem das Organ eine erhöhte Lebensqualität ermöglicht.[516] Aufgrund der hochkomplexen Trennungsoperation und dem gesteigerten Infektionsrisiko können folgende Kriterien bei der Zuteilung von Organen ausschlaggebend sein: Das Risiko von

---

510 Diese Leitlinien müssen schließlich vorgeben, dass die Zuteilung rein von medizinischen Determinanten abhängen soll.
511 Holcomb/O'Neill, Conjoined Twins, S. 1931.
512 Also auch gegenüber privaten Krankenhäusern.
513 Merkel (Fn. 5), S. 630 f.
514 Merkel (Fn. 5), S. 631.
515 Wolf (Fn. 3), S. 119.
516 Ebda.

Infektionen offener Hautpartien sowie die Funktionalität und die operative Machbarkeit.[517]

Die Organ- und Extremitätenverteilung erfolgt somit nicht nach dem Zufallsprinzip, sondern ausschließlich nach medizinisch physiologischen Prädispositionen.[518]

b. Elektive Trennungsoperation unter Opferung eines Zwillings

Die beiden nachfolgenden Fallgruppen unterscheiden sich von der Fallgruppe 1 derart, dass einer der beiden siamesischen Zwillinge bei der Trennung mit Sicherheit stirbt.

In dieser Fallgruppe 2 fehlt es indes während des Zeitpunktes der Trennungsoperation an der akuten Lebensgefahr für beide Kinder. Gleichwohl steht fest, dass die Überlebenschancen auch für den zu rettenden Zwilling jeden Tag sinken, welchen die Ärzte mit der Trennungsoperation warten, weswegen eine sofortige Operation zumindest im Interesse des zu rettenden Zwillings liegt.

aa. Tatbestandsfragen

(1) Tötungstatbestand

Die Ärzte handeln zumindest durch das Trennen und den dadurch schon zu diesem Zeitpunkt eintretenden Tod bei zumindest dem schwächeren Zwilling mit dolus eventualis oder sogar mit dolus directus 2.Grades, also mit Wissen bezüglich des Todeserfolges i.S.d. § 212 I StGB.

Eine Strafbarkeit wegen Mordes i.S.d. § 211 StGB kann ihnen grundsätzlich nicht vorgeworfen werden. Die einzig in Betracht kommenden Merkmale „Heimtücke", „Grausamkeit" und „niedrigen Beweggründen" scheiden aus.

Heimtückisch handelt nach ständiger Rechtsprechung des BGH nur, wer in feindlicher Willensrichtung die Arg- und Wehrlosigkeit seines Tatopfers bewusst zur Tötung ausnutzt.[519] Arglos ist wiederum, wer sich in der Tatsituation keines Angriffs auf seine körperliche Integrität von Seiten des Täters versieht.[520] Das Opfer muss aufgrund seiner Arglosigkeit wehrlos sein. Dazu muss das Opfer die Fähigkeit haben, Argwohn zu entwickeln. Kleinkinder (etwa bis drei Jahre), die aufgrund ihrer konstitutionellen Arglosigkeit zur Entwicklung eines Gefahrbe-

---

517 Holcomb/O'Neill, Conjoined Twins, S. 1926 ff.
518 Koch, GA 2011, 129, 133.
519 BGHSt 41, 72, 78 f.; BGH NJW 2006, 1008, 1010; BGH NStZ 2008, 273, 274.
520 BGHSt 27, 322, 324; 32, 382, 384; 41, 72, 79.

wusstseins nicht in der Lage sind, können nicht arglos sein.[521] In Betracht könnte bei Kleinkindern jedoch die Ausnutzung der Arglosigkeit der Sorgeberechtigten kommen.[522] Die Eltern haben Kenntnis über den Eingriff und können daher nicht arglos sein.

Auch liegt keine Grausamkeit vor. So tötet jemand grausam, wer dem Opfer Schmerzen oder Qualen körperlicher oder seelischer Art zufügt, die nach Stärke oder Dauer über das für die Tötung erforderliche Maß hinausgehen.[523] Zwar dauern Trennungsoperationen teils mehrere Tage, allerdings werden dadurch – schon alleine wegen der Narkose – keine objektiven Grausamkeitsmerkmale erfüllt. Dazu verlangt die h.M. subjektiv ein Handeln des Täters aus einer gefühllosen und unbarmherzigen Gesinnung.[524] Diese Merkmale liegen hier nicht vor, da die Ärzte nicht in gefühlsloser und mitleidloser Gesinnung handeln.

Darüber hinaus sind zugleich die niedrigen Beweggründe zu verneinen, da es sich nicht um nach allgemeiner sittlicher Anschauung verachtenswerte Gründe handelt, die sittlich auf tiefster Stufe stehen.[525] Die Trennungsoperation dient hier der Rettung eines Lebens und ist somit nicht als besonders verachtenswert anzusehen.

Das operierende Ärzteteam könnte hierbei mittäterschaftlich handeln. Mittäterschaftlich handelt, wer seinen eigenen Tatbeitrag so in die gemeinschaftliche Tat einfügt, dass er als Teil der Handlung eines anderen Beteiligten und umgekehrt dessen Tun als Ergänzung des eigenen Tatanteils erscheint.[526] Da das operierende Ärzteteam die Trennungsoperation gemeinschaftlich begangen hat und dabei bewusst und gewollt zusammengewirkt hat, liegt Mittäterschaft vor.

Bezüglich des übrigen beteiligten Krankenhauspersonals, wie beispielsweise Krankenschwestern, könnte man je nach Einzelfall an tatbestandliche Beihilfe zum Totschlag gem. §§ 212 I, 27 StGB denken. Beihilfe ist eine dem Täter vorsätzlich geleistete Hilfe zur Begehung einer vorsätzlichen rechtswidrigen Tat.[527] Aufgrund deren Unterstützung der Ärzte bei der Trennungsoperation und auch

---

521 BGH NJW 1978, 709; BGH NStZ 1995, 230; BGH NStZ 2006, 338; Fischer, StGB, § 211 StGB, Rn. 33 ff.
522 BGH NStZ 2008, 93 f.; Bosch, JA 2008, 389 ff.
523 Rüping, Zur Problematik des Mordtatbestandes, JZ 1979, 617, 620.
524 Fischer, StGB, § 211 StGB, Rn. 56, 58.
525 Definition aus Fischer, StGB, § 211 StGB, Rn. 14 ff.; Valerius, JZ 2008, 912, 914.
526 BGH 6, 249; 8, 396; 37, 291; NJW 1985, 1035; NStZ 2005, 71; siehe näher zu den Voraussetzungen der Mittäterschaft Wessels/Beulke/Satzger, Strafrecht AT, Rn. 524 ff.
527 Fischer, StGB, § 27, Rn. 2; Siehe näher zu den Voraussetzungen der Beihilfe Wessels/Beulke/Satzger, Strafrecht AT, Rn. 581 ff.

deren Beteiligung im Vorfeld der Operation kann man bspw. die Krankenschwestern als Beihelfer qualifizieren.

Durch die Trennung wird den Grundrechten des überlebenden Zwillings Genüge getan, allerdings wird dadurch zugleich in die Grundrechte des anderen dabei sterbenden Zwillings eingegriffen, weswegen es einer Rechtfertigung bedarf.

Das Bundesverfassungsgericht konstatierte im Jahre 1975 in seinem Urteil zum Schwangerschaftsabbruch dazu wie folgt: „Jedes menschliche Leben – auch das sich erst entwickelnde Leben – ist als solches gleich wertvoll und kann deshalb keiner irgendwie gearteten unterschiedlichen Bewertung oder gar zahlenmäßigen Abwägung unterworfen werden."[528] Weiterhin stellte das Bundesverfassungsgericht darin ein gänzlich quantitatives Abwägungsverbot auf: „Die pauschale Abwägung von Leben gegen Leben, die zur Freigabe der Vernichtung der vermeintlich geringeren Zahl im Interesse der Erhaltung der angeblich größeren Zahl führt, ist unvereinbar mit der Verpflichtung zum individuellen Schutz jedes einzelnen konkreten Lebens."[529] Dadurch wird klar, dass keine Person zur Rettung mehrerer geopfert werden darf. Nach dem Bundesverfassungsgericht verstößt eine qualitative und quantitative Abwägung menschlichen Lebens gegen Art. 2 II GG i.V.m. Art. 1 I GG. Es sei die Pflicht des Staates, jedes menschliche Leben zu schützen.[530]

Neben dem Grundgesetz garantiert auch die EMRK das Recht auf Leben. Die ERMK richtet sich in erster Linie an den Staat, dessen Einrichtungen (bspw. auch staatliche Krankenhäuser) und damit ebenso an die Gerichte, die bei dieser Problematik – wie der englische Fall Jodie und Mary zeigt – eine wichtige Rolle spielen können. In Art. 2 I EMRK heißt es: „Das Recht jedes Menschen auf Leben wird gesetzlich geschützt. Niemand darf absichtlich getötet werden, außer durch Vollstreckung eines Todesurteils, das ein Gericht wegen eines Verbrechens verhängt hat, für das die Todesstrafe gesetzlich vorgesehen ist." Weiter heißt es in Art. 2 II EMRK: „ Eine Tötung wird nicht als Verletzung dieses Artikels betrachtet, wenn sie durch eine Gewaltanwendung verursacht wird, die unbedingt erforderlich ist, um a) jemanden gegen rechtswidrige Gewalt zu verteidigen [...]."

Art. 2 I EMRK schützt das Leben beider Zwillingskinder im gleichen Umfang, so dass bei einer Kollision von Leben gegen Leben Art. 2 I EMRK einer Schranke unterliege und eine solche Abwägung daher nicht möglich sei.[531] Man könnte weiter anmerken, dass der Begriff „Absicht" i.S.d. Art. 2 I EMRK als ein

---

528 BVerfGE 39, 1, 59.
529 BVerfGE 39, 1, 58.
530 BVerfGE 39, 1, 41.
531 Richter Ward, Re A (children), S. 1017.

vom Willen getragenes, auf den Erfolg gerichtetes Handeln zu definieren ist,[532] und der Wille der Ärzte jedoch nicht auf die Tötung eines der Zwillinge, sondern vielmehr auf die Rettung des anderen Zwillings gerichtet ist.[533] Ungeachtet dessen wird aber neben der absichtlichen Tötung über den Wortlaut des Art. 2 I EMRK hinaus jede von Vorsatz – wenn auch nur bedingtem Vorsatz – getragene Tötung konventionswidrig sein, solange und soweit sie nicht wenigstens der Verteidigung von Leib und Leben dient.[534]

Allerdings muss ebenso gesehen werden, dass der Schutzumfang des Art. 2 EMRK noch nicht eindeutig geklärt ist. In mehreren Entscheidungen des Europäischen Gerichtshofs wurde offen gelassen, ob Art. 2 I EMRK abgesehen von den Ausnahmen des Art. 2 II EMRK vorsätzliche, fahrlässige oder schuldlose Tötungen verbietet.[535]

(2) Tatbestandliche Ausschlussgründe

Bevor man sich mit den Rechtfertigungsgründen genauer befasst, ist zu prüfen, ob die Trennungsoperation tatsächlich tatbestandsmäßig ist. In diesem Zusammenhang spielt die Erwägung einer möglichen rechtlichen Gleichbehandlung der Trennungsoperation mit dem Abbruch apparativer Dauerbehandlungen eine große Rolle.

(a) Tatbestandlicher „Sonderausschluss"

Es gibt Konstellationen, in denen der Tatbestand eines Tötungsdelikts nicht gegeben ist, obwohl man die Tatbestandsmerkmale generell begründen könnte.

Sobald es um die Durchführung von ärztlichen Eingriffen geht, stellt sich stets die Frage, ob der Tatbestand entfällt, da der Eingriff seinem sozialen Sinngehalt nach keinen strafrechtlichen Tatbestand erfüllt. Begründet wird dies – wie bereits bei der Fallgruppe 1 erwähnt – damit, dass ein Heileingriff, der lege artis durchgeführt wird, nach seinem sozialen Sinngehalt gerade das Gegenteil einer Körperverletzung, nämlich eine Verbesserung des Körperzustands, darstellt.[536]

---

532 Richter Brooke, Re A (children), S. 1050; Richter Walker, S. 1068.
533 Wolf (Fn. 3), S. 174.
534 Diehm, Die EMRK und das deutsche Strafgesetzbuch, S. 34 f.
535 Fall Ogur, Urteil vom 20.5.1999, EGMR, NJW, 2001, S. 1991 ff.; Fall Salman, Urteil vom 27.6.2000, EGMR, NJW 2001, S. 2001 ff.; Fall Pretty, Urteil vom 29.4.2002, EGMR, NJW 2002, S. 2851 ff.; Fall Makaratzkis, Urteil vom 20.12.2004, EGMR, NJW 2005, S. 3405 ff.
536 Sch/Sch/*Eser*, § 223, Rn. 28 ff.; L/K/*Kühl*, § 223, Rn. 8; MüKo-StGB/*Joecks*, § 223, Rn. 46.

Jedoch sind ärztliche Eingriffe jedenfalls sogar nach dieser Literaturmeinung dann tatbestandsmäßig, wenn sie nicht zu Heilzwecken vorgenommen werden. Da es in der vorliegenden Fallgruppe um eine nur im einseitigen Interesse liegende Fallgruppe geht, bei der sogar einer der Zwillinge stirbt, liegt in keinem Fall ein nur zu Heilzwecken vorgenommener Eingriff vor, weswegen selbst nach dieser Ansicht der soziale Sinngehalt hier augenscheinlich nicht fehlt und daher ein Ausschluss des Tatbestandes aus diesem Grund ausscheidet.

Weiterhin könnte man bei der Trennungsproblematik eventuell über die Grundsätze der Sterbehilfe zu einem Ausschluss kommen. Anders als eine Tötung auf Verlangen wird die Sterbehilfe durch Unterlassen, Begrenzung oder Abbruch einer Behandlung – unter bestimmten Voraussetzungen – nicht von der Einwilligungssperre des § 216 StGB umfasst.[537] Früher war anders als die aktive Sterbehilfe, bei der es um das gezielte schmerzlose Töten i.S.d. § 216 StGB bzw. eine Beschleunigung des Todeseintritts geht, die passive Sterbehilfe unter bestimmten Voraussetzungen nicht strafbar.[538] Erforderlich war ein für eine konkrete Lebensverkürzung ursächliches Unterlassen einer Behandlungsmaßnahme an einem tödlich Kranken, dessen Leiden einen irreversiblen Verlauf genommen hatte, und dessen Tod in kurzer Zeit eintreten wird.[539] Hintergrund dieser Nichtstrafbarkeitsregelung der passiven Sterbehilfe war der Gedanke des BGH, dass es keine Rechtspflicht zur Erhaltung eines erlöschenden Lebens um jeden Preis gibt.[540] Durch den medizinischen Fortschritt ist die Erhaltung von Leben in einem immer größer werdenden Rahmen möglich.

In dem Urteil des 2. Strafsenats des BGH vom 25.6.2010 wurde das Abgrenzungskriterium Tun bzw. Unterlassen aufgegeben.[541] Das fragliche Verhalten muss sich nun auf das Unterlassen, die Begrenzung oder den Abbruch einer Behandlung beschränken und dem erklärten oder mutmaßlichen Willen des Patienten entsprechen.[542] Die Durchführung lebenserhaltender Maßnahmen ist mit einem Eingriff in die körperliche Unversehrtheit – wie beispielsweise dem Legen einer Magensonde zur künstlichen Ernährung – verbunden, weswegen diese grundsätzlich nur bei Vorhandensein und Fortbestehen der Einwilligung oder mutmaßlichen Einwilligung des Patienten ausgeführt werden dürfen.[543] Im Fall des Fehlens

---

537 Spickhoff/*Knauer*/*Brose*, Medizinrecht Kommentar, § 216 StGB, Rn. 6.
538 SK-StGB/*Sinn*, § 212 StGB, Rn. 50 ff.
539 Laufs/Uhlenbruck, Handbuch des Arztrechts, § 149, Rn. 9 ff.
540 BGHSt 32, 367, 379 f.
541 BGH NJW 2010, 2963 ff.
542 BGHSt 55, 191, 198 ff.; Eidam, GA 2011, 233, 240 ff.; Gaede, NJW 2010, 2925, 2927.
543 BeckOK-StGB/*Eschelbach*, § 216 StGB, Rn. 4.4

dieser Einwilligung darf der Eingriff trotz seiner lebenserhaltenden Wirkung aufgrund der Qualifikation als Körperverletzung nicht (weiter) durchgeführt werden.[544] Technisch gesehen hat der BGH daher eine verfassungskonforme Reduktion des § 216 StGB vorgenommen.[545] Folge dieser Konstruktion ist, dass der (mutmaßlichen) Einwilligung des Betroffenen in seine Tötung (ausnahmsweise) rechtfertigende Wirkung zukommt.[546]

Jede straflose Sterbehilfehandlung ist daher vom wirklichen oder mutmaßlichen Willen des Betroffenen abhängig, weswegen für diese Ermittlung die Indizwirkung der Patientenverfügung gem. § 1901a I 1 BGB, die im Voraus für den Fall der Einwilligungsunfähigkeit einen Sterbewillen bei irreversiblen Verlauf schriftlich festlegt, entscheidend ist.[547] Der Patientenverfügung kommt keine materiell-rechtliche Bindungswirkung zu, allerdings kann die „Vorausverfügung" des späteren Patienten nach § 1901a I 2 BGB den genauen Willen in der konkreten Situation zumindest in groben Zügen antizipieren und den mutmaßlichen Willen in der späteren Leidenssituation immerhin indizieren.[548] Für den Fall, dass keine Festlegungen zur aktuellen Situation in einer Patientenverfügung getroffen wurden, wird der mutmaßliche Wille durch den Betreuer getroffen. Um einem Strafbarkeitsrisiko wegen fahrlässiger Tötung zu entgehen, ist der mutmaßliche Wille des Patienten nicht durch bloße Vermutungen, sondern aufgrund von konkreten Anhaltspunkten (insbesondere frühere mündliche oder schriftliche Äußerungen, ethische oder religiöse Überzeugungen und sonstige persönliche Wertvorstellungen des Patienten)[549] zu ermitteln (§ 1901a II 2 f. BGB).[550] Im Fall der Nichtermittelbarkeit des Patientenwillens gilt im Zweifel der Vorrang des Rechtsguts „Leben", weswegen der Behandlungsabbruch auch unter dem Genehmigungsvorbehalt des § 1904 II BGB zugunsten des Betreuungsgerichts steht.[551]

---

544 Ebda.
545 Eidam GA 2011, 233, 241; Gaede, NJW 2010, 1925, 1927.
546 Spickhoff/*Knauer/Brose*, Medizinrecht Kommentar, § 216 StGB, Rn. 6; Verrel, NStZ 2010, 671, 674.
547 Coeppicus, NJW 2011, 2085 ff.
548 BeckOK-StGB/*Eschelbach*, § 216 StGB, Rn. 4.4.
549 Keine wichtigen Kriterien in diesem Zusammenhang sind insbesondere wirtschaftliche Gesichtspunkte, etwa wenn Angehörige wegen beträchtlicher Behandlungs- oder Pflegekosten in Anspruch genommen werden, oder die „Pflegeökonomie" der öffentlichen Kassen oder der Trägern der Sozialversicherung (BGH NJW 2011, 161, 162; BeckOK-StGB/*Eschelbach*, § 216 StGB, Rn. 4.4).
550 Spickhoff /*Spickhoff*, Medizinrecht Kommentar, § 1901a BGB, Rn 15.
551 BeckOK-StGB/*Eschelbach*, § 216 StGB, Rn. 4.4.

Aufgrund dieser dargelegten Grundsätze zur straflosen „Sterbehilfe" gibt es bezogen auf die Trennungsproblematik zwei unterschiedliche Denkweisen zu betrachten:

Zum einen gibt es den sogenannten Apparaturgleichsetzungsansatz, der durch eine Verneinung des Schutzzwecks der Norm bei einer rechtlichen Einordnung als aktives Tun wiederum zu einer Bejahung der Tatbestandsmäßigkeit der Trennung führen würde.[552] Der stärkere siamesische Zwilling, durch den der schwächere Zwilling am Leben gehalten wird, würde hiernach als eine lebenserhaltene Apparatur angesehen werden. Durch die Trennung der Zwillinge würde so die Handlung der operierenden Ärzte mit dem Abschalten einer lebenserhaltenen Apparatur eines Patienten gleichgesetzt werden.

Fraglich ist, ob dies überhaupt gleichgesetzt werden kann. Eine solche Annahme muss abgelehnt werden. Das Durchtrennen der gemeinsamen Aorta kann nicht mit dem Abschalten einer Maschine gleichgesetzt werden. Das Abschalten einer lebenserhaltenden Apparatur ist nicht mit einer vielstündigen Trennungsoperation eines großen Ärzteteams vergleichbar.[553] Darüber hinaus soll bei der passiven Sterbehilfe dem Patienten ein würdiger Tod gewährleistet werden, bei der Trennung von siamesischen Zwillingen hingegen wird eine Operation gerade für die Rettung des überlebensfähigen Zwillings durchgeführt.[554] Die Annahme einer Begrenzung des Schutzbereichs bei Behandlungsabbrüchen, die von den Vertretern[555] vorgebracht wird, die in dem Behandlungsabbruch ein aktives Tun sehen, jedoch zu keiner Tatbestandsmäßigkeit kommen, erscheint unpassend. Eine Lösungsfindung auf Tatbestandsebene sei ohnehin nicht differenziert genug, da zur Bestimmung der rechtlichen Qualität des Arztverhaltens nicht isoliert auf die Aktivität des Abschaltens abzustellen ist, sondern vielmehr auf das Gesamtverhalten.[556] Eine solche Abwägung verschiedener Faktoren findet allerdings typischerweise auf der Rechtfertigungsebene statt und kann nicht durch eine Eingrenzung der Rechtsgüter auf Tatbestandsebene erreicht werden.[557]

Zum anderen findet sich der Ansatz der fingierten Apparaturabschaltung[558], bei welchem die Trennungsoperation rechtlich nicht als aktives Tun, sondern als Unterlassen eingeordnet wird, so dass die Regeln über die straflose Sterbehilfe zur

---

552 *Samson*, in: FS Welzel, S. 601 ff.; Sax, JZ 1975, S. 142 ff.
553 Quigley (Fn. 61), S. 14.
554 Wolf (Fn. 3), S. 180.
555 *Samson*, in: FS Welzel, S. 601 ff.; Sax, JZ 1975, S. 142 ff.
556 So auch Merkel, JZ 1996, 1149 f.
557 Ebenda; Wolf (Fn. 3), S. 179.
558 Siehe auch Re A (children), S. 984 f.

Anwendung kommen könnten.[559] Zum Teil wäre es nämlich medizinisch möglich, den nicht alleine lebensfähigen siamesischen Zwilling an eine Herz-Lungen-Maschine anzuschließen. Bei späterem Abschalten könnte man daran denken, ein solches Verhalten der Ärzte als passive Sterbehilfe einzuordnen. Man könnte aber ebenso zu einer Strafbarkeit des Arztes durch Unterlassen aus Ingerenz kommen.

Eine „Sterbehilfe" ist straflos, wenn anerkanntermaßen keine Rechtspflicht der Ärzte gegenüber ihren Patienten besteht, ein verlöschendes Leben durch künstliche Mittel zu verlängern.[560] Voraussetzung hierfür ist der mutmaßliche Wille des Patienten oder bei dessen Fehlen, die allgemeinen Wertvorstellungskriterien.[561] Nach den Grundsätzen der Bundesärztekammer zur ärztlichen Sterbebegleitung können bei „Neugeborenen mit schwersten Beeinträchtigungen durch Fehlbildungen oder Stoffwechselstörungen, bei denen keine Aussicht auf Heilung oder Besserung besteht" – worunter auch siamesische Zwillinge fallen können – im Einvernehmen mit den Eltern diese Kriterien in modifizierter Form durch das Unterlassen oder Einstellen lebenserhaltender Maßnahmen angewandt werden.[562]

Die Tatsache, dass der Tod bei siamesischen Zwillingen im Zeitpunkt der Trennung noch nicht unmittelbar bevorsteht, ändert nichts an der grundsätzlichen Anwendbarkeit der Kriterien über die passive Sterbehilfe, da auch ein zum Tode des Patienten führender Abbruch medizinischer Behandlungen in den Fällen zulässig ist, in denen bei einem unheilbar erkrankten und entscheidungsunfähigen Patienten (z. B. Wachkomapatienten[563]) der Sterbevorgang nicht eingesetzt hat und somit die Voraussetzungen der Richtlinie der Bundesärztekammer nicht vorliegen.[564] Insgesamt gilt: Je früher der Tod bevorsteht und je weniger die Wie-

---

559 Zur passiven Sterbehilfe Schild/Berg, Rechtliche Fragen der ärztlichen Behandlung, S. 44 f.
560 BGH NJW 2003, 1588, 1593; Laufs/Uhlenbruck, Handbuch des Arztrechts, § 149, Rn. 16 ff.
561 BGHSt 40, 257.
562 Grundsätze der Bundesärztekammer zur ärztlichen Sterbebegleitung, DÄBl. 108 (7) (2011), S. A 346 ff.; Einbecker Empfehlungen zu den Grenzen ärztlicher Behandlungspflicht bei schwerstgeschädigten Neugeborenen 1986/1992, MedR 1992, 206.
563 BGHSt 40, 257; Merkel, Tödlicher Behandlungsabbruch und mutmaßliche Einwilligung bei Patienten im apallischen Syndrom, ZStW 107 (1995), 545, 557 f.; Schmidt/Madea, Grenzen ärztlicher Behandlungspflicht am Ende des Lebens, MedR 1998, 406; Helgerth, JR 1995, 339; Schöch, Beendigung lebenserhaltender Maßnahmen, NStZ 1995, 153.
564 Grundsätze der Bundesärztekammer zur ärztlichen Sterbebegleitung, DÄBl. 108 (7) (2011), S. A 346 ff.

derherstellung eines menschenwürdigen Lebens zu erwarten ist, umso mehr erscheint ein Behandlungsabbruch in diesen Fällen vertretbar.[565]

Durch das Anwenden dieser Grundsätze auf die Trennungsoperationsproblematik käme man nun zu einer Straflosigkeit der Ärzte, da bei schweren, nicht behebbaren Schäden der Vitalfunktionen Neugeborener, welche durch Einsatz der Intensivmedizin nur für kurze Zeit aufrechterhalten werden können, der Arzt von künstlichen Lebensverlängerungen absehen kann.[566] Bei siamesischen Zwillingen, welche meist nicht alle Organe in notwendiger Anzahl besitzen, kann nicht von einer Herstellung eines auf Dauer lebensfähigen Zustandes, bspw. ohne ein zweites Herz, ausgegangen werden.[567]

Wenn man jedoch die Situation insgesamt betrachtet, so erscheint es sowohl ethisch als auch rechtlich unvertretbar, eine Trennungsoperation von siamesischen Zwillingen durchzuführen und anschließend den schwächeren Zwilling an eine Herz-Lungen-Maschine anzuschließen, um das Handeln der Ärzte schließlich als rechtmäßig qualifizieren zu können.[568]

Beide Ansätze haben zwar einen gemeinsamen Ausgangspunkt: Es handelt sich um erlöschendes Leben, so dass der Eintritt des Todes nicht abgewendet werden kann.

Jedoch verbietet sich eine Gleichsetzung bei beiden Ansätzen aus den gerade genannten Gründen.

(b) Objektiver Zurechnungsausschluss

Nach den bisherigen Erkenntnissen ist zwar der Tatbestand eines Totschlags erfüllt, in Betracht kommt aber noch ein objektiver Zurechnungsausschluss.

In dieser Sondersituation der teilweise tödlich endenden Trennungsoperation siamesischer Zwillinge finden sich allerdings auf der Ebene der Zurechnung noch zusätzliche in Betracht kommende Tatbestandsausschlussgründe.

Zunächst könnte man an die Lehre vom „rechtsfreien Raum" denken. Diese nicht unumstrittene[569] Lehre beruht auf dem Gedanken, dass in bestimmten, Dilemmata hervorrufenden Grenzsituationen, beispielsweise in Konflikten, in denen es um Leben gegen Leben geht, das Recht für keinerlei Wertung eröffnet

---

565 BGHSt 40, 257, 263.
566 Ulsenheimer, Arztstrafrecht in der Praxis, S. 357 ff.
567 So auch bei Re A (children), S. 984 f.
568 Wolf (Fn. 3), S. 181.
569 Gegen diese Theorie kann man die dogmatische Unmöglichkeit des Sich-Enthaltens in vielen Situationen vorbringen, Roxin, AT/I, § 14, Rn. 28.

ist.⁵⁷⁰ In diesen Situationen gibt es in der Regel keine rationalen Bewertungskriterien, weshalb das Recht hier nicht mehr zwischen richtig und falsch entscheiden könne.⁵⁷¹

Aufgrund der rechtlichen und ethischen Komplexität von Trennungsoperationen siamesischer Zwillinge könnte man auch diese unter diese Lehre fassen.⁵⁷² Jedoch kann eine Tötung eines Menschen, die dem Tatbestand des § 212 I StGB unterfällt, nicht wegen der Perplexität der Fallkonstellation von der Theorie des rechtsfreien Raums erfasst werden,⁵⁷³ da man sonst durch die Konstruktion des „rechtsfreien Raumes" die strafrechtliche Wertung der siamesischen Zwillingsfälle unter Vorenthaltung der Rechtfertigungs- und Entschuldigungsebene umgehen würde.⁵⁷⁴ Aus diesen Gründen scheidet in der vorliegenden Fallkonstellation jedenfalls, wegen des sowohl in objektiver als auch in subjektiver Hinsicht verwirklichten § 212 I StGB durch die Ärzte, ein solcher „Sonderausschlussgrund" aus.

Geprüft werden kann weiter, ob die objektive Zurechnung des Tötungserfolges des schwächeren Zwillings aufgrund mangelnder Risikoerhöhung oder wegen des Sphärengedankens entfallen könnte.

Teilweise wird argumentiert, dass der schwächere Zwilling ohnehin unrettbar verloren ist, weshalb nach der Risikoerhöhungstheorie die Zurechnung entfallen könnte, wenn der Täter für das Opfer keinen neuartigen Schadensverlauf geschaffen hat, sondern nur eine unwesentliche Beschleunigung des Schadensverlaufs vornimmt.⁵⁷⁵ Diese Theorie widerspricht allerdings dem Grundsatz der überholenden Kausalität.⁵⁷⁶ Das Abtrennen und damit auch die Todesursache, die hierdurch entsteht, nämlich überwiegend durch das Durchtrennen der Aorta, stellen einen neuen Schadensverlauf dar, welcher den ursprünglichen Schadensverlauf, der meist durch Herzstillstand endet, ablöst.⁵⁷⁷ Weiterhin hat zugleich das spezifische Todeseintrittsrisiko der körperlichen Verbundenheit noch nicht begonnen, da den siamesischen Zwillingen hier noch eine Lebenserwartung von

---

570 *Kaufmann*, in: FS Maurach, S. 327 ff.; Philipps, ARSP 52 (1966), S. 204 ff.
571 Lindner, JZ 2006, S. 382; Schild, JA 1978, S. 631 ff.
572 Wolf (Fn. 3), S. 184.
573 Dellinghausen, Sterbehilfe und Grenzen der Lebenserhaltungspflicht des Arztes, S. 308 f.
574 Wolf (Fn. 3), S. 185.
575 Mangakis, Die Pflichtenkollision als Grenzsituation des Strafrechts, ZStW 84 (1972), S. 474; Schmidt, Anmerkung zu OGH f.d. Brit. Z., SJZ 1949, Sp. 565.
576 Mitsch, „Luftsicherheitsgesetz" – die Antwort des Rechts auf den „11. September 2001", JR 2005, 274, 275, Rn. 11.
577 Wolf (Fn. 3), S. 183.

mehreren Monaten zuerkannt wird. Es handelt sich beim Handeln des Arztes also anders als im Gnadenschuss-Fall[578] nicht um ein Eingreifen Dritter, welches dem ursprünglich Verantwortlichem zurechenbar wäre. Hier handelte der operierende Arzt völlig unabhängig und ordnete sich nicht unter, sondern schafft vollverantwortlich eine neue, eigenständige Gefahr, die sich im Erfolg realisiert.[579]

Dadurch steht fest, dass es sich nicht nur um eine unwesentliche Herbeiführung des Todeserfolges handelt, weshalb „das spezifische Risiko der Gefahrengemeinschaft, dessen Realisierung für den Betroffenen kurzfristig unausweichlich erscheint und bereits begonnen hat", nicht nur „lediglich eine beschleunigte Umsetzung" erfährt.[580]

Darüber hinaus kommt ein Ausschluss aufgrund des Sphärengedankens in Betracht. Bei diesem geht es darum, dass sich bestimmte Handlungen innerhalb einer engen persönlichen Sphäre einer strafrechtlichen Zurechenbarkeit entziehen.[581] Es handele sich hierbei um rechtmäßige innersphärische Eingriffe.[582] Danach könnte es sich bei der Trennungsoperation zu Gunsten des zu rettenden Zwillings nur um ein „Abdichten" der Sphäre des zu rettenden Zwillings durch die Ärzte handeln, bei dem ein Eingriff in die Sphäre des zu opfernden Zwillings zu verneinen wäre.[583] Hier scheidet dieser Ausschluss jedoch aus, da durch die chirurgische Trennung der Zwillinge zwangsläufig wegen der Natur der Operation in die körperliche Integrität des zu opfernden Zwillings eingegriffen wird. Überdies ist kein Grund ersichtlich, warum die von der Operation betroffenen Haut- und Gewebepartien lediglich zur Sphäre des zu rettenden Zwillings zu rechnen sein sollten.

Somit ist den Ärzten bei der Trennung von siamesischen Zwillingen der Handlungserfolg, der im Tod des zu opfernden Zwillings besteht, strafrechtlich zurechenbar.

---

578 So im sog. Gnadenschuss-Fall (BGH MDR 1956, 526 ff.): Hier hat A auf B mit Tötungsvorsatz geschossen. Der hinzukommende C gab dem „röchelnden" B einen Gnadenschuss; hier konnte der Gnadenschuss des C dem A zugerechnet werden. Ähnliche Lösung auch beim sog. Amoklauf von Winnenden-Fall (BGH NStZ 2013, 238 ff.).
579 Allgemein zu den Voraussetzungen eines Zurechnungsausschlusses durch Eingreifen Dritter siehe BGH NStZ 2001, 29 ff.
580 MüKo-StGB/*Erb*, § 34 StGB, Rn. 120.
581 Bernsmann, „Entschuldigung" durch Notstand, S. 357; Otto, Pflichtenkollision und Rechtswidrigkeitsurteil, S. 84.
582 Zimmermann (Fn. 12), S. 182.
583 Wolf (Fn. 3), S. 183 f.

bb. Rechtfertigungs- und Entschuldigungsgründe

(1) Rechtfertigungsgründe

Im Zusammenhang mit der Trennungsproblematik bei siamesischen Zwillingen werden in der Literatur regelmäßig Versuche unternommen, die Schutzwürdigkeit organisch schwergeschädigter Kinder – wie dies auch bei siamesischen Zwillingen der Fall ist – in Abrede zu stellen.[584] Merkel[585] stellt aus moralphilosophischer Perspektive die Frage, welches subjektive Interesse ein geschädigter Neugeborener an einer Lebensverlängerung um wenige Monate habe. Nach seiner Ansicht mag man „sich in moralphilosophischer Perspektive durchaus fragen, welches subjektive Interesse ein Neugeborenes, das seine eigene Existenz noch nicht bewusst erlebt, an der Verlängerung dieser Existenz um höchstens ein paar Monate haben kann, welcher subjektiv erfahrbare Schaden ihm als mit der Verkürzung seines Lebens um eben diese wenigen Monate zugefügt würde, und ob dagegen die zu rettende „normale" Lebenszeit des anderen nicht als der entscheidend höhere Wert beurteilt werden müsse."[586]

Andere wie beispielsweise Zimmermann[587] ziehen aus diesem Gedanken allerdings rechtliche Konsequenzen, indem sie den Lebensschutz des geschädigten Zwillings zu relativieren versuchen. In Anlehnung an die Gedanken von Hoerster[588] verfüge ein neugeborener geschädigter siamesischer Zwilling über kein aktuelles Lebensinteresse. Sinn und Zweck des § 212 StGB sei auch der Schutz des

---

584 Nach Singer, Singer/Kuhse, Muss dieses Kind am Leben bleiben?, S. 243 ff., beispielsweise sind Neugeborene und Kleinkinder nicht fähig, sich selbst als Wesen zu sehen, Wünsche zu äußern oder zukunftsorientiert zu handeln, weswegen ihnen seiner Meinung nach kein inhärentes Lebensrecht zusteht; Ähnlich auch Hoerster, Neugeborene und das Recht auf Leben, 1995, S. 16 ff.; ders., JuS 1989, 172, 178; Zimmermann (Fn. 12), S. 475
585 Merkel (Fn. 5), S. 633 ff.
586 Merkel (Fn. 5), S. 633 f.
587 Zimmermann (Fn. 12), S. 475; Ähnlich auch der britische Richter Robert Brooke, den eine ähnliche Argumentation dazu bewogen, im Fall der siamesischen Zwillinge aus Malta einer „Rettungstötung" zuzustimmen (Re A (2000) 4, All England Law Reports, 961; Annas, Connecticut L. Rev 33 (2001), 1275, 1286).
588 Hoerster, Neugeborene und das Recht aus Leben, 1995, S. 57 ff.: Hoerster knüpft das Lebensrecht nicht an die Eigenschaft „Menschsein", sondern an die Existenz eines „personalen Wesens" mit Ichbewusstsein, wofür maßgeblich auf das Überlebensinteresse abzustellen sei. Ein solches Interesse sei jedoch erst ab einem Alter von 28 Wochen anzunehmen, wodurch mit begründeter willkürloser Einwilligung der Eltern eine Tötung bis zu diesem Zeitpunkt straflos sei, ohne deren Einwilligung jedoch stets strafbar. Zimmermann erweitert diesen Zeitraum der Straflosigkeit

Interesses der Allgemeinheit am Leben des Neugeborenen, verstanden als dessen potentielles Interesse.[589] § 212 StGB sei Zimmermanns Meinung nach im Falle von Neugeborenen nicht genuin subjektiv-rechtlicher Lebensschutz, sondern halb objektiv-rechtlicher Schutz á la § 218 StGB (im Wesentlichen: Potentialitätsschutz) und halb Normschutznorm,[590] da die beiden verschiedenen Schutzinteressen im Normalfall in die gleiche Richtung laufen. Die vorliegende Trennungsproblematik stellt allerdings einen Ausnahmefall dar. Hier stehen sich beide Interessen entgegen: „Der auf Entfaltung des Potentials zielende Potentialitätsschutz lässt sich nur durch eine Aufweichung des Normschutzes (nämlich die Tötung des einen Zwillings) haben, während sich umgekehrt der Normschutz (bewirkt durch das Verbot, einen der Zwillinge zu töten) nur auf Kosten des Potentialitätsschutzes (= keiner der beiden Zwillinge wird einmal ein Alter erreichen, in dem er ein aktuelles Überlebensinteresse genießen kann) durchsetzen könnte."[591] Bezogen auf diesen Fall bleibt vom Normschutz, aufgrund des fehlenden Potentials, das bei Durchsetzung des Normschutzes übrig bleibt, nur wenig, weshalb es nach Zimmermann nicht klar sei, dass jene Normschutzinteressen gegenüber dem Interesse der Allgemeinheit an der Entfaltung des Potentials (wenigstens des einen der Zwillinge) überwiegen müssten.[592] Auch Merkel habe festgestellt, dass „Normschutzbelange […] ersichtlich solche der Gesamtgesellschaft [sind]. Schon daraus erhellt, dass sie gegen gewichtige andere Belange abgewogen werden können und nicht selten müssen."[593] Richter Brooke argumentierte im Urteil über den siamesischen Zwillingsfall „Mary und Jodie" aus Malta ähnlich und sah in der Normschutzbeeinträchtigung durch die Tötung des einen Zwillings zwecks Rettung des (Potentials des) anderen erträgliche Grenzen als eingehalten.[594]

Daher könne die Tötung des geschädigten Zwillings hiernach, so das angedeutete Fazit, grundsätzlich gem. § 34 StGB gerechtfertigt werden, da man dem

---

einer solchen Tötung bei neugeborenen siamesischen Zwillingen sogar über die von Hoerster genannte Spanne hinaus, Zimmermann (Fn. 12), S. 475 f.
589 Zimmermann (Fn. 12), S. 476.
590 Ebda.
591 Zimmermann (Fn. 12), S. 476.
592 Ebda.
593 Merkel, Forschungsobjekt Embryo, S. 145.
594 Dazu Annas, Connecticut L. REV. 33 (2001), 1275, 1286; Aufgrund der Tatsache, dass bislang kein deutscher Staatsanwalt bereit war, das in Tageszeitungen nachlesbare einseitig tödliche Trennen siamesischer Zwillinge, durchgeführt von deutschen Chirurgen in deutschen Krankenhäusern, strafrechtlich zu verfolgen, legt die Vermutung nahe, dass auch die deutsche Justiz eine ähnliche Argumentation vertreten würde (so auch Zimmermann (Fn. 12), S. 477).

Schutz des Potentials des rettbaren Zwillings größeres Gewicht als dem besagtem Normschutz (Schutz des anderen Zwillings) zuspricht und diese ethische Rechtfertigung ein „wesentlich überwiegendes Interesse" annehmen lässt.[595] Jedoch gilt: Sobald der Schutzbereich des § 212 StGB einmal eröffnet ist, besteht kein Raum mehr für einen objektiv-rechtlichen Schutz á la § 218 StGB, in dessen Richtung Zimmermann argumentiert.

Diese Gedanken belegen allerdings die Aktualität des sog. „Dammbrucharguments". Wer, wenn freilich beschränkt auf Einzelfälle und mit besten Absichten, die Schutzwürdigkeit missgebildeter Neugeborener in Frage stellt, redet nolens volens einer Tötung „lebensunwerten Lebens" das Wort.[596] Eine solche Entziehung oder Beschränkung des grundsätzlichen Lebensrechts wäre auf dem Boden des Grundgesetzes abwegig und zwar nicht nur nach geltendem Recht, sondern auch de lege ferenda.[597]

Jede Rechtfertigungsmöglichkeit scheitert nach dieser Ansicht schon generell an einer unzulässigen Relativierung des Lebensrechts und insbesondere an einer Aufweichung des Lebensschutzes.[598] Eine Lösungsfindung sei daher hiernach nur auf der Schuldebene zu suchen.[599]

Da es im Fall der symmetrischen Gefahrengemeinschaft keine grundsätzlichen Differenzierungsmöglichkeit gäbe, müsse man vielmehr jedem von beiden einzeln das Recht zusprechen, dass an seiner Stelle ein anderer geopfert werde: „Obwohl auf den ersten Blick für eine Rechtfertigung zu sprechen scheint, dass das Tötungsverbot den einen letzten Endes nicht hilft und den anderen nur schadet, ist der herrschenden Meinung jedenfalls deshalb zuzustimmen, weil die Rechtsordnung bei gleicher Ausgangsposition der Beteiligten keinem von ihnen vermitteln kann, warum gerade er auf seine Rettungschance zugunsten der anderen verzichten sollte."[600] Merkel bemerkt ferner: „Denn für keinen lässt sich eine Rechtspflicht begründen, die Kehrseite dieser Wahl auf sich zu nehmen: Die

---

595 Zimmermann (Fn. 12), S. 477 f.
596 Koch, GA 2011, 129, 143.
597 Merkel (Fn. 5), S. 634; ders., Früheuthanasie, S. 393 f.
598 BGH NJW 1953, 513, 514; Dreier, JZ 2007, S. 264; Hilgendorf, Tragische Fälle, S. 119 f.; Jäger, ZStW 115 (2004), S. 780 ff.; *Jerouschek*, in: FS Schreiber, 183, 193 f.; Küper, Grund- und grenzfragender rechtfertigenden Pflichtenkollision, S. 48 ff; ders., JuS 1981, S. 792 ff.; Lee, Interessenabwägung und Angemessenheitsprüfung im rechtfertigenden Notstand des § 34 StGB, S. 115 f.; Pawlik, JZ 2004, S. 1050; *Roxin*, in: FS Henkel, S. 194 f.
599 Wolf (Fn. 3), S. 191.
600 MüKo-StGB/*Erb*, § 34 StGB, Rn. 117.

Rolle des Opfers."[601] Ein überwiegendes Interesse i.S.d. § 34 StGB sei bei einer Chancengleichheit auf Rettung nicht feststellbar.[602] So sei die Anmaßung einer Auswahl, wer überleben soll, mit der Absolutheit des Lebensschutzes unvereinbar.

Es könne ebenso nicht davon gesprochen werden, dass jeder der Zwillinge wegen seines Daseins die Gefahrenursache verkörpert. Beim Hinwegdenken des einen Zwillings kann zwar der andere gerettet werden, da jedem der beiden Zwillinge das einzige gemeinsame Organ, z. B. das gemeinsame Herz, eingepflanzt werden kann. Somit steht jedem der Zwillinge ein Defensivnotstand zu.[603] Diese Argumentation müsse allerdings vice versa gelten.[604] Danach könnten sich immer beide auf einen Defensivnotstand berufen.

Zimmermann bemerkt hierzu auch: „Vergegenwärtigt man sich die ratio legis des rechtfertigenden Notstands – nämlich die Generierung einer normativen Vorzugsentscheidung anhand sachgerechter Kriterien –, so liegt [es] auf der Hand, dort nicht anhand von Verursachungskriterien entscheiden zu können, wo auf beiden Seiten des Interessenkonflikts identische Kausalbeiträge anzutreffen sind."[605] Allerdings könnte hier, nur mit dem Topos der „Chancenlosigkeit", nicht aber über den „rechtfertigenden Präventivdefensivnotstand", die Tötung von Menschen gerechtfertigt werden.[606] Beim rechtfertigenden Defensivnotstand richtet sich nämlich die Notstandshandlung gerade nicht gegen einen Unbeteiligten, sondern gegen denjenigen, der eine Verbindung zur Gefahrenquelle aufweist. Daher fallen darunter die Fälle, in denen ein Mensch ohne eigene Handlung zum gefahrbegründenden Kausalfaktor oder zu dessen Bestandteil wird.[607]

Im Fall der Trennung von siamesischen Zwillingen kann keinem von beiden dieser Kausalfaktor zugeschrieben werden, da hier gerade eine symmetrische Gefahrengemeinschaft vorliegt.

Das Rechtsinstitut des Defensivnotstands verhilft also nicht zu einer Lösungsfindung bezüglich der Frage, wer gerettet werden soll.

Insgesamt sprechen sich ferner auch nur sehr wenige Vertreter in der Literatur für eine Lösung dieser Fallgruppe auf der Rechtfertigungsebene unter

---

601 Merkel (Fn. 5), S. 632.
602 NK-StGB/*Neumann*, § 34 StGB, Rn. 78; Koch, GA 2011, 129, 135.
603 Wolf (Fn. 3), S. 226.
604 Jäger, ZStW 115 (2004), S. 771, Fn. 16. Siehe zur gegenseitigen Defensivnotstandskonstellation auch Otte, Der durch Menschen ausgelöste Defensivnotstand, S. 103 Fn. 28.
605 Zimmermann (Fn. 12), S. 167 f.
606 Koch, GA 2011, 129, 144.
607 MüKo-StGB/*Erb*, § 34 StGB, Rn. 147.

der Betonung des Vernunftaspekts („um zu retten, was zu retten ist")[608] aus.[609] Die überwiegende Ansicht[610] verneint die willkürliche Opferung eines Mitglieds bei Chancengleichheit, da eine Auswahl hinsichtlich des zu opfernden Zwillings getroffen werden muss und eine solche „nach unseren kulturellen und sittlichen Wertanschauungen keinem Menschen, sondern nur Gott"[611] zustünde.

Darüber hinaus könne nur wegen einer „unverschuldet" zustande gekommenen Gefahrengemeinschaft keine solidarische Lebensaufopferungspflicht im Sinne eines rechtmäßigen Eingriffs oder eine Duldungspflicht verlangt werden.[612] Einen anderen, wenn zugleich von der Argumentation her ähnlichen Weg, geht Bernsmann, der einen „Straffreiheitsgrund sui generis" bei Rettungstötungen in Gefahrengemeinschaften bejaht, wobei dies keine Lösung auf Rechtfertigungsebene sein soll.[613] Dabei geht Bernsmann wie auch Zimmermann von der grundlegenden Vernunftthese aus, dass gerettet werden soll, was zu retten ist: „Das Anliegen, eine lebensrettende Tötung zuzulassen, wenn ansonsten jeder in die Situation Verwickelte verloren wäre, zieht die Höchstwertigkeit des Rechtsgutes nicht in Zweifel, im Gegenteil, die Aufhebung des Tötungsverbotes enthält gerade den Versuch, Leben im größtmöglichem Umfang zu erhalten und damit, (konkret) zu achten."[614] Nach Bernsmann würden somit bei der Behandlung innerhalb der asymmetrischen Gefahrengemeinschaft

---

608 So bspw. Zimmermann, MDR 1954, S. 147.
609 Mangakis, ZStW 84 (1972), S. 476 f.; Bar, Gesetz und Schuld im Strafrecht, S. 264.
610 Schmidt, SJZ 1949, Sp. 565; Spendel, RuP 2006, S. 133; Merkel (Fn. 5), S. 632; ders., ZStW 114 (2002), S. 452; MüKo-StGB/*Erb* § 34 StGB, Rn. 117.
611 Schmidt, SJZ 1949, Sp. 565.
612 Renzikowski, Notstand und Notwehr, S. 258; ebenso lässt sich gegen eine Rechtfertigung anmerken, dass sich keine Duldungspflicht der eigenen Tötung seitens des zu opfernden Zwillings bei ei-nem noch rettbaren Zwilling begründen ließe, MüKo-StGB/*Erb*, § 34 StGB, Rn. 117; Koch, GA 2011, 129, S. 135; Merkel (Fn. 5), S. 632; ders., ZStW 114 (2002), S. 452.
613 Bernsmann, „Entschuldigung" durch Notstand, 327, 330: „Damit bleibt eigentlich nur, in der hier favorisierten ‚Freigabe' der Rettungshandlung in einer Lebens-Gefahrengemeinschaft einen vorrangig und entscheidend verfassungsrechtlichen gebotenen Straffreiheitsgrund sui generis zu suchen, der […] zwischen ‚Rechtswidrigkeit' und ‚Schuld' anzusiedeln wäre." Ob nun die Ansicht Bernsmanns als ein Quasi-Entschuldigungsgrund (vertreten von Jäger, ZStW 115 (2004), S. 783 Rn. 54) oder innerhalb der Rechtfertigungslösung (vertreten von Archangelskij, Das Problem des Lebensnotstandes, S. 51 ff. und Zimmermann (Fn. 12) S. 353 ff.) angesprochen wird, kann dahinstehen.
614 Bernsmann, „Entschuldigung" durch Notstand, S. 323 f.

medizinische Kriterien und innerhalb der symmetrischen Gefahrengemeinschaft das Los entscheiden.[615]

Dieses Vorgehen, in dem man auf die Gesamtmaximierung schaut, ist jedoch außerordentlich problematisch. Es handelt sich hier um Menschen bzw. deren Überleben. Wenn man auf die Gesamtmaximierung achtet, wird der Einzelne zum Objekt gemacht. Dieses Vorgehen verstößt gegen das hohe Gut der Menschenwürde aus Art. 1 GG. Da es hier um die Frage der Strafbarkeit geht, welche durch die Strafgerichte beurteilt wird, und da die Strafgerichte bei ihrer Beurteilung sogar unmittelbar an die Grundrechte gebunden sind, spielen Verstöße gegen die Grundrechte eine entscheidende Rolle. Darüber hinaus könnte man in dem von Bernsmann bejahten „Straffreiheitsgrund sui generis" einen Verstoß gegen den Gesetzesvorbehalt des Art. 2 II 2 GG sehen, weil hiernach nur aufgrund eines Gesetzes in das Grundrecht auf Leben eingegriffen werden darf. Daher ist diese Meinung abzulehnen.

Somit sind Rechtfertigungsgründe insgesamt abzulehnen.

(2) Entschuldigungsgründe

In Betracht kommen kann infolgedessen nur eine Straflosigkeit über § 35 StGB oder die Annahme einer übergesetzlichen Entschuldigung. Aus Sicht der Rechtsordnung gibt es über die Rechtswidrigkeit einer Handlung hinaus gute Gründe, das kleinere Übel zu wählen und das Leben einiger Mitglieder einer bestimmten Personengruppe zu retten, wenn sonst alle verloren wären.[616]

In Betracht käme daher nur ein entschuldigender Notstand i.S.d. § 35 StGB.

Um den Anwendungsbereich zu eröffnen, müssten die Ärzte nahestehende Personen sein.

Nahestehende Personen sind Angehörige i.S.d. § 11 I Nr. 1 StGB oder auf Gegenseitigkeit beruhende Beziehungen, die auf eine gewisse Dauer angelegt sind.[617] Dabei wird der Kreis der begünstigten Personen objektiv bestimmt und nicht nach Gefühlen, die eine Person gegenüber der anderen hegt, sondern vielmehr nach dem Bestehen eines Vertrauensverhältnisses.[618] Dies liegt bezüglich der operierenden Ärzte hier nicht vor. Eine Entschuldigung nach § 35 StGB kommt daher nicht in Betracht.

---

615 Bernsmann, „Entschuldigung" durch Notstand, 323, 346 ff.
616 NK-StGB/*Neumann*, § 35 StGB, Rn. 60.
617 NK-StGB/*Neumann*, § 35 StGB Rn. 18; Fischer, StGB, § 35, Rn. 7.
618 NK-StGB/*Neumann* § 35 StGB Rn. 18.

Fraglich kann deshalb nur eine Entschuldigung von Trennungsoperationen unter dem Gesichtspunkt des übergesetzlichen entschuldigenden Notstands sein.[619] Darunter werden Fälle subsumiert, in welchen die Lebensnot Nicht-Angehöriger, einen Gewissenskonflikt im Täter heraufbeschwören, welchem der Täter nicht ausweichen kann.[620]

Die Frage ist, ob die Voraussetzungen einer vergleichbaren Interessenlage und einer planwidrigen Regelungslücke erfüllt sind.

Nach der herrschenden Ansicht ergibt sich der Sinn und Zweck des übergesetzlichen entschuldigenden Notstands aus zwei Schuldminderungsgründen:[621]

Das Unrecht der Tat wird zum einen dadurch gemindert, dass das Handlungsmotiv des Täters die Rettung von Menschenleben war. Zum anderen wird der innere Notstand als ein schuldmindernder Aspekt angenommen, da beim Täter ein vergleichbarer Motivationsdruck wie bei § 35 I StGB vorliegt, der ihm zum Handeln bewegt, weil er sich durch Untätigkeit in schwerste moralisch-sittliche Schuld stürzen würde, sofern er dem Geschehen einfach seinen Lauf ließe.[622]

Im Rahmen der Notstandslage ist deswegen eine Lebensgefahr erforderlich. Die Abwendung dieser Lebensgefahr darf nur durch einen Rechtsguteingriff möglich sein, der wegen des Abwägungsverbots von Leben gegen Leben weder nach § 34 StGB gerechtfertigt noch wegen des in Gefahr geratenen Personenkreises nach § 35 I StGB entschuldigt ist.[623] Diese Voraussetzung liegt im Falle der Trennung von siamesischen Zwillingen vor.

Damit ein solcher Entschuldigungsgrund grundsätzlich nach § 35 StGB analog herangezogen werden kann, müsste neben der hier existierenden Regelungslücke – ob diese hier planwidrig ist, muss noch untersucht werden – bei der

---

619 Von der Rechtsprechung wird die Existenz eines übergesetzlichen Entschuldigungsgrunds grundsätzlich anerkannt: OLG Hamm NJW 1976, 721 f. bezeichnet den übergesetzlichen Notstand als von der Rechtsprechung anerkannt.

620 Der Begriff „übergesetzlicher entschuldigender Notstand" wird teilweise auch als „entschuldigende Pflichtenkollision" bezeichnet, womit eine rechtlich unlösbare Pflichtenkollision gemeint ist, die über die gesetzlich geregelten Entschuldigungsgründe hinaus in Betracht kommt. Vergleiche hierzu Jescheck/Weigend, Strafrecht AT, S. 501 ff.; SK-StGB/*Rudolphi*, Vor § 19 StGB, Rn. 8; Kühl, StrafR AT, § 12, Rn. 93; Fischer, StGB, Vor § 32 StGB, Rn. 15; LK/*Zieschang*, Vor § 32 StGB, Rn. 200; *Roxin*, in: FS Henkel, S. 194; Sch/Sch/*Lenckner/Sternberg-Lieben*, Vor §§ 32 ff. StGB, Rn. 115 ff.

621 Siehe zur Lehre von der doppelten Schuldminderung Küper, JZ 1989, S. 626; Sch/Sch/ *Lenckner/Sternberg-Lieben*, Vor §§ 32 ff. StGB, Rn. 116; LK/*Rönnau*, Vor § 32 StGB, Rn. 346; SK-StGB/*Rudolphi*, Vor § 19 StGB, Rn. 8.

622 Wolf (Fn. 3), S. 229.

623 Sch/Sch/*Lenckner/Sternberg-Lieben*, Vor §§ 32 ff. StGB, Rn. 11.

Trennung von siamesischen Zwillingen auch eine vergleichbare Interessenlage vorliegen.

Diese Grundlage soll daraus folgen, dass für die Ärzte eine Zwangssituation ähnlicher Stärke wie bei § 35 StGB gegeben ist. Ein Arzt kann ebenso wie hier Zwangslagen ausgesetzt sein, in denen Unrechts- und Schuldgehalt seiner Tat bedeutend herabgesetzt sind: Der Unrechtsgehalt bezüglich der von ihm erfüllten Pflicht gegenüber den siamesischen Zwillingen als Patienten und der Schuldgehalt, weil im Falle einer unlösbaren Pflichtenkollision mehr als gewissenhaftes Handeln nicht zu erwarten ist.[624] Im Falle der Nichttrennung werden beide Kinder in der kommenden Zeit sterben. Die Ärzte stehen also vor dem Dilemma, dem Tod beider Zwillinge tatenlos zuzusehen oder zu operieren, um wenigstens ein Kind zu retten. Die Gewissensentscheidung der Ärzte, sich zum Operieren zu entschließen, basiert darauf, dass sie sich durch ein Nichtstun in schwere sittliche Schuld verstricken würden, da einer der Zwillinge gerettet werden könnte.[625]

Zusätzlich kommt hinzu, dass es die Berufsaufgabe der Mediziner ist, Menschen zu helfen und zu retten, soweit dies möglich ist. Durch den hippokratischen Eid und die Berufsordnung der Ärzte könnte es sich also um eine ähnliche Verbundenheit zwischen den Zwillingen und dem Mediziner wie im Falle des § 35 StGB handeln. In diesem Dilemma befinden sich die Ärzte in einem unlösbaren Gewissenskonflikt, aus dem es wohl keinen befriedigenden Ausweg gibt. So beschreibt Spendel eine solche Zwangssituation allgemein: „Die Last dieser Wahl und ihres Vollzugs ist für die [...] Nothelfer schwer und drückend."[626] Auch Aristoteles war sich einer solchen Last, wie sie der übergesetzliche Notstand fordert, schon bewusst: „Es ist aber zuweilen schwer zu entscheiden, welches von zwei Dingen man wählen und welches von zwei Übeln man ertragen soll; noch schwerer aber ist es, bei dem als Pflicht Erkannten zu beharren."[627]

Dass der Motivationsdruck der Ärzte riesig ist, zeigen die Worte des Arztes, der 1977 in Philadelphia die sich ein Herz teilenden siamesischen Zwillinge trennte, deutlich: „Ich kann zusehen, wie zwei Babys langsam über einige Monate hinweg sterben oder ich kann sehen, wie ein Baby schnell verstirbt und das andere möglicherweise lebt."[628]

---

624 Jescheck/Weigand, Lehrbuch des Strafrechts, S. 453 f.
625 Wolf (Fn. 3), S. 230.
626 Spendel, RuP 2006, S. 134.
627 Aristoteles, Nikomachische Ethik, Drittes Buch (Tugend und einzelne Tugenden) erstes Kapitel (Freiwilligkeit und Unfreiwilligkeit).
628 Dr. Koop bemerkte: „ I can watch the Babys die slowly over the course of several months, [...] or I can watch one die swiftly and the other possible live." Abge-

Verstärkt wird der Motivationsdruck zusätzlich bei der symmetrischen Gefahrengemeinschaft durch das Dilemma der Chancengleichheit der Zwillinge. Nicht nur wollen die Ärzte einen Zwilling retten, als zusätzliche Belastung kommt hinzu, dass sie eine Entscheidung fällen müssen, wer der zu rettende Zwilling ist.[629]

Somit lastet sowohl bezüglich des „Ob" als auch bezüglich des „Wie" der Druck auf den Ärzten. „Wie" bedeutet in diesem Fall eine Entscheidung bezüglich des „Wann" und des „Wer".

Zugleich ist eine zumutbare Hinnahme der Ärzte bezüglich der Todesgefahr für die siamesischen Zwillinge aufgrund ihrer Arztstellung nach dem Ausschlussgrund des § 35 I 2 StGB analog nicht erkennbar.[630]

Aus diesen Gründen besteht durch die Hilfsbedürftigkeit der Säuglinge und ihrem hoffnungslosen Zustand eine genauso starke motivatorische Kraft der Gewissensentscheidung der Ärzte wie in Fällen von § 35 I StGB. Ebenso liegt eine moralische, nicht zu lösende Extremsituation vor, in welcher es nach dem Gedanken von Sokrates moralisch zulässig sein muss, einen Zwilling zu opfern, um wenigstens den anderen Zwilling zu retten.[631]

Darüber hinaus muss auch die enge Beziehung der Ärzte mit den Eltern Beachtung finden.[632] Den Eltern ist es nicht möglich, die Operation selbst durchzuführen.

Die Eltern ihrerseits könnten aufgrund der Angehörigeneigenschaft nach § 35 I StGB entschuldigt sein. Daher erschiene es widersprüchlich, wenn die Ärzte, die nur handeln, weil zumindest die meisten Eltern keine Spezialisten für solche Trennungsoperationen sind, diesen Entschuldigungsgrund nicht zugesprochen bekämen. Ebenso würde dies eine nicht hinnehmbare Ungleichbehandlung darstellen, wenn die Möglichkeit einer Trennung nur bei Eltern möglich wäre, die gleichzeitig selbst Ärzte für dieses Spezialgebiet wären.

Durch die medizinische Versorgung der Zwillinge und die enge Betreuung und Beratung der Eltern sind die Ärzte durch ihre Beteiligung dadurch zugleich einem erhöhten Handlungsdruck ausgesetzt. Die Ärzte handeln praktisch als verlängerter Arm der Eltern.

---

druckt in Drake, The surgery: An agonizing choice. The Philadelphia Inquirer v. 16.10.1977.
629 Wolf (Fn. 3), S. 231.
630 LK/*Zieschang*, § 35 StGB, Rn. 57 ff.
631 Platon, Dialog „Protagoras": Sokrates führt aus, niemand, der gezwungen werde, „von zwei Übeln eines zu wählen", werde das größere wählen, wenn er das kleinere wählen darf.
632 Siehe hierzu Koch, GA 2011, 129, 137.

Von einem „Dammbruch" bezüglich des Grundsatzes des Tötungsverbots kann nicht ausgegangen werden, da eine Bejahung der Anwendbarkeit des übergesetzlichen entschuldigenden Notstands auf den vorliegenden Fall aufgrund der seltenen Erscheinungsform von siamesischen Zwillingen die Ausnahme bilden würde. Überdies sind keine anderen milderen Alternativen zur Lösung dieser tragischen Situation erkennbar, weshalb dies als die verhältnismäßigste Lösung erscheint.[633] Diese Ausnahmesituation hat der Gesetzgeber nicht bedenken können, weshalb jedenfalls von einer planwidrigen Regelungslücke und damit einer grundsätzlich wohl möglichen Analogie ausgegangen werden kann.

Anders sieht dies allerdings Merkel, der eine Anwendbarkeit des übergesetzlichen entschuldigenden Notstandes auf den vorliegenden Fall ablehnt: „Die Stufe der Schuld im Verbrechensaufbau ist nicht eine Auffangstation für unerledigte ethische Zweifel in Fällen, in denen eine Rechtfertigung sozusagen ‚fast', aus prinzipiellen Gründen aber nicht ganz gelingt."[634] Ferner spricht sich Joerden gegen eine Anwendung des § 35 StGB analog aus: „Allerdings sind dies alles, ebenso wie der verzweifelte Rückgriff auf die Annahme eines unvermeidbaren Verbotsirrtums gem. § 17 StGB, wie er aus anderen tragischen Fällen bekannt ist, menschlich verständliche, rechtssystematisch aber nicht mehr überzeugende Notlösungen."[635]

Wenn auch mit einer anderen Begründung, so lehnt doch auch Zimmermann in der vorliegenden Konstellation den übergesetzlichen Notstand ab: „Da in solchen Fällen auch der Rückgriff auf das Institut der übergesetzlichen Notstandsentschuldigung, erstens, kaum zu begründen ist, und, zweitens, infolge der Konsequenzen im Not(stands)hilfebereich unerträgliche Konsequenzen (= qua Defensivnotstand gerechtfertigte Tötung der operierenden Ärzte) zeigen würde, hilft auch dieses nicht weiter, Rechtsgefühl und Recht in der Realität auf einen Nenner zu bringen."[636] Einzig Koch bejaht hier einen übergesetzlichen entschuldigenden Notstand.[637]

In solchen Fällen ist also nach der überwiegenden Meinung der Rückgriff auf das Institut der übergesetzlichen Notstandsentschuldigung[638] zurückzuweisen.

Dies überzeugt m. E. nach generell nicht. Die erörterten Gründe, die für eine Anwendung auf die vorliegende Situation sprechen, und vor allem der Tatsache,

---

633 Wolf (Fn. 3), S. 231.
634 Merkel (Fn. 5), S. 635.
635 Joerden (Fn. 12), S. 131 f.
636 Zimmermann (Fn. 12), S. 475.
637 Koch, GA 2011, 129, 137.
638 Für eine solche – der „Dirty-Harry-Theorie" entsprechenden – Entschuldigungslösung wohl Tolmein, taz vom 11.9.2000, S. 11.

dass die Ärzte als verlängerter Arm der Eltern handeln, stärkt die Annahme eines solchen Entschuldigungsgrundes. Die Frage ist allerdings, ob dies auch gilt, wenn die Ärzte (wie bspw. im Fall Jodie und Mary) gerade nicht als verlängerter Arm und nach dem Willen der Eltern handeln.

Das Ergebnis der überwiegenden Ansicht und diese letztgenannte Frage machen etwas ratlos oder, mit den Worten von Merkel,[639] sei dies eine „alles andere als befriedigende Lösung", die aber „immerhin eine Aufgabe sichtbar" macht. Hierbei kann wohl nur die (Er-) Findung einer juristischen Tötungserlaubnis gemeint sein. Bei dieser Lösungsfindung spielen allerdings auch ungeklärte Fragen prinzipieller Natur eine Rolle.[640]

Daher soll nun durch eine Betrachtung von anderen – der Rechtswissenschaft bekannten – Fallkonstellationen der Versuch unternommen werden, für diese schwierigste aller Konstellationen von Trennungoperationen siamesischer Zwillinge einen Lösungsvorschlag zu finden.

cc. Verschiedene Lösungsansätze
(1) Bekannte Fälle
Zunächst werden in der Rechtswissenschaft bekannte Fälle betrachtet. Insbesondere soll abgesteckt werden, in welchem Rahmen diese Fälle von Literatur und Rechtsprechung gelöst werden und ob diese Erwägungen auf die Trennung von siamesischen Zwillingen übertragen werden können und so ein Vergleich gezogen werden kann.

(a) Bahnwärterfall
Es wird damit begonnen, zu prüfen, ob die hier vorliegende Problematik mit dem bekannten Bahnwärterfall verglichen werden kann.

Im Bahnwärterfall[641] rast ein Güterwagen auf einen Bahnhof zu, auf dem ein Passagierzug mit vielen Insassen steht. Der Bahnbeamte setzt die Weiche um, die den Güterwagen auf ein Nebengleis lenkt. Dadurch werden jedoch drei Arbeiter getötet.

Dieser Fall wird unter Notstandshandlungen, die sich gegen Unbeteiligte richten, diskutiert. Die Tötung eines Menschen durch positives Tun kann nach herrschender Meinung niemals über § 34 StGB gerechtfertigt sein, da die Abwägung nach der Zahl jedes Menschenleben für sich bereits den rechtlichen Höchstwert

---

639 Merkel (Fn. 5), S. 638.
640 Merkel (Fn. 5), S. 638; Zimmermann (Fn. 12), S. 475.
641 Welzel, ZStW 63 (1951), 47, 51.

darstellt, der nicht mehr quantifizierbar ist.[642] In dem vorliegenden Fall kommt daher lediglich ein übergesetzlicher entschuldigender Notstand in Betracht. Der Bahnwärterfall unterscheidet sich von der Zwillingsproblematik dahingehend, dass es um die Tötung von Unbeteiligten geht.[643]

Ein weiterer Unterschied liegt darin, dass die gefährdeten Personen, die in der Situation des Bahnwärterfalls mit dem Tod konfrontiert sind, im Gegensatz zu den im Fall lebensunfähiger siamesischer Zwillinge, an sich lebensfähig sind.[644]

Aus diesen Gründen kann ein Vergleich zu der vorliegenden Problematik nicht gezogen werden.

(b) Flugabschussfall

Wichtig könnte in diesem Zusammenhang auch die Entscheidung des Bundesverfassungsgerichts[645] zu § 14 III LuftSiG sein. In dieser Entscheidung wurde der mit „Einsatzmaßnahmen, Anordnungsbefugnis" betitelte § 14 III LuftSiG für nichtig erklärt. § 14 III LuftSiG ermächtigte den Bundesverteidigungsminister auf ein Luftfahrzeug mit Waffengewalt einzuwirken, wenn es von Terroristen gegen das Leben anderer Menschen eingesetzt wird, vergleichbar mit den Geschehnissen[646] am 11.September 2001 in den USA.

(aa) Darstellung und Behandlung

Am 11.September 2001 entführten islamistische Terroristen insgesamt vier Passagiermaschinen und steuerten diese in die Twin Towers des World Trade Center in New York sowie in das Pentagon in Washington D.C., um dort großen Schaden anzurichten. Um eine solche Katastrophe zu verhindern, hätten die Abfangjäger grundsätzlich die entführten Flugzeuge über unbewohnten Gebieten abschießen können. 2001 wurde von dieser Befugnis allerdings kein Gebrauch gemacht.

---

642 Jäger, ZStW 115 (2004), S. 778; Mangakis, ZStW 84 (1972), S. 475; Welzel, ZStW 63 (1951), S. 51 f.
643 Wolf (Fn. 3), S. 186, Fn. 777.
644 Wolf (Fn. 3), S. 211.
645 BVerfGE (BVerfGE vom 15.2.2006 I 466-1 BvR 357/05-) 115, 118; Siehe hierzu auch Archangelskij, Das Problem des Lebensnotstandes, S. 11 ff.; Dreier, JZ 2007, S. 261 ff.; Jerouschek, in: FS Schreiber, S. 185 ff.; Merkel, JZ 2007, S. 373 ff.; Starck, JZ 2006, S. 417 ff.
646 Siehe hierzu MüKo-StGB/Erb, § 34 StGB, Rn. 118 ff.; The 9/11 Commission Report; Jäger, ZStW 115 (2004), S. 781 f.; Merkel, ZStW 114 (2002), S. 452 f.; Otto, Jura 2005, S. 477 f.; Sinn, NStZ 2004, S. 587.

(bb) Sonderregelung des § 14 III LuftSiG

Der in Deutschland hierzu durch Gesetz vom 15. Januar 2005 eingeführte § 14 III LuftSiG lautete: „Die unmittelbare Einwirkung mit Waffengewalt ist nur zulässig, wenn nach den Umständen davon auszugehen ist, dass das Luftfahrzeug, gegen das Leben von Menschen eingesetzt werden soll und sie das einzige Mittel zur Abwehr dieser gegenwärtigen Gefahr ist." Diese Ermächtigung hat das Bundesverfassungsgericht in seiner Entscheidung ex tunc für nichtig erklärt.

In seiner Begründung hat das Bundesverfassungsgericht zu Recht zwischen der durch die Ermächtigung folgenden Tötung der Passagiere und der Tötung der Terroristen und des als Waffe gebrauchten Flugzeugs unterschieden.

Grundsätzlich gilt: „Obwohl es [das menschliche Leben] innerhalb der grundgesetzlichen Ordnung einen Höchstwert darstellt [...], steht allerdings auch dieses Recht nach Art. 2 II 3 GG unter Gesetzesvorbehalt. Auch in das Grundrecht auf Leben kann daher auf der Grundlage eines förmlichen Parlamentsgesetzes [...] eingegriffen werden. Voraussetzung dafür ist aber, dass das betreffende Gesetz in jeder Hinsicht den Anforderungen des Grundgesetzes entspricht."[647]

Soweit es um die Passagiere und die Besatzungsmitglieder geht, ist § 14 III LuftSiG nach dem Bundesverfassungsgericht allerdings nicht mit dem Grundrecht auf Leben (Art. 2 II 1 GG) in Verbindung mit der Menschenwürdegarantie (Art. 1 I GG) vereinbar.

(cc) Ergebnis

Daher kann ein Abschuss eines von Terroristen entführten Flugzeuges, durch welchen andere Menschen gerettet werden würden, nicht gemäß § 14 III LuftSiG gerechtfertigt werden, da dies einen Verstoß gegen die Menschenwürde und das Recht auf Leben darstellt.[648]

Im Fall einer Ermächtigung im Sinne des § 14 III LuftSiG würden tatunbeteiligte Menschen als Objekte behandelt werden, indem man deren Tötung zur Rettung anderer benutzt. Nach der geltenden Objektformel des Bundesverfassungsgerichts ist „die Menschenwürde getroffen, wenn der konkrete Mensch zum Objekt, zu einem bloßen Mittel, zur vertretbaren Größe herabgewürdigt wird."[649] Dies würde

---

647 BVerfGE 115, 118, 139.
648 BVerfGE 115, 118,154.
649 Maunz/Dürig/*Herdegen*, Art. 1 GG, Rn. 36; BVerfGE 9, 89, 95; 28, 386, 391; 45, 187, 227 f.; 87, 209, 228. Auf eine Objektformel greift auch der Europäische Gerichtshof für Menschenrechte zurück: EGMR, Urteil vom 25. 4. 1978 (Case of Tryer v. The United Kingdom), NJW 1979, 1089 f.

man im Fall einer Abschussermächtigung jedoch tun: „Die [Passagiere und Besatzungsmitglieder] werden dadurch, dass ihre Tötung als Mittel zur Rettung anderer benutzt wird, verdinglicht und zugleich entrechtlicht; indem über ihr Leben von Staats wegen einseitig verfügt wird, wird den als Opfer selbst schutzbedürftigen Flugzeuginsassen der Wert abgesprochen, der dem Menschen um seiner selbst willen zukommt."[650] Dadurch würde diese Abschussermächtigung durch eine staatliche Stelle eine ähnliche Auswirkung wie die Verhängung einer Todesstrafe nach sich ziehen, lediglich der Sinn und Zweck des Urteils bei Verhängung einer Todesstrafe ist ein anderer.

Auch die Tatsache, dass die Passagiere und die Besatzungsmitglieder ohnehin sterben würden, mache den Verstoß gegen die Menschenwürde nicht weniger einschneidend: „Menschliches Leben und menschliche Würde genießen ohne Rücksicht auf die Dauer der physischen Existenz des einzelnen Menschen gleichen verfassungsrechtlichen Schutz."[651] Die Garantie der Menschenwürde gewährleistet Achtung und Schutz des Einzelnen in seinem Sosein.[652] Darüber hinaus müsse gesehen werden, dass eine hohe Gefahr bestehe, dass die Zukunftsprognose über den weiteren Verlauf des Anschlags und des Todeseintritts der Passagiere und der Besatzungsmitglieder unrichtig sei.[653]

Somit kann ein Flugzeugabschuss nicht durch eine spezielle Ermächtigungsnorm verfassungsrechtlich gerechtfertigt werden. Auch „ist hier nicht zu entscheiden, wie ein gleichwohl vorgenommener Abschuss und eine auf ihn bezogene Anordnung strafrechtlich zu beurteilen wären. […] Für die verfassungsrechtliche Beurteilung ist allein entscheidend, dass der Gesetzgeber nicht durch Schaffung einer gesetzlichen Eingriffsbefugnis zu Maßnahmen der in § 14 III LuftSiG geregelten Art gegenüber unbeteiligten, unschuldigen Menschen ermächtigen, solche Maßnahmen nicht auf diese Weise als rechtmäßig qualifizieren und damit erlauben darf. Sie sind als Streitkräfteeinsätze nichtkriegerischer Art mit dem Recht auf Leben und der Verpflichtung des Staates zur Achtung und zum Schutz der menschlichen Würde nicht zu vereinbaren."[654]

Damit wurde aber gerade offen gelassen, ob zu Gunsten der Akteure eine persönliche Rechtfertigung nach § 34 StGB oder nach § 35 StGB ein übergesetzlicher Notstand in Betracht kommt.[655]

---

650 BVerfGE 115, 118, 154.
651 BVerfGE 115, 118, 158.
652 Maunz/Dürig/*Herdegen*, Art. 1 GG, Rn. 52.
653 BVerfGE 115, 118, 155 ff.
654 BVerfGE 115, 118, 157.
655 Hierzu auch Erb, JuS 2010, S. 111, Fn. 19.

Anders ist die Beurteilung bezüglich der Terroristen und des als Waffe gebrauchten Flugzeugs. Diesbezüglich hält das Bundesverfassungsgericht § 14 III LuftSiG für in Einklang mit Art. 2 II 1 i.V.m. Art. 1 I GG stehend: „Es entspricht im Gegenteil gerade der Subjektstellung des Angreifers, wenn ihm die Folgen seines selbstbestimmten Verhaltens persönlich angerechnet werden und er für das von ihm in Gang gesetzte Geschehen in Verantwortung genommen wird.“[656]

Das Bundesverfassungsgericht bestätigt mit dieser Entscheidung zugleich die bisherige Rechtsprechung und die herrschende Meinung, indem es verfassungsrechtlich einen Verstoß gegen die Menschenwürde annimmt, wenn darauf abgestellt wird, dass die Passagiere und Besatzungsmitglieder ohnehin „dem Tode geweiht" seien.[657]

Auch im Strafrecht ist dieses Problem bekannt. Es wird teilweise von einer „tragischen Paradoxie"[658] gesprochen und argumentiert, dass unter gewissen Voraussetzungen die Tötung anderer durch aktives Tun in Gefahrengemeinschaftskonstellationen entschuldigt sei, da die praktische Konsequenz dieser Fälle sei, dass ohne die Tötung eines Gefährdeten alle gefährdeten Menschen verloren seien. „Die Befolgung des Tötungsverbots, das doch der Erhaltung menschlichen Lebens dienen soll, scheint bei solchen Konstellationen zu einer geradezu lebensfeindlichen Maxime zu werden, die jede Möglichkeit Leben zu erhalten, verwehrt, ein sinnloses Opfer erzwingt und sich damit offenbar selbst ad absurdum führt."[659]

Darüber hinaus besteht Einigkeit, dass zwischen den Menschen in den Gebäuden und den Passagieren eine Gefahrengemeinschaft besteht. Es kann allerdings nicht der Ansicht gefolgt werden, welche die Passagiere als Teil der Gefahr sieht und daher die Regeln des Defensivnotstands annimmt.[660] Die Passagiere sind nicht als Gefahrenquelle anzusehen, da sie weder kausal bezüglich der Gefahr gehandelt haben noch schuldhaft handelten; denn auch ohne deren Anwesenheit bleibt der Angriff in seiner Gestalt bestehen.[661]

In diesem Zusammenhang stellt sich ebenso die Frage, in welchem Verhältnis das Verfassungsrecht und die dort festgesetzten Grundsätze zum Strafrecht

---

656 BVerfGE 115, 118, 161; Burkiczak, JA 2005, 500.
657 BVerfGE 115, 158.
658 Küper, JuS 1981, S. 790; Nach Mangakis (ZStW 84 (1972), S. 475) „steht die Menschenachtung in einem krass offenen Gegensatz zu sich selbst."
659 Küper, JuS 1981, S. 790.
660 Gropp, GA 2006, S. 284 ff.; *Hirsch*, in: FS Küper, S. 154 ff.; Rogall, Ist der Abschuss gekaperter Flugzeuge widerrechtlich?, NStZ 2008, S. 2 ff.
661 Merkel, JZ 2007, S. 383; Pawlik, JZ 2004, S. 1049; Wolf (Fn. 3), S. 196 f.; Zimmermann (Fn. 12), S. 306 f., Rn. 1190.

stehen, sowie, welche Auswirkungen eine verfassungsrechtliche Entscheidung hat und welcher Gestaltungsspielraum dem Strafrecht vor diesem Hintergrund bleibt.

Zwischen dem Verfassungsrecht und dem Strafrecht besteht grundsätzlich eine notwendige innere Verbundenheit.[662]

Auch den Strafgesetzen liegen die Prinzipien des Verfassungsrechts zugrunde. „Damit ist nicht gemeint, dass man automatisiert Voraussetzungen in eine Subsumtionsmaschine eingibt und dann konkrete Strafnormen erhält, sondern es sind Prinzipien genannt, anhand derer eine beurteilende Überprüfung von grundlegenden Normen, insbesondere solchen, die – wie die Strafgesetze – intensiv in die Rechte des Einzelnen eingreifen, zu messen sind".[663]

Strafrechtlich ergibt sich im Ergebnis daher auch nichts anderes.

Vielmehr lässt sich darüber hinaus feststellen, dass es Stimmen[664] gibt, die bei dem Flugabschussfall zu einer Rechtmäßigkeit der Tötung kommen, wenn keine pflichtwidrige Chancenanmaßung vorliegt. Danach sei die Tötung rechtmäßig, wenn „a) eine Entscheidung eines Menschen über das Leben eines anderen vorliegt, b) Rettungschancen nur auf Kosten eines anderen realisiert werden, indem der Handelnde Chancen des Opfers vernichtet und die eigenen dadurch verbessert."[665] Hiernach habe das spezifische Risiko der Gefahrengemeinschaft für einen Betroffenen schon begonnen und wird lediglich in beschleunigter Weise umgesetzt.[666] Ausschlaggebend hierfür sei gerade keine Abwägung zwischen unterschiedlich verbleibenden Lebensspannen der Beteiligten oder quantitativ nach Anzahl der Geretteten und Getöteten,[667] sondern, „dass eine Gefahrenquelle die das Schicksal eines Teils der Betroffenen bereits besiegelt hat, nicht weitere und insofern vermeidbare Opfer fordern soll, nur um eine marginale Beschleunigung des schicksalsträchtigen Verlaufs für Erstere im Zuge der Gefahrenabwehr zu vermeiden."[668]

Insofern ist es nämlich insgesamt nicht ersichtlich, wie die Rechtfertigung des Flugzeugabschusses nach § 14 III LuftSiG im Hinblick auf Passagiere und Besatzungsmitglieder wegen Menschenwürdeverstoßes einerseits ausgeschlossen

---

662 Noltenius, ZJS 2009, 15, 17.
663 Noltenius, ZJS 2009, 15, 17 f.
664 Beispielsweise Otto, Pflichtkollision und Rechtswidrigkeitsurteil, S. 81; oder auch Erb, JuS 2010, S. 111; MüKo-StGB/*Erb*, § 34 StGB, Rn. 118 ff.; NK-StGB/*Neumann*, § 34 StGB, Rn. 76 ff.; Otto, Jura 2005, S. 477 f.; Zimmermann (Fn. 12), S. 422.
665 Otto, Pflichtkollision und Rechtswidrigkeitsurteil, S. 81.
666 Otto, Pflichtkollision und Rechtswidrigkeitsurteil, S. 83.
667 *Hirsch*, in: FS Küper, S. 230.
668 Erb, Jus 2010, S. 111; so auch *Isensee*, in: FS Jakobs, S. 230.

gewesen sein soll und andererseits der Grundsatz der Menschenwürde einer Rechtfertigung nach § 34 StGB bei der Beurteilung des nach § 34 S. 2 StGB "Angemessenen„ nicht im Wege stehen soll.[669]

Rogall hingegen bejaht eine solche Rechtfertigung aus § 34 StGB über den Gedanken des Defensivnotstandes.[670] Die Passagiere seien hiernach mit Blick auf diesen Rechtfertigungsgrund als Teil des Flugzeugs zu verstehen, von dem die Gefahr für bewohnte Objekte ausgehe, in die die Passagierflugzeuge gesteuert werden sollen. Der Grundsatz, dass eine Güterabwägung von Leben gegen Leben grundsätzlich nicht in Betracht komme, habe daher hier in analoger Anwendung des § 228 BGB zurückzutreten, da sonst auch eine Rechtfertigung des Schwangerschaftsabbruchs gem. § 218a II StGB bei medizinischer Indikation bzw. eine Rechtfertigung der Perforation ausgeschlossen sein müsste.[671] Dieses Ergebnis ergibt sich nach Rogall zugleich daraus, dass im Fall des von einer Schwangeren verübten gegenwärtigen rechtswidrigen Angriffs die Mutter nach § 32 StGB im Rahmen der Erforderlichkeit sowie der sozialethischen Schranken der Notwehr getötet werden dürfe und die gleichzeitig verwirklichte Tötung der Leibesfrucht nach § 218 I StGB im Wege des Defensivnotstands nach § 34 StGB gerechtfertigt sei.

Nach dem Grundsatz der Menschenwürde verbietet sich ein solcher Ansatz jedoch. Die Passagiere und Besatzungsmitglieder dürfen nicht als Teil von Luftverkehrsmaschinen begriffen werden. Man darf sie damit nicht in einer sogar über die für nichtig erklärte Fassung des § 14 III LuftSiG hinausgehenden Weise verdinglichen.[672] Bereits hier liegt ein entscheidender Unterschied zu den aus dem Bereich des Schwangerschaftsabbruchs gelieferten Beispielen, in denen die Leibesfrucht – unabhängig von ihrem rechtlich selbstständigen Status[673] – als biologischer Teil der angreifenden Mutter aufzufassen ist. Im Übrigen ist beim Schwangerschaftsabbruch und bei der Perforation zu berücksichtigen, dass der Autonomiestatus der Mutter eine ausschlaggebende Rolle spielt,[674] der – auch vom BVerfG[675] – das Recht eingeräumt wird, ihren eigenen Körper bei medizinischer Indikation nicht mehr weiter für die Austragung der Schwangerschaft

---

669 Jäger, JA 2008, 678, 682.
670 Rogall NStZ 2008, S. 1 ff.
671 Rogall NStZ 2008, 1, 2 f.
672 Jäger, JA 2008, 678, 682.
673 Dazu Mitsch JR 2006, 452.
674 Jäger Jura 2004, Sonderheft Zwischenprüfung, 34 ff.
675 BVerfGE 88, 256.

zur Verfügung zu stellen.[676] Das Leben ihres Kindes hängt insoweit von einem „Schenkungsakt der Mutter" ab, der durch den Abbruch der Schwangerschaft unterbrochen wird.[677] Und was schließlich das Nothilferecht Dritter gegenüber einer angreifenden Schwangeren betrifft, so ist es abgesehen von der soeben geschilderten biologischen Verbindung zwischen Mutter und Leibesfrucht strittig, ob die Tötung des ungeborenen Kindes nach § 218 I StGB durch Defensivnotstand gem. § 34 StGB gerechtfertigt werden kann.[678] Aber selbst wenn man eine solche Rechtfertigung mit guten Gründen für möglich hält, so beruht diese sicherlich nicht allein auf der natürlichen Verbundenheit von Mutter und Leibesfrucht, sondern vor allem ebenso auf der Tatsache, dass die Mutter das Leben ihres Kindes in freier Verantwortung (Autonomiegedanke) riskiert, indem sie einen Angriff verübt, der eine Verteidigung herausfordert.[679] All diese Besonderheiten sind allerdings auf den Fall des Flugzeugabschusses nicht übertragbar, weswegen der Abschuss von Flugzeugen im Hinblick auf die davon betroffenen Passagiere und Besatzungsmitglieder keinesfalls nach § 34 StGB gerechtfertigt werden kann.[680]

Ein weiterer Versuch, in schwierigen Konfliktsituationen zu einer Ablehnung der Rechtswidrigkeit zu kommen, beruht beim Flugzeugentführungsfall auf der Idee eines „rechtsfreien Raumes", in dem der Gesetzgeber sich jeder Wertung enthält. Sie ist in der Nachkriegszeit vor allem von Arthur Kaufmann befürwortet[681] und gegen Einwände verteidigt worden.[682] Freilich hat er den Abschuss gekaperter Flugzeuge, der damals noch kein Diskussionsgegenstand war, nicht unmittelbar behandelt. Wendet man seine Lehre aber auf diesen Fall an, so würde das bedeuten, dass der Abschuss der Maschine weder rechtmäßig noch rechtswidrig, sondern „rechtswertungsfrei" wäre.[683]

Eine sehr ähnliche Lösung hat – aber ohne Rückgriff auf den rechtsfreien Raum – Otto entwickelt: „Der Eingreifende muss hier eine Entscheidung treffen, möglichst viele zu retten. Trifft er diese Entscheidung, so ist sie nicht rechtswidrig im Sinne einer den Wertmaßstäben der Rechtsordnung widersprechenden Entscheidung, sie ist

---

676 Jäger ZStW 2004 (115), 765, 772 ff.
677 Zu diesem Bild Roxin, AT/I § 16 Rn. 79; dem Schwangerschaftsabbruch wohnt daher von Seiten der Mutter immer auch ein gewisses Unterlassungsmoment inne, siehe hierzu näher Jäger ZStW 115 (2004), 765, 774.
678 Mitsch JR 2006, 452, 453; Ladiges JR 2007, 105.
679 Jäger, JA 2008, 678, 682.
680 Jäger, JA 2008, 678, 682.
681 *Kaufmann*, in: FS Maurach, S. 327.
682 Kaufmann, JZ 1992, 981, 983.
683 Roxin, ZIS 2011, 552, 559 f.

aber im Hinblick auf die Geiseln auch nicht rechtmäßig, so dass die Betroffenen zur Aufopferung ihres Lebens verpflichtet würden. Sie ist schlicht nicht rechtswidrig."[684] Das sind allerdings keine zufriedenstellenden Problemlösungen.[685] Denn wenn das Recht sich einer Bewertung vorsätzlicher Tötungen enthält, kommt das einer Freigaberegelung gleich und läuft im Ergebnis ebenso auf eine Tötungsgestattung hinaus, die aus den geschilderten Gründen abzulehnen ist.[686] Auch der Vorschlag Ottos, wonach ein Abschuss des Flugzeugs weder rechtmäßig noch rechtswidrig ist, lässt offen, wie jenseits dieser Alternative eine dritte Bewertungskategorie möglich sein soll.[687] Otto bezeichnet zudem selbst seine Lösung als „fraglich".

Schließlich bleibt die Anwendung der Grundsätze des übergesetzlichen entschuldigenden Notstandes. Für den Fall, dass ein Flugzeug in ein Gebäude gesteuert werden soll, liegt die Konstellation einer Gefahrengemeinschaft vor, so dass genau die Konfliktlage gegeben ist, für die diese Rechtsfigur geschaffen wurde: Sowohl die Flugzeugpassagiere und Besatzungsmitglieder einerseits als auch die Insassen des Hochhauses andererseits befinden sich in einer gemeinsamen Gefahr, in der die Konfliktlage durch den Abfangjäger in der Weise gelöst wird, dass er zumindest einen Teil aller in Gefahr schwebenden Personen durch den Abschuss tötet (nämlich die Passagiere und Besatzungsmitglieder), um den anderen Teil der in der Gefahrengemeinschaft befindlichen Personen zu retten (nämlich die Insassen des Hochhauses).[688]

Allerdings kommt eine Entschuldigung nach herrschender Literatur nicht in Frage, wenn der Täter durch den Abschuss zugleich am Boden befindliche, bislang ungefährdete Personen – wie dies regelmäßig der Fall sein wird – der Gefahr des Todes durch herumfliegende Flugzeugteile aussetzt.[689] Eine Entschuldigung käme in diesem Fall nur dann in Frage, wenn man dem Täter auf Grund der Entscheidung in Sekundenbruchteilen das Vorliegen eines Verbotsirrtums nach § 17 StGB im Hinblick auf die Tötung der bislang ungefährdeten Personen zubilligen würde.[690]

---

684 Otto, Jura 2005, 470, 479.
685 Zum rechtsfreien Raum näher Roxin, AT/I § 14 Rn. 26 ff., sowie Schünemann, in: Neumann/Hassemer/Schroth (Hrsg.), Verantwortetes Recht, Die Rechtsphilosophie Arthur Kaufmanns, 2005, S. 145.
686 Roxin, ZIS 2011, 552, 560.
687 Roxin, ZIS 2011, 552, 560.
688 Jäger, JA 2008, 678, 684.
689 Diesen Aspekt hat auch das BVerfG NJW 2006, 757 ff. – allerdings nur auf Rechtswidrigkeitsebene im Rahmen der Beurteilung des § 14 III LuftSiG – betont.
690 Jäger ZStW 115 (2004), 780.

Unabhängig von einer Bewertung dieser Gedanken hilft dies in der dieser Arbeit zugrundeliegenden Problematik nicht weiter.

Da das Bundesverfassungsgericht bei seinen Ausführungen stets an „selbstbestimmtes Verhalten"[691] anknüpft, erscheint diese Voraussetzung schon bei der Fallkonstellation der Trennung von siamesischen Zwillingen problematisch. Dies ist allerdings bei Säuglingen gerade nicht der Fall, da diese noch nicht fähig sind selbstbestimmend zu handeln. Mehr noch, die Zwillinge sind hier durch gar keine (selbstbestimmende) Handlung Teil der Gefahrenquelle geworden.

Man könnte die Ärzte eventuell als „Werkzeuge" der Zwillinge ansehen, welche nach deren Willen und für diese handeln. Allerdings müssten die Gefahren selbstbestimmend hervorgerufen werden. Dies ist jedoch problematisch, da Kinder nach wissenschaftlichen Erkenntnissen in diesem jungen Alter keinen Willen haben und daher keine Gefahr selbstbestimmend begründen können, auch nicht durch die Hilfe der Ärzte. Darüber hinaus würde sich hier zudem die Problematik stellen, dass sich jeder der Zwillinge eines „Werkzeugs" bedienen dürfte, was dazu führen würde, dass es darauf ankommt, welches der „Werkzeuge" schneller handelt, da dem letzteren von beiden die Notwehr aufgrund der Rechtmäßigkeit der ersten Handlung verwehrt ist.

Da es sich bei dem „Flugzeugentführungsfall" um eine asymmetrische Gefahrengemeinschaft zwischen den Passagieren und den Menschen, die sich in dem potentiellen Anschlagsziel befinden, handelt, ist diese Situation nicht mit der in diesem Teil der Arbeit diskutierten Problematik einer symmetrischen Gefahrengemeinschaft vergleichbar.

Anders als die Passagiere beim Flugzeugentführungsfall ist keiner der beiden Zwillinge schon gefährdet. Von der Rechtsordnung geschützt ist nämlich grundsätzlich nur der status quo und dessen Erhalt. Im Zeitpunkt vor der Operation lebt der dem Tode geweihte Zwilling. Im Zeitpunkt eines möglichen „Abschusses" des Flugzeugs waren die Passagiere im Gegensatz dazu schon in der Hand der Entführer.

Darüber hinaus besteht bei siamesischen Zwillingen das Problem, dass die Entscheidung über die Trennung bei Privatpersonen liegt, beim Flugabschussfall hingegen liegt die „Entscheidungsgewalt" beim Staat. Der Staat ist unmittelbar an Recht und Gesetz, d. h. direkt an die Grundrechte sowie deren Achtung, gebunden.[692]

Dieses Ergebnis zum Flugzeugentführungsfall ist also nicht auf die hier problematische Fallkonstellation von siamesischen Zwillingen anwendbar.

---

691 BVerfGE 115, 118, 161.
692 Siehe Art. 1 III GG.

(c) Früheuthanasie

Weiterhin könnte ein Vergleich mit den Fällen der Früheuthanasie helfen.

Um eine eventuelle Parallele darzustellen, muss zunächst betrachtet werden, unter welchen Voraussetzungen eine „Tötung" im Sinne einer Früheuthanasie für zulässig erachtet wird.

Komplexe Probleme bereitet nämlich die Bestimmung der Grenzen der ärztlichen Behandlungspflicht bei schwerstgeschädigten oder extrem unreifen Neugeborenen. In der Praxis wird das Sterbenlassen schwerstgeschädigter Neugeborener unter bestimmten Voraussetzungen für straflos erachtet.[693] In der revidierten Fassung der Einbecker Empfehlungen der Deutschen Gesellschaft für Medizinrecht wird unter Ziffer VI. erläutert, dass der Abbruch der Behandlung dann zulässig sei, wenn diese dem Neugeborenen nur ein Leben mit äußerst schweren Schädigungen ermöglichen würde, für die keine Besserungschancen bestehen.[694] Das strafrechtliche Schrifttum[695] teilt diese Auffassung grundsätzlich, auch wenn es Mühe hat, seinen Standpunkt dogmatisch konsistent zu fundieren.

Grundsätzlich gilt: Die Sterbehilfe an schwerstgeschädigten und unreifen Neugeborenen ist generell dann zulässig, wenn sie es ebenso bei Erwachsenen wäre.[696] Einigkeit besteht also zumindest insoweit, als eine gezielte aktive Tötung Neugeborener zur Erlösung von ihren Leiden für strafbar erachtet wird.[697] Passive Früheuthanasie durch Nichtausschöpfen medizinischer Behandlungsmöglichkeiten der Intensivtherapie soll hingegen in extrem gelagerten, eng begrenzten und sorgfältig zu begründenden Sonderfällen ausnahmsweise straflos bleiben, und zwar unabhängig davon, ob der Tod des Neugeborenen unmittelbar oder

---

693 MüKo-StGB/*Schneider*, Vor §§ 211 ff. StGB, Rn. 180 f.
694 Die revidierte Fassung der Einbecker Empfehlungen ist veröffentlicht in MedR 1992, 206 f. Siehe auch die einschlägigen Grundsätze der Bundesärztekammer in DÄBl. 101 (2004), A 1298. Ausführlich zum ärztlichen Standesrecht Glöckner, Handlungen, S. 193 ff.
695 Laber, MedR 1990, 182 ff.; Merkel, JZ 1996, 1145, 1154 f.; Sowada, GA 2011, 389, 408–410; LK/*Jähnke*, Vor §§ 211 ff. StGB, Rn 20d; NK-StGB/*Neumann*, Vor §§211 ff. StGB, Rn. 125; Sch/Sch/*Eser/Sternberg-Lieber*, Vor §§ 211 ff .StGB, Rn. 32a.
696 LK/*Jähnke*, Vor §§ 211 ff. StGB, Rn. 20d; Wolf (Fn. 3), S. 257 f.
697 *Eser*, in: FS Narr, S. 47 (50); Everschor, Neugeboreneneuthanasie, S. 192–206; Heinemann, Frau und Fötus, S. 257; Laber, MedR 1990, 182, 184; Ulsenheimer, MedR 1994, 425, 426; Sowada, GA 2011, 389, 409; LK/*Jähnke*, Vor §§ 211 ff. StGB, Rn 20d. Im Übrigen ist indirekte Sterbehilfe natürlich statthaft, sofern die indizierte Leidenslinderung zu einer unumgänglichen Lebensverkürzung der Neugeborenen führt. S. hierzu Heinemann a. a. O. S. 257 f.; Sowada GA 2011, 389, 409.

aber erst geraume Zeit später bevorsteht; dabei geht es vielmehr darum, dem Kind unabwendbares schwerstes Leid zu ersparen.[698] Das Grundleiden des tödlichen Kranken hat schon einen irreversiblen Verlauf genommen, und der Tod wird zumindest in kurzer Zeit eintreten.[699] Die ärztliche Behandlung dieser Grunderkrankung wird in diesem Fall abgebrochen.[700]

Allerdings erweist es sich als überaus schwierig, dies strafrechtlich „abzusichern". Eine schlichte Übertragung der allgemeinen Grundsätze zur passiven Sterbehilfe zu Gunsten entscheidungsunfähiger Patienten scheitert allerdings daran, dass bei Neugeborenen die sonst zentrale Frage nach dem mutmaßlichen Willen hinsichtlich der Fortsetzung der Behandlung schlichtweg sinnlos ist; das Selbstbestimmungsdogma kann für von vornherein einwilligungsunfähige Personen keine Geltung entfalten.[701] Laut der Grundsätze der Bundesärztekammer zur ärztlichen Sterbebegleitung von 2011 (Abschnitt V: Betreuung von schwerstkranken und sterbenden Kindern und Jugendlichen) heißt es: „Bei Neugeborenen mit schwersten Beeinträchtigungen durch Fehlbildungen oder Stoffwechselstörungen, bei denen keine Aussicht auf Heilung oder Besserung besteht, kann nach hinreichender Diagnostik und im Einvernehmen mit den Eltern eine lebenserhaltende Behandlung, die ausgefallene oder ungenügende Vitalfunktionen ersetzen soll, unterlassen oder beendet werden."[702] Allerdings sind die Eltern des Neugeborenen rechtlich nicht befugt, über den lebensverkürzenden Behandlungsabbruch abschließend wirksam zu entscheiden.[703] In Anbetracht dessen ist die Einstellung

---

698 Sowada, GA 2011, 389, 408; NK-StGB/*Neumann*, Vor §§211 ff. StGB, Rn. 124. Freilich spielen insoweit zuweilen auch „fremdnützliche" Aspekte des Selbstschutzes vor hochgradig belastenden Lebenslagen eine Rolle. Eingehend Arthur Kaufmann, JZ 1982, 481, 487 sowie – noch deutlicher – Sch/Sch/*Eser*, Vor §§ 211 ff., Rn 32a.
699 BGH NJW 2003, 1588.
700 BGHSt 37, 379.
701 Ingelfinger, Grundlagen, S. 293 f.; Laber MedR 1990, 182, 184 f.; Merkel, ZStW 107 (1995), 545, 563 f.; ders. Früheuthanasie S. 141–150; Roxin, Handbuch Medizinstrafrecht, S. 75, 119; Sowada, GA 2011, 389 (408 f.); Anders hingegen Glöckner, Handlungen, S. 88 ff., 99 ff., der die (objektiven) Interessen des Neugeborenen als Indizien für dessen Willen heranziehen will. Damit landet Glöckner freilich bei der Interessenbewertung nach § 34 StGB.
702 Grundsätze der Bundesärztekammer zur ärztlichen Sterbebegleitung, DÄBl. 108 (7) (2011), S. 346 ff.
703 Chatzikostas, Disponibilität, S. 110 f.; Kaufmann, JZ 1982, 481, 484; Laber, MedR 1990, 182, 186; LK/*Jähnke*, Vor §§ 211 StGB Rn. 20d; Schmitt, MDR 1986, 617, 620; Siehe dazu auch Punkt VIII 1. der Einbecker Empfehlungen. Eingehend Heinemann, Frau und Fötus, 245–249, 266.

der Therapie letztlich ein autoritativer Akt, dem eine qualitative Bewertung des Lebens schwerstgeschädigter Neugeborener zugrunde liegt.[704]

Als strafrechtliches Instrumentarium dieser hochgradig problematischen Abwägung von Lebens- und Sterbensinteressen Einwilligungsunfähiger bietet sich das Rechtsinstitut des in § 34 StGB normierten Notstands an, wobei hier bei der Notstandsabwägung im Kontext der Früheuthanasie besondere Vorsicht geboten ist.[705] Detailliert ausgearbeitete Konzeptionen gibt es hierzu bislang noch nicht, sodass derzeit lediglich einige vage Leitlinien benannt werden können.[706] So dürfte ein Behandlungsabbruch ebenso wie bei Erwachsenen gerechtfertigt sein, wenn die Fortführung der Intensivbehandlung dem Kind bei prognostisch kurzer Lebenszeit ausweglose Qualen bereiten wird.[707] Darüber hinaus wird eine Einstellung der Therapie unter Bezugnahme auf den Sinn des ärztlichen Heilauftrags befürwortet, wenn die ärztlichen Bemühungen das Leben des schwerstgeschädigten Neugeborenen lediglich quantitativ-biologisch verlängern und sie die Gewinnung der Fähigkeit zur Wahrnehmung und Kommunikation indessen definitiv nicht erbringen können.[708]

Dieser auf einem bestimmten Menschenbild beruhende interessenethische Ansatz der Notstandsabwägung hat aus verfassungsrechtlicher Perspektive jedoch

---

704 Weiterführend Laber, MedR 1990, 182, 187 f.; Merkel, JZ 1996, 1145, 1151 f., 1154 f. Dass Qualitätserwägungen eine Rolle spielen, räumt auch LK/*Jähnke*, Vor §§ 211 ff., Rn. 20d ein.

705 MüKo-StGB/*Schneider*, Vor §§ 211 ff. StGB, Rn. 181.

706 Eingehend Merkel, Früheuthanasie, S. 525 ff. Ausführliche Darstellung und Kritik gängiger Lösungsansätze (offensichtliche Lebensunfähigkeit; Unfähigkeit zum Leben aus eigener Kraft; irreversible Bewusstlosigkeit; dauerhafte schwere Behinderungen; Offensichtlichkeit eines qualvollen späteren Todes) bei Everschor, Neugeboreneneuthanasie, S. 284–332.

707 Merkel, JZ 1996, 1145, 1155; Ulsenheimer, MedR 1994, 425, 427 f. unter Hinweis auf die Menschenwürde des Kindes. Ablehnend hingegen Chatzikostas, Disponibilität, S. 331 f. Es bleibt darauf hinzuweisen, dass die Menschenwürde nicht gegen das Leben des Rechtsgutsträgers in Ansatz gebracht werden darf, etwa dergestalt, dass ein Neugeborenes, welches voraussichtlich jahrelang in totaler Abhängigkeit von Geräten auf einer Intensivstation fortexistieren kann, nicht am Leben erhalten wird, weil ein solches Leben als „unmenschlich" oder „würdewidrig" angesehen wird. Dauer und Totalität der Abhängigkeit von Technik sind keine tragfähigen Parameter für Würde. Eingehend hierzu Heinemann, Frau und Fötus, S. 260–263.

708 Laber, MedR 1990, 182, 187 f.; LK/*Jähnke*, Vor §§ 211 StGB, Rn 20d; Merkel, JZ 1996, 1145, 1154 f.; Sowada GA 2011, 389, 409; Ulsenheimer MedR 1994, 425, 427. Weiterführend *Eser*, in: FS Narr, S. 47 (59); *Kaufmann*, in: FS Roxin, 841, 845 und Heinemann, Frau und Fötus, S. 259.

Kritik erfahren; gerügt wird eine unzulässige Relativierung des Lebensgrundrechts auf Grund qualitativer Lebensbewertung in Gestalt der Formulierung eigenständiger Lebensinteressen, die vom Grundrecht abgespalten werden.[709] Es ist rechtspraktisch eher unwahrscheinlich, dass derartige Einwände, die im Ergebnis in ein rein biologisches Grundrechtsverständnis münden, durchdringen und damit nicht nur Formen der Früheuthanasie, sondern zugleich andere Sektoren der Sterbehilfe diskreditieren können.[710] Immerhin bleibt festzuhalten, dass der BGH in seiner Entscheidung zur passiven Sterbehilfe bei Entscheidungsunfähigen in gewissen Fällen eine objektiv ausgerichtete Abwägung von Lebens- und Sterbensinteressen anerkannt hat.[711] Daran kann im Bereich der Früheuthanasie vorsichtig und zurückhaltend angeknüpft werden.[712]

Fraglich ist nun, ob diese Grundsätze der Früheuthanasie auf unseren Fall übertragbar sind.

Zwar liegt die nach dem BGH festgelegte Voraussetzung vor, da die Grundleiden des tödlichen Kranken schon einen irreversiblen Verlauf genommen haben, und der Tod zumindest in absehbarer Zeit eintreten wird.

Allerdings würden die Ärzte den schwächeren Zwilling nicht etwa durch das Abschalten einer Maschine oder Ähnlichem sterben lassen, sondern gerade durch das aktive chirurgische Abtrennen des anderen Zwillings. Es handelt sich also um eine aktive Tötungshandlung und nicht um einen bloßen Behandlungsabbruch. Darüber hinaus geht es nicht um eine Abwägung von Lebens- und Serbeinteressen einer einzelnen Person.

Diese Grundsätze der Früheuthanasie können aus den genannten Gründen nicht auf unseren Fall übertragen werden.

(d) Perforation

In Betracht kommt schließlich eine mögliche Vergleichbarkeit zur Perforationsproblematik.

Der Begriff „Perforation" ist zurückzuführen auf eine medizinische Technik, die Ärzte zu Gunsten der Mutter vornahmen, bei der sie den Schädel des im Ge-

---

709 Rixen, GA 2002, 293, 298 f.; LK/*Jähnke*, Vor §§ 211 StGB, Rn. 15 teilt an sich diese Kritik gegen notstandsspezifische Interessenabwägungen im Sterbehilfekontext, nimmt jedoch bei der Früheuthanasie Erwägungen zur Lebensqualität vor.
710 MüKo-StGB/*Schneider*, Vor §§ 211 ff. StGB, Rn. 181.
711 BGH vom 13. 9. 1994–3 StR 357/94, BGHSt 40, 257, 263. Zur Legitimität dieses Ansatzes siehe auch Möller, Indikation, S. 99.
712 MüKo-StGB/*Schneider*, Vor §§ 211 ff., Rn. 181; Sowada, GA 2011, 389, 409.

burtskanal feststeckenden Kindes zerstückelten.[713] Bedeutung hat diese heutzutage nur noch bei im Geburtsvorgang stecken gebliebenen verstorbenen Kindern.[714]

In der Rechtswissenschaft findet die Perforation als Gefahrengemeinschaft von Mutter und Kind unter den Lebensnotstandsproblemen Erwähnung.[715] Der Tod von Mutter und Kind ist nur durch die Tötung einer der beiden zu verhindern, wobei die Mediziner bisher meist die Opferung des Kindes vorzogen, wohl wahrscheinlich auch, da die Mutter weiterleben musste, um ihre anderen Kinder zu versorgen und in der Zukunft noch weitere Kinder gebären zu können.[716]

Für den Fall der Perforation heißt das, dass der Arzt eine Rettungstötung zugunsten der Schwangeren vornehmen darf (§ 218a II StGB) bzw. – deren Einwilligung vorausgesetzt – sogar muss (§§ 212, 13 StGB bzw. §§ 12 II SchKG i.V.m. 218a II StGB).[717]

Die herrschende Meinung billigt den Ärzten einen Rechtfertigungsgrund bezüglich der Tötung des Säuglings zu.[718] Einige Vertreter behandeln die Perforation als eine rechtfertigende Pflichtenkollision, wobei der Arzt nur einer Verpflichtung nachkommen kann, d. h. entweder er rettet die Mutter oder den Säugling.[719] Dabei setzt die rechtfertigende Pflichtenkollision die Kollision mehrerer Handlungspflichten voraus, bei der Perforation geht es um die Kollision einer Handlungspflicht (Rettung der Mutter) mit einer anderen Handlungspflicht (Rettung des Säuglings).[720] Der überwiegende Teil geht allerdings von dem Vorliegen eines Defensivnotstandes aus, wobei die Gefahr hiernach aus der Sphäre des Säuglings stamme.[721] Weiterhin gibt es ebenso Stimmen, die einen aggressiven Notstand

---

713 Martius, Die geburtshilflichen Operationen, S. 154 f.; So schreibt Martius, Lehrbuch der Geburtshilfe S. 512 zu Doppelmissbildungen Folgendes: „Wenn die Geburt zum Stillstand kommt, ist es zweckmäßig das der Geburtshelfer immer zuerst versucht, die Doppelmißbildung unzertrennt zu entwickeln, und erst zu einer zerstückelnden Operation übergeht, wenn die Entwicklung ohne Zerstückelung nicht gelingt."
714 Martius, Lehrbuch der Geburtshilfe, S. 486 f.; ders., Lehrbuch der Gynäkologie und Geburtshilfe, S. 286 f.
715 Wolf (Fn. 3), S. 207.
716 Ebda.
717 Zimmermann (Fn. 12), S. 471.
718 RGSt 61, 242, 255; Roxin, in: FS Jescheck, S. 475; ders., Strafrecht AT, § 16 A III, Rn. 69 f.; LK/Jähnke, § 212 StGB, Rn, 10; LK/Hirsch, § 34 StGB, Rn. 74; Otte, Der durch Menschen ausgelöste Defensivnotstand, S. 153 ff.
719 Fischer, StGB, § 34 StGB, Rn. 21; Maurach/Zipf, Strafrecht AT, § 27, Rn. 47b; Maurach/Schroeder/Maiwald, Strafrecht BT, § 5 V 2.
720 So auch Wolf (Fn. 3) S. 207.
721 So Maurach/Schroeder/Maiwald, BT, § 6, Rn. 24.

gemäß § 34 StGB annehmen.⁷²² Danach ist die Tötung des Säuglings gerechtfertigt, da das Leben des Kindes das konkret betroffene Gesundheitsinteresse der Mutter nicht wesentlich überwiege.⁷²³ Diese Einschränkung im Lebensschutz des Säuglings soll hiernach solange gelten, wie dessen Schicksal untrennbar mit dem der Mutter verbunden ist.⁷²⁴ Zwar beginnt zum besonderen Schutzbedürfnis des Säuglings die Anerkennung der Menschenqualität bereits mit dem Zeitpunkt des Beginns der Eröffnungswehen, allerdings dürfe dieses nicht gegen die „vitalen Interessen" der Mutter gerichtet sein.⁷²⁵ Nach einigen Stimmen der Literatur wäre die Tötung des Säuglings also gerechtfertigt.⁷²⁶

Als problematisch wird es jedoch gesehen, dass nach der oben genannten Subsumtion unter den rechtfertigenden Notstand dem Säugling die alleinige Verantwortlichkeit für die Todesgefahr zugesprochen wird; die Gefahr kann aber auch der physischen Konstitution der Mutter zugerechnet werden.⁷²⁷ Wenn man diesen Gedanken konsequent zu Ende führt, so kommt man zu dem Schluss, dass der Arzt vielmehr die Tötung derjenigen Notstandspartei erlaubt, die primär gefahrzuständig ist, also ebenso die Opferung der Mutter zu Gunsten des Säuglings.⁷²⁸

Die Tötung des Säuglings während der Geburt gilt als anerkannte Ausnahme vom Grundsatz der Unabwägbarkeit menschlichen Lebens, wenn dies geschieht, um das Leben der Mutter zu retten oder sie vor schwerwiegenden Gesundheitsschäden zu bewahren.⁷²⁹ Diese rechtliche Sonderbehandlung wird

---

722   *Roxin*, in: FS Jescheck, S. 475 f.; L/K/*Kühl*, § 34 StGB, Rn. 9; Sch/Sch/*Eser*, Vor § 218 StGB, Rn. 41; Sch/Sch/*Lenckner/Perron*, § 34 StGB, Rn. 30; NK-StGB/*Neumann*, § 34 StGB, Rn. 91.
723   NK-StGB/*Neumann*, § 34 StGB, Rn. 91.
724   Joerden (Fn. 12), S. 128.
725   MüKo-StGB/*Erb*, § 34 StGB, Rn. 153; Roxin, AT/I, § 16, Rn. 70; hierzu allerdings kritisch Pawlik, Jura 2002, S. 31.
726   So im Ergebnis, wenn auch mit anderer Argumentation, Herzberg/Herzberg, JZ 2001, S. 1106 ff. und Zimmermann (Fn. 12), S. 462 f., welche den Beginn des Mensch-Seins i.s.v. § 212 StGB im Einklang mit § 1 BGB erst mit dem Ende der Geburt bejahen.
727   Herzberg/Herzberg, JZ 2001, S. 1111; NK-StGB/*Merkel*, § 218 StGB, Rn. 36; Pawlik, Der rechtfertigende Notstand, S. 329.
728   MüKo-StGB/*Gropp*, Vor §§ 218 ff. StGB, Rn. 56.
729   NK-StGB/*Neumann*, § 34 StGB, Rn. 91; SK-StGB/*Günther*, § 34 StGB, Rn. 43; Roxin, AT/I, § 16, Rn. 70; Renzikowski, Notstand und Notwehr, S. 267 f.; *Roxin*, in: FS Jescheck, S. 475; Maurach/Schroeder/Maiwald, Strafrecht BT, § 6, Rn. 24; LK/*Jähnke*, § 212 StGB, Rn. 10; LK/*Hirsch*, § 34 StGB, Rn. 74; Otte, Der durch Menschen ausgelöste Defensivnotstand, S. 153 ff.; L/K/*Heger*, § 8 StGB, Rn. 139.

unter anderem mit der Nähe zum medizinisch indizierten Schwangerschaftsabbruch begründet.[730]

Eine Mindermeinung spricht den Ärzten allerdings nur einen übergesetzlichen Entschuldigungsgrund zu.[731] Dies ist abzulehnen, da diese Lösung zu sehr unbefriedigenden Ergebnissen führen würde. So könnten hiernach nämlich Dritte (z. B. pro-life Aktivisten) in der Sonderkonstellation des übergesetzlichen entschuldigenden Notstandes gegen den Arzt, welcher die Perforation durchführt, Nothilfe üben.[732] Für den Fall, dass die Entscheidung des Täters, also der operierenden Ärzte, offensichtlich auf einer unanfechtbaren Gewissensentscheidung beruht, könne man daraus auf eine sozialethische Einschränkung (Ausschluss des Nothilferechts für Dritte) schließen.[733] Demnach gälte dann der Grundsatz: „Was der sozialethischen Konfliktlösung in § 35 StGB recht ist, muss insofern der sozialethischen Konfliktlösung des § 32 StGB im Rahmen der Gebotenheit billig sein."[734] Diese Ansicht kann m. E. hier nicht überzeugen. Es ist kein Grund ersichtlich, weshalb man die Voraussetzungen einer Notwehr/Nothilfe gem. § 32 StGB an dieser Stelle abändern sollte und weswegen dieser Entschuldigungsgrund im Gegensatz zu anderen Entschuldigungsgründen, bei denen es sich ebenfalls um Ausnahmesituationen handelt, dieser „Sonderbehandlung" bedarf. Daher ist es m. E. keiner Einschränkung des Nothilferechts.

Wenn man diesen Fall nun mit der Problematik bei der Trennung von siamesischen Zwillingen vergleicht, lässt sich feststellen, dass so, wie Mutter und Kind während der Geburt miteinander verbunden sind, auch siamesische Zwillinge körperlich miteinander verbunden sind, sogar in einem noch extremeren Fall.[735]

Gegen eine Vergleichbarkeit der beiden Fälle spricht aber, dass solch eine Konstellation bei der Perforation vom defensiven Charakter der Notstandshandlung und von der besonderen Situation der Schwangerschaft gekennzeichnet ist.[736] Weiterhin liegt ein Unterschied darin, dass es sich im Falle der siamesischen Zwillinge um zwei selbstständige lebendige Menschen handelt.

---

730   Sch/Sch/*Lenckner/Perron*, § 34 StGB, Rn. 30.
731   SK-StGB/*Rudolphi*, Vor § 218 StGB, Rn. 15; Ingelfinger, Grundlagen und Grenzbereiche des Tötungsverbots, S. 120 f.
732   Merkel, Früheuthanasie, S. 615; NK-StGB/*Neumann*, § 34 StGB, Rn. 92; Otte, Der durch Menschen ausgelöste Defensivnotstand, S. 144; *Roxin*, in: FS Jescheck, S. 478; anderer Ansicht: Jäger, ZStW 115 (2004), 765, 787; Koch, GA 2011, 129, 137.
733   Jäger, ZStW 115 (2004), 765, 787; Koch, GA 2011, 129, 137.
734   Jäger, ZStW 115 (2004), 765, 787.
735   Wolf (Fn. 3), S. 211.
736   Wolf (Fn. 3), S. 211.

Im Fall der symmetrischen Gefahrengemeinschaft bei siamesischen Zwillingen lässt sich allerdings, anders als dies bei der Perforation der Fall ist, nicht einem der beiden Zwillinge die alleinige Zuständigkeit für den entstandenen Konflikt ihrer Interessen zuschreiben.[737]

Ferner lässt sich gegen einen möglichen Einwand, dass es im Gegensatz zu den Perforationsfällen hier an der Gegenwärtigkeit der Gefahr fehlt, vorbringen, dass wie im Falle der Perforation eine erfolgreiche Abwehr der Gefahr zumindest für einen der Zwillinge in einem späteren Zeitpunkt nur noch sehr geminderte Erfolgsaussichten hätte.[738]

Der Fall der „Perforation" ist jedoch insgesamt nicht vergleichbar mit der hier diskutierten Problematik der Trennung von siamesischen Zwillingen in der symmetrischen Gefahrengemeinschaftskonstellation bei dem Nichtvorliegen einer akuten Gefahrenlage. Bei der Perforationsproblematik handelt es sich um eine asymmetrische Gefahrengemeinschaft zwischen Mutter und Säugling, hier liegt zwischen den beiden Zwillingen hingegen eine symmetrische Gefahrengemeinschaft mit gleichen Rettungschancen vor.

(e) Fährmannfall

Anders ist dies im sog. Fährmannfall[739]. Hier sind die Rettungschancen grundsätzlich gleich, also symmetrisch verteilt: Die überladene Fähre droht in der Mitte eines reißenden Stromes zu sinken, wodurch alle Passagiere (Fährmann und Kinder, die nicht schwimmen können) ums Leben kommen würden. Die einzige Rettungschance besteht darin, dass der Fährmann, um die Fähre zu entlasten, einige Passagiere ins Wasser stößt und damit zum Tode verurteilt. Hier lassen sich keinerlei Präferenzen auf der Seite eines der Gefährdeten ausmachen, so dass von einem Überwiegen eines Interesses nicht die Rede sein kann; es besteht also eine symmetrische Gefahrengemeinschaft. Eine Rechtfertigung der willkürlichen Aufopferung bestimmter Passagiere scheidet daher aus.[740] Der entscheidende Gesichtspunkt ist, dass eine rechtliche, ebenso wie eine moralische[741] Lösung der Kollisionslage, nur dann Anspruch auf Richtigkeit erheben kann, wenn sie für alle Beteiligten akzeptabel ist, also all denjenigen, die in gleichem Maße gefährdet

---

737 So auch Joerden (Fn. 12), S. 128.
738 Wolf (Fn. 3), S. 211.
739 Klefisch, MDR 1950, 258, 261; Peters, JR 1950, S. 743; Küper, JuS 1981, 785, 786.
740 Ebenso Otto, Pflichtenkollision, 84 f.; ders., Jura 2005, 475 zum parallel gelagerten „Ballonfall". Anders mit ausführlicher und bedenkenswerter Argumentation Coninx (2012), 120 f, 159 ff.
741 Zur moralisch ethischen Diskussion Apel, Diskurs und Verantwortung (1988), 338 ff.

sind, die gleichen Rettungschancen lässt.[742] Unter diesem Aspekt erscheint das von Bernsmann erwogene Losverfahren[743] zur Auflösung von Patt-Situationen in Notstandsfällen diskutabel.[744]

Im Übrigen kommt in den Fällen einer Gefahrengemeinschaft mit symmetrisch strukturierten Rettungschancen (nur) ein Rückgriff auf den entschuldigenden Notstand in Betracht.[745] Nach derzeitiger Rechtslage könnte sich der Überlebende auf entschuldigenden Notstand gemäß § 35 StGB berufen und hätte entsprechend „ohne Schuld" gehandelt.[746] Denn: Die Tötung und Opferung des einen Insassen war aus der Sicht der Überlebenden die einzige Möglichkeit, um sich selbst vor dem drohenden Ertrinken zu retten.[747] Eine Rechtfertigung nach § 34 StGB wäre hingegen nicht möglich, da angesichts der rechtlichen Gleichwertigkeit der Lebensinteressen von Täter und Opfer nicht davon gesprochen werden kann, dass, wie es das Gesetz in § 34 StGB fordert, „das geschützte Interesse das beeinträchtigte wesentlich überwiegt".[748] Hinzu kommt die Erwägung, dass einem vermeintlichen Selbsterhaltungsrecht des Täters – auf gleicher Stufe und in gleicher Intensität – ein Selbsterhaltungsrecht des Opfers gegenüber stehen würde.[749] Dem Täter ein derartiges Eingriffsrecht zuzusprechen, würde nämlich sonst zur Folge haben, dass sich das Opfer nicht gegen diesen rechtmäßigen Angriff verteidigen dürfte und auch Dritte diesem zumindest nach einem Teil der Literatur nicht helfen dürften (sog. Notwehrprobe).[750]

---

742 NK-StGB/*Neumann*, § 34 StGB, Rn. 78; Ähnlich auch MüKo-StGB/*Erb*, § 34, Rn. 120.
743 Bernsmann, Entschuldigung durch Notstand, S. 336 ff.
744 Zur Legitimation unter moralphilosophischen Gesichtspunkten siehe Apel, Diskurs und Verantwortung (1988), 338 ff.
745 NK-StGB/*Neumann*, § 34 StGB, Rn. 78.
746 Ziemann, ZIS 2014, 479, 482.
747 NK-StGB/*Neumann*, § 35 StGB, Rn. 2; Matt/Renzikowski/*Engländer*, § 34 StGB, Rn. 32, § 35 StGB Rn. 19; MüKo-StGB/*Erb*, § 34 StGB, Rn. 120; Roxin, AT/I § 16 Rn. 33, § 22 Rn. 146 ff.
748 NK-StGB/*Neumann*, § 34 StGB, Rn. 78; MüKo-StGB/*Erb*, § 34 StGB, Rn. 115 f., 120; Roxin, AT/I, § 16 Rn. 33, 39 f. Anders, wenn auch im Ergebnis ebenfalls für einen Ausschluss der Rechtfertigung, *Mitsch*, in: FS Weber, 2004, S. 49, 64: Nach ihm sinke der „Unwertgehalt der Tat" „mit zunehmender Zahl der Menschenleben, die durch die Tat gerettet werden".
749 Ziemann, ZIS 2014, 479, 482.
750 Hierzu *Hirsch*, in: FS Bockelmann, 1979, S. 89, 106 f.; siehe auch MüKo-StGB/*Erb*, § 34 StGB Rn. 120: „Rechtfertigung aller" als „Selbstwiderspruch der Rechtsordnung". Einen Ausschluss der Nothilferechte erwägt Jäger, ZStW 115 (2004), 765, 787 ff.

Die vorstehend entwickelten Kriterien könnten für die zunehmend ebenso unter strafrechtlichen Gesichtspunkten bereits erörterte Trennung siamesischer Zwillinge entsprechend gelten. Jedoch fehlt es in der hier zu erörternden Fallkonstellation von siamesischen Zwillingen gerade an der Voraussetzung einer ganz geringfügigen Verkürzung der Lebensspanne. Dadurch bleibt das intrikate Problem, welches Maß an Risikoerhöhung (als Folge der Verzögerung des Eingriffs) geeignet ist, die Annahme der „Gegenwärtigkeit" der Gefahr zu begründen.[751]

Der BGH legt den Begriff der gegenwärtigen Gefahr großzügig aus: So nimmt der BGH eine gegenwärtige Gefahr i.S.d. § 35 I StGB im sog. „Haustyrannen-Fall" dann an, „wenn sich die Wahrscheinlichkeit des Schadenseintritts […] so verdichtet hat, dass die zum Schutz des bedrohten Rechtsguts notwendige Maßnahmen sofort eingeleitet werden müssen, um den Eintritt des Schadens sicher zu verhindern."[752] Daher stellt sich die Frage, ob auch hier eine Erweiterung vorgenommen werden kann.

Das Problem besteht darin, dass die siamesischen Zwillinge im Regelfall nicht erst bei akuter Lebensgefahr getrennt werden sollen. Die Kinder hätten auch im ungetrennten Zustand regelmäßig noch eine immerhin monate- oder sogar jahrelange Überlebenszeit vor sich.[753] In diesem Fall gewinnt das Dilemma der Ärzte noch eine andere Dimension, denn „andererseits dürfte in vielen dieser Fälle das Abwarten der unmittelbaren akuten Lebensgefahr die Operationschancen deutlich verschlechtern."[754] Die Sterbewahrscheinlichkeit des zu rettenden Zwillings kann bei einer zeitlichen Hinausschiebung der Trennung von 1 bis 6 % auf 60 % steigen.[755] Nach Wolf[756] liegt die verbesserte Überlebensrate im Gegensatz zur Notoperation bei detaillierter Operationsplanung bei ca. 80 %. Entscheidend ist aber, dass die Ärzte diesbezüglich eine genaue Analyse durchführen. Allein die Tatsache, dass für beide keine langfristige Überlebenschance besteht, soll nach den Ärzten Grund genug für die einseitig tödliche Trennung sein. Die Frage ist allerdings: Wenn man Handeln auf Wahrscheinlichkeiten aufbaut, wie hoch

---

751 Dem hinter dieser Frage stehenden Wertungsproblem (Abwägung der Erhöhung der Rettungschancen des Einen mit dem Ausmaß der Verkürzung des Lebens des Anderen) entgeht man auch nicht über die Einführung einer Rechtsfigur eines „Präventivnotstands", dafür Koch GA 2011, S. 143 ff. („rechtfertigender Präventivnotstand").
752 BGHSt 48, 225, 259.
753 Merkel (Fn. 5), S. 633; ders., Früheuthanasie, S. 169 f..
754 Merkel, Früheuthanasie, S. 170.
755 Merkel (Fn. 5), S. 633 f.
756 Wolf (Fn. 3), S. 38.

müssen diese dann sein? Eine solche Beurteilung entzieht sich m. E. der Rechtswissenschaft. Diese Verantwortung muss den Ärzten übertragen werden. Die Ärzte müssen ein Gutachten erstellen. In diesem müssen sie eine erheblich höhere Sterbewahrscheinlichkeit prognostizieren, damit überhaupt von einer akuten Gefahrenlage gesprochen werden kann.

Daher erscheint es angezeigt, trotz der noch nicht akuten Gefahrenlage bei diesen Konstellationen, bei denen die Ärzte solche Diagnosen stellen, von einer gegenwärtigen Gefahr auszugehen, und darauf abzustellen, dass der Notstandshelfer gegenwärtig schon einer Zwangslage ausgesetzt ist.[757] Die Ärzte müssten schließlich jetzt operieren, um dem überlebenden Zwilling eine gute Überlebenschance geben zu können.

Somit sei eine Erweiterung des Gefahrenbegriffs für diese Sonderkonstellation angemessen, da die Identität der Gefahrenquelle und zugleich der Schadenseintritt aufgrund der infausten Diagnose der Ärzte in diesen Fällen feststehen.[758]

Aufgrund dieser Tatsache könnte man grundsätzlich auch bei der symmetrischen Gefahrengemeinschaft bei nicht akuter Lebensgefahr von einer Erweiterung des Gefahrenbegriffs ausgehen.

Dennoch kann hier nicht von einer direkten Vergleichbarkeit des Fährmannfalls mit der Trennung von siamesischen Zwillingen ausgegangen werden.

Zwar bestehen in beiden Konstellationen eine Gefahrenlage, die eine Abwägung Leben gegen Leben erforderte, sowie eine symmetrische Gefahrengemeinschaft.

Entscheidender Unterschied ist aber, dass der schwimmunfähige Fährmann vor allem auch sich selbst retten wollte und die Ärzte hier als zunächst unabhängige Dritte handeln. Aus diesem Grund ist die Abwehrrichtung der handelnden Person eine völlig andere.

(f) NS-Anstaltstötungen

Als Vergleichsbeispiel werden nun zuletzt die Selektionsärzte in der NS-Euthanasie-Aktion, der sogenannten „T4-Aktion", betrachtet.[759] Die angeklagten Selektionsärzte der NS-Zeit hatten Selektionen an ihren geisteskranken

---

[757] So auch Buchkremer, Präventive Verteidigung, S. 46 ff.; Koch, GA 2011, 129, 144; Wolf (Fn. 3), S. 189 f.
[758] Koch, GA 2011, 129, 144.
[759] OGHSt 1, 321; 2, 117; BGH NJW 1953, 513. Scheel, Die übergesetzlichen Unrechts-, Schuld- und Strafausschließungsgründe, S. 25 ff. mit einer ausführlichen Besprechung der Fälle. Siehe auch Klee, Euthanasie im NS-Staat; Koch, JA 2005, S. 745 ff.; Rotzoll et al., Die nationalsozialistische „Euthanasie" Aktion, S. 1 ff.

Patienten vorgenommen, indem sie einige Patienten zum Abtransport in Konzentrationslager gemeldet hatten. Die Ärzte wussten in diesem Zeitpunkt bereits, dass die von ihnen ausgefüllten Verlegungslisten in Wahrheit Todeslisten waren, die Teil von Hitlers befohlenen „Euthanasie-Aktionen" waren.[760] Dabei haben die Ärzte die auf die Todesliste gesetzten Patienten mehr oder weniger zufällig ausgewählt.[761]

In der Nachkriegszeit wurden die Ärzte schließlich wegen Beihilfe zum Massenmord angeklagt. Im darauffolgenden Strafprozess rechtfertigten sich die angeklagten Ärzte damit, dass sie aufgrund eines unlösbaren Gewissenskonflikts gehandelt hätten. Mit den Selektionsprozessen hätten sie ihrer Meinung nach zugleich viele Geisteskranke vor Vernichtungsaktionen bewahrt, mussten allerdings dafür ebenso eine geringere Anzahl von Patienten opfern.[762] Die Gerichte gingen in ihren Urteilen lediglich von einem persönlichen Strafausschließungsgrund aus und billigten den Ärzten keinen übergesetzlichen entschuldigenden Notstand zu.[763] Im Schrifttum wurde den Ärzten jedoch teilweise ein übergesetzlicher Entschuldigungsgrund zuerkannt.[764]

---

760 Bei diesem Fall wurde der rechtfertigende Notstand durch die Rechtsprechung verneint, siehe BGH NJW 1953, 513; OGHSt 1, 321, 331 ff.; 2, 117, 120 f. Auch in der Literatur wurde dieser Fall vielfach diskutiert, siehe bspw. Küper, JuS 1981, S. 790 ff.; Sch/Sch/*Lenckner/Perron*, § 34, Rn. 24; Koch, JA 2005, S. 745 ff.

761 Scheel, Die übergesetzlichen Unrechts-, Schuld- und Strafausschließungsgründe, S. 70: „Mag sein, dass der eine oder andere Kranke auf Grund seiner offensichtlich besonders schweren Erkrankung für eine Aufnahme unter die zu Rettenden von vornherein nicht in Betracht kam. In der großen Mehrzahl der Fälle aber hat es an einem solchen schicksalsmäßig festgelegten Anhaltspunkt für eine Auswahl gefehlt." In die entgegengesetzte Richtung argumentiert *Rödig*, in: FS Lange, S. 58 f. Fn. 44: „[...] weil sie durch Aufopferung der hoffnungslosesten Patienten wenigstens einigen hoffnungsvolleren Anstaltsinsassen wahrheitswidrig Arbeitsfähigkeit bescheinigen und auf diese Weise Leben retten konnten."

762 Koch, JA 2005, S. 745 ff.

763 OGHSt 2, 117, 120; OGHSt 1, 321 StS 19/49 v. 5. 3. 1949.; BGHSt 2, 125, 126; Peters, JR 1949, S. 496 ff. An einen persönlichen Strafaufhebungsgrund wurden hohe Anforderungen gestellt. So müsse zur absoluten Gewissheit feststehen, dass der Täter die Tötungsaktionen aus Überzeugung missbillige und sich ausschließlich daran beteilige, um sie nach Kräften zu verhindern oder zu stören. Jeglicher Zweifel an der Lauterkeit des Täters gehe zu seinen Lasten. Siehe hierzu OGHSt 1, 321, 337 f.

764 Lenckner, Der rechtfertigende Notstand, S. 46, Fn. 1, S. 184; Welzel, MDR 1949, S. 373 ff.; Schumann, NStZ 1990, S. 32 ff.; Roßmüller/Rohrer, Jura 1990 S. 582 ff.; Küper, JZ 1989, S. 626 ff.; Pawlik, JZ 2004, S. 1045 ff.; NK-StGB/*Neumann*, § 35, Rn. 54; Sch/Sch/*Lenckner/Sternberg-Lieben*, Vor §§ 32 ff. StGB, Rn. 115.

In der Diskussion von Peters[765] werden vor allem zwei Gedanken dem Urteil des OGH[766] entnommen: Zum einen kann der übergesetzliche Notstand als eine gegen das Gesetz stehende Rechtfertigung nur eine Ausnahme sein. Seine Anerkennung erfordert rechtssichernde Schranken. Die notwendigen Schranken sind allerdings nur innerhalb einer rechtsstaatlichen Ordnung gegeben; außerhalb einer solchen besteht die Gefahr einer uferlosen Anwendung und des Missbrauchs. Zum anderen kann bei einer Mitwirkung an (staatlicher) Verbrechensplanung keine Rede von einem übergesetzlichen Notstand sein.

Weiterhin führt Peters in seiner Diskussion aus, dass der Verstoß gegen ein derartiges Grundgesetz sittlicher und rechtlicher Ordnung nach dem OGH bereits Verstrickung in die subjektive Verantwortlichkeit der Schuld bedeutet.[767] Was der OGH zugunsten des übergesetzlichen persönlichen Strafausschließungsgrundes anführt, befreit die Ärzte tatsächlich nicht von ihrer Schuld. Sie mögen sich in menschlich schwersten Konflikten befunden haben, sie mögen um ihre Entscheidung gerungen haben, aber alles das entbindet sie nicht von ihrer Verantwortung. Jedoch sieht der OGH sehr wohl, dass es Situationen gibt, in denen kein Raum mehr für eine strafrechtliche Reaktion gegeben ist, obwohl der Täter rechtswidrig und schuldhaft gehandelt hat. Die Konfliktlage und die Schwierigkeit der richtigen Entscheidungen können derart sein, dass eine kriminelle Ahndung nicht mehr gerechtfertigt erscheint. Der OGH findet den Weg zur Straffreiheit in seiner Entscheidung über den persönlichen Strafausschließungsgrund.[768]

Er kann bei besonders gelagerten Fällen trotz Vorliegens einer tatbestandsmäßigen, rechtswidrigen, schuldhaften Handlung auf Bestrafung verzichten. Durch diesen Verzicht auf die Strafe will der Staat seine ablehnende Haltung gegenüber dem Tatvorgang und gegenüber der Täterhaltung zum Ausdruck bringen und trotzdem von einer Strafe absehen. Dadurch soll ein Verwischen des Ernstes der Tat und der Tätereinstellung vermieden werden.[769]

Damit der übergesetzliche persönliche Strafausschließungsgrund bejaht werden kann,[770] muss eine überzeugte Missbilligung der Tötungsaktion (beim Entschluss zur Teilnahme und während derselben), sowie die Beteiligung an ihr, um sie nach Kräften zu hindern, zu stören und einzuengen, vorliegen. Weiterhin muss eine sorgfältige Prüfung der Sachlage im Vorfeld der Beteiligung vorgenommen

---

765 Peters, JR 1949, 496, 497.
766 OGHSt 1, 321 – StS 19/49 v. 5. 3. 1949
767 Peters, JR 1949, 496, 498.
768 Ebda.
769 Peters, JR 1949, 496, 499.
770 Ausführlich hierzu Peters, JR 1949, 496, 499.

worden sein. Die Beteiligung darf als einziger Weg zur Rettung von Opfern, die Anwendung aller Mittel zur Rettung und das erfolgreiche Bemühen um die Rettung sein.[771] Durch diese engen Grenzen, die der OGH dem übergesetzlichen persönlichen Strafausschließungsgrund gibt, wird der Ausnahmecharakter deutlich gemacht.

Fraglich ist, ob im Fall der Trennung von siamesischen Zwillingen diese Grundsätze herangezogen werden können.

Alle Patienten der NS-Ärzte waren lebensfähig, es hätte also keiner sterben müssen. Hier geht es aber tatsächlich um eine medizinische Lebensgefahr für beide siamesischen Zwillinge.

Aus medizinischer Sicht musste sich der Arzt im Urteil des OGH also gar nicht entscheiden. Er war insofern aufgrund seines Berufseides nicht zwischen Handlungs- und Unterlassungspflichten gebunden. Sein Motiv war nicht, seinem Berufseid nachzugehen. Seine Angst war es womöglich selbst umgebracht zu werden, wenn er sich nicht an diesen Taten beteiligte. Der Arzt hatte hier keinen stärkeren Druck als ein Soldat, der in einem Konzentrationslager arbeitete. Hinzu kommt noch, dass es sich ja gerade um einen persönlichen Ausschließungsgrund mit absolutem Ausnahmecharakter handelt und dieses persönliche Element, d. h. die Tatsache, dass der Arzt damals auch um sein eigenes Leben fürchtete und sich daher zu den schuldhaften Taten entscheiden „musste", bei dem Arzt, der die Trennung vornimmt, nicht gegeben ist.

Die Situation damals war eine – hoffentlich einmalige – Sonderkonstellation, die mit keinem selten, aber regelmäßig vorkommenden Fall der siamesischen Zwillinge vergleichbar sein kann und m. E. nach auch nicht verglichen werden darf. Dies überzeugt m. E., da dadurch der absolute Ausnahmecharakter, den der OGH stets betonte, erhalten bleibt.

(2) Andere Lösungsansätze

Nachdem keiner der bekannten Fälle mit der hier zu diskutierenden Problematik vergleichbar ist, wird nun geprüft, ob es noch andere Möglichkeiten gibt, diese äußerst heikle Konstellation der Trennung von siamesischen Zwillingen in der symmetrischen Gefahrengemeinschaft zu lösen.

Man könnte an eines der gesetzlichen Erfordernisse[772] anknüpfen, wonach die gegenwärtige Gefahr für das bedrohte Gut „nicht anders abwendbar" gewe-

---

771 OGHSt 1, 321 – StS 19/49 v. 5. 3. 1949.
772 Die übrigen Voraussetzungen dieser Norm wurden bereits bei § 3 B. II. 1. b. bb. betrachtet.

sen sein darf (§ 35 I 1 StGB). Nach allgemeiner Meinung wird damit verlangt, dass die Notstandshandlung erforderlich, d. h. ein geeignetes und zugleich das mildeste Mittel war, um die gegenwärtige Gefahr für das bedrohte Gut abzuwehren.[773]

Die Frage lautet also: Hätte es im vorliegenden Fall genauso geeignete, aber weniger intensive Handlungen gegeben?

(a) Warten auf akute Gefahrenlage

Fraglich ist, ob es eine Option sein könnte, zu warten, bis die Lebensgefahr für beide Zwillinge akut wird, und dann erst die Trennungsoperation durchzuführen.

Wie schon beim Fährmannfall diskutiert, so dürfte es in den meisten Fällen keine Option sein. Dadurch, dass die siamesischen Zwillinge im Regelfall nicht erst bei akuter Lebensgefahr getrennt werden sollen, besteht hier ja meist gerade das Problem.

Wie bereits erwähnt, so kann die Sterbewahrscheinlichkeit des zu rettenden Zwillings bei einer zeitlichen Hinausschiebung der Trennung von 1 bis 6 % auf 60 % steigen.[774] Nach Wolf[775] liegt die verbesserte Überlebensrate im Gegensatz zur Notoperation bei detaillierter Operationsplanung bei ca. 80 %.

Die Ärzte müssen schließlich jetzt operieren, um dem überlebenden Zwilling eine gute Überlebenschance geben zu können. Daher ist das Abwarten, bis die Lebensgefahr akut wird, keine gleich geeignete Maßnahme.

(b) Organtransplantation / Anschließen an Apparatur

Wenn das lebenswichtige Herz beispielsweise nur einmal vorhanden ist und deswegen jedenfalls nur einer von beiden siamesischen Zwillingen überleben kann, so könnte man daran denken, dem nicht überlebensfähigen Zwilling ein fremdes Organ bei der Trennungsoperation zu implantieren bzw. ihn beispielsweise bis zu Verfügbarkeit dieses Organs an eine Herz-Lungen-Maschine anzuschließen.

Dies ist jedoch abzulehnen. Man kann nicht zwingend sagen, dass ein entsprechendes Organ gerade bei Säuglingen zur Verfügung steht und ob dieses überhaupt vom Körper des Säuglings angenommen wird. Es kann nämlich auch zu einer Abstoßungsreaktion kommen, gerade wenn der kleine Körper von der Trennungsoperation ohnehin sehr geschwächt ist. Daher ist eine Transplantation zumindest keine gleich geeignete Maßnahme.

---

773 BeckOK-StGB/*Momsen*, § 35 StGB, Rn. 11.
774 Merkel (Fn. 5), S. 633 f.
775 Wolf (Fn. 3), S. 38.

(c) Sinn und Zweck

Eventuell könnte man durch einen Blick auf den vom Strafrecht verfolgten Sinn und Zweck einen Lösungsansatz entwickeln. „Das Strafrecht wird als ‚ultima ratio' des Rechtsgüterschutzes eingesetzt, wenn ein bestimmtes Verhalten über sein Verbotensein hinaus in besonderer Weise sozialschädlich und für das geordnete Zusammenleben der Menschen unerträglich, seine Verhinderung besonders dringlich ist".[776]

Man könnte auf der Grundlage einer normativen Konzeption, die statt auf kriminalpolitische Sanktionsadäquanz auf gesellschaftliche Situationsadäquanz setzt, vorgehen: Danach könnte die strafrechtliche Sanktionierung inadäquat sein, weil das Handeln zur Selbsterhaltung als gesellschaftlich situationsadäquat anzusehen ist.[777] Die Frage, wann ein Verhalten im Notstand als situationsadäquat bzw. situationsinadäquat gilt, ist dabei eine Frage, die notwendigerweise der Normenordnung vorausgeht.[778] Sie führt zurück auf die Bedingungen der Begründung eines Rechtsverhältnisses und bezeichnet dabei, wie Hassemer einmal formuliert hat, die „Grenzen, innerhalb deren ein normtreues Verhalten vom Bürger erwartet werden darf".[779] Überschritten sind diese Grenzen, wenn die Bedingungen eines Rechtsverhältnisses entfallen sind, was insbesondere dann der Fall ist, wenn die „Grundlagen jeglichen Rechtsverhältnisses, die Bedingungen personaler Existenz, in Frage stehen".[780]

Auf den Fall angewendet bedeutet das: Die aus existenzieller Not erfolgte (rechtswidrige) Tötung des siamesischen Zwillings würde ausnahmsweise nicht mit öffentlicher Strafe belegt werden, wenn von den Tätern (Ärzten) nicht von Rechts wegen erwartet werden konnte, auf deren fundamentales Recht auf Leben bzw. das Recht des anderen Zwillings zu verzichten.[781]

---

776 Noltenius, ZJS 2009, 15, 17.
777 Gedanke von NK-StGB/*Neumann*, § 35, Rn. 6a.
778 Das vorstrafrechtliche Fundament betont auch: Renzikowski, in: Jahrbuch für Recht und Ethik 11 (2003), 269, 276 ff.
779 Hassemer in: Eser/Fletcher, Rechtfertigung und Entschuldigung, Rechtsvergleichende Perspektiven, Bd. 1, 1987, S. 175 (207). Ähnlich Fletchers „normative involuntariness" auf Grundlage eines „moral judgement about what we expect people to be able to resist" (Fletcher, Rethinking Criminal Law, 1978, S. 802 ff.). Anwendung fand Fletchers Konzept in der Entscheidung Regina v. Perka des kanadischen Supreme Courts von 1984 (Supreme Court Reports 1984, Vol. 2, 1984, S. 232 ff.; auch abgedruckt bei Dubber/Hörnle, Criminal Law, A Comparative Approach, 2014, S. 422 ff.).
780 MüKo-StGB/*Müssig*, § 35 StGB, Rn. 3. Die Unverfügbarkeit des Rechts auf Lebenserhaltung betont auch Bernsmann, „Entschuldigung" durch Notstand, S. 308; siehe auch, auf Grundlage ihrer Tadelstheorie, v. Hirsch/Hörnle, in: v. Hirsch (Hrsg.), Fairness, Verbrechen und Strafe: Strafrechtstheoretische Abhandlungen, 2005, S. 19 (38 f.).
781 Entsprechender Gedanke für den Mignonette-Fall von Ziemann, ZIS 2014, 479, 486.

Jedoch scheitert dieser Gedanke schon daran, dass die Ärzte nicht aus existenzieller Not heraus handelten. Es ging anders als in dem bei Ziemann diskutierten Mignonette-Fall[782] nicht um die eigene existenzielle Not des Täters.

(d) Auswahlverfahren

Die Frage ist darüber hinaus bei der symmetrischen Gefahrengemeinschaft eigentlich nicht, ob die Trennung gerechtfertigt oder entschuldigt ist, sondern vielmehr, wer darüber entscheidet und „wie" sie durchgeführt wird, d. h. im Ergebnis, wer von beiden überleben soll.

Hier könnte man daran denken, eventuell die Auswahlverfahren heranzuziehen, die bei gleicher medizinischer Lage bei nur einmal vorhandenen Organen im Hinblick auf zwei wartende Patienten bei der Organtransplantation angewendet werden.

Wenn weder klinische Kriterien noch sonstige Merkmale eine Unterscheidung zulassen, so wird die Auswahl des „Opfers" bzw. des Empfängers per Los bestimmt, was beispielsweise auch schon auf See eine verbreitete Praxis war.[783]

Ungeklärt ist aber, ob es weitere Pflichten, etwa Verfahrenspflichten, geben könnte, die beispielsweise in Situationen wie der vorliegenden verlangen würden, dass das zu erbringende Opfer nicht egoistisch ausgewählt wird, etwa nach sozialem Status oder Gesundheitszustand, sondern dass man sich hierzu eines fairen, insbesondere Chancengleichheit garantierenden Verfahrens bedient.[784]

Eine solche Verfahrenspflicht oder „Solidaritäts- bzw. Gefahrtragungspflicht", wie sie Bernsmann[785] nennt, könnte in Situationen existenzieller Not die Pflicht

---

782 Zu finden bei High Court (Queen's Bench Division), Urteil vom 9.12.1884–14 QBD 273 DC (Regina v. Dudley and Stephens); Im Mignoette-Fall hatten Kapitän Thomas Dudley und Maat Edwin Stephens im Juli 1884 mit der Yacht „Mignonette" Schiffbruch im Südatlantik erlitten und nach 20tägigem Martyrium in einem Rettungsboot auf hoher See ihren Mitschiffbrüchigen, den Schiffsjungen Richard Parker, getötet und gegessen.
783 Bernsmann, „Entschuldigung" durch Notstand, S. 337 ff.
784 Bernsmann, „Entschuldigung" durch Notstand, S. 327 ff., insbesondere S. 332 ff., allerdings beschränkt auf die Situationen, die sich durch die symmetrische Verteilung der Überlebenschancen bei gemeinsamer Bedrohung auszeichnen. Bei asymmetrisch verteilten Überlebenschancen soll dagegen kein Losentscheid erforderlich sein, da sich diese „auf bestimmte Personen konkret zugespitzt haben"; Bernsmann, „Entschuldigung" durch Notstand, S. 356.
785 Bernsmann, „Entschuldigung" durch Notstand, S. 347. Wer dieser Pflicht nachkomme, der handele nach Bernsmann „gemäß oder analog § 35 I 1 […] straflos" (a. a. O., S. 332).

auferlegen, zur fairen Auswahl des Opfers (und ggf. auch des Täters)[786] Lose zu ziehen.[787] Ein Gericht hob in einem Urteil[788], in dem eine Konstellation wie die des Fährmann-Falls vorlag, in einem obiter dictum hervor, dass, solange es nicht die Notsituation verhindere, das Losverfahren das fairste Verfahren sei, um das Opfer auszuwählen. Denn: „In no other than this or some like way are those having equal rights put upon an equal footing, and in no other way is it possible to guard against partiality and oppression, violence and conflict."[789]

Die Frage ist daher also ebenso, ob die Einhaltung eines gerechten und fairen (Los-)Verfahrens Voraussetzung für die Gewährung eines Schuldausschlusses nach § 35 StGB ist.

Auf den ersten Blick erscheint dies überzeugend, da es sowohl die Anwendung von Faustrecht verhindern als auch ein gewisses Maß an Fairness ermöglichen würde.[790]

Allerdings zeigen sich auch hier Probleme. Ein erster Einwand könnte sich daraus ergeben, dass man die Überlegenheit des (Los-)Verfahrens gegenüber anderen, etwa auf Zufall beruhenden Auswahlentscheidungen, in Frage stellt. Hierzu merkt Archangelskij für den Fall des Werfens einer Münze an, dass sich die hierdurch „ausgewählte ‚Opfermenge' kaum von einer ebenso zufällig durch einen Menschen ausgesuchten" unterscheide, weshalb „die Tötung im Ergebnis reine Willkür" bleibe.[791] Dass Kopf und Zahl über Tod und Überleben entschieden, sei seiner Meinung nach kein „schicksalhaftes, naturgesetzliches Verhängnis", sondern „nur eine metaphysische, lediglich im Menschenverstand existierende Chimäre."[792] Gegen diesen Einwand kann allerdings Folgendes vor-

---

786 In früherer Zeit wurde in der Regel sowohl das Opfer als auch der Täter gelost. Dass auch der Täter gelost wurde, lässt das zusätzliche Problem entstehen, ob dieser verpflichtet werden darf, einen anderen Menschen zu töten. Kritisch Bernsmann, „Entschuldigung" durch Notstand, S. 345.
787 So vor allem Bernsmann, „Entschuldigung" durch Notstand, S. 338 ff.; so aber auch Zimmermann, Rettungstötungen, S. 419 ff., Dworkin, Is Democracy Possible Here? Principles for a New Political Debate, 2008, S. 139.
788 U.S. Circuit Court, E.D. Pennsylvania, Federal Cases 26 (1842), 360. Zu diesem Fall aus Sicht des damaligen deutschen Strafrechts Marquardsen, Archiv des Criminalrechts N.F. Bd. 38 (1857), 396, 416 ff.
789 U.S. Circuit Court, E.D. Pennsylvania, Federal Cases 26 (1842), 360.
790 Ziemann, ZIS 2014, 479, 488.
791 Archangelskij, Das Problem des Lebensnotstandes am Beispiel des Abschusses eines von Terroristen entführten Flugzeuges, 2005, S. 52.
792 Archangelskij, Das Problem des Lebensnotstandes am Beispiel des Abschusses eines von Terroristen entführten Flugzeuges, 2005, S. 52.

gebracht werden: Im Ergebnis mögen geloste und willkürliche Wahl generell gleich sein, etwa wenn der Schwächere zugleich das Verliererlos zieht, in der Entstehung aber dürfte die Einhaltung eines Chancengleichheit verbürgenden Verfahrens einen deutlichen Unterschied zu einer rein ichbezogen gefällten Entscheidung machen.[793]

Ein weiteres Problem betrifft die Voraussetzungen für die Durchführung dieses „fairen" (Los-)Verfahrens:[794] Diese müssten nämlich ihrerseits fair sein, also mindestens allen Betroffenen die Teilnahme ermöglichen und gleiche Chancen bieten. Hieran kann es aber aus verschiedenen Gründen fehlen, etwa wenn die Umstände im Einzelfall kein Losverfahren zulassen. Wäre hier sozusagen § 35 StGB gesperrt bzw. sollte hier die Rechtsordnung erwarten, dass alle auf ihr Recht auf Selbsterhaltung verzichten, da kein faires Verfahren ausgeübt werden konnte?

Bernsmann verneint dies zumindest für den Fall der objektiven Undurchführbarkeit des Verfahrens: Kann überhaupt kein Verfahren stattfinden, soll zugleich die Pflicht zur Durchführung eines Losverfahren suspendiert sein.[795]

Keine Einschränkung macht er allerdings für Konstellationen subjektiver Undurchführbarkeit, also etwa bei Weigerung zur Teilnahme am (Los-) Verfahren. Hier will Bernsmann dem Täter entweder die Straffreistellung versagen oder – alternativ – für den Verweigerer mitlosen und für den Fall von dessen Auswahl den übrigen Personen eine straflose Notstandshandlung gewähren.[796] Spätestens an dieser Stelle gerät das Modell in schwieriges Fahrwasser, da dies am Ende bedeuten würde, vom Losverlierer die Selbstopferung und damit den Verzicht auf Selbsterhaltung zu erwarten.[797] Letzteres ist aber, wie oben ausgeführt, gerade der sachliche Grund einer Entschuldigung nach § 35 StGB.[798]

---

793 Ziemann, ZIS 2014, 479, 488.
794 Ziemann, ZIS 2014, 479, 488.
795 Bernsmann, „Entschuldigung" durch Notstand, S. 345.
796 Bernsmann, „Entschuldigung" durch Notstand, S. 345 f., 343 Fn. 154.
797 Kritisch hierzu Marquardsen, Archiv des Criminalrechts N.F. 38 (1857), 396, 419 f.; Renzikowski, Jahrbuch für Recht und Ethik 11 (2003), 269, 279; der Sache ebenso Zimmermann, Rettungstötungen, S. 420, der dem Losverlierer – anders als Bernsmann – nicht eine Entschuldigung nach § 35 StGB versagen will. Weitere Probleme ergeben sich daraus, dass es möglicherweise gute Gründe geben kann, bestimmte Personen – etwa solche mit überlebenswichtigen Navigationskenntnissen – vom Losverfahren auszunehmen, um nicht von vornherein das Überleben der ganzen Gruppe zu vereiteln.
798 Ziemann, ZIS 2014, 479 ff., 488.

Die Frage ist zudem, ob das Losverfahren tatsächlich das fairste Verfahren ist – wie dies Bernsmann und das US-Gericht vorschlagen – und ob es überhaupt bei Entscheidungen über Leben und Tod anwendbar ist.

In der vorliegenden Fallkonstellation handelt es sich um Rettungstötungen, die ebenso als „Selektionsfälle"[799] bezeichnet werden, da Dritte – die operierenden Ärzte und unter Umständen auch die angerufenen Gerichte – über das Schicksal der Zwillinge entscheiden.

In Betracht kommt die Methode des Losverfahrens. Annas weist in diesem Zusammenhang auf die Möglichkeit eines Losverfahrens bei der Auswahl des zu rettenden Zwillings hin: „The flipp of the coin".[800] Laut Annas ist das Los die fairste Art, eine Auswahl in diesen Fällen der symmetrischen Gefahrengemeinschaft zu treffen.[801] Das Losverfahren wird ebenso von Zimmermann bei symmetrischen Gefahrengemeinschaften als die fairste Variante angesehen.[802] Hiernach soll die Frage, welcher der siamesischen Zwillinge gerettet werden soll, anhand dieser willkürlichen Entscheidung beantwortet werden.[803] Eine Entscheidung über Leben und Tod von zwei Säuglingen durch Losverfahren zu treffen erscheint jedoch in gewissem Maße pietätlos. Die Tatsache, dass eine Münze in die Luft geworfen wird, die eine Entscheidung über Tod und Leben herbeiführt, scheint in Anbetracht des Dilemmas nicht angebracht.

Bei der beidseitig überlebbaren Trennung haben die meisten Stimmen in der Literatur[804] die Zuordnung singulärer Organe durch das Losverfahren für zulässig erachtet. Doch auch diese (wie beispielsweise Merkel) lehnen eine ausgeloste „Komplettopferung" ab: „Steht im konkreten Fall medizinisch hinreichend fest, dass zur Rettung vor dem sonst beiden drohenden Tod jeder der Zwillinge mit gleich guten Chancen ausgewählt werden könnte, dann darf keiner gewählt werden, die Trennung nicht unternommen werden. Denn für keinen lässt sich eine Rechtspflicht begründen, die Kehrseite dieser Wahl auf sich zu nehmen: Die Rolle des Opfers." Auch Jakobs[805] spricht sich hiergegen aus: „Kann der eine zu seinem Wohl abgetrennt werden, ohne dass dies den anderen nennenswert beeinträchtigt,

---

799 *Hirsch*, in: FS Bockelmann, S. 108.
800 Annas, HCR 17 (1987), S. 29.
801 A.a.O., S. 29: „If this is the case with Siamese twins, the fairest way to determine which would potentially survive is random, by the flip of a coin."
802 Zimmermann (Fn. 12), S. 474.
803 A.a.O., S. 419 ff., 474.
804 Beispielsweise Merkel (Fn. 5), S. 630.
805 Jakobs, Himeji L. Rev. 2004, 346, 330.

so darf es geschehen; auf Kosten des Lebens oder der Verstümmelung des anderen darf [...] er nicht gerettet werden."

So im Ergebnis auch Bernsmann: „Es mag sein, dass die aufgeworfenen Fragen lediglich zu ‚frivolen' Denkspielen verleiten, weil insbesondere der Lebens-Notstand in seiner akuten Zuspitzung in Wahrheit gar nicht zu regeln ist."[806]

Allgemein erscheint es in dieser Situation angemessener zu sein, wenn man die Entscheidung hierüber den Ärzten anhand von anatomischen Kriterien zubilligt, die im hypothetischen Fall der symmetrischen Rettungschancen der Zwillinge Anwendung finden, auch wenn beide Zwillinge die gleichen Rettungschancen haben.[807] Gleiche Rettungschancen zu haben bedeutet nämlich nicht, dass jedes einzelne Organ genau in der Mitte von beiden Körpern liegt; das ist aufgrund der Vielzahl der Organe vielmehr anatomisch unmöglich.

Zu beachten ist nämlich im Hinblick auf die Praxis noch, dass es eine absolute spiegelbildliche Störung der Teilung der Keimscheibe bzw. die unvollständige Separierung der Zellhaufen in der Realität gar nicht gibt.[808] Die sich daraus ergebenden anatomischen Verhältnisse der Zwillinge ziehen stets unterschiedliche Rettungschancen hinsichtlich des operativen Erfolges für jeden Zwilling nach sich.[809] Dabei ist der schwächere Zwilling zugleich erhöhten Krankheitsgefahren ausgesetzt und weist generell mehr Anomalien sonstiger Art auf als der dominantere Zwilling.[810]

Dabei wird demjenigen das lebenswichtige Organ „gegeben", in dessen Körper sich beispielsweise der größere Anteil dieses Organs befindet. Entscheidend ist also die Lokalisation des Organs, auch wenn dieses aus medizinischer Sicht beiden Zwillingen zugebilligt werden könnte, da die nötigen Gefäßleitungen für das Organ bei beiden Zwillingen gleichermaßen vorhanden sind. Aufgrund dieser Tatsache wird ebenso klar, dass es sich dabei natürlich um Nuancen handeln kann.[811]

In diesem Fall erscheint die Anlehnung an die Lehre des rechtsfreien Raumes, die ärztliche Entscheidung an sich als rechtsfrei zu behandeln, als geboten.[812] Auf-

---

806 Bernsmann, „Entschuldigung" durch Notstand, S. 335.
807 So auch Wolf (Fn. 3), S. 232 f.
808 Holcomb/O'Neill, Conjoined Twins, S. 1928; siehe auch Weishäupl (Fn. 2), S. 28 ff.
809 Wolf (Fn. 3), S. 221 f.
810 Auch in den bei Weishäupl (Fn. 2), S. 28 ff. ist stets von einem schwächeren und einem stärkeren Zwilling die Rede.
811 Wolf (Fn. 3), S. 233.
812 Siehe Schild, JA 1978, S. 631 ff.; Jakobs, Strafrecht AT, § 15, Rn. 6, Fn. 11; *Kaufmann*, in: FS Maurach S. 336 ff.; Blei, Strafrecht AT, § 63 II.

grund der Tatsache, dass die Chancen für nur einen der Zwillinge überhaupt zu überleben ohnehin oftmals sehr niedrig stehen, sollte jede Möglichkeit genutzt werden, um das Überleben zumindest eines der Zwillinge zu ermöglichen, d. h. die Ärzte sollten die Wahl haben, den Zwilling zu retten, den sie als besser zu Rettenden ansehen.[813]

Durch ein solches Auswahlverfahren wird den Ärzten kein „schwer zu kontrollierender Beurteilungsspielraum"[814] gegeben, der von Juristen mitentschieden werden müsste, da Juristen dies schlicht gar nicht beurteilen können. Denn auch im Falle einer Kommissionsentscheidung steht fest, dass die Nichtmediziner sich auf die Beurteilung der Ärzte verlassen müssen. Freilich steht aber zugleich fest, dass diese Auswahlentscheidung nicht nur von einem einzelnen Arzt getroffen werden soll, sondern vielmehr von einem Ärztestab. Die Ärzte, die solche Entscheidungen treffen und die Trennungsoperationen ausführen, sind auf diesem Gebiet Spezialisten und an ethische Grundsätze sowie ihren Eid gebunden.[815] Nur sie sind nämlich in der Lage, diese medizinischen und anatomischen Befunde zu analysieren und auszuwerten. Um ihre Arbeit gewissenhaft und professionell ausführen zu können, muss ihnen ein gewisser – wenn auch sehr kleiner – Beurteilungsspielraum und ein gewisses Vertrauen zugebilligt werden.[816]

Da gleiche Rettungschancen nicht bedeuten, dass jedes einzelne Organ genau in der Mitte von beiden Körpern liegt, wären Maßnahmen wie die Vornahme des Losverfahrens nicht gleich geeignet.

Dies wäre mit Blick auf den Entscheidungsmodus (Losverfahren), der allein eben noch keine Rettung bedeutet hätte, und mit Blick auf das Entscheidungsergebnis, das eben nur ein anderes, aber eben kein geringeres Opfer verlangt hätte, nicht gleich geeignet gewesen.[817] Im Ergebnis ist damit die rechtswidrige Notstandshandlung, die Tötung des siamesischen Zwillings unter Einbeziehung der Organlokalisation im notstandsrechtlichen Sinne erforderlich.

---

813 Wolf (Fn. 3), S. 233.
814 Koch, GA 2011, 129, 137.
815 Siehe den Originaleid des Hippokrates abgedruckt in Lyons/Petrucelli, Die Geschichte der Medizin im Spiegel der Kunst, S. 214; Vossenkuhl, Ethische Grundlagen ärztlichen Handelns, S. 3 ff.
816 So auch Wolf (Fn. 3), S. 233.
817 Zu einer Berücksichtigung im Rahmen einer zumutbaren Hinnahme der Gefahr nach § 35 I 2 StGB siehe sogleich, Ziemann, ZIS 2014, 486.

(e) Verbotsirrtum

Wenn man dennoch zu einer grundsätzlich rechtswidrigen und schuldhaften Tat der Ärzte durch die Trennung kommt, so stellt sich noch die Frage, ob der agierende Arzt nicht einem schuldausschließenden unvermeidbaren Verbotsirrtum unterliegt.

Beim unvermeidbaren Verbotsirrtum kennt der Täter die Verbotsnorm nicht, hält sie für ungültig oder legt sie falsch aus, so dass er über die Rechtswidrigkeit der Tat irrt.[818] Vermeidbar ist ein Verbotsirrtum, wenn dem Täter zum Zeitpunkt der Tathandlung seine Tat unter Berücksichtigung seines Wissensstandes und seiner Fähigkeiten hätte Anlass geben müssen, über die mögliche Rechtswidrigkeit des Vorhabens nachzudenken oder sich zu erkundigen und er dann auf diesem Weg zur Unrechtseinsicht gekommen wäre.[819]

Jedoch ist bei den operierenden Ärzten bezüglich Trennungsoperationen wohl nicht von einem Verbotsirrtum auszugehen, da dieser jedenfalls vermeidbar ist. Rechtlicher Rat kann an Universitätskliniken durchaus jederzeit eingeholt werden. Wenn es um Leben – und Todentscheidungen geht (z. B. bei Zeugen-Jehovas-Fällen), werden von den behandelnden Ärzten grundsätzich der Staatsanwalt oder diensthabende Richter, sowie an Universitätskliniken auch Ethikkommissionen kontaktiert.[820] Ein Verbotsirrtum wäre somit vermeidbar.

Zu beachten ist allerdings, dass eine sichere rechtliche Auskunft bezüglich dieser Problematik nicht einholbar ist, was zu einer Unvermeidbarkeit führen könnte. Für den Fall der Nichteintragung ergibt sich trotzdem kein anderes Ergebnis, da zumindest versucht werden muss rechtlichen Rat einzuholen oder eine Auskunft bei Ethikkommissionen anzufragen.

Aufgrund der Schwere der Problematik kann aber gesagt werden, dass zumindest bis zur Klärung durch die Rechtsprechung oder durch die Legislative bereits durchgeführte Trennungsoperationen – wobei bisher eine solche elektive Trennung bei einer symmetrischen Gefahrengemeinschaft noch nicht vorkam – jedenfalls als Fälle des unvermeidbaren Verbotsirrtums subsumiert werden sollten. Denn wenn die staatliche Rechtsordnung erklärtermaßen nicht in der Lage

---

818 Wessels/Beulke/Satzger, Strafrecht AT, Rn. 456. Siehe hierzu BGHSt 35, 347 (Katzenkönig-Fall).
819 BeckOK-StGB/*Heuchemer*, § 17, Rn. 15; Fischer, StGB, § 17 StGB Rn. 7 ff.
820 Wolf (Fn. 3), S. 234.

ist, dem Betroffenen zu sagen, was er konkret tun soll, kann sie ihm auch nicht ex post anlasten, er habe sich falsch verhalten.[821]

dd. Stellungnahme

In diesem Fall erscheint eine Lösungsfindung fast unmöglich. Auch die Lösungsansätze von ähnlichen gelagerten Fällen konnten als Denkmodell schon nicht helfen, da sie jeweils immer in entscheidenden Punkten von der vorliegenden Problematik abwichen und daher nicht vergleichbar sind.

In Betracht kommt insgesamt nur die Bejahung eines übergesetzlichen Notstandes, wie dies Koch vorschlägt. Eine zweite Alternative ist zumindest bis zur endgültigen Klärung der Rechtslage aufgrund der bestehenden Unsicherheit die Annahme eines Verbotsirrtums.

c. *Nottrennung unter Opferung eines Zwillings*

In dieser dritten Fallkonstellation besteht nun eine akute Lebensgefahr für beide Zwillinge. Wenn nicht sofort eine Trennungsoperation durchgeführt wird, werden beide Zwillinge sterben.

aa. Indirekte Tötung

Vertreten wird in den Fällen der Gefahrengemeinschaft im älteren Schrifttum die Verneinung des Tötungsvorsatzes.[822]

Nach der Lehre von der bloßen indirekten Tötung kann die moralische Zulässigkeit einer Handlung davon abhängen, ob eine Folge – ceteris paribus – angestrebt oder nur in Kauf genommen wird.[823]

Die Zielsetzung (Schmerzlinderung) ist eine Frage des Motivs, nicht des Vorsatzes; und die schon an Ort und Stelle fragwürdige moralphilosophische bzw. theologische Doktrin der „Doppelwirkung", ist jedenfalls in die verfügbaren strafrechtsdogmatischen Kategorien nicht ohne Weiteres übersetzbar.[824] Diese Lehre widerspricht zugleich dem dreistufigen Vorsatzbegriff.[825] Darüber hinaus handle man nach dem bedingten Vorsatz (dolus eventualis) schon vor-

---

821 *Neumann*, in: FS Roxin, S. 430; Kaufmann, JZ 1992, S. 983; *Joerden*, in: FS Otto, S. 332 Fn. 6.
822 Bockelmann, Strafrecht des Arztes (1968), 25, 70; *Engisch*, in: FS Bockelmann (1979), S. 532.
823 Neumann, ARSP-Beiheft 44 (1991), S. 253 f.
824 NK-StGB/*Neumann*, Vor §§ 211 ff. StGB, Rn. 99 ff.
825 Merkel, Früheuthanasie, S. 174 ff.; ders., JZ 1996, 1148.

sätzlich, wenn man den Tatbestandserfolg „für möglich hält und billigend in Kauf nimmt".[826]

Außerdem ist es auf der Rechtfertigungsebene ein Grundgedanke dieser Lehre, dass man in der Situation der Gefahrengemeinschaft ausnahmsweise annehmen müsste, dass auch die Tötung von Menschen um die Erhaltung anderer willen gerechtfertigt sein kann. Die Erklärung hierfür liegt dahin, dass die Tötung nur eine in der konkreten Situation unvermeidliche Nebenfolge einer in sich einwandfreien Maßnahme ist.[827] Aber auch auf der Rechtfertigungsebene lässt sich diese Sichtweise nicht annehmen.

Im Falle der Trennungsproblematik würde dies bedeuten, dass die Tötung des einen Zwillings als eine nicht gewollte Nebenfolge der Rettung des anderen Zwillings gewertet werden könnte.[828] Die Ärzte würden also quasi das „kleinere Übel", d. h. den Tod des einen Zwillings, anstelle dem Tod von beiden Zwillingen in Kauf nehmen, was nach dieser Lehre als gerechtfertigtes Verhalten gelten würde. Wie schon erwähnt, so ist die Lehre von der Handlung der Doppelwirkung keine Rechtsfigur an sich, sondern vielmehr ein aus Moral und Ethik entliehenes Konstrukt.[829] Darüber hinaus sei es nicht entscheidend, ob der Taterfolg vom Täter nur ein Zwischenziel oder eine Nebenfolge sei oder der Taterfolg vom Täter erwünscht gewesen sei; die rechtliche Akzeptanz des „kleineren Übel", also die Zweck-Mittel-Relation, sei bereits von der Interessenabwägung des Notstands erfasst.[830]

Daher ist die Lehre von der Doppelwirkung als Rechtfertigung für die Ärzte aufgrund der erwähnten Mängel untauglich.

bb. Nothilfe gem. § 32 StGB

Auch eine Rechtfertigung der Ärzte aus Nothilfe gem. § 32 StGB zugunsten des überlebenden Zwillings scheidet aus.

Von dem geopferten Zwilling geht schon kein Angriff auf das Leben des geretteten Zwillings aus.[831] Ein Angriff ist die von einem Menschen ausgehende unmittelbar bevorstehende oder andauernde Verletzung rechtlich geschützter Güter

---

826 BGHSt 14, 256; BGH, NStZ 1998, 615.
827 Lenckner, Der rechtfertigende Notstand, S. 116.
828 Für den Fall „Jodie und Mary": Wolf (Fn. 3), S. 185 ff.; Annas, Connecticut L.Rev. 33 (2001), 1275, 1281 f.; Schultz, Rutger J.L. Relig. 3 (2003), para. 12, Fn. 37.
829 Ingelfinger, Grundlagen und Grenzbereiche des Tötungsverbots, S. 258; Merkel, JZ 1996, 1148.
830 Zimmermann (Fn. 12), S. 102 ff.
831 Koch, GA 2011, 129, 138.

und Interessen.[832] Der moribunde Zwilling bedroht das Leben des anderen jedoch durch ein Nichthandeln, d. h. durch seine bloße Existenz, und damit gerade nicht durch willensgesteuertes menschliches Verhalten.[833]

Desweiteren ist der Angriff zugleich nicht rechtswidrig, da das körperliche Verbundensein des einen getöteten Zwillings mit dem anderen überlebenden Zwillings nicht im Widerspruch zur Rechtsordnung steht.[834] Somit insgesamt liegt schon keine Notwehrlage vor.

cc. Notstand gem. § 34 StGB

Diskutiert wird ebenfalls der rechtfertigende Notstand gem. § 34 StGB. Dieser scheitert vorliegend an der vorzunehmenden Interessenabwägung, da in der gegebenen Konstellation das beeinträchtigte Interesse (das Leben des geopferten Kindes) das geschützte Interesse (das Leben des geretteten Kindes) nicht – und schon gar nicht wesentlich – überwiegt.[835] Danach sei kein Grund ersichtlich, weshalb der Getötete seine Opferung als rechtmäßig hinzunehmen hätte.

dd. § 34 StGB analog

In Betracht kommt zudem eine Analogie des § 34 StGB. Nach der Ansicht von Zimmermann[836], der eine solche für diese Konstellation fordert, soll die Auswahl des Opfers im Rahmen einer willkürlichen Entscheidung erfolgen, etwa im Wege eines Losverfahrens. Gegen diese Ansicht spricht neben den beim Losentscheid bisher schon vorgebrachten Bedenken[837], dass hier keine für eine Analogie erforderliche Regelungslücke besteht. Bei der Kodifizierung des geltenden Notstandsrechts war dem Gesetzgeber zweifelsfrei die Eigenart der symmetrischen Gefahrengemeinschaft bekannt und wurde von diesem nicht miteinbezogen. Die Formulierung des § 34 StGB erfolgte vor dem historischen Hintergrund einer in der Nachkriegszeit breit diskutierten Fallgruppe von „Rettungstötungen" innerhalb symmetrischer Gefahrengemeinschaften, den bereits angesprochenen NS-Anstaltstötungen.[838] Damals hatten sich sowohl die Rechtsprechung als auch die Lehre nahezu geschlossen gegen eine Notstandsrechtfertigung für diese Ärzte gewandt, welche einzelne Patienten getötet hatten, um die Gesamtgruppe zu ret-

---

832 BeckOK-StGB/*Momsen*, § 32 StGB, Rn. 17.
833 Koch, GA 2011, 129, 138.
834 Wolf (Fn. 3), S. 188.
835 Koch, GA 2011, 129, 135.
836 Zimmermann (Fn. 12), S. 474, 422 f.
837 Diskutiert bereits bei § 3 A. II. 1. a. bb. (2).
838 Koch, GA 2011, 129, 136.

ten.⁸³⁹ Daher erscheint es ausgeschlossen, dass der Gesetzgeber mit dem eindeutig formulierten § 34 StGB diesen Stand zurückgeben wollte.⁸⁴⁰

Darüber hinaus sind die Fälle nicht vergleichbar, was aber eine Voraussetzung der Analogie gewesen wäre. Im siamesischen Zwillingsfall handeln Ärzte, um einen der Zwillinge zu retten, und nicht unter dem Einfluss eines Regimes, welches Gräueltaten von unbeschreiblichem Ausmaß angeordnet und ausgeführt hat.⁸⁴¹

ee. Pflichtenkollision

Nicht geregelt ist der Fall der Pflichtenkollision, d. h. zweier rechtlich⁸⁴² kollidierender Handlungspflichten (oder zweier Unterlassungspflichten), von denen die Erfüllung der einen zwangsläufig die andere verletzen muss.⁸⁴³

Die Rechtsordnung würde ansonsten Unmögliches verlangen.⁸⁴⁴ Grundsätzlich könnte man hier ein Aufeinandertreffen von zwei Handlungspflichten sehen, nämlich beiden Kindern helfen zu wollen bzw. müssen. Die Wahrnehmung einer Handlungspflicht (§§ 212, 13 StGB) zugunsten eines der beiden Zwillinge ruft jedoch gleichzeitig die Unterlassungspflicht (§ 212 StGB) gegenüber dem anderen Zwilling hervor, so dass Handlungs- (ein Kind zu retten) und Unterlassungspflicht (kein Kind zu töten) aufeinandertreffen. Dieses Dilemma zwischen der Handlungs- und der Unterlassungspflicht kann daher grundsätzlich nicht mit der rechtfertigenden Pflichtenkollision zugunsten der Rechtfertigung der handelnden Ärzte herangezogen werden.

Man könnte allerdings an eine Erweiterung der Figur der Pflichtenkollision denken. Eine Ansicht bejaht eine solche Erweiterung der Figur auf das Zusammentreffen von Handlungs- (gegenüber A) und Unterlassungspflicht (gegenüber B).⁸⁴⁵ Danach würde der Dritte, der zwischen beiden Pflichten steht, wie ein Nothelfer des A behandelt werden; erlaubt werden würde ihm der Eingriff in die Güter des B nur, wenn sich A gegenüber B nach dem Maßstab des § 34 StGB

---

839   BGH NJW 1953, 514; OGHSt 1, 321; Peters, JR 1949, 496 ff.; Schmidt, SJZ 1949, 559 ff.; Welzel, MDR 1949, 375; weitere Nachweise bei *Jerouschek*, in: FS Schreiber, 185, 190 ff.
840   Koch, GA 2011, 129, 136.
841   Wolf (Fn. 3), S. 267.
842   LK/*Kühl*, § 34 StGB, Rn. 15.
843   RGSt 59, 404; BeckOK-StGB/*Momsen*, § 34 StGB, Rn. 24.
844   Kühl, AT, Rn. 137, Fn. 290.
845   Küper, Grund- und Grenzfragen der rechtfertigenden Pflichtenkollision im Strafrecht, S. 29 ff.; ders., in: Eser/Fletcher, Rechtfertigung und Entschuldigung, Rechtsvergleichende Perspektiven, Bd. 1, 1987, S. 351 ff.

auf ein wesentlich überwiegendes Interesse berufen könnte; ansonsten muss die Handlungspflicht hinter der Unterlassungspflicht zurücktreten.[846] Doch auch diese Erweiterung hilft bei der vorliegenden Problematik nicht, da sich – wie bereits geprüft – keiner der Zwillinge nach dem Maßstab des § 34 StGB auf ein wesentlich überwiegendes Interesse berufen kann.

ff. Entschuldigender Notstand gem. § 35 StGB

Da kein Rechtfertigungsgrund einschlägig ist, ist nun zu diskutieren, ob zumindest ein Entschuldigungsgrund gem. § 35 StGB in Betracht kommt.

Dies scheitert schon bei dem Merkmal „persönliche Beziehung". Die Ärzte handeln weder, um sich oder einen Angehörigen zu retten, noch sind die Patienten für sie „nahestehende Personen" i.S.d. § 35 StGB. Unter den letztgenannten Begriff fallen nicht schon solche Personen, zu denen ein emotionales Nähegefühl bestehen mag, wie „meine Patienten, meine Kollegen, meine Nachbarn, meine Mitbürger…".[847] Erforderlich ist vielmehr eine wechselseitige auf Dauer angelegte personale Beziehung.[848]

Eine Entschuldigung nach dieser Vorschrift kommt zudem deswegen nicht in Betracht, da die Ärzte nur für Eltern handeln und diesen der § 35 StGB aufgrund des Angehörigenverhältnisses zu ihren Kindern zugesprochen werden könnte.

Fraglich ist, ob die Eltern, wenn man sie als Teilnehmer oder gar als (Mit-)Täter auffasst, nach § 35 StGB entschuldigt wären.

Problematisch ist insbesondere, ob § 35 I 1 StGB zu ihren Gunsten überhaupt eingreifen kann, wenn zwar die Gefahr abgewendet wird, dies jedoch zu Lasten eines anderen Angehörigen (des anderen Zwillings) geschieht.[849] Dies kann zumindest dann bejaht werden, wenn man den psychologischen Druck in einer Notsituation, wie § 35 I 1 StGB sie aufzeigt, als Erklärungsgrund für die Vorschrift nimmt.[850] In diesem Fall wird man kaum sagen können, dass dieser Druck den Täter (Eltern) in die Richtung zur Begehung der Tat drängt, wenn der psychologische Druck, der von der Tat abhält, normativ betrachtet, genauso stark ist.[851] Somit könnten die Eltern nach § 35 StGB entschuldigt sein.

---

846 Küper, Grund- und Grenzfragen der rechtfertigenden Pflichtenkollision im Strafrecht, S. 29 ff.; ders., in: Eser/Fletcher, Rechtfertigung und Entschuldigung, Rechtsvergleichende Perspektiven, Bd. 1, 1987, S. 351 ff.
847 Koch, GA 2011, 129, 136.
848 Koch, JA 2005, 745, 748; Roxin, AT/I, § 22, Rn. 31.
849 Joerden (Fn. 12), S. 131.
850 Jescheck/Weigend, AT, S. 477; SK-StGB/*Rogall*, § 35 StGB, Rn. 2–4, 13.
851 Joerden (Fn. 12), S. 131.

Die Voraussetzungen des § 35 StGB müssen aber eng verstanden werden. Es handelt sich hierbei um eine abschließende Aufzählung, die nur in diesen Ausnahmesituationen einschlägig ist. Daher können sich die Ärzte nicht auf § 35 StGB berufen, nur weil sie als verlängerter Arm der Eltern handeln und diese nach § 35 StGB entschuldigt sein könnten.

gg. Übergesetzlicher entschuldigender Notstand

Um zu einer Straflosigkeit der Ärzte, die eine Trennung durchführen, zu gelangen, bleibt somit nur noch der Rückgriff auf den sog. übergesetzlichen entschuldigenden Notstand.

Diese Rechtsfigur wurde nach dem Zweiten Weltkrieg entwickelt, um die Ärzte straflos zu stellen, welche im Rahmen der „NS-Euthanasie" (der sog. „T-4-Aktion") ihnen anvertraute Anstaltsinsassen getötet hatten.[852] In der Nachkriegsjustiz hielt man das Vorbringen der angeklagten Ärzte in großzügiger Weise für unwiderlegbar, weswegen nur Menschen geopfert worden seien, um den Großteil der Patienten vor fanatischen SS-Ärzten zu retten.[853] Allerdings bezweifelten schon damals mehrere Stimmen aus der Literatur die Lauterbarkeit der ärztlichen Motivation sowie die behaupteten Konsequenzen unterbliebener „Rettungstötungen".[854] Ausgangslage ist wie bei dem siamesischen Zwillingsfall, dass der Rechtfertigungsgrund aus § 34 StGB an der Abwägungsresistenz des Rechtsguts „Leben" und der Entschuldigungsgrund aus § 35 StGB an dem fehlenden Näheverhältnis zwischen Retter und Gerettetem scheitert.[855]

Die Frage ist nun, ob dieser anerkannte Entschuldigungsgrund im vorliegenden Fall der Trennung von siamesischen Zwillingen bei akuter Gefahrenlage angenommen werden kann. Bisher wird diese Frage in der Literatur unterschiedlich beantwortet.

---

852 Historisch hierzu beispielsweise Klee, „Euthanasie" im NS-Staat oder Rotzoll et. Al. (Hrsg.), Die nationalsozialistische „Euthanasie"-Aktion „T4" und ihre Opfer.
853 Benzler, Justiz und Anstaltsmord nach 1945, KJ 1988, 137.
854 *Spendel*, in: FS Engisch, S. 509 ff.; Roxin, AT/I, § 22, Rn. 146 ff., 154 ff.; Radbruchs, SJZ 1948, 63; sowie auch die Ansicht des OGH, der die Tötungen als schuldhaft eingestuft hat (OGHSt 1, 321 ff.). Der OGH nahm hier einen persönlichen Strafaufhebungsgrund an. Es müsse zur vollen Überzeugung feststehen, dass der Arzt die Tötungsaktion aus Überzeugung missbilligte und sich ausschließlich an ihr beteiligte, um sie nach Kräften zu verhindern, zu stören und einzuengen. Jeder Zweifel an der Lauterbarkeit der Haltung des Angeklagten gehe zu seinen Lasten.
855 Koch, GA 2011, 129, 137.

Eine Ansicht[856] lehnt die Übertragung der Rechtsfigur des übergesetzlichen entschuldigenden Notstandes auf diese Fallkonstellation ab. Die Schuld sei im Verbrechensaufbau keine „Auffangstation für unerledigte ethische Zweifel".[857] Menschlich handelt es sich zwar um eine verständliche, rechtssystematisch jedoch hiernach um eine nicht mehr überzeugende Notlösung.[858]

Eine andere gegenteilige Ansicht spricht sich gegen eine Verwerfung einer übergesetzlichen Entschuldigung aus und hält das Handeln der Ärzte in allen wesentlichen Punkten mit der Situation des § 35 StGB für vergleichbar.[859] Die Ärzte operieren in einer ganz außergewöhnlichen Konfliktsituation unter größter innerer Bedrängnis, denn ihr Ziel ist es „zu retten, was zu retten ist".[860] Der auf den Ärzten lastende Motivationsdruck wird in den meisten Fällen demjenigen einer Angehörigengefährdung gleichstehen oder ihn vielleicht sogar übertreffen.[861] Diese Ansicht wird zusätzlich noch bestärkt durch die Tatsache, dass die Ärzte mit der Trennungsoperation meistens dem Wunsch der Eltern nachkommen. Die Eltern, die die Trennung nicht eigenhändig ausführen können, wären ihrerseits aus § 35 StGB entschuldigt. Bei dem engen Zusammenwirken des Ärzteteams mit den Eltern, sowie bei deren Beratung und Aufklärung wird eine persönliche Verstrickung der Ärzte in diese Situation herbeigeführt und somit zugleich der Handlungsdruck auf diese erhöht.[862]

Aus diesen Gründen sind die Ärzte aufgrund des übergesetzlichen entschuldigenden Notstandes entschuldigt und bleiben im Falle einer Nottrennung straflos.[863]

Wie schon bei der Diskussion um die Perforationsproblematik vorgebracht, kann gegen die zuvor vertretene Ansicht angeführt werden, dass es Dritten bei einer bloßen Entschuldigung der Ärzte freistünde, diesen im Wege der Not-

---

856 Merkel (Fn. 5), S. 635; Joerden (Fn. 12), 119, 132.
857 Merkel (Fn. 5), S. 635; So auch Mitsch, GA 2006, 11, 13 f.
858 Joerden (Fn. 12), 119, 132.
859 LK/*Rönnau*, Vor §§ 32 ff. StGB, Rn. 342 ff.; Zimmermann (Fn. 12), S. 268 ff.; Koch, GA 2011, 129, 137.
860 So auch Ben Carson, der in seinem Buch „Das Ziel heißt Leben" (2008) über das Motiv „Rettung" und den auf seinen Schultern lastenden Druck schreibt.
861 Koch, GA 2011, 129, 137.
862 Ebda.
863 Dies gilt auch trotz des mitunter schwer zu kontrollierenden Beurteilungsspielraums, der den Ärzten in der Weise zugestanden wird, dass diese nach objektiv medizinisch-physiologischen Gegebenheiten und nicht über das Los (entsprechend der bereits erörterten Zuteilung Organe) zu entscheiden haben, welcher der Zwillinge zu opfern ist (ebenda).

hilfe in den Arm zu fallen.⁸⁶⁴ Es gibt zwar Stimmen, die Dritten in der seltenen Ausnahmekonstellation des übergesetzlichen entschuldigenden Notstandes das Nothilferecht versagen.⁸⁶⁵ Für den Fall, dass die Entscheidung des Täters, also der operierenden Ärzte, offensichtlich auf einer unanfechtbaren Gewissensentscheidung beruht, könne man deren Ansicht nach daraus eine sozialethische Einschränkung (Ausschluss des Nothilferechts für Dritte) schließen.⁸⁶⁶ Anders als bei den „NS-Euthanasie"-Fällen⁸⁶⁷ wäre nach dieser Ansicht auch bei der hier vorliegenden Problematik der siamesischen Zwillinge Nothilfe also nicht möglich geblieben. Diese Ansicht kann m. E. hier nicht überzeugen, da es keinen Grund für diese „Sonderbehandlung" gibt. Daher bedarf es m. E. keiner Einschränkung des Nothilferechts.

2. Asymmetrische Gefahrengemeinschaft

In praktisch allen siamesischen Zwillingsfällen ist ein Zwilling kleiner als der andere; in etwa der Hälfte der Fälle hat ein Zwilling mehr Anomalien als der andere Zwilling. Regelmäßig ist ein siamesischer Zwilling schwächer als der andere, wobei der schwächere Zwilling zugleich erhöhten Krankheitsgefahren ausgesetzt ist und grundsätzlich mehr Anomalien sonstiger Art aufweist als der dominantere. Daraus resultieren also unterschiedliche anatomische Verhältnisse, welche zu unterschiedlichen Rettungschancen bezüglich des operativen Erfolges für jeden der Zwillinge führen. Somit ist bei Trennungs- und Notoperationen generell von asymmetrisch verteilten Rettungschancen auszugehen.

Auch hier lässt sich die nachfolgende Prüfung in die drei genannten Gruppen einteilen.

---

864 Pawlik, JZ 2004, 1045, 1051.
865 Jäger, ZStW 115 (2004), 765, 787; Roxin, AT/I, § 22, Rn. 151; Koch, GA 2011, 129, 137.
866 Jäger, ZStW 115 (2004), 765, 787.
867 Bei den „NS-Euthanasie"-Fällen wäre Nothilfe unter den genannten Voraussetzungen möglich geblieben. Die betreffenden Ärzte handelten bei der Tötung der ihnen anvertrauten, geistig behinderten Kinder nicht wegen einer unanfechtbaren Gewissensentscheidung. Die Ärzte beteiligten sich vielmehr an der Exekution evidenten Unrechts, der auf eine Ermächtigung Hitlers zurückgehenden „Freigabe der Vernichtung lebensunwerten Lebens" (so der Titel der berüchtigten Schrift von Binding/Hoche [1920]).

a. Elektive Trennungsoperation im Interesse beider Zwillinge

Bei der Fallgruppe 1 ergeben sich keinerlei Unterschiede zwischen der symmetrischen und asymmetrischen Gefahrengemeinschaft. Daher kann in diesem Fall auf das bereits hierzu Gesagte verwiesen werden.

b. Elektive Trennungsoperation unter Opferung eines Zwillings

Während bei den „normalen" Gefahrengemeinschaften der Tod unmittelbar bevorsteht, haben in dieser Fallkonstellation die siamesischen Zwillingspaare zumeist noch einige Monate zu leben, so dass noch keine akute Gefahrenlage für beide Kinder vorliegt.

Daher scheidet Nothilfe gem. § 32 StGB aus, weil Präventivmaßnahmen gegen künftige, noch nicht gegenwärtige Angriffe davon nicht erfasst werden. Selbst wenn man eine Art Präventivnotwehr[868] bzw. Präventivnothilfe konstruiert, so scheitert dieser Rechtfertigungsgrund, da darüber hinaus kein rechtswidriger, von menschlichem Willen getragener Angriff[869] des zu opfernden Zwillings erkennbar ist.

Aufgrund des Fehlens dieser akuten Gefahrenlage ist es zudem nicht möglich, auf Figuren der „Chancenlosigkeit" oder des Defensivnotstandes zurückzugreifen.[870] Mehrere Stimmen in der Literatur[871] bejahen für den Fall der Durchführung einer mindestens einseitig tödlich endenden Trennungsoperation die Strafbarkeit der Ärzte in dieser Konstellation. Andere Stimmen[872] bejahen eine Rechtfertigung der operierenden Ärzte über die Figur des rechtfertigenden Präventivnotstandes.

Abzulehnen sind freilich – wie schon bei der symmetrischen Gefahrengemeinschaft erörtert[873] – Versuche, von einer reduzierten Schutzwürdigkeit beider oder eines der Kinder auszugehen, um so zu einer Straflosigkeit der operierenden Ärzte zu gelangen.

Zu diskutieren ist aber, ob beispielsweise die Figur des Präventivnotstandes zulässig und einschlägig sein kann. Die Annahme eines Defensivnotstandes scheitert grundsätzlich am Vorliegen des generellen Begriffs der „gegenwärtigen Gefahr". In dieser Konstellation besteht nämlich im Normalfall[874] weder eine

---

868 Wessels/Beulke, Rn. 239; Kühl, AT, S. 145.
869 BGHSt 39, 133; Fischer, StGB, § 32, Rn. 21.
870 Koch, GA 2011, 129, 143.
871 Joerden (Fn. 12), 119, 129; Merkel (Fn. 5), S. 633 ff.
872 Koch, GA 2011, 129, 143 f.; Buchkremer, Präventive Verteidigung, S. 46 ff.
873 Siehe bereits § 3 B. I. 1. b. aa. (1) sowie cc. (2) (a).
874 Im Gegensatz zum Regelfall kann im Trennungsfall der Thorapagen, der sich 1977 in Philadelphia abspielte, eine Dauergefahr unproblematisch bejaht werden, da das

„Dauergefahr" noch eine sog. „gegenwärtige Dauergefahr".[875] Von einer gegenwärtigen Gefahr i.S.d. Norm ist laut h.M. auszugehen, wenn mit dem Eintritt des Schadens jederzeit oder alsbald zu rechnen ist.[876] In der gerade zu diskutierenden Konstellation ist allerdings mit dem Tod der Zwillinge weder jederzeit noch alsbald zu rechnen, sondern vielmehr erst in mehreren Monaten. Die Frage ist, ob es dennoch erforderlich ist, den Begriff der „gegenwärtigen Gefahr" im Hinblick auf den Sinn und Zweck dieses Begriffes in dieser Rechtsfigur auszudehnen.[877] Nach dem Sinn und Zweck entscheidend ist, dass der Handelnde gegenwärtig einer Zwangslage ausgesetzt ist, um drohenden Schaden zu verhindern.[878] Hier müssen die Ärzte jetzt operieren, um nicht beide Kinder sterben zu lassen bzw. um nicht die Wahrscheinlichkeit einer beiderseitigen tödlichen Trennungsoperation deutlich zu erhöhen.

Daher kann es Fälle geben, in denen der Schadenseintritt erst in der nahen Zukunft zu erwarten ist, und trotzdem die Gegenwärtigkeit der Gefahr bejaht werden kann, wenn der Schaden nur durch sofortiges Handeln oder im Hinblick auf Schadensabwendung oder Gefahrenminimierung nur noch unter sehr viel größeren Risiken abgewendet werden kann.[879] Abzustellen ist folglich auf die Notwendigkeit sofortigen Handelns.[880]

In einem Fall des RG wurde hinsichtlich eines medizinisch indizierten Schwangerschaftsabbruchs ein „übergesetzlicher Notstand" angenommen, wenn allein frühzeitiges Eingreifen die Schwangere vor späteren Lebens- und Gesundheitsgefahren bewahren konnte.[881] Auch wenn es sich in diesem Fall um einen Fötus und nicht einen schon geborenen Menschen und im siamesischen Zwillingsfall gerade um zwei siamesisch-geborene Zwillinge handelt, so wird doch erkennbar,

---

vierkammerige Herz von Baby B jederzeit versagen konnte (Drake, The surgery: An agonizing choice. The Philadelphia Inquirer vom 16.10.1977). Somit bedarf es zur Beurteilung des Vorliegens einer Dauergefahr streng genommen immer des jeweiligen Einzelfalls.

875 Koch, GA 2011, 129, 143.
876 MüKo-StGB/*Erb*, § 34 StGB, Rn. 78.
877 So Koch, GA 2011, 129, 143 f.
878 MüKo-StGB/*Erb*, § 34, Rn. 81 f.; Sch/Sch/*Perron*, § 34, Rn. 17; Roxin, AT/I, § 16, Rn. 20; *Küper*, in: FS Rudolphi, 2004, S. 151 ff.
879 RGSt 36, 334, 339; RGSt 60, 318, 319 ff.; BGHSt 39, 133, 137; Erb, JuS 2010, 109; Roxin, AT/I, § 16, Rn. 20.
880 BGH NJW 1951, 796 f.; BGH NStZ 1984, 20; Erb, JuS 2010, 109; LK/*Zieschang*, § 34 StGB, Rn. 37.
881 RGSt 61, 242, 255; § 218a II StGB regelt heutzutage einen ähnlichen Rechtfertigungsgrund.

dass eine Verlagerung des Begriffs der „gegenwärtigen Gefahr" zeitlich nach vorne der Rechtsprechung nicht fremd ist. Hier erscheint eine solche Erweiterung des Begriffes zudem angemessen, da die Gefahrenquelle eindeutig identifizierbar ist und darüber hinaus eine absolute Gewissheit über den späteren Eintritt der schädlichen Folge besteht.[882] Bei infauster Prognose der Trennung der siamesischen Zwillinge gibt es die beschriebene absolute Gewissheit über den weiteren Verlauf; dadurch werden die operierenden Ärzte unter starken gegenwärtigen Handlungszwang gesetzt und die Rechtfertigung ist über die Rechtsfigur des Defensivnotstandes, den man dann ebenso als „Präventivnotstand" bezeichnen kann, möglich.[883] Hier kann auch nicht von einem „Dammbruch" in Form der Aufweichung des Tötungsverbots ausgegangen werden,[884] da die Rechtfertigung nur eintritt, weil niemand gehalten ist, durch einen anderen Menschen den sicheren Tod hinzunehmen.

Darüber hinaus kann auf die Worte von Odendahl verwiesen werden: „Es bedeutet [...], dass der Staat, wenn er sich zwischen zwei Leben zu entscheiden hat, auch die Erfüllbarkeit seiner Schutzpflichten, d. h. die Möglichkeit, Menschen überhaupt noch zu retten, berücksichtigen muss."[885] Hier ist also die Schutzmöglichkeit des unrettbaren Lebens „auf null reduziert", jedoch nicht die Schutzwürdigkeit.[886] Der moribunde Zwilling ist aufgrund seiner Unrettbarkeit verloren, allerdings ist es gerade wegen des medizinischen Fortschritts zu diesem Zeitpunkt zumindest noch möglich, den überlebensfähigen Zwilling in die Lage zu setzen, ein vielleicht relativ normales Leben führen zu können.

Weiterhin ist im Rahmen des Notstandes eine Interessenabwägung durchzuführen. Damit der Notstand bejaht werde könnte, dürfte das Lebensinteresse des zu sterbenden Zwillings das Lebensinteresse des zu rettenden Zwillings nicht überwiegen. Nach einer Ansicht sei eine Relativierung der voraussichtlichen Lebenserwartung im Rahmen der asymmetrischen Gefahrengemeinschaft im Ergebnis hinzunehmen, da sonst die Lebensschutzfunktion des Tötungsverbots in ihr Gegenteil verkehrt werden würde.[887] Diese Überlegungen könnte man auf die

---

882 Koch, GA 2011, 129, 144.
883 Ebenda.
884 So Koch, GA 2011, 129, 144; Ablehnend Tolmein, taz vom 11.9.2000 bezüglich des Falles „Jodie und Mary". Er sieht in der Operationserlaubnis ein fatales Signal für die bioethische Debatte.
885 Odendahl, Der Umgang mit Unbeteiligten im Recht der Gefahrenabwehr: Das LuftSiG als verfassungsgemäßer Paradigmenwechsel, Die Verwaltung 38 (2005), 447, 447.
886 NK-StGB/*Neumann*, § 34 StGB, Rn. 77; Otto, Jura 2005, 470, 475.
887 LK/*Hirsch*, § 34 StGB, Rn. 74. Hillgruber, JZ 2007, 209, 216; so auch Schily, EuGRZ 2005, 209, 293.

dieser Arbeit zugrunde liegenden Problematik der Trennung von siamesischen Zwillingen übertragen. Das Verbot der Trennungsoperation würde im Fall der asymmetrischen Gefahrengemeinschaft dem Lebensschutzgedanken teilweise widersprechen. Auch nach Merkel stellt eine solche Lösung keine Überdehnung der Solidaritätspflicht des sterbenden Zwillings dar, vielmehr spricht er von einer „de-facto-Reduktion des verbleibenden Lebens auf einen für den noch Lebenden selbst bedeutungslosen Rest".[888] Hier bestünde eine Notwendigkeit für die Rechtsordnung, sich schützend vor die Parteien zu stellen, die der Gefahr noch entgehen können; nach Hirsch lässt sich „eine solche ‚Übersolidarisierung' […] rational nicht begründen. Vielmehr muss die Rechtsordnung hier für diejenige Partei eingreifen, welche der Gefahr noch entrinnen kann. Sie disponiert damit nicht über das Schicksal der Betroffenen, sondern das Schicksal hat in solchen Fällen bereits gesprochen."[889]

Der teilweise vorgebrachte Einwand, die Prognose über den Tod sei unsicher, greift beim siamesischen Zwillingsfall nicht: Die medizinischen Prognosen der Ärzte sind in den meisten Fällen sehr eindeutig, weswegen von sicheren Prognosen auszugehen ist. Natürlich bleibt freilich das Restrisiko eines menschlichen Irrtums, welches jedoch auch nach Merkel hinzunehmen ist.[890] Die Ärzte waren sich beispielsweise im Fall des englischen Zwillingspaares Attard einig, dass die Zwillinge im ungetrennten Zustand innerhalb eines halben Jahres sterben würden.

Aber selbst, wenn man die Voraussetzung der Interessenabwägung sowie der gegenwärtigen Gefahr aufgrund der dringenden, erfolgsversprechenden Trennungsoperation als erfüllt ansieht, stellt sich noch ein weiteres Problem: Die Ärzte ersetzen nicht nur den vorgezeichneten Todesverlauf des moribunden Zwillings (z. B. Tod durch Herzstillstand aufgrund von Überforderung des einen Herzens), sie schaffen vielmehr ein neues Schadensereignis (chirurgische Abtrennung des moribunden Zwillings).[891] Daher kommt auch in einer Gefahrengemeinschaft mit einseitiger Chancenverteilung nur eine Entschuldigung nach § 35 StGB in Betracht, wenn die Notstandshandlung beim Todgeweihten nicht den vorgezeichneten Schadensverlauf beschleunigt, sondern diesen durch ein völlig anderes Schadensereignis (Trennungsoperation) ersetzt.[892]

---

888 Merkel, ZStW 114 (2002), 437, 452 f.
889 *Hirsch*, in: FS Küper, S. 161.
890 Merkel, Zeit-online 29/2004.
891 MüKo-StGB/*Erb*, § 34 StGB, Rn 121; Küper, JuS 1981, 785, 786 f.
892 MüKo-StGB/*Erb*, § 34 StGB, Rn 121.

Auch Tolmein spricht sich gegen eine Rechtfertigung aus, da es in den Zeiten der Bioethik fatal wäre, wenn das menschliche Leben im kritischen Fall zur errechenbaren Größe würde; darüber hinaus würden Richter, deren Aufgabe es ist, im Nachhinein Geschehnisse strafrechtlich zu bewerten, Tötungen im Vorfeld legitimieren können.[893] Ein solches Vorgehen käme einer Verurteilung durch Todesstrafe nahe. Deswegen dürfe es nicht sein, dass ein solches Verhalten in der Rechtsordnung als rechtmäßig hingenommen wird.

Einschlägig ist vielmehr der übergesetzliche entschuldigende Notstand nach § 35 StGB analog. Die Ärzte operieren in einer ganz außergewöhnlichen Konfliktsituation unter größter innerer Bedrängnis, denn ihr Ziel ist es „zu retten, was zu retten ist", in diesem Fall den „stärkeren" von beiden Zwillingen.[894] Der auf den Ärzten lastende Motivationsdruck wird in den meisten Fällen demjenigen bei einer Angehörigengefährdung gleichstehen oder ihn übertreffen.[895] Da sich die symmetrische Gefahrengemeinschaft von ihrer Lösungsfindung her aus den Problemen der asymmetrischen Gefahrengemeinschaft plus Schwierigkeiten beim Auswahlverfahren zusammensetzt, können hier für die asymmetrische Gefahrengemeinschaft die oben gemachten Ausführungen herangezogen werden.

Somit kann zumindest der übergesetzliche entschuldigende Notstand bejaht werden, da auch hier im Übrigen von einer Erweiterung des Gefahrenbegriffs ausgegangen werden muss.

Zusammenfassend lässt sich feststellen, dass es sich bei dieser Fallgruppe ebenso um eine Sonderkonstellation in Form der Schicksalsverbundenheit handelt, bei der eine rechtliche Würdigung in Form einer Ausnahme vom Grundsatz des Tötungsverbots angemessen erscheint.[896] So spricht Jähnke[897] davon, dass „eine weitere Ausnahme [...] für die notwendige, aber für eines der Säuglinge tödliche Trennung siamesischer Zwillinge anzunehmen sein" wird.

c. Nottrennung unter Opferung eines Zwillings

Wie bereits bei der symmetrischen Gefahrengemeinschaft gesagt, liegt in der 3. Fallgruppe eine zumindest einseitig ausgehende Trennungsoperation vor. Die Trennungsoperation wurde zum Zeitpunkt der akuten Gefahrenlage vorgenommen.

---

893   Tolmein, „Trennen, damit der Tod Euch scheide", Taz v. 11.09.2000, S. 11.
894   So auch Ben Carson, der in seinem Buch „Das Ziel heißt Leben" (2008) über das Motiv „Rettung" und den auf seinen Schultern lastenden Druck schreibt.
895   Koch, GA 2011, 129, 137.
896   So auch Wolf (Fn. 3), S. 211 f.
897   LK/*Jähnke*, § 212 StGB, Rn. 10.

Problematisch ist daher ebenso das Vorliegen eines Rechtfertigungs- oder Entschuldigungsgrund, da tatbestandlich wie bei der symmetrischen Gefahrengemeinschaft von einem Totschlag gem. § 212 StGB auszugehen ist.

aa. Mutmaßliche Einwilligung

Da der unrettbare Zwilling ohnehin innerhalb von wenigen Stunden sterben wird, könnte daran gedacht werden, dass dieser, aufgrund des Umstands ohnehin verloren zu sein, eine mutmaßliche Einwilligung in seine Opferung erteilen würde. Dieser Zwilling könnte danach zu einer altruistischen Hingabe seines restlichen Lebens bereit sein, um dem Geschwisterteil ein Leben zu ermöglichen.[898]

Fest steht, dass grundsätzlich eine Einwilligung in eine aktive Tötung strafrechtlich nicht möglich ist; trotzdem diskutiert der Verfassungsrechtler Hochhuth[899] eine mutmaßliche Einwilligung seitens des Todgeweihten bezüglich des § 14 III LuftSiG: „Man kann darum sogar annehmen, dass die meisten Entführten mit dem Abschuss einverstanden wären, wenn er dem zweifelsfreien Absturz um wenige Minuten zuvorkommt und zugleich Hunderte, bei bestimmten technischen Großanlagen wahrscheinlich Tausende vor Ermordung und Siechtum bewahrt." Dieser Ansatz findet sich auch in den Geschehnissen von 9/11 wieder: Hier führte eine Art Selbstopferung der Passagiere der vierten entführten Maschine am 11.9.2001 in den USA zum verfrühten Absturz und damit zu einer Verfehlung des Angriffsziels der Terroristen.[900] Eine solche Konstruktion einer mutmaßlichen Einwilligung scheitert allerdings grundsätzlich, wenn der Eingriff nicht im materiellen Interesse des Betroffenen erfolgt.[901] Dies spricht jedoch gegen Hochhuth, denn „solange die Passagiere Hoffnung haben können, werden sie ihrem eigenen Tod nicht die Sinngebung der Lebensrettung anderer geben, sondern die einer verfrühten und unter Umständen unnötigen Aufopferung."[902]. So auch das BVerfG, das diesen Ansatz als „lebensfremde Fiktion" sieht.[903] Auch der überwiegende Teil der Literatur lehnt diesen Ansatz zu Recht ab.[904]

Es kommt zusätzlich noch hinzu, dass diese Gedanken auf den siamesischen Zwillingsfall nicht anwendbar sind: Eine mutmaßliche Einwilligung in eine ak-

---

898 Wolf (Fn. 3), S. 259.
899 Hochhuth, NZWehrR 2002, 154, 166, Fn. 44.
900 The 9/11 Commission Report, S. 50.
901 Wessels/Beulke/Satzger, AT, Rn. 380 ff.
902 Sinn, NStZ 2004, 585, 591.
903 BVerfGE 115, 118, 157.
904 Etwa *Jerouschek*, in: FS Schreiber, S. 187; Merkel, JZ 2007, 373, 379; Wolf (Fn. 3), S. 260.

tive Tötung scheidet sowohl bei dem Flugzeugentführungsfall als auch bei der Trennung von siamesischen Zwillingen schon aufgrund der Existenz des § 216 StGB aus. Ferner sind die Regeln der mutmaßlichen Einwilligung nach mehreren Literaturstimmen[905] nicht auf Neugeborene anwendbar, da diese zur Bildung eines individuellen Willens noch gar nicht fähig sind. Doch selbst wenn man die Interessen des Neugeborenen als Kriterien für einen mutmaßlichen Willen heranzieht,[906] so ist eine Trennungsoperation, die zum Tod des unrettbaren Zwillings führt, ganz offensichtlich nicht in dessen Interesse. Eine solche Argumentation ist allerdings zirkulär. Trotzdem scheidet eine mutmaßliche Einwilligung aus. Bei siamesischen Zwillingen im Säuglings- oder Kleinkindalter ist es – wie bereits ausführlich erörtert – aufgrund der mangelnden Fähigkeit zur eigenständigen Willensbildung noch nicht möglich, eine Einwilligung einzuholen oder gar eine mutmaßliche Einwilligung anzunehmen.[907]

bb. Nothilfe gem. § 32 StGB

Eine Rechtfertigung der Ärzte aus Nothilfe gem. § 32 StGB zugunsten des überlebenden Zwillings scheidet mangels Angriffs auf das Leben des geretteten durch den geopferten Zwilling aus.[908]

cc. Notstand gem. § 34 StGB

In Betracht kommt zudem eine Straflosigkeit der Ärzte nach dem rechtfertigenden Notstand gem. § 34 StGB.

Beim aggressiven Notstand greift der Notstandsübende zur Gefahrenabwendung beliebiger Herkunft in die Rechtsgüter eines Unbeteiligten ein, weswegen im Gegensatz zum Defensivnotstand in der Interessenabwägung ein wesentliches Überwiegen des geschützten gegenüber dem beeinträchtigten Interesse gefordert wird.[909] Gegen diese Annahme scheint erneut das fehlende wesentliche Überwiegen des geschützten gegenüber dem beeinträchtigten Interesse zu sprechen,

---

905 Ingelfinger, Grundlagen und Grenzbereiche des Tötungsverbots, S. 292 ff.; Merkel, ZStW 107 (1995), 545, 546; ders., Früheuthanasie, S. 327; MüKo-StGB/*Schneider*, Vor §§ 211 ff. StGB, Rn. 131; Roxin, Zur strafrechtlichen Beurteilung der Sterbehilfe, S. 119.
906 Eine solche Erwägung geschieht unter der Hinzuziehung der Kriterien, die aus allgemeinen Wertvorstellungen oder von dem Wohlprinzip herrühren, NK-StGB/*Neumann*, Vor §§ 211 ff., Rn. 125; LK/*Jähnke*, Vor §§ 211 ff., Rn. 20d.
907 Wolf (Fn. 3), S. 113.
908 Siehe noch ausführlich schon bei § 3 B. I. 1. c. bb.
909 Wolf (Fn. 3) S. 202.

da eine Abwägung „Leben gegen Leben" nach dem herrschenden Dogma weder in qualitativer noch in quantitativer oder in zeitlicher Hinsicht statthaft ist.[910] Seit den Terroranschlägen des 11. September 2001 werden verstärkt allerdings Zweifel an dieser Ansicht laut:[911] Ausnahmsweise sollen hiernach Rettungstötungen innerhalb von asymmetrischen Gefahrengemeinschaften dann gerechtfertigt sein, wenn dem Geopferten ohnehin nur eine verschwindend geringe Lebensspanne bleibt, wenn dieser dem Tode geweiht bzw. chancenlos sei. Zugespitzt formuliert bedeutet dies, wer keine wirkliche Überlebenschance mehr habe, dem könne auch nichts mehr genommen werden.[912] Gegen diese Ansicht spricht jedoch, dass der Gesichtspunkt der Chancenlosigkeit bzw. „Chancenanmaßung" nicht als Kriterium für eine Einschränkung des Tötungsverbots herangezogen werden kann, da die vermeintliche Unrettbarkeit mit Todesfolge stets auf nicht hundertprozentigen Prognosen beruht.[913] Hier muss aber gesehen werden, dass dieser Einwand gegen diese Ansicht, der bei Flugzeugentführungsfällen zutreffen mag, aufgrund der ziemlich sicheren medizinischen Diagnostik bei siamesischen Zwillingen kaum übertragbar ist.[914] Daneben darf nicht übersehen werden, dass auch todesgeweihtes Leben unter dem Schutz der Rechtsordnung steht.[915] Bedeutung hat diese Feststellung deswegen, da dies sonst eine Bedrohung für Moribunde

---

910 Beispielhaft hierfür: BVerfGE 35, 347, 350; 115, 118, 139; BGH NJW 1953, 513; OGHSt 1, 321, 334; Dreier, JZ 2007, 261, 265 ff.; Klefisch, MDR 1950, 258, 260; Rengier, AT, § 19, Rn. 32; Spendel, RuP 2006, 131, 134.
911 Ladiges, ZIS 2008, 129, 133 ff.; So jedoch auch schon Otto, Pflichtenkollision und Pflichtwidrigkeitsurteil, 3. Auflage 1978, S. 83: „Wo nämlich keine Lebensrettungschancen auf Seiten eines Menschen vorhanden sind, rettet derjenige nicht sein Leben auf Kosten des Betroffenen, der in seiner eigenen Person vorhandene Möglichkeiten der Rettung nutzt." Eine andere Begründung, um ausnahmsweise zu einer solchen Rechtfertigung zu gelangen, lässt sich durch den Gedanken der Solidarität finden, der § 34 StGB zugrunde liegt. Es bedeute eine Überstrapazierung der Solidarität des anderen, wenn man diesen um einer ganz kurzfristigen eigenen Lebensverlängerung willen mit in den sicheren bevorstehenden Tod reiße. (MüKo-StGB/*Erb*, § 34, Rn. 119; NK-StGB/*Neumann*, § 34, Rn. 77, 77e)
912 Ebda.
913 BVerfGE 118, 114 f., 158; Hilgendorf, in: Blaschke/Förster/Lumpp/Schmidt (Hrsg.), Sicherheit statt Freiheit?, 2005, S. 119; Fischer, StGB, § 34, Rn. 11.
914 Koch, GA 2011, 129, 139.
915 Küper, Grund- und Grenzfragen der rechtfertigenden Pflichtenkollision im Strafrecht, 1979, S. 46; ders. JuS 1981, 785, 789 f.; *Streng*, in: FS Stöckel, 135, 137 ff.; Hilgendorf, in: Blaschke/Förster/Lumpp/Schmidt (Hrsg.), Sicherheit statt Freiheit?, 2005, S. 119.

außerhalb von Gefahrengemeinschaften darstellen würde. Nach Koch[916] könne man fragen, ob nicht die Organe eines Sterbenden oder Alten verwendet werden, um einen anderen das Leben zu retten. Doch auch beschränkt auf Gefahrengemeinschaften kann dieser Ansatz nicht überzeugen, was man am Beispiel der NS-Anstaltstötungen sehr gut sieht. Otto[917] rechtfertigt ebenfalls die Opferung einiger ohnehin „chancenloser" Patienten im Rahmen von NS-Anstaltstötungen, wodurch er jedoch Dritten zugleich das Recht erteilt, unter den potentiellen Opfern mit identischen Voraussetzungen eine Auswahl zu treffen, obwohl von ihnen selbst keine Gefährdung ausgeht.[918]

Aufgrund dieser Aussagen und Kritiken stellt sich heraus, dass § 34 StGB oder der Gedanke der Chancenlosigkeit keine Rechtsfertigung der Ärzte tragen. Stattdessen kann für diese Ausgangslage einzig die Rechtsfigur des Defensivnotstandes in Frage kommen.

dd. Defensivnotstand

Der Defensivnotstandstäter bzw. Notstandshelfer[919] wäre gerechtfertigt, wenn die Gefahr vom Eingriffsopfer selbst ausgeht, hier also von dem im Zuge der Trennung getöteten Zwilling.[920] Im Defensivnotstand verschiebt sich der Maßstab der Interessenabwägung des § 34 StGB, da statt eines „wesentlichen Überwiegens" des geschützten gegenüber dem beeinträchtigten Interesse in Anlehnung an § 228 BGB verlangt wird, dass der zugefügte Schaden „nicht außer Verhältnis" zur drohenden Beeinträchtigung steht.[921] Wenn man diese Grundsätze auf den sia-

---

916 Koch, GA 2011, 129, 139.
917 Otto, AT, § 8, Rn. 195; ders. Jura 2005, 470, 477 f.; ders. Pflichtenkollision und Pflichtwidrigkeitsurteil, S. 108 f.
918 Schünemann, in: Neumann/Hassemer/Schroth (Hrsg.), Verantwortetes Recht, ARSP Beiheft Nr. 100, 2005, 151 f.; Diesem Einwand entgeht, wer statt auf die „Chancenlosigkeit" des Opfers auf dessen „schicksalhafte Todesgeweihtheit" abstellt. So würde Schmidt, SJZ 1949, 559, 565 Tötungen innerhalb asymmetrischer Gefahrengemeinschaft gem. § 34 StGB rechtfertigen, wenn das Schicksal selbst einen Unterschied hinsichtlich der Todesverfallenheit geschaffen hat.
919 Auf den Defensivnotstand können sich auch Dritte (Notstandshilfe) berufen siehe nur Wessels/Beulke, AT, Rn. 316.
920 Koch, GA 2011, 129, 140.
921 Andere Stimmen gehen hier von einer Analogie zu § 228 BGB oder einer direkten Ableitung aus § 34 StGB aus. Ausführlich hierzu: Sch/Sch/*Perron*, § 34 StGB, Rn. 30 sowie *Streng*, in: FS Stöckel, 135, 144 ff.; Koriath, JA 1998, 256, 256 f.; Hruschka, Strafrecht nach logisch-analytischer Methode, S. 75 ff.; Pawlik, GA 2003, 12, 16 ff.; Ladiges, ZIS 2008, 129, 131; MüKo-StGB/*Erb*, § 34 StGB, Rn. 18.

mesischen Zwillingsfall überträgt, so lässt sich feststellen, dass die Verkürzung der verbleibenden, ohnehin verschwindend geringen Lebensspanne des gefahrverursachenden Zwillings zu Gunsten der Rettung des überlebensfähigen Zwillings nicht als „unverhältnismäßig" erscheint.[922] Deswegen wäre der Defensivnotstand grundsätzlich als Rechtfertigungsgrund in der vorliegenden Situation denkbar.

Hiergegen gibt es aber mehrere Einwände:[923] Fraglich ist, ob dies ebenso gilt, wenn man die Tatsache betrachtet, dass den moribunden Zwilling hinsichtlich der Gefahrenlage keine Schuld treffe und er daher auch nicht geopfert werden dürfe. Mit dieser Argumentation würde man allerdings das Wesen des Defensivnotstandes verkennen, da dieser ja gerade für die Fälle gelten soll, in denen der menschliche Gefahrenherd für die Bedrohungssituation „nichts" kann.[924] Kennzeichnend ist es gerade, dass ein Mensch zu einem gefahrerhöhenden Kausalfaktor geworden ist,[925] was bei einem siamesischen Zwilling, welcher den anderen mit in den Tod zu nehmen droht, der Fall wäre.[926]

In diesem Zusammenhang stellt sich ein weiteres Spezialproblem: Kann der Defensivnotstand auch im bereits erwähnten „Gallengängefall"[927] einschlägig sein? Konsequent nach den Regeln des Defensivnotstandes könnte man denjenigen, dessen Herzversagen den Tod beider bald hervorrufen wird, grundsätzlich nicht als den zu rettenden Zwilling „auswählen".

Hier hat man den Zwilling, dessen Herzversagen Ursprung der akuten Lebensbedrohung für beide gewesen ist, nicht – als den für die Gefahr „Zuständigen" – geopfert, sondern gerettet, und ihm das gesündere Herz des an seiner Stelle geopferten anderen Zwillings reimplantiert, da nur so zumindest ein Zwilling überleben konnte.[928] Daher gab es „gekreuzte" Lebens- und Sterbensdispositionen bei beiden Kindern: Was dem einen Zwilling zum Überleben fehlte, hatte der

---

922 Koch, GA 2011, 129, 140.
923 Koch, GA 2011, 129, 140 f.
924 Merkel (Fn. 5), S. 637.
925 Dies dürfte hingegen bei dem Flugzeugentführungsfall gegenüber den Passagieren nur schwer begründbar sein. Es ist schwierig zu beweisen, dass die Passagiere eine zurechenbare Gefahrerhöhung darstellen. (So auch *Streng*, in: FS Stöckel, 136, 146 ff.; Hilgendorf, in: Blaschke/Förster/Lumpp/Schmidt (Hrsg.), Sicherheit statt Freiheit?, 2005, S. 127; Pawlik, JZ 2004, 1045, 1049; Merkel, JZ 2007, 373, 373 ff.; Ladiges, Die Bekämpfung nicht-staatlicher Angreifer im Luftraum, 2007, S. 413 ff.
926 *Streng*, in: FS Stöckel, S. 146; NK-StGB/*Neumann*, § 34 StGB, Rn. 77c.
927 O'Neill et al., Surgical Experience with Thirteeen Conjoined Twins, Annals of Surgery 208 (1988), S. 308; Merkel (Fn. 5), S. 622.
928 O'Neill et al., Surgical Experience with Thirteeen Conjoined Twins, Annals of Surgery 208 (1988), S. 308; Merkel (Fn. 5), S. 622.

andere Zwilling und vice versa.⁹²⁹ Sie waren wechselseitig füreinander so sehr Todesgefahr wie Lebensbedingung.⁹³⁰ Da der Zwilling, der die akute Gefahrenursache darstellte, der nach den medizinischen Kriterien überlebensfähigere Zwilling war, kam es zu einer Kollision zweier Handlungsmaximen, nämlich einerseits der normativen des Defensivnotstands (zu opfern ist, wer die Gefahr verursacht) und andererseits der physiologischen des chirurgisch Machbaren (zu opfern ist, wer nicht zu retten ist).⁹³¹

Es wäre fatal eine Rechtfertigung anzunehmen, da dies m. E. dem Zeichen und der Bedeutung, den der Defensivnotstand ausstrahlt, klar zuwiderlaufen würde und deswegen nicht als rechtmäßiges Verhalten angesehen werden kann. Die Rechtfertigung zielt nicht auf die Trennung als solche, sondern auf die Rettung des anderen Kindes, welche aber nur durch die Trennung des gefährdenden Zwillings erreicht werden konnte.⁹³² Das Problem besteht ersichtlich darin, dass hier die Defensivnotstandslage klinisch nicht möglich war.⁹³³

Dieser Fall zeigt die Grenzen der Leistungsfähigkeit der rechtlichen Prinzipien, in einer wechselseitigen Blockade der normativen und der klinischen Handlungsmaximen.⁹³⁴ Moralisch lässt sich die Trennung aus Sicht des Arztes zur Rettung wenigstens eines der beiden Zwillinge nachvollziehen, strafrechtlich kann dadurch aber kein rechtfertigender Defensivnotstand, sondern „nur" ein übergesetzlicher entschuldigender Notstand (gem. § 35 StGB analog) begründet werden.⁹³⁵

Man muss jedoch sehen, dass ein Defensivnotstand gegenüber Menschen „in den Fällen, in denen überhaupt keine Handlung vorliegt und die Person einen bloßen Kausalfaktor für die drohende Rechtsgutsverletzung darstellt, in Betracht kommt."⁹³⁶ Dies wird beispielsweise beim Bergsteigerfall deutlich, da in diesem Fall das Körpergewicht des einen Bergsteigers (A) situationsbedingt das Leben des anderen Bergsteigers (B) bedroht und hier der A auch nach den Grundsätzen des Defensivnotstands gefahrentragungspflichtig ist.⁹³⁷ Dies gilt eben genauso für den Fall der siamesischen Zwillinge. In dem moribunden Zwilling bzw. in dessen physischer Existenz ruht der tödliche Gefahrenherd, der zweifellos einen

---

929 Merkel (Fn. 5), S. 622 f.
930 Ebda.
931 Merkel (Fn. 5), S. 622.
932 Merkel (Fn. 5), S. 637.
933 Ebda.
934 Merkel (Fn. 5), S. 637.
935 So auch Merkel (Fn. 5), S. 637.
936 LK/*Zieschang*, § 34 StGB, Rn. 73.
937 Wolf (Fn. 3), S. 264.

gefahrerhöhenden Kausalfaktor (conditio sine qua non) für den bevorstehenden Tod des überlebensfähigen Zwillings darstellt.[938] Wenn man sich hiernach also den moribunden Zwilling wegdenkt, wäre der überlebensfähige Zwilling außer Lebensgefahr, wodurch der moribunde nach den Grundsätzen des Defensivnotstands gefahrentragungspflichtig ist.

Darüber hinaus könnte man geltend machen, dass bei siamesischen Zwillingen die Gefahr nicht von einer fremden Rechtssphäre ausgehe, weshalb der Defensivnotstand nicht einschlägig sein könne. Nach Joerden[939] könne man nicht einem der Zwillinge einseitig die Zuständigkeit für die Gefahr zuschreiben. Aus medizinischer Sicht stellt sich die Lage jedoch anders dar. Organ- und Stoffwechselfunktionen der siamesischen Zwillinge sind zum großen Teil parallel angelegt und lassen sich durchaus einem der Kinder zuordnen.[940] Das Wesen von Doppelmissbildungen[941] ist es ja gerade, dass sie zwar äußerlich über einen gemeinsamen Körper verfügen und trotzdem über ihre gewissermaßen „doppelt" vorhandenen körperlichen Funktionen zwei unterschiedliche Sphären begründen. Wenn also die Lebensgefahr von einer dieser Sphären ausgeht, beispielsweise durch das Fehlen oder die Funktionslosigkeit eines lebenswichtigen Organs, so kann der Defensivnotstand grundsätzlich bejaht werden.[942] Teils kann es problematisch sein, dass in Grenzfällen Unsicherheiten bestehen bleiben können, welches der beiden Kinder die „Gefahrenquelle" ist. In diesen Fällen bleibt ein gewisses Restrisiko des Missbrauchs ärztlicher Definitionsmacht über die Frage des Gefahrenursprungs existent.[943]

Zuletzt ließe sich noch einwenden, dass das Defensivnotstandsrecht nicht die Rechtfertigung einer Tötung trägt.[944] Diese Annahme widerspräche allerdings dem Wortlaut des § 34 StGB und unterliefe den Grundsatz des absoluten Lebensschutzes.[945] Jedoch darf der Defensivnotstand nach herrschender Meinung nur als letztes Mittel selbst die Tötung des Gefahrverursachers rechtfertigen.[946] Wenn

---

938 Ebda.
939 Joerden (Fn. 12), 119, 127 f.
940 Koch, GA 2011, 129, 141.
941 Siehe § 2 A.
942 Koch, GA 2011, 129, 141; Merkel (Fn. 5), S. 637; ders., Frühenthanasie, S. 631 f.; Zimmermann (Fn. 12), S. 473.
943 Merkel (Fn. 5), S. 637.
944 Ablehnend hierzu BGHSt 48, 255, 257; Wessels/Beulke/Satzger, AT, Rn. 316; LK/Zieschang, § 34 StGB, Rn. 17b.
945 Wessels/Beulke, AT, Rn. 316.
946 Frister, AT, 17. Kapitel, Rn. 29; Roxin, AT/I, § 16, Rn. 78; NK-StGB/Neumann, § 34 StGB, Rn. 90; Kühl, AT, § 8, Rn. 141; Jakobs, AT, 13. Abschnitt, Rn. 46; Günther, in: FS Amelung 2009, 147, 154 ff.; Pawlik, JZ 2004, 1045, 1048.

man sich in die Perspektive des Bedrohten hineinversetzt, so ist niemand außerhalb des Bestehens nicht einschlägiger besonderer Gefahrtragungspflichten von Rechts wegen gehalten, die eigene Tötung hinzunehmen.[947]

Somit gilt: Wenn keine anderen Ausweichmöglichkeiten zu finden sind und weniger einschneidende Abwehrmittel versagen, so ist in diesem äußersten Fall die Tötung des menschlichen Gefahrenverursachers gerechtfertigt.[948] Die Ärzte agieren hier als Notstandshelfer zugunsten des überlebensfähigen Zwillings. Der moribunde Zwilling wird ohnehin innerhalb von Stunden sterben; die Opferung dieser geringen Lebensspanne zur Rettung des überlebensfähigen Zwillings ist damit in Anlehnung an § 228 BGB nicht als unverhältnismäßig anzusehen.[949]

Daher haben sich die operierenden Ärzte im Falle der Trennung von siamesischen Zwillingen bei Rettungstötungen innerhalb asymmetrischer Gefahrengemeinschaften nicht strafbar gemacht, da ihnen die Rechtfertigung über den Defensivnotstand zugesprochen werden kann.[950]

Zu diskutieren ist schließlich noch, ob zusätzlich zu den Voraussetzungen des Defensivnotstandes eine tatsächliche oder mutmaßliche Einwilligung seitens des zu opfernden Zwillings in die lebensverkürzende Trennungsoperation erforderlich ist.[951] Denn wenn bereits bei der Verabreichung von Schmerzmitteln, die als ungewollte Folge eine Lebensverkürzung des Patienten veranlassen, eine zusätzliche Einwilligung teilweise gefordert wird, dann muss diese Zusatzvoraussetzung erst recht verlangt werden, wenn es um eine Operation geht, die die Tötung eines der Zwillinge zur direkten, miteinkalkulierten Folge hat, auch wenn dies freilich eine unerwünschte Folge ist.[952]

Da es sich hierbei um eine aktive Tötung handelt, bei welcher durch die Existenz des § 216 StGB deutlich wird, dass bei aktiven Tötungen eine „Einwilligungssperre" besteht,[953] ist fraglich, welche Bedeutung eine Einwilligung überhaupt haben könnte. Aufgrund dieser Tatsache, erscheint es zunächst äußerst

---

947 Schünemann, in: Neumann/Hassemer/Schroth (Hrsg.), Verantwortetes Recht, ARSP Beiheft Nr. 100, 2005, S. 152; Frister, AT, 17. Kapitel, Rn. 29.
948 Koch, GA 2011, 129, 141.
949 So auch Wolf (Fn. 3), S. 265.
950 Für den Fall der Ablehnung der Anwendungsvoraussetzungen auf die vorliegende Fallkonstellation, bleibt hier erst recht eine Entschuldigung über den übergesetzlichen entschuldigenden Notstand (siehe Diskussion bei der symmetrischen Gefahrengemeinschaft).
951 Sch/Sch/*Eser*, § 216 StGB, Rn. 13.
952 Wolf (Fn. 3), S. 212 f.
953 Sch/Sch/*Eser*, § 216 StGB, Rn. 1 ff.

fraglich, welchen Sinn im vorliegenden Fall eine zusätzliche Einwilligung neben dem rechtfertigenden Notstand hat, um eine Rechtfertigung ärztlichen Handelns zu ermöglichen.

Unabhängig davon stellt sich jedoch zusätzlich das Problem, dass bei Säuglingen die Einwilligung Sache des Sorgeberechtigten, grundsätzlich also der Eltern, ist und diese im Fall der unangemessenen Verweigerung nach § 1666 III Nr. 5 BGB durch das Familiengericht ersetzt werden kann.[954] Dies erscheint allerdings problematisch, wenn man beachtet, dass in Anbetracht des § 216 StGB eine eigene Einwilligung in die aktive Tötung ausgeschlossen ist. Es stellt sich die Frage, wieso die Einwilligung durch einen Dritten eine Tötungshandlung legitimieren könnte.[955]

Argumentiert wird hier damit, dass für eine Legitimation einer Tötungshandlung die zwei Elemente des Notstandes und der Einwilligung notwendig sind, da dabei die Einwilligung keine Rechtfertigung darstelle, sondern vielmehr das Unrecht der Tötungshandlung auf das Maß des § 216 StGB reduziere, von dort aus dann schließlich nur eine Rechtfertigung möglich sei.[956] Dieser Gedankengang muss konsequenterweise schließlich ebenso bei der Einwilligung des Sorgeberechtigten von Einwilligungsunfähigen bestehen. Dabei geht es allerdings nicht um den Willen des Sorgeberechtigten, da die Legitimation des ärztlichen Handelns an einem außerhalb dieses Willens gelegenen Maßstabs gemessen wird, nämlich an dem des „objektiven" Kindeswohls, an das die Sorgeberechtigten gebunden sind.[957] Auch hier besteht jedoch wieder das Problem von mangelnder Objektivität aufgrund von Interessenkollisionen i.S.d. § 1796 BGB.

Aufgrund der Tatsache, dass bei der Trennung von siamesischen Zwillingen die Interessen beider Zwillinge bei den Sorgeberechtigten kollidieren, ist im Rahmen des Notstands eine Abwägung dieser Interessen vorzunehmen.[958] Somit kann eine Trennungsoperation auch ohne die Einwilligung der Sorgerechtsinhaber legitim sein, wenn das Kindeswohl, nach dem Ergebnis der Notstandsabwägung, es erfordert.[959]

Nach den Grundsätzen der Bundesärztekammer heißt es im IV Abschnitt (Ermittlung des Patientenwillens): „Bei einwilligungsunfähigen Patienten ist die Erklärung des gesetzlichen Vertreters, z. B. der Eltern, des Betreuers oder des

---

954 Sch/Sch/*Eser*, § 216 StGB, Rn. 13.
955 Wolf (Fn. 3), S. 213.
956 Merkel, Früheuthanasie, S. 160.
957 Wolf (Fn. 3), S. 213 f.
958 Merkel, Früheuthanasie, S. 162.
959 Wolf (Fn. 3), S. 214.

Bevollmächtigten maßgeblich. Diese sind gehalten, im Wohl des Patienten zu entscheiden. Bei Verdacht auf Missbrauch oder eine offensichtliche Fehlentscheidung soll sich der Arzt an das Familiengericht wenden."[960] In den Grundsätzen der Bundesärztekammer zur ärztlichen Sterbebegleitung von 2011 wird im V. Abschnitt (Betreuung von Schwerstkranken und sterbenden Kindern und Jugendlichen) Folgendes vorgegeben: „Bei Neugeborenen mit schwersten Beeinträchtigungen durch Fehlbildungen oder Stoffwechselstörungen, bei denen keine Aussicht auf Heilung oder Besserung besteht, kann nach hinreichender Diagnostik und im Einvernehmen mit den Eltern eine lebenserhaltende Behandlung, die ausgefallene oder ungenügende Vitalfunktionen ersetzen soll, unterlassen oder beendet werden."[961] Damit wird klar, dass die Bundesärztekammer eine Einwilligung der Sorgeberechtigten fordert.

Es lässt sich also feststellen:[962] Ein einwilligungsfähiger Patient kann wegen seines verfassungsrechtlich geschützten Selbstbestimmungsrechts frei auch unvernünftige Entscheidungen gegen den Willen der Ärzte treffen. Einwilligungsunfähigen Patienten hingegen, wie Neugeborenen oder Kleinkindern, wird diese Autonomieschutzfunktion der Einwilligung und damit zugleich eine solche im Rahmen der Interessenabwägung beim Notstand nicht zugebilligt. Das bedeutet, dass die Interessenabwägung nicht dadurch falsch ist, weil sie im Widerspruch zum Willen der Sorgeberechtigten steht und ohne deren Einwilligung zustande kam. Der Einwilligung kommt in diesem Zusammenhang somit keine Autonomiefunktion, sondern vielmehr eine Art Kontrollfunktion bezüglich des ärztlichen Handelns zu.

Fraglich ist weiterhin, ob nach dem Gesagten außerdem ein Widerspruchsrecht der Sorgeberechtigten in Betracht kommt. Nach Art. 6 II GG, wonach die „Pflege und Erziehung der Kinder [...] das natürliche Recht der Eltern und die zuvörderst ihnen obliegende Pflicht" ist, haben die Eltern kein eigenes Recht über eine Entscheidung über Leben und Tod ihrer Kinder, da dieses durch das Grundrecht auf Leben und körperliche Unversehrtheit (Art. 2 II GG) und aus der Menschenwürdegarantie und dem Grundrecht auf freie Persönlichkeitsentfaltung (Artt. 1 I, 2 I GG) des zu rettenden Zwillings auf ein Mindestmaß reduziert wird.[963] Daraus

---

960 Grundsätze der Bundesärztekammer zur ärztlichen Sterbebegleitung (1998), NJW 46 (1998), S. 3407.
961 Grundsätze der Bundesärztekammer zur ärztlichen Sterbebegleitung (2011), DÄBl. 108 (7) (2011), S. A346 ff.; so auch schon die Grundsätze der Bundesärztekammer zur ärztlichen Sterbebegleitung (2004), DÄBl 101 (19) (2004), S. A1298.
962 So auch Wolf (Fn. 3), S. 214 f.
963 Wolf (Fn. 3), S. 215.

folgt, dass ein Widerspruchsrecht der Eltern gegen eine Trennungsoperation aufgrund der Tatsache, dass einer der Zwillinge überlebensfähig ist, keine Bedeutung haben kann. Dies wird ferner dadurch klar, wenn man, wie der Fall von „Judie und Mary" gezeigt hat, das Lebensrecht von Säuglingen nicht aufgrund von religiösen Ansichten (Art. 4 GG i.V.m. Art. 6 GG) auf Null reduziert.[964]

Es gibt zudem Stimmen[965], die fordern, das Familiengericht für den Fall der Uneinigkeit bezüglich der Trennungsoperation zwischen Ärzten und Sorgeberechtigten als notwendige Stelle zu sehen. Das Familiengericht hätte im Fall der einseitig tödlichen Nottrennungsoperation nicht etwa eine zusätzliche eigene Entscheidungskompetenz jenseits des Gesagten, sondern dient vielmehr als Kontrollinstanz. Nach dieser Ansicht[966] ist dies verfassungsrechtlich geboten sowie dringend wünschenswert, da es hier um schwerwiegende Entscheidungen über das Leben und Sterben von Menschen geht.

Die Entscheidung des Familiengerichts soll bzw. muss sich dabei freilich an den notwendigen sachlichen Kriterien orientieren, d.h. an der Abwägung der Interessen der beiden siamesischen Zwillinge. Im Hinblick auf Art. 6 II GG darf jedoch nicht über den Kopf der Eltern hinweg verfahren werden, d.h. die Eltern haben aus Art. 6 GG ein Recht zu wissen, was mit ihren Kindern passiert.[967]

Meiner Ansicht nach gelten auch hier hinsichtlich des zu rettenden Zwillings die bei der elektiven Trennung im Interesse beider Kinder (Fall 1) aufgezählten Grundsätze, da der Eingriff in die Kindesentwicklung durch den Tod des Geschwisterteils aufgrund der Trennung noch gravierender ist.

Zwar ist im Fall einer mindestens einseitig tödlich endenden Trennungsoperation zumindest im Hinblick auf den sterbenden Zwilling keine Einwilligung und dadurch ebenso ersetzende familiengerichtliche Genehmigung möglich. Jedoch erscheint eine solche ebenso bezüglich der Genehmigung hinsichtlich der Trennung zum Nachteil des zu sterbenden Zwillings dringend angezeigt, auch um das Ärzteteam und die Eltern zu entlasten. Eine objektive dritte Stelle kann die Situation unabhängig abwägen.

Diese Genehmigung hätte freilich nach derzeitiger Gesetzeslage keine rechtfertigende Wirkung der Trennungsoperation für die Ärzte. Sie würde mehr als eine Art Kontrollstelle und Hilfestellung für die Eltern und die Ärzte dienen.

Grundsätzlich besteht für die Eltern die Handlungspflicht, die Situation für beide Zwillinge zu verbessern, allerdings zugleich die Pflicht, keinen der beiden

---

964   Ebda.
965   Wolf (Fn. 3), S. 215 f.
966   Wolf (Fn. 3), S. 215.
967   Ebda.

siamesischen Zwillinge durch Unterlassen zu töten.[968] Damit gibt es eine Kollision zwischen dem Tötungsverbot (§§ 212 ff. StGB) und dem Lebenserhaltungsgebot (§§ 212 ff., 13; § 323c StGB). Die Eltern haben gegenüber dem zu rettenden Zwilling die Pflicht, einer Trennungsoperation zuzustimmen, gegenüber dem sterbenden Zwilling die Pflicht, einer Trennungsoperation nicht zuzustimmen. Einige Vertreter in der Literatur sprechen in derartigen Fällen von einer rechtlichen Gleichwertigkeit von Tötungsverbot und Rettungsgebot und bejahen in bestimmten Fällen ein Wahlrecht der Pflichtadressaten.[969]

Darüber hinaus könnte auch hier bei der Lösungsfindung das Einschalten einer Ethikkommission empfehlenswert sein.[970] Die Aufgaben von Ethikkommissionen sind länderspezifisch: In den USA stellen Ethikkommissionen eine Kontrollinstanz der Wissenschaft durch die Gesellschaft dar. In Australien beispielsweise werden Ethikkommissionen vielfältig bei der Lösungsfindung von medizinisch und ethisch schwer zu entscheidenden Fragen bestellt.[971] In Deutschland werden Ethikkommissionen bisher vor allem bei klinischen Versuchen am Menschen eingesetzt.[972]

Im Fall der siamesischen Zwillinge könnte die Ethikkommission eine Rolle nach australischen Vorbild einnehmen, dass bedeutet jedoch nicht, dass bei der Ethikkommission auch die Entscheidungskompetenz liegt. Ihre Aufgabe würde im Streitfall vielmehr darin bestehen, Empfehlungen für das zu entscheidende Gericht und zuvor für die Ärzte auszusprechen.[973]

Auch wenn es nicht zu einem Streitfall kommt, könnte die Ethikkommission Ärzte und betroffene Sorgeberechtigte eingehend beraten und zwischen diesen vermitteln. Wichtig wäre es zudem, dass die Vertreter der Ethikkommission aus verschiedenen Berufszweigen stammen, d. h. beispielsweise Ärzte, Rechtsanwälte, Ethiker, Wissenschaftler und Seelsorger.

Wie schon Weishäupl bemerkt hat, ist es wichtig, dass ein Augenmerk auf das Verhältnis zwischen Eltern und Ärzten und auf die seelische Lage der Eltern in Bezug auf ihre Kinder gelegt wird: „Ein nachdenklich stimmender Aspekt ist die

---

968 Wolf (Fn. 3), S. 217
969 Otto, Jura 2005, S. 473 ff.; NK-StGB/*Paeffgen*, Vor § 32 StGB, Rn. 171; Jescheck/Weigend, Lehrbuch des Strafrechts, § 33 V.
970 Zum Thema Ethikkommission siehe auch Laufs/Uhlenbruck, Handbuch des Arztrechts, § 130, Rn. 13 ff.
971 Ähnlich auch Wolf (Fn. 3), S. 216.
972 Siehe hierzu z. B. die fünfte Novelle zum AMG (Arzneimittelgesetz) bezüglich Ethikkommissionen; Ulsenheimer, Arztstrafrecht in der Praxis, S. 478.
973 So Wolf (Fn. 3), S. 216 in ähnlichem Zusammenhang.

Tatsache, dass siamesische Zwillinge fast ausnahmslos von ihren Eltern als Makel angesehen werden. Diese Konfliktsituation wird zusätzlich durch das Interesse öffentlicher Medien verstärkt und führt leicht zu einer Belastung des Verhältnisses mit dem behandelnden Arzt."[974]

Problematisch könnte es ebenfalls sein, dass auch wenn es „nur" um die Kontrolle und Beratung einer Entscheidung über das Leben und Sterben von Menschen geht, dies aufgrund der Gewaltenteilung nicht von einem Gericht im Vorfeld bewertet werden darf. Hierzu muss aufgrund des Parlamentsvorbehalts des Art. 2 GG der parlamentarische Gesetzgeber tätig werden und eben kein Gericht. Bis ein solches erlassen ist, bleibt jedoch nichts anderes übrig, als diese beratende Aufgabe den objektiven Familiengerichten zu übertragen.

II. Strafbarkeit der Nichttrennung

Bisher wurde einzig der Frage nachgegangen, ob und inwieweit sich Ärzte strafbar machen, wenn sie im Zuge einer Trennungsoperation den einen siamesischen Zwilling zu Gunsten des anderen Zwillings opfern.

Die Ärzte versuchen stets „zu retten, was zu retten ist" und wagen daher die Trennungsoperation. Allerdings ist es denkbar, dass die Ärzte aufgrund von verschiedensten Faktoren die „Rettungstötung" entgegen dem Wunsch der Eltern ablehnen.

Im „Flugabschussfall" wurden entsprechende Schutzpflichten des Staates gegenüber seinen Bürgern sowie eine Pflicht zur Rettungstötung nach §§ 212 I, 13 StGB in der Literatur bejaht.[975] Fraglich ist, ob dieser Gedanke auch im Falle der siamesischen Zwillinge greift.

Denn schon der Grundsatz, dass im Rechtsstaat das Recht den Bürgern eine befolgbare Verhaltensweise vorgeben muss, zeigt, dass es nicht möglich sein darf, dass sich jemand bei Trennung und bei Nichttrennung strafbar macht. Der Täter kann nicht in eine rechtliche Zwickmühle gesteckt werden, ohne dass ihm ein strafloser Ausweg eröffnet wird.[976] Wenn die staatliche Rechtsordnung erklärtermaßen nicht in der Lage ist, dem Betroffenen zu sagen, was er tun soll, kann sie ihm auch nicht anlasten, er habe sich falsch verhalten.[977]

---

974 Weishäupl (Fn. 2), S. 94.
975 Odendahl, Die Verwaltung 38 (2005), S. 446 f.
976 Impossibilium nulla obligatio (Dig. 50, 17, 185 [Celsus] = zu Unmöglichem besteht keine Rechtspflicht).
977 *Neumann*, in: FS Roxin, S. 430; Kaufmann, JZ 1992, S. 983; *Joerden*, in: FS Otto, S. 332, Fn. 6.

Bei der Untersuchung wird im Folgenden zwischen einer möglichen Strafbarkeit der Ärzte und der Eltern unterschieden.

1. Strafbarkeit der Ärzte

Es stellt sich also die Frage, ob Ärzte strafbar sind, wenn sie eine Trennungsoperation verweigern und der überlebensfähige Zwilling stirbt.

Zu prüfen ist in dieser Situation, ob die ärztliche Operationsverweigerung und damit das Sterbenlassen des überlebensfähigen Zwillings eine Strafbarkeit aus §§ 212, 13 StGB begründet. Dafür bräuchte es zunächst eine Garantenpflicht der Ärzte.

Grundsätzlich begründet auch die tatsächliche Gewährsübernahme, hier aufgrund vertraglicher Grundlage, eine Garantenpflicht aus Übernahme.[978]

Hier bedarf es gar keiner Auslegung des entsprechenden Behandlungsvertrags, um den Umfang der Garantenpflicht im Einzelnen zu konkretisieren.[979]

Ein Arzt muss in dringenden Erkrankungsfällen eingreifen, wenn er die Behandlung tatsächlich übernommen hat[980] und Maßnahmen treffen, die eine rasche, gesicherte Diagnose ermöglichen.[981]

Generell besteht die Handlungspflicht die Situation für beide Zwillinge zu verbessern, allerdings ebenso die Unterlassungspflicht, keinen der beiden siamesischen Zwillinge durch aktives Handeln zu töten.[982] Damit gibt es eine Kollision zwischen dem Tötungsverbot (§§ 212 ff. StGB) und dem Lebenserhaltungsgebot (§§ 212 ff., 13; § 323c StGB). Daher könnte sich eine Strafbarkeit der Ärzte schließlich dann ergeben, wenn sie sich entgegen dem Wunsch der Eltern bzw. des Familiengerichts weigern, die Trennungsoperation vorzunehmen. Sowohl eine Garantenpflicht der Ärzte gegenüber dem lebensfähigen siamesischen Zwilling zur Vornahme der Trennungsoperation als auch die übrigen Voraussetzungen der Tötung durch Unterlassen sind grundsätzlich gegeben.

Auch hier sollte man zwischen der symmetrischen und der asymmetrischen Gefahrengemeinschaft unterscheiden.

Innerhalb der symmetrischen Gefahrengemeinschaft bleiben die Ärzte „höchstens" aufgrund des übergesetzlichen entschuldigenden Notstandes bei Vornahme der Trennung beim Vorliegen einer akuten Gefahrenlage straflos.

---

978 BeckOK-StGB/*Heuchemer*, § 13 StGB, Rn. 48; BGHSt 7, 211, 212; BGH NJW 1961, 2068; Sch/Sch/*Stree/Bosch*, § 13 StGB, Rn. 28a.
979 Sch/Sch/*Stree*, § 13 StGB, Rn. 28.
980 OLG Hamm NJW 1975, 604.
981 BGH NJW 1979, 1258.
982 Wolf (Fn. 3), S. 217.

Somit kann eine unterbliebene Trennungsoperation in dieser Konstellation ihrerseits nicht strafbar sein.[983] Es gibt nämlich keine strafbewehrte Rechtspflicht zur Vornahme rechtswidriger Handlungen. Hier greift aufgrund einer außergewöhnlichen Konfliktsituation der übergesetzliche entschuldigende Notstand ein, weshalb dies umgekehrt keine Handlungspflichten begründen kann.[984] Die Unterlassung einer Trennungsoperation bei der symmetrischen Gefahrengemeinschaft bei akuter Gefahrenlage ist damit straflos, da keine Handlungspflicht gesehen werden kann.

Entsprechendes gilt zugleich für die elektive Trennung unter Opferung eines Zwillings innerhalb der asymmetrischen Gefahrengemeinschaft.

Bei der asymmetrischen Gefahrengemeinschaft stellt sich die Lage bei Vorliegen einer akuten Lebensgefahr für beide Zwillinge schwieriger dar. In dieser Situation sind die Ärzte bei Vornahme der Trennungsoperation nicht nur entschuldigt, sondern sogar aufgrund des Vorliegens eines Defensivnotstands gerechtfertigt. Daher erscheint es im Umkehrschluss zunächst eindeutig, dass in diesem Fall bei Verweigerung der Durchführung der Trennungsoperation durch die Ärzte eine Strafbarkeit der sich verweigernden Ärzte gem. §§ 212, 13 StGB vorliegen müsste.

Allerdings darf man nicht übersehen, welch eine schwierige Situation dies für die Ärzte ist. Wenn man auch die Tatsache miteinbezieht, welche Begründungsarbeit das Bejahen des Defensivnotstandes schon für uns Juristen ist, so erscheint es außerhalb jeder Lebenserfahrung zu sein, Medizinern in dieser Situation eine Handlungspflicht aufzubürden. Außer Zweifel stehen muss hierbei die Kompetenz des ganzen Ärzteteams.[985] Dem einzelnen Arzt, der in einer solchen ethischen Ausnahmesituation die Trennungsoperation – und damit die Tötung eines Menschen – aus Gewissensgründen ablehnt, muss man die Straflosigkeit aufgrund von Unzumutbarkeit des normgemäßen Verhaltens zubilligen.[986] Die Unzumutbarkeit des Handelns kommt jedoch nur in sehr engen Grenzen in Betracht.[987] So bemerkt Lenckner[988], dass, wenn in § 12 II SchKG (Gesetz zur Vermeidung und Bewältigung von Schwangerschaftskonflikten) bei einer nicht anders abwendbaren Le-

---

983 Koch, GA 2011, 129, 142.
984 Ebenda.
985 Campbell, Singapore Med J 50 (2009), S. 454.
986 So auch Koch, GA 2011, 129, 142.
987 *Frish*, in: FS Schröder, S. 19; Sch/Sch/*Lenckner/Sternberg-Lieben*, Vor §§ 32 ff. StGB, Rn. 119.
988 Hirsch, Überzeugungstäter, S. 23; Sch/Sch/*Lenckner/Sternberg-Lieben*, Vor §§ 32 ff. StGB, Rn. 120.

bens- oder schweren Gesundheitsschädigung einer Patientin vom Arzt verlangt wird, notfalls einen Schwangerschaftsabbruch auch gegen sein Gewissen vorzunehmen, auch wenn dies nach Überzeugung des Arztes gegen das Tötungsverbot verstößt, dies erst recht in anderen Fällen gelten muss. Dieser Meinung wird nicht gefolgt, da wie bereits mehrfach erörtert, der Fall des Schwangerschaftsabbruchs nicht mit der Trennung von siamesischen Zwillingen verglichen werden kann. Denn bei der Trennung von siamesischen Zwillingen bedeutet Handlungsrecht nicht gleichzeitig auch Handlungspflicht. Beim Schwangerschaftsabbruch sind einzig die §§ 218 ff. StGB anwendbar, bei der Trennungsoperation von siamesischen Zwillingen hingegen die §§ 211 ff. StGB, weil es sich bei den siamesischen Zwillingen um lebendig geborene Menschen handelt. Bei letztgenannter Fallgruppe kommt eine Bejahung einer Garantenstellung und damit einer Strafbarkeit wegen Unterlassen nur nach faktischer Übernahme in Betracht.

Dieses Ergebnis bestätigt ebenso der Grundsatz, dass im Rechtsstaat das Recht den Bürgern eine befolgbare Verhaltensweise vorgeben muss, d. h. der Täter kann nicht in eine rechtliche Zwickmühle gesteckt werden, ohne dass ihm ein strafloser Ausweg eröffnet wird.

2. Strafbarkeit der Eltern

Eine Garantenpflicht der Eltern gegenüber ihren minderjährigen Kindern kann unproblematisch aus §§ 1601, 1626 II, 1631 BGB bejaht werden.[989]

Muss man jedoch eine Strafbarkeit wirklich annehmen, wenn die Entscheidung sowohl rechtlich als auch ethisch so schwierig ist?

Rechtfertigungsgründe sind nicht einschlägig. Insbesondere kann eine mögliche Berufung auf die Gewissensfreiheit keine Rechtfertigung begründen, da Art. 4 GG keine „Legalisierung des eigenen Standpunkts" vermitteln kann, sondern allenfalls einen Grund zur Nachsicht zu liefern vermag.[990]

Ebenso könnten sich die Eltern bei einer Verweigerung der Trennungsoperation aus religiösen Gründen nicht auf rechtfertigenden Notstand berufen, da die Interessenabwägung (Leben des Kindes gegenüber der Weltanschauungsfreiheit der Eltern) nicht zu einem klaren Interessenüberhang zugunsten der Eltern führt.[991]

Allerdings könnte man im Falle der religiös veranlassten Verweigerung der Eltern an eine Entschuldigung aufgrund der durch Art. 4 I GG geschützten Gewissensfreiheit denken, da ihnen eine Einwilligung aufgrund ihrer Über-

---

989 Beispielsweise BGH NStZ 2004, 94 zu § 225 StGB.
990 Roxin, AT/I, § 8, 22, Rn. 121; ebenso MüKo-StGB/*Schlehofer*, Vor §§ 32 ff., Rn. 207.
991 Jäger, AT, S. 187.

zeugung unzumutbar ist, zumal der Arzt von sich aus tätig werden kann.[992] Die h.M. verneint diese Möglichkeit und will eine Berücksichtigung nur im Rahmen der Strafzumessung zulassen.[993] Die Herstellung praktischer Konkordanz verlangt eben nur, dass auf die Überzeugung der Eltern nur insoweit Rücksicht genommen wird, als dadurch das Lebensrecht des Kindes nicht unbeachtet gelassen wird.[994]

Im Fall der siamesischen Zwillingsproblematik jedenfalls ist den Eltern keine Einwilligung abzuverlangen, da das Leben des Kindes ebenso ohne die Zustimmung gerettet werden kann, nämlich durch die Einwilligung des Ergänzungspflegers bzw. Familiengerichts oder einer Ethikkommission, und da die Abwägung aufgrund ihrer fehlenden Objektivität für die Eltern noch schwieriger zu fällen war.

Auch eine unterlassene Hilfeleistung nach § 323c StGB scheidet bei einer religiös veranlassten Verweigerung und wohl auch sonst aufgrund der Schwere der Entscheidung aus, da dieser schon auf Tatbestandsebene eine zumutbare Handlung erfordert, die aus den gleichen Gründen wie soeben im Hinblick auf Art. 4 I GG zu verneinen ist. Darüber hinaus ergeben sich hier aufgrund des bereits diskutierten § 1796 BGB zusätzlich erhebliche Zweifel, ob eine Einwilligung der Eltern überhaupt erforderlich war, denn nur dann käme überhaupt eine Strafbarkeit wegen unterlassener Einwilligung in Betracht. Nach dem oben Ausgeführten scheidet eine Strafbarkeit der Eltern aufgrund des Unterlassens der Einwilligung aus, da sie aufgrund der konkreten Gefährdung eines Interessenkonflikts keine Einwilligungsfähigkeit besitzen.

Wenn man hier im Detail noch einmal zwischen der symmetrischen und der asymmetrischen Gefahrengemeinschaft unterscheidet, so ergibt sich Folgendes:

Bei der symmetrischen Gefahrengemeinschaft kann es keine Rechtspflicht zur Vornahme rechtswidriger Taten geben und damit keine Handlungspflicht zur Vornahme einer Trennung, die „nur" durch übergesetzlichen entschuldigenden Notstand entschuldigt ist.

Bei der asymmetrischen Gefahrengemeinschaft könnte es zu einer Bejahung des §§ 212,13 StGB kommen. Allerdings muss (wie schon bei den Ärzten) gesagt werden, dass aufgrund der ethischen Ausnahmesituation den Ärzten und Eltern die Straflosigkeit aufgrund von Unzumutbarkeit normgemäßen Verhaltens zumindest innerhalb von engen Grenzen zuzubilligen ist.

---

992 Ebda.
993 Kühl, AT, § 12, Rn. 115 ff.; Maurach/Zipf, AT/I, § 35, Rn. 7.
994 Jäger, AT, S. 188.

Eine Strafbarkeit kommt also nur in Betracht, wenn die Eltern beispielsweise im Fall 1 bei einer „unkomplizierten" Trennung alles tun, um diese zu verhindern, obwohl diese für die Zwillinge ein normales Leben ermöglichen könnte. Denn die Eltern können sich nicht auf die Tatsache berufen, dass dieser ungetrennte Zustand schicksalhaft oder naturgegeben ist und daher nichts unternommen werden soll. Entscheidend ist hier die Vornahme einer Abwägung, nach der eine Entscheidung in Zusammenarbeit mit einem Ergänzungspfleger, Familiengericht oder/und einer Ethikkommission zu treffen ist.

Im Übrigen gilt das bezüglich der Strafbarkeit der Ärzte Gesagte entsprechend. Es wäre den Eltern aber in jedem Fall dringend zu empfehlen, in allen drei Fallkonstellationen ein Familiengericht anzurufen, wenn auch nur als beratende Stelle.

C. Rechtsethische Wertung

I. Vorüberlegungen

1. Was bedeutet lebenslange, unlösbare Verbindung mit einem anderen Menschen?

Menschen schaffen es – wenn man die Scheidungsrate betrachtet – häufig nicht einmal mit einem von ihnen ausgewählten Menschen eine lebenslange Verbindung einzugehen, welche zudem nicht 24 Stunden am Tag andauert.

Vor diesem Hintergrund kann man erahnen, wie eingeschränkt sich unlösbar verbundene siamesische Zwillinge fühlen müssen, welche ihren „Partner" gerade nicht selbst wählen können.

Auf der anderen Seite kann man sagen, dass sich siamesische Zwillinge von Kindesbeinen an aneinander gewöhnen mussten, weshalb sie gar keinen anderen Zustand kennen. Erwachsene, die heiraten, sind durch ihre Kindheit und ihre Jugend schon geprägt, weshalb es uns schwerer fällt, uns an andere Menschen zu gewöhnen bzw. lebenslang zu binden.

Jedoch haben die meisten Menschen, seit sie geboren sind bzw. schon vorher mit ihren Eltern und Geschwistern zusammengewohnt und konnten sich ebenso an sie gewöhnen. Dennoch wäre es trotz eines guten Verhältnisses zu Eltern und Geschwistern eine unvorstellbar große Belastung und Einschränkung, jeden Tag bei allem, was man macht, die Eltern oder Geschwister dabei zu haben. Wenn man sich dann noch vorstellt, dass diese Verbindung auch nicht vor dem Gefängnis oder vor dem Tod endet, so übertrifft dies doch die Vorstellungskraft eines einzelnen Menschen.

Dennoch wird hier von Merkel[995] folgende Frage gestellt: „Wie ist es, in engster, praktisch zur Immobilität zwingender körperlicher Fusion mit einem anderen Menschen zu leben und mit diesem sogar teilweise ein (irgendwie) gemeinsames Sexualorgan zu teilen? Ist es damit verglichen, besser, schwer verstümmelt und ohne Geschlecht, aber allein im eigenen Körper zu leben?"

Eine grundsätzliche Antwort kann es hier nicht geben, da es sich in diesem Fall um Menschen handelt und jeder Mensch individuell ist. Dazu kommt noch, dass jedes siamesische Zwillingspaar auf eine andere physische Weise verbunden ist, und daher auf unterschiedlichste Weise eingeschränkt ist; folglich hängt diese Entscheidung vom Einzelfall ab.

Die siamesischen Zwillinge Chang und Eng Bunker aus Thailand beispielsweise wollten nie getrennt sein und empfanden ihr Leben im verbundenen Zustand besser als im getrennten Zustand[996]; allerdings muss man auch sagen, dass diese – wie bereits in § 2 geschildert – lediglich im Bauchnabelbereich verbunden waren und sogar aufrecht nebeneinander stehen konnten.

Auch die 1961 geborenen Craniopagen Lori und Reba Schappell wollten sich keinesfalls trennen lassen.[997]

Für die siamesischen Zwillinge Ladan und Laleh Bijani aus dem Iran war der verbundene Zustand hingegen so unerträglich, dass sie unter Inkaufnahme ihres eigenen Todes die Trennungsoperation unbedingt wollten.[998] Wie die Beispiele und die Literatur zeigen, ist eine eindeutige oder einfache Klärung der Frage nicht möglich.

2. Menschenwürdiges Sterben des nicht mehr zu rettenden siamesischen Zwillings

Entscheidend kann ebenfalls die Frage sein, ob es der Menschenwürde nicht eher entspricht, jemanden sofort sterben statt einen monatelangen Sterbeprozess durchlaufen zu lassen.

Dies zeigen beispielsweise die Worte des Arztes, der 1977 in Philadelphia die sich ein Herz teilenden siamesischen Zwillinge trennte, deutlich: „Ich kann zusehen, wie zwei Babys langsam über einige Monate hinweg sterben oder ich

---

995 Merkel (Fn. 5), S. 623.
996 Weishäupl (Fn. 2), 94 f.
997 Spiegel-online vom 15.9.2003, „Ich mag nichts, was sie mag".
998 § 2 C. II.

kann sehen, wie ein Baby schnell verstirbt und das andere möglicherweise lebt."[999]

In diesem Zusammenhang bietet es sich an, einen kurzen Blick auf die oft diskutierte Problematik des „menschenunwürdigen Sterbens" zu werfen. Es wird davon gesprochen, dass es auch in Deutschland für schwerst unheilbare Kranke erlaubt sein muss, durch eine Organisation ein solches „menschenwürdiges schnelles Sterben" zu ermöglichen. § 216 StGB bestraft hingegen den organisierten Tod einer unheilbar kranken Person, die ernsthaft und endgültig ihren Tod „herbeisehnt". Durch den neu geschaffenen § 217 StGB wurde noch einmal betont, wer in der Absicht, die Selbsttötung eines anderen zu fördern, diesem hierzu geschäftsmäßig die Gelegenheit gewährt, verschafft oder vermittelt, wird mit einer Freiheitsstrafe bis zu drei Jahren oder mit Geldstrafe bestraft. Weiterhin bleibt jedoch als Teilnehmer straffrei, wer entweder selbst nicht geschäftsmäßig handelt und/oder wer Angehöriger des in Absatz 1 genannten Anderen ist bzw. diesem nahesteht.

Der ehemalige Justizminister von Baden-Württemberg Stickelberger hob in diesem Zusammenhang ebenso die Bedeutung einer Verbesserung der Betreuung von Schwerstkranken am Lebensende hervor. Eine optimale palliative Versorgung könne in vielen Fällen die Angst vor unerträglichem Leiden am Lebensende mildern und dem Wunsch nach einem menschenwürdigen Sterben Rechnung tragen. Daher sei zu begrüßen, dass der Bundestag zugleich ein neues Gesetz zum Ausbau der Hospiz- und Palliativversorgung beschlossen habe.[1000]

Durch den neueingeführten § 217 StGB wird ebenso betont, dass beim geführten Sterben durch aktives Tun zwischen der straflosen Beihilfe zur Selbsttötung und strafbarer Tötung auf Verlangen bzw. unterlassener Hilfeleistung abzugrenzen ist.

Durch das Trennen der siamesischen Zwillinge würde zweifelsfrei eine strafbare Handlung vorliegen (was freilich mangels endgültigen und ernsthaften Willens eines Säuglings keinem Tatbestand des § 216 StGB entspricht, sondern dem des § 212 StGB) und keine straflose Beihilfe zur Selbsttötung.

Allerdings lässt sich aus diesen Normen und Gesetzen trotzdem ein Grundgedanke des Gesetzgebers erkennen, der ebenfalls auf die hier vorliegende Problematik übertragbar sein könnte: Über kein Leben kann und darf verfügt werden.

---

999 Dr. Koop bemerkt: „I can watch the Babys die slowly over the course of several months, [...] or I can watch one die swiftly and the other possible live." Abgedruckt in Drake, The surgery: An agonizing choice. The Philadelphia Inquirer v. 16.10.1977.
1000 Kritik und Lob für Sterbehilfe-Entscheidung des Bundestages, Artikel der Redaktion von beck-aktuell, Verlag C.H.BECK, 9. November 2015.

Das Leben gilt in jeder Situation als lebenswert und auch am Ende des Lebens – unabhängig von dem Alter des unheilbar Kranken – gibt es Hospiz- und Palliativabteilungen, die ein menschenwürdiges Sterben ermöglichen.

Aus diesem Gedanken heraus lässt sich der Schluss erkennen, dass der Gesetzgeber grundsätzlich gegen solche aktiven Tötungen ist, auch wenn diese „nur" einem menschenwürdigen Sterben dienen sollen und dass eine Suizidassistenz verboten und nur in „extremen Ausnahmefällen [...] entschuldet" sei.[1001]

3. Glaubensaspekte

Fraglich ist, wie sich Glaubensaspekte auf die Beurteilung auswirken. Können solche ethischen Aspekte, wie eine bestimmte religiöse Überzeugung, tatsächlich die Entscheidung über die Durchführung einer Trennungsoperation entscheidend mit beeinflussen?

Oft diskutiert werden solche Aspekte im Rahmen der Zeugen-Jehova-Problematik. Dabei geht es darum, dass die religiöse Gruppierung der „Zeugen-Jehovas" aus religiösen Gründen strikt gegen Bluttransfusionen ist. Dies geht sogar so weit, dass Eltern eine solche ablehnen, auch wenn dadurch ihr eigenes Kind stirbt. In einer Zeitschrift dieser Vereinigung beschreiben sie ihre Meinung wie folgt: „Wir können den Richter darauf hinweisen und ihn davon in Kenntnis setzen, dass wir als christliche Eltern die Verwendung des Blutes einer anderen Person zur Erhaltung des Lebens als schwere Verletzung des Gesetzes Gottes betrachten und eine erzwungene Bluttransfusion bei unserem Kind für uns einer Vergewaltigung gleichkommt."[1002]

Da die römisch-katholischen Eltern im Fall „Jodie und Mary" ihre Einwilligung in die Trennungsoperation ebenso aus religiösen Gründen verweigerten,[1003] stellt sich die Frage, ob die jeweiligen Aspekte zu der Zeugen-Jehova-Problematik nicht auch hier angewendet werden können.

Die Eltern von „Jodie und Mary" brachten damals vor, dass sie den von Gott gegebenen Zustand nicht ändern wollen und dürfen.[1004]

In diesem Fall der Verweigerung einer lebenswichtigen Bluttransfusion geht es insbesondere darum, ob aus der im Art. 4 I GG garantierten Glaubens- und Ge-

---

1001 BT-Drs. 18/5376, S. 2. Ähnlich auch Hillgruber, ZfL 2015, 80, 92 sowie Kubiciel, ZIS 2016, 396. Dagegen Gärditz, ZfL 2015, 114.
1002 Unser Königreichsdienst, z. B. September 1992, S. 6.
1003 Wolf (Fn. 3), S. 66.
1004 Weishäupl (Fn. 2), S. 66.

wissensfreiheit ein Rechtfertigungs- oder Entschuldigungsgrund oder zumindest eine Strafbefreiung abgeleitet werden kann.[1005]

Dagegen lässt sich vorbringen, dass die im Grundgesetz festgeschriebenen Grundrechte zugleich Abwehrrechte des Einzelnen gegenüber dem Staat verkörpern. Als solche könnten Grundrechte auch Rechtfertigungsgründe für ein strafrechtlich relevantes Verhalten darstellen.[1006] Soweit es um die in Art. 4 I GG geschützte Glaubens- und Gewissensfreiheit geht, wird diskutiert, ob sich ein sog. Überzeugungstäter zu seiner Rechtfertigung auf dieses Grundrecht berufen kann.[1007] Fraglich ist, ob den verweigernden Eltern – wenn sie als Überzeugungstäter anzusehen wären – ein solches Recht zustünde.

Nach h. M. kann ein Überzeugungstäter nicht aus Art. 4 I GG gerechtfertigt werden.[1008] Das gelte für aktive Eingriffe in fremde Rechtsgüter, allerdings gleichermaßen für Unterlassungsdelikte, zumindest soweit eine Garantenstellung des Unterlassungstäters, wie hier der Eltern, besteht.[1009] Dieser Ansicht ist bei-

---

1005 Stoffers/Murray, JuS 2000, 986, 986.
1006 Valerius, JuS 2007, 1105, 1108.
1007 Ausgangspunkt der Streitfrage, ob Überzeugungstäter sich zur Straflosigkeit ihrer Taten auf die Ausstrahlungswirkung des Art. 4 I GG berufen können, war vor allem eine Entscheidung des BVerfG (BVerfGE 32, 98), nach der die mit Verfassungsrang geschützte Glaubens- und Gewissensfreiheit umfassenden Schutz biete und auch die äußere Freiheit, der inneren Glaubensüberzeugung gemäß zu handeln, umfasse (BVerfGE 32, 98, 106). Das Gericht stellte im Zusammenhang mit der Frage der Ausstrahlungswirkung des Grundrechts der Glaubensfreiheit auf die Bestrafung wegen unterlassener Hilfeleistung fest, dass eine vom Recht abweichende, durch eine bestimmte religiöse Überzeugung motivierte Entscheidung „nicht mehr in dem Maße vorwerfbar (ist), dass es gerechtfertigt wäre, mit der schärfsten Waffe, dem Strafrecht, gegen den Täter vorzugehen. Das Strafrecht müsse jedenfalls dann zurückweichen, wenn der konkrete Konflikt zwischen einer nach allgemeinen Anschauungen bestehenden Rechtspflicht und einem Glaubensgebot den Täter in eine seelische Bedrängnis bringt, der gegenüber die kriminelle Bestrafung, sich als eine übermäßige und daher seine Menschenwürde verletzende soziale Reaktion darsteifen würde" (BVerfGE 32, 98, 109; wesentlich zurückhaltender OLG Hamm, NJW 1968, 212). Die Frage, ob das BVerfG damit die Grundrechte als Rechtfertigungs- oder Entschuldigungsgründe anerkennt, bleibt in der Entscheidung jedoch unbeantwortet, Stoffers/Murray, JuS 2000, 986, 987 Fn. 7.
1008 LK/*Hirsch*, Vor §§ 32 ff., Rn. 221 f.; Sch/Sch/*Lenckner/Sternberg-Lieben*, Vor §§ 32 ff. StGB, Rn. 118; *Roxin*, in: FS Maihofer, S. 405.
1009 A.A. für Begehen: Peters, JZ 1972, 85, 85 f.; a.A. für Unterlassen *Ranft*, in: FS Schwinge, S. 118 ff.

zupflichten, weil die Grenzen eines solchen Rechtfertigungsgrundes nicht fassbar wären.[1010]

Bei Begehungsdelikten kann die Glaubens- und Gewissensfreiheit unter rechtsstaatlichen Verhältnissen nicht als strafrechtlicher Entschuldigungsgrund anerkannt werden.[1011] Aber auch bei Unterlassungsdelikten können Gewissensgründe nicht schon als solche, sondern erst über die Unzumutbarkeit des Handelns zur Schuldlosigkeit führen.[1012] Angesichts der Tatsache, dass die Grenzen der Unzumutbarkeit weiter gezogen werden als beim positiven Tun,[1013] ist beim Unterlassen eine Ausstrahlungswirkung des Art. 4 I GG grundsätzlich möglich.[1014] Soweit es sich dabei um Hilfs- und Rettungspflichten gegenüber Menschen (Garantenpflichten, § 323c StGB) handelt, kommt eine Unzumutbarkeit infolge der übermächtigen Motivation durch eine entgegenstehende Glaubensüberzeugung oder Gewissensentscheidung allerdings nur in engen Grenzen in Betracht.[1015] Unzumutbar ist ein an sich gebotenes Handeln für den Überzeugungs- oder Gewissenstäter in solchen Fällen erst dann, wenn die Rettung, weil noch andere jederzeit realisierbare Alternativen zur Verfügung stehen, nicht gerade von ihm abhängt.[1016]

Möglicherweise ergibt sich aus der in Art. 4 I GG gewährleisteten Glaubens- und Gewissensfreiheit zu Gunsten der Eltern wenigstens eine Strafbefreiung.[1017] So wird in diesem Zusammenhang vorgebracht, dass der Täter in diesen Fällen die Rechtspflicht kenne und nicht auszuschließen sei, dass er über die faktische Möglichkeit verfüge, ihr zu folgen. Diese Begründung, dass es sich hier unter strafrechtlichen Aspekten um ein Verbot, unter Umständen bestehende Schuld vorzuwerfen, handle, greift nicht, da keineswegs das Toleranzgebot des Art. 4 I GG als Eingriffsrecht in Rechtsgüter Dritter, insbesondere schon nicht in das Recht auf Leben und körperliche Unversehrtheit, gedeutet werden kann; dies hat zur Folge, dass strafrechtlich geschützte Rechtsgüter gegenüber dem seiner Glaubensüber-

---

1010 Stoffers/Murray, JuS 2000, 986, 987.
1011 Sch/Sch/*Lenckner*, Vor §§ 32 ff. StGB, Rn. 119.
1012 Sch/Sch/*Lenckner*, Vor §§ 32 ff. StGB, Rn. 120.
1013 Sch/Sch/*Lenckner*, Vor §§ 32 ff. StGB, Rn. 125.
1014 Sch/Sch/*Lenckner*, Vor §§ 32 ff. StGB, Rn. 120; a.A. LK/*Hirsch*, Vor §§ 32 ff. StGB, Rn. 222, der einen aus Art. 4 I GG abgeleiteten Entschuldigungsgrund von vornherein ausschließt.
1015 Stoffers/Murray, JuS 2000, 986, 988.
1016 So Sch/Sch/*Lenckner*, Vor §§ 32 ff. StGB, Rn. 120; *Rudolphi* in: FS Welzel, S. 623.
1017 Die strafbefreiende Wirkung der Gewissensnot bejahend Roxin, AT/I, § 22, Rn. 122 ff.

zeugung folgenden Täter den Strafrechtsschutz verlieren.[1018] Infolgedessen kann eine Straflosigkeit der Eltern aus Art. 4 I GG nicht begründet werden. Dadurch wird klar, dass nur aufgrund der Glaubensfreiheit allein eine Strafbarkeit nicht entfällt.

Jedoch erfordert, wie bereits diskutiert, die Komplexität der Entscheidung zumindest bei der Trennung von siamesischen Zwillingen keine Strafbarkeit der Eltern. Daher erscheint nach allem Gesagten die Nichtberücksichtigung der Weltanschauung der Eltern geboten, da diese nicht dem Kind aufgedrängt und auf Kosten von dessen Rechtsgütern elterlich durchgesetzt werden darf.[1019] Insoweit unterliegt Art. 4 GG zumindest der verfassungsimmanenten Schranke des Art. 2 II 1 GG. Es ist daher angesichts des Höchstgutes Leben von einem wesentlichen Überwiegen des kindlichen Interesses auszugehen.

Beim siamesischen Zwillingsfall, bei dem es (wie bei einer Bluttransfusion) um die Rechtsgüter Leben und körperliche Unversehrtheit geht, kann die Glaubensfreiheit daher keine Verweigerung der Eltern oder Nichtdurchführung der Trennung – obwohl dieses nach der durchzuführenden Abwägung durchgeführt werden sollte – rechtfertigen.

4. Elternrechte

Verfassungsrechtlich resultiert die elterliche Sorge zur Pflege und Erziehung aus Art. 6 II GG seit Geburt des Kindes, wobei die Eltern einen gewissen Gestaltungsspielraum haben, solange es dem Schutz des Kindes sowie der Förderung seines Wohles und nicht der Verfolgung eigennütziger Interessen dient.[1020]

Das elterliche Sorgerecht findet seine Grenze allerdings in den Grundrechten des Kindes als verfassungsimmanente Schranke. In Betracht kommen insbesondere die Würde des Menschen gemäß Art. 1 I GG, das Selbstbestimmungsrecht über das eigene Leben der Kinder gemäß Artt. 1 I, 2 I GG und das Grundrecht auf Leben und körperlichen Unversehrtheit gemäß Art. 2 II GG.[1021]

Wenn die Eltern entgegen dem Wohl ihres Kindes – sowohl in physischer als auch in psychischer Art und Weise – handeln, so muss das Wächteramt des Staates gemäß Art. 6 II 2 GG eingreifen, indem das Familiengericht z. B. gemäß § 1666 BGB tätig wird.[1022]

1018 So auch Otto, AT, § 14 II 3 b.
1019 Jäger, AT, S. 187.
1020 Wolf (Fn. 3), S. 108.
1021 So auch BVerfGE 83, 130, 139 f. für den Bereich Kinder- und Jugendschutz.
1022 Ebda.

Gemäß §§ 1666 I, III Nr. 5 BGB kann das Familiengericht also bei Gefährdung des Kindeswohles – wie bereits erwähnt – die Einwilligung der Eltern in eine Heilbehandlung ersetzen. In Frage kommt freilich ebenso eine Bestellung eines Ergänzungspflegers bzw. die zusätzliche Genehmigung des Familiengerichts wegen des Interessenkonflikts aus § 1796 BGB.

Der Beurteilungsspielraum der Eltern muss bei medizinischen Fragestellungen eng gesehen werden,[1023] weswegen die Gerichte und die Ärzteschaft eine Verweigerung in einen medizinisch erforderlichen Eingriff vor dem Hintergrund des Art. 6 GG durch die Eltern nicht respektieren müssen, vielmehr eventuell gar nicht respektieren dürfen.[1024]

Zwar ist die elterliche Sorge ein durch Art. 6 II 1 GG garantiertes Freiheitsrecht.[1025] Das Recht der elterlichen Sorge ist den Eltern aber nicht zur Verfolgung eigener Interessen, sondern zum Kindesschutz und zur Förderung seines Wohles gegeben.[1026] Bei der Verweigerung etwa einer Bluttransfusion durch die Sorgeberechtigten geht es nicht mehr um eine Frage der gemeinsamen familiären Lebensgestaltung, sondern um eine Entscheidung, die das Kind unmittelbar in seinem Integritätsinteresse trifft.[1027] Deshalb kann den Sorgeberechtigten bei Entscheidungen über die Heilbehandlung ihres Kindes nicht die Freiheit zugestanden werden, eine aus medizinischer Sicht erforderliche Bluttransfusion aus grundlegenden Erwägungen heraus generell abzulehnen.[1028] Dies gilt auch unter Berücksichtigung des Art. 4 I GG, da das Grundrecht der Religionsfreiheit durch das Menschenbild des Grundgesetzes als verfassungsimmanente Schranke begrenzt wird; hierzu zählt ebenso die allgemeine Hilfeleistungspflicht.[1029] Im familien-

---

1023 Wolf (Fn. 3), S. 111.
1024 Vor dem Hintergrund, dass bei Unterlassen dieses erforderlichen Eingriffs sonst auch eine Strafbarkeit der Ärzte droht, siehe § 3 B. III.
1025 Bender, MedR 1999, 260 ff., 265; BeckOK-GG/*Uhle*, Art. 6 GG, Rn. 48.
1026 Bender, MedR 1999, 260 ff., 265; BeckOK-GG/*Uhle*, Art. 6 GG, Rn. 48.
1027 Zu dieser Unterscheidung BayObLG, FamRZ 1993, 1350, 1351. Deshalb „hinken" die Vergleiche in der Schrift „Wie kann Blut dein Leben retten?", S. 21: „Natürlich treffen alle Eltern Entscheidungen, die sich auf die Sicherheit und das Leben ihrer Kinder auswirken: Soll die Familie ihr Haus mit Gas oder mit Heizöl beheizen? Sollen die Eltern ihr Kind auf eine lange Fahrt mitnehmen? Solche Angelegenheiten sind mit Risiken verbunden, sogar mit solchen, bei denen es um Leben und Tod geht. Aber die Gesellschaft anerkennt die Befugnis der Eltern, so dass sie ihnen in fast allen Fragen in Bezug auf ihre Kinder das Entscheidungsrecht einräumt."
1028 Bender, MedR 1999, 260 ff., 265.
1029 Für § 323c StGB OLG Hamm NJW 1968, 212, 214; *Dreher*, JR 1972, 342, 344 in seiner Anmerkung zu BVerfG, JR 1972, 339; zust. Ulsenheimer, Geburtshilfe und Frauen-

gerichtlichen Verfahren reicht es allerdings aus, wenn die fehlende Einwilligung der Sorgeberechtigten in die Heilbehandlung nach § 1666 III BGB (bzw. aufgrund des Interessenkonflikts aus § 1796 BGB) ersetzt wird, da die Entziehung des gesamten Sorgerechts unverhältnismäßig wäre.[1030]

II. Rechtsethische Untersuchung der gefundenen Ergebnisse

In diesem Teil werden nun die rechtsdogmatischen Ergebnisse noch einmal rechtsethisch genauer betrachtet.

Dabei erfolgt ebenfalls eine Dreiteilung in die jeweiligen Fallkonstellationen.[1031]

Bei allen Erwägungen gilt es jedoch stets zu beachten, dass es sich um individuelle Menschen handelt. Aus diesem Grund bedarf es stets einer Abwägung im Einzelfall, die über eine Zulässigkeit des Eingriffs entscheidet.

1. Elektive Trennungsoperation im Interesse beider Zwillinge

Wenn die Fusion der siamesischen Zwillinge eng ist oder große Körperbereiche umfasst, dann hinterlässt auch die erfolgreiche chirurgische Trennung bei beiden Kindern oftmals schwere Verstümmelungen.[1032]

Zu beachten sein wird also bei dieser Fallkonstellation jedenfalls, dass Zwillinge sowohl im Falle der Trennung als auch im Falle der Nichttrennung im Regelfall geistig oder körperlich behindert sein werden. Bei einem Ischiopagus-Typ ist zusätzlich oft eine dauerhafte doppelte Inkontinenz eines der Kinder (oder beider) eine unvermeidbare Folge der Trennung.[1033]

Weiterhin besteht zugleich immer die Gefahr einer nach dem Eingriff stets drohenden Eskalation der klinischen Risiken: Wie in einem Beispiel bei Merkel geschildert, musste dem Zwilling das zunächst verbliebene einzelne Bein schließlich zur Sicherung des bloßen Überlebens des Kindes ebenfalls amputiert werden, um buchstäblich als Haut-Lieferant zu dienen.[1034] Damit wird zugleich das gravierendste der unmittelbaren Risiken dieser Trennungsoperationen auf-

---

heilkunde, 1994, M 83, M S7. Nach BVerfGE 24, 236, 246 steht ein Akt der Religionsausübung nur dann unter dem Schutz des GG, wenn er sich im Rahmen gewisser übereinstimmender sittlicher Grundanschauungen der heutigen Kulturvölker hält".
1030 OLG Celle NJW 1995, 792, 793.
1031 Allerdings werden hier mangels praktischer Relevanz die symmetrischen Gefahrengemeinschaften nur teils betrachtet.
1032 Merkel (Fn. 5), S. 613.
1033 Merkel (Fn. 5), S. 612.
1034 Genaue Fallschilderung siehe Merkel (Fn. 5), S. 609 f.

gezeigt: Die durch die Trennungsoperationen geschaffenen großflächigen, oft lebensbedrohlichen Knochen-, Muskel- und Haut-Wunden müssen geschlossen werden –, ein Problem, das in schwierigeren Fällen von Kinderchirurgen als extrem komplex beschrieben wird.[1035]

Dennoch spricht mehr dafür eine solche Trennung durchzuführen, wenn beide Kinder eine gute Chance haben, diese zu überleben, und wäre es auch mit erheblichen Verstümmelungen, denn in jedem Fall sind oder wären sie schwer behindert, und in ungetrenntem Zustand regelmäßig schwerer.[1036]

Durchzuführen ist eine Abwägung verschiedener prognostischer Lebensqualitäten.

Es gibt allerdings auch bei den Ärzten neben dem teils absehbaren Tod eines der Zwillinge (Fallkonstellation 2 und 3), Grenzen. In diesem Zusammenhang sagte z. B. der Münchener Kinderchirurg Hecker, unter dessen Leitung in Deutschland bisher die meisten Trennungen siamesischer Zwillinge vorgenommen wurden, dass er in einem Fall von zweibeinigen Ischiopagen die Trennung abgelehnt hatte, weil die Trennung selbst im Fall ihres optimalen Gelingens einen der Zwillinge ohne Unterleib zurückgelassen hätte.[1037]

Von der Einschätzung des unmittelbaren Eingriffsrisikos abgesehen, geht es also (wie bereits erwähnt) ausschließlich um die Abwägung verschiedener prognostischer Lebensqualitäten. Es wird eine Behinderung mit einer hypothetischen anderen – dem notwendigen Preis für ihre Beseitigung – verglichen. Wenn die Letztere geringer ist, wird sie als das künftige Schicksal der Säuglinge gewählt; ansonsten bleibt es bei dem durch die Geburt geschaffenen Status.[1038]

Das zwingt den entscheidenden Arzt in eine extrem problematische Situation: Er bestimmt die konkrete Gestalt des künftigen schwer geschädigten Lebens, dessen körperliche Voraussetzungen, nämlich die Verstümmelungen, und muss diese schließlich meist selbst herstellen.[1039]

Der Arzt befindet sich in einer Ausnahmesituation. Er möchte generell der Ethik seines Berufs entsprechend die Goldene Regel befolgen und nach dem

---

1035 So Filler, Conjoined Twins and Their Separation, in: Seminars in Perinatology, 1986, S. 89.
1036 In dem von Merkel dargestellten Fall aus Taiwan etwa standen die Körper-Längsachsen der beiden Kinder in einem 110°-Winkel zueinander, sodass ein späteres selbstständiges Bewegen und Gehen der Zwillinge im verwachsenen Zustand undenkbar war; Merkel (Fn. 5), S. 614, Fn. 27.
1037 Pers. Mitteilung Professor Hecker an Merkel; Merkel (Fn. 5), S. 614.
1038 Merkel (Fn. 5), S. 614.
1039 Merkel (Fn. 5), S. 614 f.

Grundsatz „Behandle andere so, wie du von ihnen behandelt werden willst" handeln.[1040] Jedoch ist die praktische Umsetzung dieser Regel hier schwierig, denn sie muss gegenüber beiden Zwillingen gleichzeitig eingehalten werden. Er muss nach seinem Eid handeln, d.h. die „körperliche und geistige Gesundheit des Menschen zu schützen und sein Leiden zu lindern. Der Arzt hat bei der Ausübung seines Berufes die Gesundheit des Patienten in den Vordergrund zu stellen. Der Arzt darf seine beruflichen Kenntnisse nur zur Verbesserung oder Erhaltung der Gesundheit der Menschen [...] einsetzen. Er darf in keinem Fall zu ihrem Schaden tätig werden. Es widerspricht der ärztlichen Ethik, wenn der Arzt dem Patienten bei der Ausübung seines Berufes seine persönlichen, weltanschaulichen, moralischen oder politischen Vorstellungen aufzwingt."[1041] In der Fallgruppe 1 werden beide Kinder getrennt, ohne sterben zu müssen. Allerdings besteht eine gewisse Wahrscheinlichkeit, dass eines der Kinder durch die Trennung beispielsweise nur noch ein Bein oder eine Niere hat oder geistig behindert ist. Im ungetrennten Zustand werden beide aber kein eigenständiges „normales" Leben führen können, sie werden nie alleine mit Freunden spielen oder ins Kino gehen können, nie alleine duschen oder Zeit mit einem Partner verbringen können. Sie können ebenso keine eigenständige Ausbildung genießen. Die Frage, die sich der Arzt also stellen muss, ist, welche Möglichkeit der Kompromisseingehung ist für beide Zwillinge „besser", welche verbessert ihren körperlichen und geistigen Gesundheitszustand insgesamt auf Dauer. Bei dieser Entscheidung muss er seine persönlichen, weltanschaulichen, moralischen oder politischen Vorstellungen außer Betracht lassen. Nur dann kann der Goldenen Regel entsprechend gehandelt werden. Diese Entscheidung muss er in erster Linie an medizinischen Kriterien festmachen. Er vergleicht nach seinen medizinischen Kenntnissen die jetzige Lage der Zwillinge (Verwachsungsgrad, Alterserwartung im verbundenen Zustand, psychologische Belastung durch das andauernde Verbundensein etc.) mit der hypothetischen Lage der nach der Operation der dann getrennten Zwillinge (anatomische Verhältnisse und deren Auswirkungen für die Zukunft, eventuell entstehende geistige Behinderungen etc.). Nicht zu vergessen ist zugleich sein Gewissen bzw. sein ethisches Verantwortungsgefühl. Zwar darf der Arzt niemandem seine moralischen Vorstellungen aufzwingen, nichtsdestotrotz ist der Arzt auch ein „normaler Mensch" und sollte stets nicht gegen sein persönliches Gewissen

---

1040 Forschner, Lexikon der Ethik, S. 118.
1041 Wortlaut des Eides bei: http://www.bundesaerztekammer.de/recht/berufsrecht/muster-berufsordnung-aerzte/medizinethik-in-der-berufsordnung/grundsaetze-aerztlicher-ethik-europaeische-berufsordnung/geloebnis-des-arztes-und-weitere-berufspflichten/.

handeln. Ja vielmehr darf man ihn schon nach dem Grundgesetz hierzu gar nicht zwingen. Auch der behandelnde Arzt kann sich auf seine Gewissensfreiheit nach Art. 4 I GG berufen. Art. 4 I GG schützt dabei nicht nur die Gewissensbildung als „Gedankenfreiheit in Gewissensfragen" („forum internum"), sondern eben zugleich die Freiheit, seinem Gewissen durch Tun oder Unterlassen zu folgen („forum externum").[1042]

Durch diese beiden Seiten, die medizinische einerseits und die persönlich-moralische andererseits, kann er in einen ethischen Konflikt geraten.

Aus diesen Gründen spricht ethisch gesehen vieles dafür, dem Arzt eine objektive Stelle an die Seite zu geben. Auch wenn diese ihm weniger bei der Operation selbst und der Verantwortung hierbei helfen kann, so kann sie zumindest im Vorfeld mit ihm zusammen eine genaue Analyse durchführen. Ebenso könnte der Arzt durch eine Genehmigung des Ergänzungspflegers bzw. des Familiengerichts eventuell beruhigter vorgehen. Es muss nämlich alles unternommen werden, um die Anforderungen an die Ärzte auf deren ursprüngliche Aufgabe zu beschränken, die im Falle der Trennung von siamesischen Zwillingen im Helfen von Menschen durch medizinische Methoden besteht.

Man überfordert die Ärzte, wenn man von ihnen verlangt, eine genaue Abwägung durchzuführen, sich rechtlich dafür abzusichern, diese Abwägung mit den Eltern zu besprechen und sich von diesen den Eingriff genehmigen zu lassen und auch noch zu operieren. Um den Ärzten zu helfen und so zugleich ein Stück des Drucks von ihnen zu nehmen, könnten die medizinischen Analysen im Vorfeld durchgeführt und die Ergebnisse dann dem Familiengericht bzw. Ergänzungspfleger mitgeteilt werden. Im weiteren Fortgang würde sich das Gericht bzw. der rechtliche Vertreter mit den Eltern und der Ethikkommission auseinandersetzen. Anhand der medizinischen Erkenntnisse, aufgrund der Abwägung der verschiedensten prognostischen Lebensqualitäten und anhand der rechtlichen Beurteilung muss schließlich eine Entscheidung getroffen werden. Die Operation selbst würde dann freilich wieder das Ärzteteam durchführen. So verteilt man die Entscheidungslast auf mehrere Instanzen, um zu einem differenzierten Ergebnis zu kommen, das alle Seiten und Beteiligte einbezieht, reflektiert und diesen gerecht zu werden versucht.

Beachtet werden muss darüber hinaus jedoch, dass auch eine Nichtdurchführung eine Entscheidung darstellt. Der Zwang einer Entscheidung eines grausamen Schicksals kann in keinem Fall ausgewichen werden, wenn eine Trennung chirurgisch überhaupt denkbar ist, da ebenso für das Belassen des naturgegebenen, aber

---

1042 ErfK/*Schmidt*, GG, Art. 4, Rn. 62.

eben änderbaren Zustands der Säuglinge die für das Kindeswohl Zuständigen die Verantwortung zu tragen haben.[1043]

Aus diesem Grund kann der Trennungseingriff allein über eine umfassende Abwägung im Einzelfall von dessen Folgen mit denen seiner Unterlassung legitimiert werden.[1044]

Wie bereits im rechtsdogmatischen Teil festgestellt, ist bei der Entscheidung über die Vornahme einer Trennungsoperation ausschließlich auf die Interessen der Kinder abzustellen. Um dies zu gewährleisten, ist es sicherlich förderlich, dass Eltern und Ärzte „an einem Strang ziehen". Bei deren Abwägung müssen sie innerhalb der Rechtfertigung Aspekte wie Operationsrisiken, Lebensdauer sowie zukünftige Lebensqualitäten beachten.[1045]

Typische spezifische Operationsfolgen sind vor allem Verstümmelungen, temporäre offene Hautstellen und lebenslange Inkontinenz bei mindestens einem der Zwillinge.[1046] Ein besonderes Risiko von Infektionen ergibt sich häufig durch lebensbedrohliche Haut-, Knochen- und Muskelwunden.[1047] Daraus lässt sich schließen, dass die Hauptproblematik der elektiven Trennungsoperationen meist bei der Weichteildeckung der Bauch- und Brustwanddefekte liegt.[1048] Denn die Verstümmelungen können zwar teilweise gravierend sein, wie beispielsweise der Verlust eines Beines, um dieses als Hautspender nutzen zu können, doch muss gesehen werden, dass der Zwilling beispielsweise das Bein auch im verbundenen Zustand z. B. aufgrund der Anatomie nicht nutzen kann.

Ein weiteres Abwägungskriterium ist die Lebensdauer. Der verbundene Zustand und die voneinander abhängigen Blutkreisläufe wirken sich oft negativ auf die Lebensdauer der Zwillinge aus.[1049] Durch eine längere gegenseitige Gewöhnung der Blutkreisläufe und des Säfteaustausches werden diese nachteiligen Auswirkungen daraus immer gravierender, wobei hier unter nachteilig das Auftreten von Krankheiten mit lebensverkürzender Wirkung verstanden wird.[1050]

Der entscheidendste und zugleich für diese Problematik spezifischste aller Abwägungspunkte ist die Abwägung zukünftiger Lebensqualitäten der siamesischen

---

1043 Merkel (Fn. 5), S. 615.
1044 Ebda.
1045 Koch, GA 2011, 129, 131; Merkel (Fn. 5), S. 614 f.
1046 Wolf (Fn. 3), S. 114.
1047 Filler, Semin Perinatol 10 (1986), S. 89; Stringer/Capps, Conjoined twins, S. 559 f.
1048 Weishäupl (Fn. 2), S. 90.
1049 Wolf (Fn. 3), S. 114.
1050 Weishäupl (Fn. 2), S. 29 spricht hier z. B. von Nierenentzündungen, Nierenversagen oder Sepsis.

Zwillinge. Wie bereits erwähnt, stellt auch der verbundene Zustand eine Behinderung für die Zwillinge dar. Daher geht es bei der Abwägung der verschiedenen Lebensqualitäten um die Behinderungen, die die Zwillinge im verbundenen Zustand haben und um die Behinderungen, die sie infolge der Trennungsoperationen haben.[1051] Die Behinderungen, die nach unterschiedlichen Expertenmeinungen[1052] das geringere Übel darstellen, sind zu wählen. Das je nach Fall unterschiedlich zusammengestellte Expertenteam aus Ärzten trägt in Wirklichkeit die Entscheidungslast dieser Entscheidung. Denn sie sind es, die die Eltern und gegebenenfalls ebenso ein hinzugezogenes Gericht aufklären müssen, eine Empfehlung für oder wider einer Trennungsoperation abgeben müssen und die die Operation mit all deren Konsequenzen (Verstümmelungen, Infektionen etc.), wenn sich die Sorgeberechtigten für eine solche aussprechen, ausführen müssen.[1053]

Daher erscheint Merkels[1054] Aussage, dass die zu bewältigende Aufgabe rein normativer Natur und damit nicht klinischer Natur sei, schwer vertretbar. Es handelt sich hierbei vielmehr um ein Zusammenspiel aus beiden Bereichen.[1055]

Berechtigterweise wird hier allerdings von Merkel die Frage gestellt, „wie ist es, in engster, praktisch zur Immobilität zwingender körperlicher Fusion mit einem anderen Menschen zu leben und mit diesem ein (irgendwie) gemeinsames Sexualorgan zu teilen?"[1056]

Wie bereits erörtert gibt es hierfür keine generelle Antwort. Da jedes siamesische Zwillingspaar in anderer Weise verbunden ist, und daher zugleich in unterschiedlichster Weise dadurch eingeschränkt ist, hängt diese Entscheidung vom Einzelfall ab.

Diese beiden Sichtweisen müssen in die Abwägung miteinbezogen werden. Denn Individualität und körperliche Integrität sind zwar in der Verfassung festgelegte Grundwerte, jedoch dürfen sie in der Abwägung hinsichtlich der Vor- und Nachteile einer Trennungsoperation nur als ein bedeutender Faktor mit einfließen, allerdings nicht die alleinige Haupterwägung darstellen.[1057]

1051 Wolf (Fn. 3), S. 115.
1052 Campell, Singapore Med J 50 (2009), S. 454 spricht hier von internationalen Expertenmeinungen, die hinsichtlich der möglichen Ergebnisse einer Trennungsoperation im Einzelfall eingeholt werden müssen.
1053 Wolf (Fn. 3), S. 115.
1054 Merkel (Fn. 5), S. 615.
1055 So auch Wolf (Fn. 3), S. 115.
1056 Merkel (Fn. 5), S. 623.
1057 Bratton/Chetwynd, JME 39 (2004), S. 279 ff.

Joerden[1058] bringt die Problematik auf den Punkt, indem er bemerkt, dass es hier „letztlich nur darauf ankommen (kann) [...], welches die vielversprechendere Alternative für beide darstellt [...]. Diese Fälle unterscheiden sich damit letztlich wiederum nicht von denen einer zu Heilungszwecken vorgenommenen Operation an einem Kind."

Ein weiterer wichtiger Aspekt ist die Tatsache, dass sich „ein längeres Abwarten sowohl psychologisch als auch physisch nachteilig auswirken könnte, nicht zuletzt weil sich bestehende Haltungsanomalien mit zunehmendem Alter verstärken können und die Beweglichkeit (beispielsweise) im Oberkörperbereich abnehmen kann."[1059]

Laut einiger Mediziner[1060] sind Trennungsoperationen von siamesischen Zwillingen aufgrund der körperlichen und psychischen Behinderungen im verbundenen Zustand sogar in hochriskanten Fällen zulässig, selbst wenn die Zwillinge erhebliche Verstümmelungen erleiden, die anschließend durch zahlreiche Nachoperationen behandelt werden müssen.[1061] Was jedoch nur schwer vorhersehbar sein wird, ist der Verlauf des weiteren Lebens sowie die körperliche und geistige Entwicklung von getrennten siamesischen Zwillingen.[1062] Diese Aspekte sind bei jedem Zwillingspaar unterschiedlich zu beurteilen und sind vor allem abhängig vom Schweregrad der Behinderung.[1063] Je nachdem sind oftmals ebenfalls postoperative Nach- und Korrekturoperationen notwendig,[1064] die hier zwingend mit in die Abwägung einbezogen werden müssen.

Nach den Recherchen der Medizinerin Weishäupl[1065] kann man zusammenfassend sagen, „dass die Prognose bei Thorako- und Omphalopagen, wenn sie die Trennungsoperationen er- und überleben, am günstigsten ist. Ihre Lebensqualität ist seltener durch bleibende Schäden beeinträchtigt, als es bei Ischiopagen der Fall ist. Hier führen vor allem orthopädische Probleme und Defekte im Urogenitalbereich zu Behinderungen und einer oftmals sehr eingeschränkten Lebensqualität." Generell ist es allerdings der spezifische Einzelfall, der über eine mögliche Durchführung einer Trennungsoperation entscheidet.

1058 Joerden (Fn. 12), 119, 124.
1059 Weishäupl (Fn. 2), S. 87.
1060 Stringer/Capps, Conjoined Twins, S. 558 f.
1061 Wolf (Fn. 3), S. 116 f.
1062 Wolf (Fn. 3), S. 117.
1063 Weishäupl (Fn. 2), S. 28 ff..
1064 Weishäupl (Fn. 2), S. 92 f., 105.
1065 Weishäupl (Fn. 2), S. 105.

2. Elektive Trennungsoperation unter Opferung eines Zwillings

In der zweiten Fallkonstellation hat der Arzt eine „Schicksalsrolle", in der er sich gezwungen sieht, eine Entscheidung über Leben und Tod abverlangt.[1066]

Hinzu kommt noch, dass keine akute Lebensbedrohung für die Zwillinge besteht. Denn die durch eine unmittelbare Lebensgefahr für beide Säuglinge erzwungene Operation und die hierbei unvermeidbare „Opferung" eines von ihnen dürfte eher zu rechtfertigen sein, als die (relativ) freie Wahl des „Ob" und „Wann" einer Trennung, die für die „Befreiung" des einen Zwillings den anderen mit seinem Leben bezahlen lässt.[1067]

Bei der elektiven Trennungsoperation unter Opferung eines der Zwillinge muss auf zwei Stufen eine Entscheidung gefällt werden – zum einen die Entscheidung bezüglich des „Ob" der Trennung, zum anderen auch die Frage des „Wann", also des Zeitpunkts der Trennungsoperation. Bei der symmetrischen Gefahrengemeinschaft oder bei der Verteilung von singulär vorhandenen Organen oder Extremitäten gibt es zusätzlich noch eine dritte Stufe, nämlich die Frage des „Wer", also wer welches Organ sowie welche Extremität erhält bzw. bei der symmetrischen Gefahrengemeinschaft eben auch wer überlebt.

Wenn man sich nun die Konstellation, wie man sie bei der elektiven Trennungsoperation unter Opferung eines Zwillings findet, betrachtet, so ergeben sich folgende Aspekte: Da siamesische Zwillinge beispielsweise mit fusionierten Herzkammern im ungetrennten Zustand erfahrungsgemäß nur wenige Monate überleben können, besteht bei diesen in gewissem Sinne eine permanente, wenngleich noch nicht akut zugespitzte Todesgefahr.

Aufgrund der Tatsache, dass diese Todesgefahr unabwendbar war und ein Aufschieben der Trennung bis zum Zeitpunkt der akuten Lebensgefahr zusätzliche Risiken geschaffen hätte, reduzieren sich die Möglichkeiten einer vernünftigen Entscheidung für die Ärzte auf das folgende Dilemma:[1068] Entweder beide Zwillinge in naher Zukunft sterben zu lassen oder eines von ihnen in einer möglichst baldigen Trennungsoperation mit hoher Wahrscheinlichkeit zu opfern bzw. nicht retten zu können und wenigstens das andere zu retten oder auf den Notfall zu warten und dann zu trennen. Nach einer Entscheidung für die mittlere Option wären es nur noch medizinische Erwägungen, die die Wahl des zu rettenden und des zu opfernden Kindes bestimmten.[1069] Auch wenn der Anteil solcher

---

1066 Merkel (Fn. 5), S. 617.
1067 Ebda.
1068 Ebda.
1069 Merkel (Fn. 5), S. 617.

vorher geplanten „Opferungen" an der Gesamtzahl der Trennungsoperationen bei siamesischen Zwillingen nach einem umfassenden Report aus Amerika über alle in der Literatur bis zum Jahr 1988 beschriebenen Trennungen gemessen nur etwa bei knapp 10 %[1070] liegt, so ist dieser nicht vernachlässigbar gering. Bei der letztgenannten Wahl, dem Abwarten auf die Nottrennung, würde die Überlebenschance enorm sinken.

Die zuständigen Ärzte sind der Meinung, man könne die ethische Entscheidung solcher Fälle vollständig auf klinische Determinanten abschieben.[1071] So schreibt James O'Neill vom „Philadelphia Childrens Hospital": „Gewöhnlich sind es die Fälle der fusionierten Herzen, in denen die Frage akut wird, ob einer der beiden Zwillinge geopfert werden soll, damit der andere ein potenziell normales Leben führen kann. [...] Gibt es hinreichend genaue und objektive medizinische Kriterien zur Bestimmung signifikant besserer Überlebenschancen eines der Zwillinge, dann dürfte wohl in jeder Perspektive der Trennungsversuch gerechtfertigt sein – zumal dann nicht eigentlich die Operation, sondern vielmehr der Zustand der Zwillinge festlegt, welcher von ihnen überleben wird."[1072] Dies bedeutet, dass die Ärzte hiernach nicht explizit entscheiden, ob die Trennung vorgenommen wird und damit einhergehend einer der Zwillinge vielleicht sterben muss. Vielmehr ist der Zustand ausschlaggebend, dass nur einer überlebt bzw. wer von beiden überlebt.

Das aber ist nach Merkel ein zweifacher Irrtum: „Die schlechtere Überlebensprognose eines der beiden Zwillinge allein kann, bevor sie zur manifesten Bedrohung beider geworden ist, schwerlich seine Tötung zugunsten des anderen rechtfertigen. Und an „objektive medizinische Kriterien" lässt sich eine solche Entscheidung keinesfalls delegieren. Denn der „Zustand der Zwillinge" kann die Selektion des einen für ein „potenziell normales Leben" und des anderen für den Tod offensichtlich erst dann festlegen, wenn zuvor die Trennungsoperation beschlossen und damit die Selektionsaufgabe überhaupt erst gestellt worden ist. Dieser ärztliche Beschluss entscheidet daher, ob einer der Zwillinge sterben muss; deren „Zustand" entscheidet allenfalls, welcher von ihnen die schlechtere Ausgangslage hat. Daher kann der Beschluss zur Trennung zugleich als einer zur Tötung des sterbenden Kindes gerechtfertigt werden – oder eben gar nicht."[1073]

1070 Die vollständige Liste aller Fälle bei Hoyle, Surgical Separation of Conjoined Twins, Surgery, Gynecology & Obstetrics 170 (1990), 552–557).
1071 Merkel (Fn. 5), S. 618.
1072 O'Neill et al., Surgical Experience with Thirteen Conjoined Twins, Annals of Surgery 208 (1988), S. 308.
1073 Merkel (Fn. 5), S. 619.

Hier muss allerdings m. E. nach beachtet werden, dass dies in der Medizin regelmäßig die Problematik sein dürfte. Denn z. B. bei einer Organtransplantation ist die Entscheidung für oder gegen eine solche zugleich eine Entscheidung für oder gegen die Hinnahme des Todes. Darüber hinaus wird diese nicht erst durchgeführt, wenn beim Empfänger der Sterbeprozess bereits begonnen hat, sondern so früh wie möglich, damit der Empfänger die größtmöglichen Heilungschancen hat. Und auch bei der Organtransplantation entscheidet der Zustand des Patienten, ob eine Transplantation tatsächlich möglich ist. M. E. kann man die Aussage des Arztes auch nicht so verstehen, dass dieser sich nicht bewusst ist, dass der Beschluss zur Trennung nur als Beschluss zur Tötung gerechtfertigt werden muss. Es handelt sich um Mediziner, deren Aufgabe es ist, in diesem Fall alle medizinischen Kriterien, die für eine solche Entscheidung relevant sein könnten, aufzuzeigen.

Die Entscheidung darüber soll und muss m. E. aber, gerade weil es sich – falls die Entscheidung zulässig ist – um einen Beschluss zur Tötung eines der Zwillinge handelt, von (einer) objektiven Stelle(n), die ebenso die rechtliche Beurteilung einer solchen Tötung bewerten kann bzw. können, entschieden werden. Es ist wichtig, hier zugleich eine Ethikkommission, wie es in anderen Ausnahmesituationen schon gemacht wird, anzuhören. Diese hat mit solchen ethischen Konstellationen Erfahrung und kann diese heikle Lage aufgrund deren unterschiedlicher Zusammensetzung aus den verschiedensten Blickwinkeln beleuchten, um so ein umfassendes Bild zu erhalten, auf dessen Grundlage Ergänzungspfleger, das Familiengericht, Ärzte und Eltern beschließen können.

Diese schwierige ethische und auch juristische Lage darf nicht auf den Schultern eines Ärzteteams oder von Eltern abgelegt werden, die sich im Zweifel sogar strafbar machen könnten, obwohl der Tod eines der Zwillinge m. E. wahrscheinlich für diese bereits Strafe genug sein dürfte. Die Eltern verlieren eines ihrer Kinder und die Ärzte, die eigentlich Leben retten wollen und sollen, verlieren den Kampf um das Leben eines Menschen.

Was diesen Befund noch mehr zum Dilemma macht, ist der bereits erwähnte Umstand, dass langfristige Überlebenszeiten bei ungetrennten Zwillingen bislang noch nicht beobachtet worden sind.[1074]

1074 Ebenso wenig übrigens wie bei echten Dizephalen; siehe dazu aber den (ungesicherten) Bericht über das jahrelange Überleben der dizephalen schottischen Brüder des englischen König James III., sowie das verbürgte Überleben der dizephalen Schwestern Ira und Galya für 1 Jahr und 22 Tage 1937 in Moskau, bei Golloday et al., Dicephalus Dipus Conjoined Twins: A surgical Separation and Review of Previously Reported Cases, J. Ped. Surg. 17 (1982), 259.

In diesem Umstand erblicken die Chirurgen regelmäßig einen legitimierenden Grund für die Trennungsoperation. „Everyone must realize", schreiben die Amerikaner Holcomb und O'Neill, „that both children would die without the separation. If separated, at least one life may be saved."[1075]

Dies entspricht einer rein konsequenzialistischen Moralauffassung. Bei den Konsequentialisten stehen materialistische Interessen- und Güterabwägungen im Vordergrund der Betrachtung.[1076] Bei den Konsequentialisten hat das Gute allenfalls sektorale Bedeutung, weil darüber hinaus ausschließlich „das sittlich richtig Errechnete" als Bilanzposten genügen soll: Das Richtige misst sich prämoralisch an einer Einschätzung, die unter verschiedenen Entwicklungsmöglichkeiten auswählt.[1077]

Für diese könnte dies als hinreichender Grund für die Trennung und die dabei in Kauf genommene Tötung eines der Säuglinge erscheinen, da es besser ist, dass einer überlebt anstatt der Tatsache, dass zwei Menschen sterben.[1078]

Somit wäre die „Bilanz" zumindest aus deren Sicht positiv. Doch ist – abgesehen von der Frage, ob dies strafrechtlich eine akzeptable Perspektive wäre – nicht einmal ganz sicher, dass einer überlebt. Sogar für strikte Konsequentialisten ist keineswegs von vornherein klar, wie viel an möglicher Lebenszeit des einen Zwillings zugunsten eines „normalen", längerfristigen Überlebens des anderen geopfert werden dürfte.[1079]

Deontologische Moraltheoretiker hingegen dürften die folgenorientierte Argumentation mit dem Ergebnis des „geringeren Übels" schon a limine verneinen.[1080] Die Deontologische Ethik, die auch auf Immanuel Kant zurückzuführen ist, bezeichnet eine Klasse von ethischen Theorien, die prinzipiell Handlungen unabhängig von ihren Konsequenzen betrachtet und diese intrinsisch als gut oder schlecht versteht. Entscheidend ist hierbei zudem, ob sich die Handlung aus einer verpflichtenden Regel begründet und ob sie aufgrund dieser Verpflichtung begangen wird.[1081]

1075 Holcomb/O'Neill, Conjoined Twins in: Ashcraft/Holder (Hrsg.), Pediatric Surgery, 1993, S. 951; ähnlich O'Neill et al. Surgical Experience with Thirteen Conjoined Twins, Annals of Surgery 208 (1988), S. 308.
1076 Hohn, BB 1991, 2290, 2295.
1077 Wendeling-Schröder, 1988 1742; Lenk/Rophol, Reclam 1987, S. 112 ff.
1078 Merkel (Fn. 5), S. 619 f.
1079 Hinzu kommt, dass die verschiedenen Spielarten des Konsequenzialismus – vor allem die des sog. Akt- und die des Regelutilitariums – hier wohl zu unterschiedlichen Beurteilungen der Situation kämen, Merkel (Fn. 5), S. 619, Fn. 39.
1080 Merkel (Fn. 5), S. 619.
1081 C.K. Odgen: Five Types of Ethical Theory, London 1930, S. 206.

Wenn es eine Verpflichtung gibt, aus der sich heraus eine Handlung begründet und die aus sich selbst heraus entweder gut oder schlecht ist, wie lässt sich dies auf die Trennung oder Nichttrennung der Zwillinge anwenden?

Hier gibt es ethisch gesehen zwei Handlungen, die gesehen werden können: (1) Die Trennung als Handlung und (2) die Nichttrennung als Handlung. Dabei liegt bei beiden Handlungen dieselbe Verpflichtung mit nur unterschiedlichen Konsequenzen zugrunde, nämlich das Wohl bzw. das Leben der Kinder. Bei der Trennung geht es um die Verpflichtung ein (längeres) Leben des überlebenden Zwillings zu erhalten. Bei der Nichttrennung geht es ebenso um die Verpflichtung Leben zu retten, nämlich zwei Leben zumindest für kurze Zeit zu bewahren.

Danach wären doch auch die beiden Handlungen aus sich heraus/intrinsisch jeweils gut oder schlecht; nur die Konsequenzen, die die deontologische Perspektive gar nicht einbezieht, würden erst zum ethischen Problem werden.

Daher ist es aus ihrer Sicht keineswegs erkennbar, dass das Überleben wenigstens eines der Zwillinge gegenüber dem Tod beider das „geringere Übel" wäre.[1082]

Im Falle der Nichtdurchführung der Trennung wäre das Sterben beider Zwillinge als „Werk der Natur" oder als Schicksal definierbar, das nicht verantwortet werden müsste, während im ersteren Fall der Tod des einen Kindes als Tötung durch andere Menschen in deren Verantwortungsbereich fiele.[1083] Man kann allerdings die vorsätzliche Tötung nur eines einzigen Menschen im Vergleich zum schicksalhaften Sterben hiernach durchaus als „größeres Übel" qualifizieren, nämlich als eines, das eine fundamentale rechtliche und ethische Gesetzmäßigkeit verletzt: Das Verbot der aktiven Tötung eines Menschen.[1084] Man kann dies hiernach allerdings auch genau andersrum sehen.

Denn gegen den Ansatz der deontologischen Ethiker muss vorgebracht werden, dass die Bedeutung des Sterbens der ungetrennten Zwillinge als „naturgegeben" und „schicksalhaft" in diesem Fall nicht verpflichtend ist, da dieser durch die Opferung eines der Zwillinge abwendbar ist, weswegen selbst nach den Deontologen die Nichtabwendung grundsätzlich genauso verantwortet werden muss wie die Alternative der aktiven Tötung.[1085] Dieses Ergebnis ergibt sich dadurch, dass beide Alternativen (Trennung und Nichttrennung) ethisch als Handlungsalternativen qualifiziert sind und zwar unabhängig von deren Konsequenzen.

1082 Merkel (Fn. 5), S. 620.
1083 Ebda.
1084 Ebda.
1085 Dies gilt jedenfalls, wenn die zur Abwendung, nämlich zur Trennungsoperation Befähigten grundsätzlich zur Erhaltung des Lebens beider Kinder verpflichtet (strafrechtlich: Garanten) sind; das ist hier aber zweifelsfrei der Fall, Merkel (Fn. 5), S. 619.

Ebenso ist es m. E. richtig, wenn Merkel sagt: „Die Behauptung, diese Alternative bestehe eben wegen des „absoluten" Verbots der Tötung überhaupt nicht, ist ersichtlich eine petitio principii: Ob das auch in einem solchen Fall zutrifft, darum gerade wird ja gestritten".[1086]

In der deutschen Rechtswissenschaft hingegen wird das Prinzip des kleineren Übels auf der Rechtfertigungsebene bei der Gefahr eines Menschenlebens nahezu verworfen. Im Hinblick auf die „NS-Anstaltstötungen" stellte der BGH hierzu fest: „Der herrschenden, von der christlichen Sittenlehre her bestimmten Kulturanschauung widerspricht es, den für die Erhaltung von Sachwerten angemessenen Grundsatz des kleineren Übels anzuwenden und den rechtlichen Unwert der Tat nach dem sozialen Gesamtergebnis abzuwägen, wenn Menschenleben auf dem Spiele stehen."[1087] Im deutschen Notstandsrecht wird vielmehr auf den Gefahrenursprung abgestellt.

Es reicht hier nicht, entweder den Konsequentialisten oder den Deontologen zu folgen. Es bedarf m. E. letztlich vielmehr einer Kombination aus beiden ethischen Ansätzen, da sowohl die Motivation als auch die Konsequenzen von Relevanz für die Entscheidung bezüglich der Trennung oder Nichttrennung von siamesischen Zwillingen sind.

Die Frage ist nun, welches Ergebnis sich daraus ergibt. Der Arzt befindet sich in einer Ausnahmesituation. Er möchte generell der Ethik seines Berufs entsprechend die Goldene Regel befolgen und nach dem Grundsatz „Behandle andere so, wie du von ihnen behandelt werden willst" handeln.[1088] Jedoch ist die praktische Umsetzung dieser Regel hier unmöglich, denn sie kann nicht gegenüber beiden Zwillingen gleichzeitig eingehalten werden. Dem ethischen Grundsatz der Goldenen Regel kann hier also nicht (insgesamt) entsprochen werden. Er muss nach seinem Eid „seine beruflichen Kenntnisse nur zur Verbesserung oder Erhaltung der Gesundheit der Menschen (…) einsetzen. Er darf in keinem Fall zu ihrem Schaden tätig werden."[1089] Sowohl durch das Handeln (Trennen) als auch durch das Nichthandeln (Unterlassen) kann er seinem Eid nur bedingt gerecht werden. In erster Linie geht es im Eid ungeachtet dessen immer um das Wohl des Patienten und um das Handeln gegenüber dem Patienten mit bester Absicht. Dieses muss

---

1086 Merkel (Fn. 5), S. 619.
1087 OGHSt 1, 321, 334; BGH NJW 1953, 514.
1088 Forschner, Lexikon der Ethik, S. 118.
1089 Wortlaut des Eides bei: http://www.bundesaerztekammer.de/recht/berufsrecht/muster-berufsordnung-aerzte/medizinethik-in-der-berufsordnung/grundsaetze-aerztlicher-ethik-europaeische-berufsordnung/geloebnis-des-arztes-und-weitere-berufspflichten/.

der Arzt grundsätzlich verfolgen, ohne dabei den Patienten seine eigenen Wertevorstellungen aufzudrängen.

Eventuell könnte das Prinzip der Doppelwirkung dem Arzt bei der Entscheidungsfindung helfen. Danach wäre eine Handlung mit sowohl (moralisch) schlechten wie auch (moralisch) guten bzw. (moralisch) neutralen Folgen dann moralisch erlaubt, wenn die schlechten Folgen nur unbeabsichtigte Nebenfolgen sind.[1090] Nach Ricken müssen die folgenden vier Bedingungen erfüllt sein, damit die Verursachung eines Übels sittlich erlaubt ist: 1. Die Handlung an sich, abgesehen vom vorhergesehenen Übel, muss sittlich gut oder sittlich indifferent sein. 2. Die handelnde Person beabsichtigt die gute Wirkung der Handlung; die schlechte Wirkung wird nur vorhergesehen. 3. Die schlechte Wirkung darf kein Mittel sein, um die gute Wirkung hervorzubringen, d. h. entweder dass die schlechte Wirkung nur eine Folge der guten Wirkung ist, oder dass sich die schlechte Wirkung in gleicher Unmittelbarkeit wie die gute Folge ergeben muss. 4. Das vorhergesehene Übel muss durch einen entsprechend schwerwiegenden Grund aufgewogen werden.[1091] Für unseren Fall heißt das, dass ein Arzt, der mit Rettungsabsicht den moribunden Zwilling tötet, moralisch gerechtfertigt ist, wenn der Tod des moribunden Zwillings unmittelbar die Rettung des anderen Zwillings bedeuten würde und wenn der Tod des moribunden Zwillings durch das Leben des anderen Zwillings schwerwiegend aufgewogen werden würde.

Um die letzte Frage zu beantworten, muss der Arzt eine Abwägung durchführen. Zum einen muss er zwischen dem Lebensschutz des einen Zwillings und dem Lebensschutz des anderen Zwillings abwägen. Zum anderen muss er bezüglich des moribunden Zwillings zwischen dem obersten Gebot der Lebenserhaltung einerseits, aber auch einem menschenwürdigem Sterben bzw. Leid ersparen andererseits entscheiden. Er muss nach den medizinischen Kriterien beurteilen, wie ein künftiges (kurzes) Leben für beide Zwillinge wahrscheinlich aussehen würde. Es stellen sich also auch Fragen, wie beispielsweise: Würde es im Falle der Nichttrennung ein langsamer dahinschleichender Tod für beide Zwillinge werden, und könnte er dadurch noch seinem Eid gerecht werden, den Patienten Leiden zu ersparen. Fraglich ist somit, ob es menschenwürdiger ist, zwei Leben für kurze Zeit noch leben zu lassen, oder einem Zwilling ein relativ „normales" Leben zu ermöglichen und dem anderen einen kurzen und schmerzlosen Tod, wodurch diesem zugleich Leiden erspart werden könnten. Hinzu kommt noch

---

1090 Ricken, Allgemeine Ethik, S. 304 ff.; Kuhse, Die „Heiligkeit des Lebens" in der Medizin, S. 117 f.
1091 Ricken, Allgemeine Ethik, S. 304 f.

die besondere Schutzbedürftigkeit, die sich aufgrund der Minderjährigkeit der Kinder ergibt. Säuglinge und Kleinkinder können keinen Willen äußern, nach dem der Arzt schließlich entsprechend handeln könnte. Sollte der Arzt dann auf den Willen und die Werte der Sorgeberechtigten zurückgreifen? Grundsätzlich sollte er in einer Linie mit dem (mutmaßlichem) Willen des Patienten handeln. Dieser ist hier jedoch nicht feststellbar. Bei einer Entscheidung über Leben oder Tod ist dies anders als bei Körperverletzungen, wie beispielsweise Beschneidungen.[1092] Das Leben ist das höchste Rechtsgut. Es darf nicht aufgrund der religiösen oder moralischen Vorstellungen der Sorgeberechtigten eingeschränkt werden. Ausschlaggebend ist das Wohl der Patienten.

Diese Entscheidung, was dem Wohl entspricht, muss der Arzt in erster Linie an medizinischen Kriterien festmachen. Er vergleicht nach seinen medizinischen Kenntnissen die jetzige Lage der Zwillinge (voraussichtliche Lebensdauer, voraussichtliches „Leiden" vor dem Tod etc.) mit der hypothetischen Lage nach der Operation. Nicht zu vergessen ist allerdings gleichwohl sein Gewissen. Zwar darf der Arzt niemandem seine moralischen Vorstellungen aufzwingen, nichtsdestotrotz ist der Arzt ein „normaler Mensch" und sollte stets nicht gegen sein persönliches Gewissen handeln. Daher lehnte bspw. der Münchener Kinderchirurg Hecker eine Trennung von zweibeinigen Ischiopagen ab, weil die Trennung auch im Fall ihres optimalen Gelingens einen der Zwillinge ohne Unterleib zurückgelassen hätte und er dieses „Ergebnis" nicht mit seinem Gewissen vereinbaren konnte.[1093]

Durch diese beiden Seiten kann er in einen ethischen Konflikt geraten.

Feststeht jedoch, dass rechtsethisch gesehen, eine Trennung eben unter einer genauen Abwägung aller Kriterien grundsätzlich auch in diesem Fall in Frage kommt.

3. Nottrennung unter Opferung eines Zwillings

Schließlich bleibt noch die dritte Fallkonstellation, die es rechtsethisch zu betrachten gilt. Steht nun der Tod beider kurz bevor, stellt sich wiederum die Frage, ob der Tod eines der Zwillinge durch eine sofortige Trennung tatsächlich das „geringere Übel" ist oder das baldige Sterben beider als „Werk der Natur oder Schicksal" verstanden werden kann.

1092 Durch den neu eingeführten § 1631d BGB hat der Gesetzgeber seinen Willen bekundet, dass Sorgeberechtigte in nicht medizinisch indizierte Beschneidungen von männlichen Kinders unter bestimmten Voraussetzungen einwilligen dürfen.
1093 Pers. Mitteilung Professor Hecker an Merkel; Merkel (Fn. 5), S. 614.

Nach der utilitaristischen Moralphilosophie (Unterform der Konsequentialisten)[1094] ist die Befolgung von Handlungs – und Unterlassungspflichten bei gleicher Wertigkeit der jeweils betroffenen Interessen gleich wichtig, wonach sogar die Pflichtenkollision greifen würde.[1095] Allerdings besteht zugleich die Frage, ob nicht auch vom Arzt eine Entscheidung über Leben und Tod abverlangt wird, die er nicht treffen kann.[1096] Es lässt sich aber einwenden, dass Ärzten solche Entscheidungen nicht unbekannt sind. Gerade bei großen lebensgefährlichen Unfällen müssen Ärzte blitzschnell entscheiden, wem sie helfen und wem nicht mehr geholfen werden kann.

Hier muss der Arzt zumindest eine Stufe weniger als im Fall 2 beurteilen, da die Frage des „Wann" der Operation aufgrund der dringenden Gefahrenlage ohne Zweifel feststehen dürfte. Es kann nicht argumentiert werden, der Arzt müsse warten bis der schwächere – der ohnehin nach der Trennung nicht lebensfähige – Zwilling gestorben ist, um dann erst die Trennung durchzuführen. Diese Argumentation ist entschieden abzulehnen, da der Arzt zum einen nicht wissen kann, welcher von beiden Zwillingen zuerst stirbt, und zum anderen der Organismus des überlebenden Zwillings durch die Giftstoffe des verstorbenen Zwillings zusätzlich geschwächt werden würde.

Für einen deontologischen Ethiker kann sich auch durch die akute Gefahrenlage am strikten Verbot der Trennungsoperation nichts ändern: Lebensgefahr und anschließendes Sterben der Kinder sind, da sie nur durch eine schlechterdings verbotene Handlung (die aktive Tötung) abzuwenden wären, nach wie vor als „Schicksal" zu definieren, das zwar beklagt, aber – anders als die Tötung – nicht getadelt werden kann.[1097] Für den strikten Konsequentialisten dagegen dürfte an der Erlaubnis für die einseitig tödliche Trennung erst recht kein Zweifel mehr bestehen: Das getötete Kind hätte ja auch ohne die Operation nicht (oder nur unwesentlich länger) überlebt.[1098]

Da der Argumentation der deontologischen Ethiker jedoch bereits bei der elektiven Trennungsoperation zum Nachteil eines Zwillings aus den oben genannten Gründen widersprochen wurde, gilt dieses hier erst recht. Somit könnte man m. E. – freilich abgesehen von der Tatsache, dass sich im konkreten Einzelfall Abweichungen ergeben können – ebenso rechtsethisch von einer zulässigen Trennung reden.

1094 Schröder-Bäck, Ethische Prinzipien für die Public-Health-Praxis: Grundlagen und Anwendungen, S. 86.
1095 Joerden (Fn. 12), S. 130.
1096 Weishäupl (Fn. 2), S. 97.
1097 Merkel (Fn. 5), S. 620.
1098 Ebda.

Doch kommt hier – da vor allem die praktisch relevante asymmetrische Gefahrengemeinschaft betrachtet wird – ein besonderer Umstand hinzu, der dem Strafrechtler als Kriterium des Defensivnotstands geläufig ist.

Stammt die Gefahr von einem der in die Situation Verstrickten, so darf sie grundsätzlich auch dann diesem aufgebürdet werden, nämlich zu seinen Lasten beseitigt werden, wenn sie ihm nicht als rechtswidrig, ja nicht einmal als Folge seines Verhaltens zuzurechnen ist, er also schlechterdings „nichts dafür kann", sondern vom Schicksal lediglich zur faktischen Gefahrenquelle gemacht worden ist.[1099] Darin drückt sich nicht nur ein rechtliches, sondern auch ein generelles ethisches Prinzip aus: Eine Regel der fairen Übertragung von Risiken. Danach ist jeder – jenseits des Bereichs seiner Verantwortlichkeit – in gewissem Sinne zuständig für die schädlichen Folgen seines schicksalhaften „So-Seins", und zwar insofern, als kein anderer primär verpflichtet werden kann, diese Folgen zu tragen.[1100]

Zuletzt kann man schließlich noch die Spezialproblematik des „Gallengängefalls" betrachten. Durch die „gekreuzten" Lebens- und Sterbensdispositionen bei beiden Kindern waren sie wechselseitig füreinander so sehr Todesgefahr wie Lebensbedingung.[1101]

Allein die Physiologie entschied, wer den Eingriff im Falle einer Trennung zumindest theoretisch überleben konnte.[1102] Da der Zwilling, der die akute Gefahrenursache darstellte, der nach den medizinischen Kriterien überlebensfähige Zwilling war, kam es zu einer Kollision zweier Handlungsmaximen, einerseits der normativen des Defensivnotstands (zu opfern ist, wer die Gefahr verursacht) und andererseits der physiologischen des medizinisch Machbaren (zu opfern ist, wer nicht zu retten ist).[1103]

1099 Siehe Roxin, AT/I, § 16 Rn. 73 ff.; Otte, Defensivnotstand, S. 102 ff.; Hruschka, Strafrecht nach logisch-analytischer Methode, S. 78 ff.; NK-StGB/*Neumann*, § 34 StGB, Rn. 86 ff.

1100 Das gilt sub specie iuris daher lediglich soweit, wie solche unbeteiligten Dritten nicht (rechtlich) zur Solidarität mit dem „Gefahrenproduzenten" verpflichtet sind, also außerhalb der Grenzen dessen, was ihnen dieser im Notstand gem. § 34 StGB zumuten dürfte oder was sie per allgemeine Hilfepflicht (§ 323c StGB) von sich aus leisten müssten. Die Schwierigkeit, diese Grenzen im Einzelfall zu bestimmen, mag hier auf sich beruhen, denn die Opferung des eigenen Lebens kann keinesfalls dazu gehören. (Jedenfalls gilt dies auch für moralische Hilfspflichten), Merkel (Fn. 5), S. 621.

1101 Merkel (Fn. 5), S. 622 f.

1102 O'Neill et al., Surgical Experience with Thirteen Conjoined Twins, Annals of Surgery 208 (1988), S. 308.

1103 Merkel (Fn. 5), S. 622.

Eine Tötung des „Zuständigen" (hier auch geretteten) Zwillings wäre aber zumindest nach der Meinung der Konsequentialisten abwegig gewesen. Trotz der Tatsache, dass der sterbende Zwilling ebenso im Falle der Nichttrennung gestorben wäre, gab es dennoch keine Situation des „ultra posse nemo obligatur", da eine weitere Entscheidungsmöglichkeit in jedem Fall vorhanden war: Nämlich gar nicht zu handeln und beide Kinder sterben zu lassen.[1104] Diese letzte Option würde man als deontologischer Ethiker vertreten, jedoch nicht als Konsequentialist.

Die entscheidende Frage ist also gewesen: Welche Verfahrensweise ist hier ausschlaggebend? (Strikt nach den Regeln des Defensivnotstandes wäre eine solche Maßnahme nicht gerechtfertigt gewesen.).

Eine Kombination wäre schließlich die Annahme einer Entschuldigung aufgrund des übergesetzlichen Notstandes.[1105] So würde man mit der Einordnung der Trennung als unrechtmäßiges Verhalten teilweise den Deontologen entsprechen und mit der Annahme eines Entschuldigungsgrundes damit teilweise den Konsequentialisten. Es wäre fatal, hier eine Rechtfertigung anzunehmen, da dies m. E. dem Zeichen und der Bedeutung, den der Defensivnotstand ausstrahlt, klar zuwiderlaufen würde und daher nicht als rechtmäßiges Verhalten angesehen werden kann. Hier darf zumindest nach den Konsequentialisten nachvollziehbares nicht mit rechtmäßigem Verhalten verwechselt werden.

In der Fallgruppe 3 geht es um einen Notfall. Beide Kinder schweben bereits in Lebensgefahr. Auch nach dem Prinzip der Handlung mit Doppelwirkung dürfte hier die Abwägung in eine Richtung gehen: Leben zu retten. Die Zielrichtung ist eine andere als im Strafrecht; es geht hier nicht rechtsdogmatisch um die These, dass jede Sekunde eines Lebens grundsätzlich durch die §§ 211 ff. StGB zu schützen ist und im Falle des Nichtbefolgens Sanktionen drohen. Hier geht es um den Grundsatz der Lebenserhaltung. Der Arzt muss auf der Grundlage der medizinischen Kriterien seinen Eid, der auf Lebenserhaltung gerichtet ist, möglichst erfüllen. Durch die Durchführung einer Nottrennung wird er m. E. seinem Eid „gerechter" als bei der Nichttrennung.

4. Auswahlverfahren

Ethisch noch schwieriger wird die Entscheidung zur Trennungsoperation, wenn damit zugleich über die Zuteilung nur singulär vorhandener Organe entschieden werden muss, die zwar für ein Überleben nicht unbedingt notwendig sind, deren

---

1104 Merkel (Fn. 5), S. 622 f.
1105 Merkel (Fn. 5), S. 637.

Fehlen jedoch mit einer gravierenden zusätzlichen Belastung der künftigen Lebensqualität und Behinderungen verbunden ist.[1106]

Insbesondere bei Ischiopagen bestehen oft noch gravierendere Probleme:[1107] Bei männlichen Zwillingen mit nur einem Sexualorgan ist zunächst fraglich, ob eine wenigstens phänotypische Geschlechtsumwandlung bei dem Zwilling, der das Sexualorgan nicht erhält, gelingen kann; hieran schließt sich die weitaus schwierigere Frage an, ob man einen Menschen geschlechtslos machen und so ins Leben schicken darf. Bei Trennungen männlicher Ischiopagen-Paare tritt diese Frage relativ häufig auf.[1108]

Aufschlussreich ist die Beobachtung, dass die Ärzte psychologisch zu Strategien der Selbstentlastung greifen, nämlich dazu, die Schärfe des ethischen Problems herunterzuspielen; so sagte der amerikanische Kinderchirurg Filler: „We had to make one a boy and one a girl, and this raised several questions among many people."[1109] In einem solchem Fall wurde jedoch kein „Mädchen gemacht", vielmehr ein geschlechtsloser Mensch.[1110] Andererseits darf ebenso nicht vergessen werden, was ein Unterlassen der Trennung für das Leben des Kindes in diesem Punkt bedeuten würde. Auch dann wäre ja eine annähernd normale Sexualentwicklung unvorstellbar, während die sonstige Lebensqualität der ungetrennten Zwillinge vermutlich bei weitem schlechter wäre.[1111]

Allerdings ist in diesem Zusammenhang zudem fraglich, wie in einem solchen Fall die Auswahl getroffen werden soll. Die Frage ist hier insbesondere, wie verfahren werden soll, wenn keine medizinischen Kriterien für die Organverteilung wie Lokalisation zur Verfügung stehen.

1106 Merkel (Fn. 5), S. 615.
1107 Merkel (Fn. 5), S. 615 f.
1108 Vergleiche neben dem hier geschilderten Fall die Darstellung desselben Problems etwa bei Spitz/Capps/Kiely, Xiphoomphaloischiopagus Tripus Conjoined Twins: Successful Separation Following Abdominal Wall Expansion, J. Ped. Surg. 23 (1991), 26, 27; Hung et al., Successful Separation of Ischiopagus Tripus Conjoined Twins, J. Ped. Surg. 21 (1986), 920, 921; O'Neill et al., Surgical Experience with Thirteen Conjoined Twins, Annals of surgery 208 (1988), 303; s. auch Cywes, Challenges and Dilemmas for a Pediatric Surgeon, J. Ped. Surg. 29 (1994), 959: Zuteilung von singulärer Blase und Anus (was – zumindest – lebenslange doppelte Inkontinenz des anderen Zwillings bedeutet).
1109 Filler, Diskussionsbeitrag, in: O'Neill et al. (Hrsg.), Surgical Experience with Thirteen Conjoined Twins, Annals of Surgery 208 (1988), S. 311.
1110 Merkel (Fn. 5), S. 616.
1111 Merkel (Fn. 5), S. 616.

Hierfür kann man die Literaturmeinung zur Verteilung von Organen bei zwei gleichen Patienten im Rahmen einer Organtransplantation heranziehen, da hier prinzipiell keine andere Situation vorliegt, mit der Einschränkung, dass maximal zwischen zwei Patienten zu entscheiden sein wird.

Im Folgenden soll es daher um den konkreten Vorschlag einer Organverteilung durch Losverfahren gehen. Die Verteilung von Organen allein nach dem Zufallsprinzip, d. h. unabhängig von jeglichen sonstigen medizinischen oder ethischen begründeten Kriterien dürfte in der Realität selten sein.

Soweit für die Einführung eines Losverfahrens plädiert wird, soll es sich hierbei vielmehr um ein subsidiäres Allokationskriterium handeln, d. h. das Los soll nur dann entscheiden, wenn zwei oder mehr Patienten nach der Anwendung aller übrigen Verteilungskriterien einen gleichrangigen bzw. fast gleichrangigen[1112] Anspruch auf das Organ geltend machen können.[1113]

Allgemein mag die Idee, die Verteilung lebensnotwendiger Organe dem Zufall zu überlassen, auf den ersten Blick äußerst befremdlich erscheinen.[1114] Da die naheliegende Assoziation zum Glücksspiel im Zusammenhang mit der Verteilung lebensnotwendiger Güter zumeist als verwerflich angesehen wird, sind entsprechende Vorschläge bisher gesellschaftlich weitgehend tabuisiert worden.[1115]

Das Losverfahren hat jedoch auch Vorteile: Während nämlich die übrigen Allokationskriterien das Ziel materieller Gerechtigkeit, dass sie alle verfolgen, letztendlich niemals vollends und v. a. niemals objektiv – d. h. von niemanden bestreitbar – erreichen können, könnte das Gerechtigkeitskonzept, auf dem das Losverfahren beruht, mit dessen Einführung tatsächlich ohne Abstriche realisiert werden.[1116] Denn mit der Organverteilung nach dem Zufallsprinzip wäre zweifelsfrei die formale Chancengleichheit aller Patienten in Form reiner und unparteiischer Verfahrensgerechtigkeit sichergestellt.[1117]

1112 Sellmaier/Vossenkuhl, Patientenansprüche und Organallokation, S. 142; Lachmann/Meuter, Medizinische Gerechtigkeit, S. 195.
1113 So Lachmann/Meuter, Medizinische Gerechtigkeit, S. 193 ff., 203 f.; Gutmann/Fateh. Moghadam, Rechtsfragen der Organverteilung II, S. 101 f.; aufgeschlossen auch Junghanns, Verteilungsgerechtigkeit, S. 153 f.; sowie Schott, Organallokation, S. 357 ff.
1114 Oelert, Organallokation, S. 53 f., die ein Losverfahren bei der Verteilung so existenzieller Güter für willkürlich und hilflos hält.
1115 Junghanns, Verteilungsgerechtigkeit, S. 153; Lachmann/Meuter, Medizinische Gerechtigkeit, S. 198 sowie Gutmann/Land, Organverteilung, S. 104.
1116 Bader, Organmangel und Organverteilung, S. 510.
1117 Ebenso Gutmann/Fateh-Moghadam, Rechtsfragen der Organverteilung II, S. 101.

Hinzu kommt noch die Tatsache, dass die Umsetzung eines solchen Modells zudem einfach und ohne großen Aufwand möglich wäre.[1118]

In verfassungsrechtlicher Hinsicht wäre das Ziel reiner Verfahrensgerechtigkeit ein zulässiger sachlicher Grund für die mit den Ergebnissen des Losverfahrens verbundenen Ungleichbehandlungen der bedürftigen Patienten.[1119]

Nach der Medizinerin Bockenheimer-Lucius[1120] ist das Losverfahren grundsätzlich aber abzulehnen: „Können aufgrund der körperlichen Bedingungen zwar nicht beide, aber jedes der Kinder alleine überleben, so darf in ethischer Hinsicht (und dies gilt auch für die rechtliche Seite) keines der Kinder geopfert werden. Hier gilt gleichermaßen das Tötungsverbot bzw. das Recht eines jeden Menschen auf Leben. Ebenso ist die Erwartung der persönlichen Aufopferung des einen zugunsten des anderen weder rechtfertigbar, noch gar im Sinne einer Sozialpflicht erlaubt."

Diese Meinung ist jedoch zu radikal, noch dazu ist das Verfahren schließlich nur im äußersten Fall anzuwenden, wenn tatsächlich[1121] keinerlei andere Kriterien zu finden sind. Das Losverfahren kann rechtsethisch als Ultima Ratio grundsätzlich akzeptiert werden; erst dann lässt sich sein Einsatz ethisch auch rechtfertigen, wenn in der Konkurrenz zweier gleich bedürftiger Personen keine materiellen Differenzen auszumachen sind, deren Berücksichtigung moralisch zulässig ist und zwingende, eindeutige Ergebnisse zeigt.[1122]

Der Rückgriff auf Zufallsentscheide muss „einer sachorientierten Klärung der Situation nachgeordnet werden", da sich Zufallsentscheide ethisch nur dann zureichend rechtfertigen lassen, wenn keine „akzeptablen Gründe" mehr vorliegen, die eine Verteilungssituation zu klären und zu bewältigen gestatten.[1123]

Der Gewissensentscheid entspricht praktischer Menschenwürde; der Griff zum Los anerkennt bloß menschliche Endlichkeit.[1124]

Es geht um die Unmöglichkeit von gleicher Zuteilung an alle Anspruchsberechtigten, und nicht darum, einem oder einigen von ihnen etwas zu verwehren. Die sonst

---

1118 Lachmann/Meuter, Medizinische Gerechtigkeit, S. 193, 196.
1119 Ähnlich Jungahnns, Verteilungsgerechtigkeit, S. 153 f., der zutreffend ausführt, dass der Gesetzgeber alternativ zum Zufallsprinzip auch auf materielle Sachkriterien abstellen könne, dies aber nicht müsse.
1120 Bockenheimer-Lucius (Fn. 13), S. 225.
1121 In der Praxis bisher allerdings noch nie aufgetreten.
1122 Sitter-Liver, Gerechte Organallokation, Zur Verteilung knapper Güter in der Transplantationsmedizin, S. 96.
1123 Lachmann/Meuter, Medizinische Gerechtigkeit, S. 203.
1124 Sitter-Liver, Gerechte Organallokation, Zur Verteilung knapper Güter in der Transplantationsmedizin, S. 98.

treffliche Erinnerung an das Verbot, elementare Lebenschancen unter Menschen ungleich zu verteilen, wirkt angesichts der dilemmatischen Situation unangemessen, wenn daraus hergeleitet wird, jede mögliche Wahl verstoße gegen jenes Verbot.[1125]

Die Bedingung der Möglichkeit moralischen Versagens ist nicht selbst schon solches Versagen. Die Tragik der Entscheidung ist nicht die Tragik des von dieser Betroffenen, sondern die Tragik derer, die diese treffen.[1126]

Die besondere Leistung des Auslosens liegt nicht darin, dass es einen Entscheid herbeiführt – dieser lässt sich ebeno auf anderem Weg herbeiführen –, sondern dass die Entscheidungskompetenten dadurch entlastet werden. Menschen als endliche Wesen kann man auch moralisch überfordern.[1127]

Weiter gilt, dass das Auslosen und die über dieses anvisierte Chancengleichheit nicht rein formal und jedenfalls nicht neutral sind: Der Entscheid für das Losverfahren ist zugleich ein Entscheid zum Verzicht auf weiteres Abwägen und auf mögliche Billigkeit; auf die Leidenden bezogen, entspricht er dem Willen, sie einem anonymen Schicksal preiszugeben.[1128] Dieser Wille bedarf ethischer Rechtfertigung. Ob und wie er sich mit dem Prinzip der Menschenwürde vereinbaren lasse, kann hier jedoch dahingestellt bleiben, da ein Fall der gleichen medizinischen Kriterien praktisch unmöglich ist.

Weiter wird in diesem Zusammenhang immer wieder auf die Aussage in einem international renommierten Lehrbuch der pädiatrischen Chirurgie zu der Verteilung von singulären Organen hingewiesen:

„Die Allokation singulärer Organe muss bei der Trennungsoperation stets individuell entschieden werden, insbesondere dann, wenn es in dieser Hinsicht keine medizinischen Unterschiede zwischen den Zwillingen gibt. Ist jedoch einer der Zwillinge geistig oder körperlich behindert, dann sollten solche Organe dem gesünderen Zwilling zugeteilt werden, um für diesen ein möglichst normales Leben zu gewährleisten."[1129]

Die vorgeschlagene Maxime ist gewiss ehrenwert motiviert, sie liest sich allerdings wie eine Regel, wonach die Zumutung einer schweren Behinderung dann

---

1125 Sitter-Liver, Gerechte Organallokation, Zur Verteilung knapper Güter in der Transplantationsmedizin, S. 98 f.
1126 Sitter-Liver, Gerechte Organallokation, Zur Verteilung knapper Güter in der Transplantationsmedizin, S. 99.
1127 Ebda.
1128 Schott, Organallokation, S. 381.
1129 Holcomb/O'Neill, Conjoined Twins, in: Ashcraft/Holder (Hrsg.), Pediatric Surgery, 1993, S. 951.

weniger schlimm sei, wenn ihr Adressat sowieso schon behindert ist.[1130] Das klingt wie ein maliziöser Zynismus, allein wenn man an Art. 3 III 2 GG denkt: „Niemand darf wegen seiner Behinderung benachteiligt werden." Deswegen allein schon schließt ein solcher Verfassungssatz die zitierte Maxime aus.[1131]

Die umgekehrte Regel, ein singuläres Organ stets dem – wie schwer auch immer – behinderten Zwilling zu geben und dem ansonsten gesunden zu nehmen, wäre noch weitaus weniger erträglich; diese Regel müsste sich in zahlreichen Fällen als absurder Zwang darstellen, schweren Schaden vorsätzlich herbeizuführen, der durch zumindest keinen äquivalenten Vorteil auf der anderen Seite kompensiert würde.[1132] Es darf nämlich ebenso niemand wegen seiner „Nicht-Behinderung" benachteiligt werden. Dieses Ergebnis würde sich m. E. sowohl nach den Konsequentialisten als auch nach den Deontologen ergeben. Nach den Konsequentialisten ist es „besser", wenn es einen „vollständig gesunden" Menschen[1133] gäbe, anstatt eines „geistig behinderten aber körperlich gesunden" Menschen und eines „nicht geistig behinderten aber körperlich behinderten" Menschen.

Nach den Deontologen wäre die Zuweisung des Organs an den geistig gesunden Zwilling eventuell naturgegeben, da man so der Natur „nur helfen würde" den geistigen und körperlichen Zustand zu verbinden; danach könnte man eben im geistig „ungesunden" Zustand den Willen der Natur erkennen, welcher von beiden Zwillingen der insgesamt „gesunde" und welcher der Kranke bzw. behinderte Zwilling sein solle. Diesen beiden Ansichten stellen freilich eine zugespitzte Darstellung dieser Ansätze dar.

Im Ergebnis muss daher – da es stets medizinische Unterscheidungskriterien gibt – für das Auswahlverfahren alleine die medizinisch machbare Ausgangslage ausschlaggebend sein, da man sieht, dass die Gewichtung einer Perspektive meist zu einseitig ausfällt und eben die Gesamtheit an Fakten usw. nicht genügend berücksichtigt. Es bedarf einer umfassenden, spezifischen Argumentation und Diskussion, um in jedem Fall zu einem annähernd fairen, ethisch-medizinischen Urteil zu kommen.

1130 Merkel (Fn. 5), S. 616.
1131 Dieser Satz, der als Grundrechtsbestandteil unmittelbar für den Staat bindend ist, mag auf das Verhalten eines operierenden Arztes nicht direkt anwendbar sein. Sicher ist das freilich nicht: Geht es bei der zitierten Maxime von Holcomb/ O'Neill um eine Regel, die von der Rechtsordnung ausdrücklich (etwa in Gerichtsurteilen) oder stillschweigend toleriert oder sogar gefördert wird, dann ist der Anwendungsbereich des Art. 3 III GG jedenfalls für eine staatliche Schutzaufgabe eröffnet, Merkel (Fn. 5), S. 616 f.
1132 Merkel (Fn. 5), S. 617.
1133 D.h. geistig und körperlich nicht behinderten Menschen.

§ 4 Kritische Analyse und zusammenfassende Gedanken

Das größte Problem dieser Thematik ist die große Unsicherheit.

Gemeint ist damit sowohl die medizinische als auch die rechtliche Unsicherheit. Medizinisch gesehen kann man nicht genau sagen, wie lange siamesische Zwillinge im konkreten Fall im verbundenen Zustand leben können. Es kann zugleich meist nicht exakt gesagt werden, welche Folgen eine Trennung für beide Zwillinge – selbst im Falle ihres beidseitigen Überlebens – haben wird.

Auch rechtlich ist die Lage äußerst heikel. Es werden, wie bei Weishäupl[1134] beschrieben Trennungsoperationen teils tödlich endende vorgenommen, ohne die Gewissheit zu haben, dass dies nicht strafbar ist. Dies gilt für den Fall der (teilweise) tödlich endenden Trennung, jedoch ebenso wie im Falle der elektiven Trennung im Interesse beider Zwillinge. Bisher wurden hier – zumindest mangels anderer Angaben – stets nur die Eltern befragt. Im Falle deren Einwilligung wurden die Trennungen durchgeführt.

Die Eltern befinden sich allerdings (wie aufgezeigt) in einem Interessenkonflikt und können gem. § 1796 BGB ihre Kinder nicht objektiv und interessengerecht vertreten. Im Extremfall käme nicht nur eine Vertretungsmachtentziehung nach § 1796 BGB, sondern sogar eine solche aufgrund von Kindeswohlgefährdung nach § 1666 III Nr. 5 BGB in Betracht. Daher ist den Ärzten dringend zu raten, sich nicht auf die Einwilligung der Eltern zu verlassen, sondern beim Familiengericht vorstellig zu werden.

Im Falle einer einseitig tödlichen Nottrennungsoperation innerhalb der asymmetrischen Gefahrengemeinschaft besteht hier aufgrund der Zuordnungsmöglichkeit eines Gefahrenursprungs m. E. zumindest eine eindeutigere Strafbefreiungsmöglichkeit für die Ärzte durch den Defensivnotstand bzw. bei der Sonderkonstellation des „Gallengängefalls" durch den übergesetzlichen entschuldigenden Notstandes.

Auch bei der elektiven Trennung unter Opferung eines der Zwillinge innerhalb der asymmetrischen Gefahrengemeinschaft ist jedenfalls der übergesetzliche entschuldigende Notstand einschlägig.

Bei der symmetrischen Gefahrengemeinschaft besteht m. E. eine sehr große Unsicherheit. Im Falle der Nottrennung dürfte aufgrund einer vergleichbaren

---

1134 Weishäupl (Fn 2), S. 1 ff.

Interessenlage zu Angehörigen oder nahestehenden Personen i.S.d. § 35 StGB eine Entschuldigung nach dem übergesetzlichen entschuldigenden Notstand vorliegen.

Im Falle der elektiven einseitig tödlichen Trennung ist dies allerdings äußerst kritisch zu sehen. Meiner Ansicht nach spricht hierfür die Tatsache, dass die Ärzte insofern unter Zeitdruck stehen, als dass sich die Rettungschancen mit jedem Tag verschlechtern, den sie mit der Trennung noch warten. Aufgrund dieser Situation liegt eine Gefahrenlage vor, in der man am besten sofort handeln muss, um das Risiko einer beidseitig tödlich endenden Trennung zu minimieren. Aufgrund dieser Einschätzung komme ich schließlich zu dem Ergebnis, dass auch in diesem Fall ein entschuldigender übergesetzlicher Notstand gegeben ist.

Diese Einschätzung hängt jedoch insgesamt sehr stark vom Einzelfall ab, weshalb die Rechtsunsicherheit allgemein in den Fällen der elektiven einseitig tödlichen Trennung trotzdem enorm ist.

Die Tatsache, dass auch bei der Lebend-Organtransplantation (z. B. bei einer Knochenmarkspende unter teilweise minderjährigen Geschwistern) nicht bis zum letzten Tag aufgrund der besseren Erfolgschancen gewartet wird, bestärkt diese Ansicht. Dies gilt ebenso, wenn es sich in diesem Fall freilich nicht um eine zumindest im Regelfall tödlich endende Organtransplantation handelt, also das Rechtsgut „Leben" nicht betroffen ist.

Dass man das aber auch anders sehen kann, zeigen die Worte Merkels: „Dass die Behandlung solcher Fälle als strafbare Tötungsverbrechen weit überzogen erscheinen mag, macht gleichwohl „die Schuld" nicht zum systematisch geeigneten Ort für die Beschwichtigung des Unbehagens. Was immer die Strafwürdigkeit der Trennungsoperation zweifelhaft machen mag: Nichts davon hat mit der persönlichen Lage des handelnden Arztes, vielmehr hat alles mit seiner Handlung für (und gegen) die Zwillinge zu tun. Wird diese, wie hier, als strafrechtliches Unrecht beurteilt, dann scheidet eine übergesetzliche Entschuldigung bzw. Verantwortungsentlastung des Arztes aus.

Das bedeutet, dass solchen Kindern aus ihrer physischen Situation – und damit auch gegen den Tod – nicht straffrei geholfen werden kann. Eine befriedigende Lösung ist das nicht. Dass es hier eine solche überhaupt geben könnte, ist freilich wenig wahrscheinlich."[1135]

Diese Worte zeigen deutlich wie riesig die Unsicherheit und zugleich das Unbehagen sind.

1135 Merkel (Fn. 5), S. 635.

Insgesamt muss aber klar sein, dass generell gesehen der Status quo rechtlich privilegiert ist und ein Eingriff in diesen einer zuverlässigen Prüfung bedarf.[1136] Da es bisher in Deutschland noch zu keiner gerichtlichen Entscheidung über die hier behandelte Problematik kam, kann nicht geklärt werden, wie eine solche Prüfung „endet".

Der praktisch häufigste Fall zumindest wenn es um tödlich endende Trennungen geht ist der einer einseitig tödlich endenden Nottrennung innerhalb einer asymmetrischen Gefahrengemeinschaft. Ob in den Fällen dieser einseitig tödlichen Nottrennung der Defensivnotstand nach Meinung der Gerichte letzten Endes greift, ist dennoch nicht sicher. So könnte es nämlich auch sein, dass die operierenden Ärzte in diesem Fall vom Gericht verurteilt werden, obwohl die Ärzte die Trennungsoperation mit der Zustimmung der Eltern[1137] ausgeführt haben.[1138]

Die Gerichte könnten ebenso daran denken, in diesem Fall einen minderschweren Fall des Totschlages nach § 213 StGB anzunehmen. Dies würde den Ärzten allerdings nicht helfen, und eine gänzlich unbefriedigende Situation für diese darstellen, da sie aufgrund der in § 213 StGB festgesetzten Mindeststrafe von einem Jahr Freiheitsstrafe mit Rechtskraft des Urteils trotzdem ihren Status als Ärzte und ihre Besoldungs- und Versorgungsansprüche beispielsweise nach § 41 I Nr. 1, II BBG (Bundesbeamtengesetz) verlieren würden.[1139] Auch nicht verbeamtete Ärzte würden spätestens mit Rechtskraft des Urteils gem. § 3 II Nr. 2 BÄO wegen Unzuverlässigkeit oder Unwürdigkeit zur Ausübung des Arztberufes ihre Approbation verlieren.

Selbst wenn die Gerichte die Rechtfertigung durch einen Defensivnotstand in diesem Fall ablehnen würden, so könnten sie mit der Annahme des übergesetzlichen entschuldigenden Notstandes zu einer Entschuldigung und damit zu einem Ausschluss der Strafbarkeit nach § 213 StGB kommen.

Problematisch wäre hierbei allerdings, dass dadurch das Notstandshilferecht Dritter gegen die Ärzte bestehen bleiben würde.[1140] Ob die Gerichte sich in diesem

---

1136 Joerden (Fn. 12), S. 130.
1137 In der Praxis holen sich die Ärzte bisher – unabhängig von dessen Erfordernis bzw. deren Wirksamkeit – meist die Zustimmung der Eltern in die Trennungsoperation ein (siehe Schilderungen bei Weishäupl (Fn. 2), S. 28 ff.).
1138 Wolf (Fn. 3), S. 220.
1139 Siehe hierzu Koch, GA 2011, 129, 135.
1140 Roxin, AT/I, § 22, Rn. 151; Lenckner, Der rechtfertigende Notstand, S. 31; MüKo-StGB/*Erb*, § 34 StGB, Rn. 119.

Fall dann tatsächlich der Meinung Jägers[1141] anschließen werden, der im Falle des Vorliegens eines übergesetzlichen entschuldigenden Notstandes ausnahmsweise eine Nothilfe gänzlich ausschließt, bleibt zweifelhaft. Lenckner[1142] sieht darin berechtigterweise ein „gewisse[s] Unbehagen" und ein unbefriedigendes Ergebnis für die behandelnden Ärzte. Das ist ein etwas ratloser Schluss.

Es ist allerdings ebenso eine große Aufgabe sichtbar geworden. Nach Merkel[1143] wurde deutlich aufgezeigt, dass in manchen der hier erörterten Grenzfällen Maximen des konkret individuellen Lebensschutzes gerade mit solchen Rechtsprinzipien kollidieren, die Lebensschutz innerhalb der Rechtsordnung abstrakt und allgemein garantieren.

Sie haben grob formuliert, damit zu tun, dass es dabei um Neugeborene geht. Es gibt ersichtlicher Weise eine weit verbreitete Intuition, wonach der Lebensschutz Neugeborener enger gefasst werden darf als der von Erwachsenen.[1144]

Auch in Bezug auf diese Problematik werden daher in den Kliniken zunehmend auf dem schwankenden Grund ungeklärter moralischer Gefühle Fälle beantwortet, und das heißt erledigt, bevor sie verstanden sind. Aus dieser Gegebenheit ist den Ärzten gewiss kein Vorwurf zu machen.[1145]

Nicht akzeptabel ist es, die auftretenden Konflikte einer in jedem Sinne allein gelassenen klinischen Praxis der stillschweigenden Erledigung zuzuschieben. Sie überschreitet im Halbschatten der juristischen Aufmerksamkeit schon heute mehr normative Grenzen als sich die strafrechtliche Schulweisheit träumen lässt.[1146]

Man darf die Mediziner hier nicht schlicht allein im „Regen stehen lassen".

Die Frage ist nämlich nun, wie die Ärzte in diesem Fall handeln sollen.

Sollen sie weiterhin die Einwilligung der Eltern einholen? Sollen sie die Gerichte anrufen? Ist es hier Aufgabe des Gesetzgebers zu handeln? Oder sollen die Ärzte schlicht gar nichts tun, also es gar nicht in Erwägung ziehen zu operieren, da sie sich sonst strafbar machen könnten? Diese oder ähnliche Fragen werden die behandelnden Ärzte und auch die Eltern, die alleine gelassen werden, beschäftigen.

1141 Jäger, ZStW 115 (2004), 765, 787: „Denn soweit der Entschuldigungsgrund auf einer „sozialethischen Konfliktsituation" beruht, strahlt er in die sozialethische Einschränkungskomponente des Notwehrrechts aus."
1142 Lenckner, Der rechtfertigende Notstand, S. 31.
1143 Merkel (Fn. 5), S. 638.
1144 Ebda.
1145 Merkel (Fn. 5), S. 639.
1146 Ebda.

Wie bereits erläutert, so ist eine Einwilligung der Eltern in eine einseitig tödliche Trennung unmöglich, da hier im Hinblick auf § 216 StGB schon keine einfache Einwilligung durch den Sterbenden möglich ist und deswegen zugleich keine ersetzende Einwilligung der Eltern in Frage kommt.

Im Falle der elektiven Trennung im Interesse beider Kinder sollte das Familiengericht ebenso aufgrund der erwähnten Kriterien dringend benachrichtigt werden.

Auch wenn die Eltern die Folgen der Trennung mittragen, so muss gesagt werden, dass ihre Interessen bei einer stattfindenden Abwägung jedenfalls nicht miteinbezogen werden dürfen. Es geht stets nur um das Interesse der beiden Zwillinge und um deren Wohl. Bestätigt wird dies insbesondere durch die Regelungen zur Organtransplantation.

Im Fall der Knochenmarkspende sind die Eltern beispielsweise sogar gem. § 8a S. 2 TPG verpflichtet, es dem Familiengericht unverzüglich anzuzeigen, wenn das Knochenmark der minderjährigen Person für Verwandte des ersten Grades verwendet werden soll, um eine Entscheidung nach § 1629 II 3 i.V.m. § 1796 zu erwirken. Dieser soeben geschilderte Interessenkonflikt bei der Knochenmarkspende von beispielsweise zwei Geschwistern ist vergleichbar mit der Trennungsoperation von siamesischen Zwillingen. Hinzu kommt freilich noch, dass bei einer Knochenmarkspende nicht zwingend Verstümmelungen und Behinderungen bis hin zu lebensbedrohlichen Verletzungen zu befürchten sind.

Aufgrund der Schwere des Eingriffs sollte neben den Ergänzungspflegern und der Anhörung der Eltern vor dem Familiengericht ebenso eine Ethikkommission angehört werden. Ethikkommissionen haben mit Ausnahmesituationen Erfahrung. Sie können durch ihre vielfältigen Zusammensetzungsmöglichkeiten Situationen umfassend beleuchten, um so als beratende Stelle die handelnden Personen bestmöglich unterstützen zu können.

Die Frage ist weiterhin, ob diese Erwägungen zugleich für die Fallkonstellationen 2 und 3 gelten, also im Falle der einseitig tödlich endenden Trennung.

Fraglich ist also, ob die Gerichte tatsächlich eine Art „Tötungsermächtigung" erteilen dürfen.

Allgemein sind die Strafgerichte grundsätzlich dafür zuständig, im Nachhinein Situationen für strafbar zu erklären oder nicht, aber nicht, um im Voraus Tötungen zu legitimieren.[1147]

1147 So auch Tolmein, taz 11.9.2000, S. 11.

Aufgabe des Richters ist es, Recht fortzubilden und auf neue Fallsituationen anzuwenden.[1148] Sie müssen sich in diesem Zusammenhang mit dem von der modernen technischen Medizin aufgeworfenen Dilemma der Trennungsoperation bei siamesischen Zwillingen auseinandersetzen und müssten diesbezüglich eine Art neues Recht schaffen. Denn in diesen Fallkonstellationen stößt das geltende Gesetz an seine Grenzen, so dass jedwede Entscheidung eines Gerichts nur zu einem unbefriedigenden Ergebnis führen kann.

Es liegt in der Natur der Sache, dass entweder beide Zwillinge oder einer der Zwillinge auf Kosten des anderen Zwillings mit einem nicht gerade geringen Risiko sterben oder eine schwere Behinderung davon tragen kann. Aus diesem Grund ergeben sich unbefriedigende Lösungsmöglichkeiten, zumal beachtet werden muss, dass es sich um arglose und unschuldige Neugeborene handelt, welche ihrem Schicksal wehrlos ausgesetzt sind und bei welchen nicht einmal der Fortschritt der Medizin eine befriedigende Lösung – nämlich die Rettung beider Kinder ohne gesundheitliche und anatomische Nachteile – bieten kann.[1149]

Daneben darf nicht übergangen werden, dass Richter nicht eine Entscheidung für eine bestimmte Situation – das Sterben bzw. den Eintritt einer Behinderung bei mindestens einem der Zwillinge –, sondern eine Entscheidung gegen eine Situation – dauerhaftes Zusammensein bzw. auch Sterben von beiden Zwillingen – treffen würden.

Jedoch ist das „Schaffen" eines neuen Rechts, durch das in das Rechtsgut „Leben" eingegriffen wird, nicht Aufgabe der Judikative, sondern der Legislative. Daher könnte dieses Vorgehen zugleich ein Verstoß gegen den Gewaltenteilungsgrundsatz darstellen. Genau hier liegt auch der Unterschied zu Großbritannien. Im Fall „Jodie und Mary" haben die Richter eine solche Ermächtigung gegeben und damit auch „neues Recht geschaffen". In Großbritannien gibt es aber grundsätzlich keine einfachen Gesetze, die durch die Legislative erlassen werden müssen. Im englischen Rechtssystem gilt case law, so dass es hier gerade die Aufgabe von Richtern ist, gewissermaßen Recht zu schreiben.

In Deutschland hingegen ist aus formell-verfassungsrechtlicher Sicht der Gesetzgeber wegen des Demokratieprinzips und der Lehre vom Gesetzesvorbehalt, wie sie das BVerfG in Form der Wesentlichkeitstheorie und im Numerus-Clausus-Urteil[1150] konkretisiert hat, gehalten, die wesentlichen Konturen des Rechts selbst gesetzlich vorzuzeichnen.[1151]

1148 Wolf (Fn. 3), S. 175.
1149 Wolf (Fn. 3), S. 176.
1150 BVerfGE 33, 303.
1151 Bader, Organmangel und Organverteilung, S. 515.

Auch die Richtlinienkompetenz der Bundesärztekammer darf in diesem Zusammenhang nicht materielle Normsetzung umfassen, sondern muss sich auf die medizinisch-technische Konkretisierung der umfassenden gesetzlichen Vorgaben beschränken.[1152]

Daher dürfen Familiengerichte, auch wenn diese regelmäßig – anders als die Strafgerichte z. B. in Sorgerecht – Angelegenheiten für die Zukunft entscheiden, d. h. eher im Vorfeld handeln, hier grundsätzlich keine Tötungsermächtigung geben. Eine solche Entscheidung käme einer Art Todesstrafe für den sterbenden Zwilling gleich, weshalb es mit dem Grundgesetz unvereinbar wäre, wenn ein Gericht einen Arzt dazu ermächtigt, diese „Todesstrafe" zu vollziehen.

Bis zu einer Entscheidung des Gesetzgebers bleibt die Lage unsicher. Es empfiehlt sich aus der Sicht der Ärzte jedoch trotzdem, das Familiengericht, eine Ethikkommission und die Eltern anzuhören.

Die Situation ist alles andere als zufriedenstellend. Allerdings ist dies allgemein bei „Todesentscheidungen" der Fall. Bei diesen Entscheidungen wird uns immer aufgezeigt, dass das Leben endlich ist und dass es Situationen gibt, in denen unsere weitentwickelte Gesellschaft sowie unsere Rechtslage jeweils an ihre Grenzen stoßen.

Doch auch der Gesetzgeber wird sich schwer tun eine „Tötungsermächtigung" an sich zu erlassen, da diese schließlich einer Art „Todesstrafe" gleichkommen würde, und dadurch mit dem Grundgesetz unvereinbar wäre.[1153]

Eventuell wäre es aber denkbar, ein Art Tatbestandsausschluss (§ 218a I StGB) oder Rechtfertigungsgrund ähnlich wie § 218a II StGB zu entwickeln, der dem Arzt bei einer Abstimmung und umfassenden Abwägung mit dem Familiengericht, den Eltern und einer Ethikkommission zumindest eine gesetzlich normierte Straflosstellung zubilligt. So könnte zumindest die Rechtsunsicherheit gemildert werden.

Für den Fall der elektiven Trennung im Interesse beider Kinder empfiehlt sich eine Regelung ähnlich wie die des § 8a S. 2 TPG. Dabei ist es ebenfalls ratsam das Votum einer gesetzlich vorgeschriebenen Ethikkommission zu verlangen. Hiernach hätten sowohl die Ärzte als auch die Eltern eine Vorgabe, wie sie vorgehen müssten. Ebenso würde hierdurch allen Beteiligten mehr Rechtssicherheit gegeben werden können.

In diesem Zusammenhang bietet es sich daher an, die Auswahlkriterien einmal gesetzlich zu normieren, so wie dies in den Beiträgen zur Organtransplan-

---

1152 Bader, Organmangel und Organverteilung, S. 515.
1153 BVerfGE 115, 118, 157.

tation oft gefordert wurde. Der materiell-verfassungsrechtliche Ausgangspunkt des Allokationsrechts sollte dabei der prinzipiell gleichberechtigte derivative Teilhabensanspruch sein, der gem. Art. 3 I i.V.m. Art. 2 II S. 1 GG i.V.m. dem Sozialstaatsprinzip allen bedürftigen Patienten mit Blick auf die Organverteilung zukommt.[1154] Hierbei schränkt insbesondere der Grundsatz der Lebenswertindifferenz gem. Art. 2 II S. 1 i.V.m. Art. 1 I GG den Entscheidungsspielraum des Gesetzgebers bei der Normierung der Organallokation ganz erheblich ein, was nicht bedeuten soll, dass es nicht vorteilhaft wäre, wenn der Gesetzgeber dies einmal regeln würde.

Im vorliegenden Zusammenhang besteht ein extremes Spannungsfeld zwischen Konsistenz der Rechtsordnung als Ganzes einerseits und dem, was man gemeinhin als „Einzelfallgerechtigkeit" zu bezeichnen pflegt andererseits.[1155] Die Zulässigkeit der Trennung wurde von der Mehrheit auf die Erwägung gestützt, es sei besser, wenn eines der Kinder überlebe, als wenn beide sterben würden.[1156] Das ist als Grundsatz an sich freilich mehr als zweifelhaft. Denn die Aufgabe des Rechts besteht nicht primär in der Rettung von Menschenleben, sondern in der Garantie der fundamentalen Normen.[1157] Jedoch kann man auch die gewiss ehrenwert gemeinte Erwägung verstehen.

Dass aufgrund dieses Dilemmas eine dementsprechende Gesetzesänderung ethisch gut vertretbar ist, liegt hiernach auf der Hand.

Die Strafverfolgung hat grundsätzlich kein Interesse Ärzte, die aus „guter" Motivation heraus handeln, eventuell sogar wegen Totschlags anzuklagen. Daher ist es wichtig, dass vor allem die Legislative eine Entscheidung hierzu trifft, denn es ist zu spät, wenn ein solcher Problemfall erstmals in Deutschland bei den Gerichten ankommt. Aus diesem Grund scheint eine Gesetzesänderung dringend notwendig.[1158]

1154 Bader, Organmangel und Organverteilung, S. 515.
1155 Zimmermann (Fn.12), S. 478.
1156 Das Urteil ist in der englischen und internationalen (nicht aber in der deutschen) bioethischen und medizinrechtlichen Literatur viel und kontrovers erörtert worden; beispielsweise bei Annas, Conjoined Twins – The Limits of Law at the Limits of Life, New England J. of Medicine 344 No. 14 (2001), 1104; Varilan, One or Two: An Examination of the Recent case of the Conjoined Twins from Malta, J. of Medicine and Philosophy 28 (2003), S. 27; Gillon, Imposed Separation – Moral Hubris by the English Courts, J. of Medical Ethics 27 (2001), S. 3; Cowley, The Conjoined Twins and the Limits of Rationality in Applied Ethics, Bioethics 17 (2003), S. 69.
1157 Merkel (Fn. 5), S. 636.
1158 So auch Koch, GA 2011, 129 ff., 143, Rn. 82; Zimmermann (Fn. 12), S. 478.

Zusammenfassend könnte man folgenden Entwurf für gesetzliche Regelungen hierfür vorschlagen:
Für die Fallgruppe 1 bietet es sich an, eine Vertretungsregelung ins BGB einzufügen:

- § 1631e BGB
  Die Trennung von minderjährigen siamesischen Zwillingen ist mit folgender kumulativer Maßgabe zulässig:
  1. Die Trennung dient der Verbesserung der Lebensqualität beider Kinder.
  2. Die Trennung ist nach fachärztlicher Beurteilung geeignet, die Verbesserung und Erhaltung der körperlichen und geistigen Gesundheit herbeizuführen.
  3. Dieser verbesserte Zustand kann nicht auf andere Weise erfolgen.
  4. Der gesetzliche Vertreter ist entsprechend qualifiziert aufgeklärt worden und hat in die Trennung eingewilligt. § 1627 des Bürgerlichen Gesetzbuchs ist anzuwenden. Die minderjährige Person ist durch einen Arzt entsprechend qualifiziert aufzuklären, soweit dies im Hinblick auf ihr Alter und ihre geistige Reife möglich ist. Lehnt die minderjährige Person die Trennung ab oder bringt sie dies in sonstiger Weise zum Ausdruck, so ist dies zu beachten. Ist die minderjährige Person in der Lage Wesen, Bedeutung und Tragweite der Trennung zu erkennen und ihren Willen hiernach auszurichten, so ist auch ihre Einwilligung erforderlich.
  5. Aufgrund des möglichen Interessenkonflikts der gesetzliche Vertreter ist dem Familiengericht unverzüglich die Möglichkeit einer Trennung von minderjährigen siamesischen Zwillingen mitzuteilen, um eine Entscheidung nach § 1629 Abs. 2 Satz 3 in Verbindung mit § 1796 des Bürgerlichen Gesetzbuchs herbeizuführen. Je nach Schwierigkeit des Falls und je nach Schwere des Eingriffs wird es auch in entsprechender Anwendung des § 1631b BGB möglich sein, die Entscheidung des nach § 1796 BGB bestellten Ergänzungspflegers durch das Familiengericht unter Heranziehung der Maßstäbe des § 1904 BGB genehmigen zu lassen.
  6. Bei komplexen Konstellationen kann es darüber hinaus geboten sein, eine Ethikkommission hierzu anzuhören. Über die Hinzuziehung einer solchen Kommission entscheidet das Familiengericht.

Für die Trennung von erwachsenen siamesischen Zwillingen und für die Fallgruppe 2 und 3 bietet es sich an, eine Regelung ins StGB einzufügen:

- § 217a StGB: Trennung von siamesischen Zwillingen
  (1) Der Tatbestand des § 212 ist nicht verwirklicht, wenn

1. die Trennung auf ernsthaften und dringlichen Wunsch beider volljähriger siamesischer Zwillinge geschieht,
2. beide Zwillinge über die hohen Risiken der Trennung von mindestens zwei Ärzten aufgeklärt wurden und
3. die Einwilligungsfähigkeit beider Zwillinge durch einen Psychiater positiv festgestellt wurde.

(2) Die mit Einwilligung des Familiengerichts von einem Ärzteteam vorgenommene Trennung von minderjährigen siamesischen Zwillingen innerhalb des ersten Lebensjahres ist nicht rechtswidrig, wenn die Trennung unter Berücksichtigung der gegenwärtigen und zukünftigen Lebensverhältnisse der beiden Zwillinge nach ärztlicher Erkenntnis und nach Hinzuziehung einer hierfür geschaffenen Ethikkommission angezeigt ist, um eine dringende Gefahr für das Leben eines der Zwillinge abzuwenden, und die Gefahr nicht auf eine andere für sie zumutbare Weise abgewendet werden kann.

§ 5 Schluss

„Das Ziel heißt Leben!", mit diesen Worten des bekannten Neurochirurgen Ben Carson begann diese Arbeit. Diese Worte begleiteten jeden Teil dieser Arbeit. Die Frage ist also: Wird dieser Grundsatz nach allem Gesagten erfüllt?

Dem wäre zuzustimmen, wenn man den Satz einmal nur wörtlich nimmt. Denn das Ziel der Ärzte ist es ein Leben zu retten, das im Fall der einseitig tödlich endenden Trennung sonst bald erlöschen würde. Dies gilt ebenso, wenn die einseitige Tötung der einzige Weg ist, dem Ziel sinnvoll zu genügen, selbst wenn sie in erster Linie dem widerspricht.

Auch im Falle der elektiven Trennung im beidseitigen Interesse wird dieser Ausspruch erfüllt. Denn das Ziel heißt (zu) L(l)eben. Bei der Frage, wie es ist, mit einem Menschen sein Leben lang 24 Stunden verbunden zu sein, wurde aufgezeigt, dass das normale Führen eines Lebens so jedenfalls nicht möglich ist. Aus diesem Grund kann durch die Trennung auch die Lebensqualität erhöht werden.

All diese Hypothesen sind jedoch immer konkret vom Einzelfall abhängig. Menschen sind einzigartig und individuell, daher lässt sich nicht sagen, ob eine Trennung grundsätzlich „besser" ist, ob die Vornahme einer Trennung strafbar ist oder ob der Grundsatz „Das Ziel heißt Leben!" erfüllt ist.

Die operative Trennung von siamesischen Zwillingen wirft zahlreiche strafrechtsdogmatische und ethische Probleme auf.

Um die operierenden Ärzte straflos zu stellen, bedarf es zum einen des Rückgriffs auf ungeschriebene Rechtsfiguren, sowie der erweiterten Auslegung klassischer dogmatischer Konstrukte.[1159]

So bleiben die „Rettungstötungen", d. h. jene bei Vorliegen einer akuten Gefahrenlage, nach der hier vertretenen Lösung innerhalb der symmetrischen Gefahrengemeinschaften zumindest bei einer Nottrennung über die Rechtsfigur des übergesetzlichen entschuldigenden Notstandes entschuldigt, innerhalb der asymmetrischen Gefahrengemeinschaften aufgrund eines Defensivnotstandes gerechtfertigt bzw. bei der elektiven Trennung unter Opferung eines Zwillings zumindest aufgrund eines übergesetzlichen entschuldigenden Notstandes entschuldigt.

Es ist der Sondersituation bei siamesischen Zwillingen geschuldet, weshalb es hier einer erweiterten Auslegung der Einwilligungsmöglichkeiten in „Heil-

---

1159 Koch, GA 2011, 129, 144.

versuche" sowie des Begriffs der „gegenwärtigen Gefahr" in § 34 bzw. § 35 StGB bedarf.

Insgesamt dürften die Ärzte wohl nicht strafbar sein, da es sich um eine ethische Ausnahmesituation handelt und sie grundsätzlich nur ihren Eid erfüllen wollen. Bezüglich dieser Einschätzung besteht jedoch erhebliche Rechtsunsicherheit.

Wenn man sich diesen Eid, von dem Mediziner reden,[1160] etwas genauer ansieht, so stellt man fest, dass sehr wohl auch gegen diesen Eid im Rahmen der vorliegenden Problematik verstoßen wird.

Gelöbnis, welches die Bundesärztekammer den Ärzten vorgibt:

1. „Es ist Aufgabe des Arztes in Friedens- wie in Kriegszeiten unter **Achtung vor dem Leben und der Würde des Menschen ohne Unterschied** des Alters, der Rasse, der Religion, der Staatsangehörigkeit, der gesellschaftlichen Stellung, der politischen Ideologie oder irgendwelcher anderer Art, die **körperliche und geistige Gesundheit des Menschen zu schützen** und sein **Leiden zu lindern**.
2. Der Arzt hat bei der Ausübung seines Berufes die **Gesundheit des Patienten in den Vordergrund zu stellen**. Der Arzt darf seine beruflichen Kenntnisse **nur zur Verbesserung oder Erhaltung der Gesundheit** der Menschen, die sich ihm anvertrauen und nur auf deren Ersuchen einsetzen. **Er darf in keinem Fall zu ihrem Schaden tätig werden.**
3. Es widerspricht der ärztlichen Ethik, wenn der Arzt dem Patienten bei der Ausübung seines Berufes seine persönlichen, weltanschaulichen, moralischen oder politischen Vorstellungen aufzwingt."[1161]

Die Ärzte dürfen also nur zur Verbesserung oder Erhaltung der Gesundheit tätig werden. Bei der Trennung von siamesischen Zwillingen kann dieses Gelöbnis allerdings nicht unbedingt eingehalten werden. Bei der einseitig tödlichen Trennung wird zumindest bezüglich des sterbenden Zwillings das Gelöbnis in jedem Fall gebrochen. Auch bei der elektiven Trennung im beidseitigen Interesse kann aufgrund der Schwere der Behinderungen, die infolge der Trennung eintreten, nicht stets von einer Einhaltung dieses Eides ausgegangen werden.

Entscheidend ist, dass im jeweiligen Einzelfall eine genaue Abwägung durchgeführt wird.

1160 So auch bei Ulsenheimer, MedR 1994, 425.
1161 Gelöbnis der Bundesärztekammer zu finden auf: http://www.bundesaerztekammer. de/recht/berufsrecht/muster-berufsordnung-aerzte/medizinethik-in-der-berufsordnung/grundsaetze-aerztlicher-ethik-europaeische-berufsordnung/geloebnis-des-arztes-und-weitere-berufspflichten/.

In jedem Fall darf den Ärzten nicht empfohlen werden, weiterhin mit der Einwilligung der Eltern allein eine Rechtfertigung der Trennung anzunehmen. Ein solches Vorgehen widerspricht m. E. dem geltenden Recht.

Vielmehr empfiehlt es sich eine genaue Abwägung des Einzelfalls durch die Mithilfe einer neu geschaffenen Ethikkommission, des Familiengerichts, der Eltern und der Ärzte durchzuführen.

Letztendlich wird eine Klärung der Rechtslage aber nur vom Gesetzgeber herbeigeführt werden können. Eine solche – hoffentlich bald – erfolgende Regelung bleibt abzuwarten.

Literaturverzeichnis

Amelung, Knut / Beulke, Werner / Lilie, Hans / Rüping, Hinrich / Rosenau, Henning / Wolfslast, Gabriele: Strafrecht – Biorecht – Rechtsphilosophie: Festschrift für Hans-Ludwig Schreiber zum 70. Geburtstag, Auflage 2005
Zitiert als: *Bearbeiter*, in: FS Schreiber, S.

Amelung, Knut: Willensmängel bei der Einwilligung als Tatzurechnungsproblem in: ZStW 1997, S. 490 ff.

Amelung, Knut: Irrtum und Täuschung als Grundlage von Willensmängeln bei der Einwilligung des Verletzten, Auflage 1998, S. 46 ff.
Zitiert als: Amelung, Irrtum und Täuschung als Grundlage von Willensmängeln bei der Einwilligung des Verletzten, S.

Amelung, Knut: Über Freiheit und Freiwilligkeit auf der Opferseite der Strafnorm in: GA 1999, S. 182 ff.

Amelung, Knut / Eymann, Frieder: Die Einwilligung des Verletzten im Strafrecht in: JuS 2001, S. 937 ff.

Annas, George: THE DAY, BERRY & HOWARD VISITING SCHOLAR: The Limits of Law at the Limits of Life: Lessons from Cannibalism, Euthanasia, Abortion, and the Court-Ordered Killing of One Conjoined Twin to Save the Other, in: Connecticut Law Review 33 (2001), S. 1275 ff.

Annas, George: Conjoined Twins – The Limits of Law at the Limits of Life, New England J. of Medicine 344 No. 14 (2001), 1104 ff.

Apel, Karl-Otto: Diskurs und Verantwortung. Das Problem des Übergangs zur postkonventionellen Moral, Frankfurt, Suhrkamp, Auflage 1988
Zitiert als: Apel, Diskurs und Verantwortung, S.

Archangelskij, Alexander: Das Problem des Lebensnotstandes am Beispiel eines von Terroristen entführten Flugzeuges, Auflage 2005
Zitiert als: Archangelskij, Das Problem des Lebensnotstandes, S.

Arzt, Gunter / Fezer, Gerhard / Weber, Ulrich / Schlüchter, Ellen / Rössner, Dieter: Festschrift für Jürgen Baumann zum 70. Geburtstag, Auflage 1992
Zitiert als: *Bearbeiter*, in: FS Baumann, S.

Arzt, Gunther / Weber, Ulrich / Heinrich, Bernd / Hilgendorf, Eric: Strafrecht, Besonderer Teil, 3. Auflage 2015
Zitiert als: Arzt/Weber/Heinrich/Hilgendorf, BT, §, Rn.

Atkinson, Leigh: Ethics and conjoined twins, in: Child's Nervous System 20 (2004), S. 504 ff.

Bader, Mathis: Organmangel und Organverteilung, Auflage 2010
Zitiert als: Bader, Organmangel und Organverteilung, S.

Barilan, Michael: One or Two: An Examination of the Recent Case of Conjoined Twins from Malta, in: Journal of Medicine and Philosophy 28 (2003), S. 27 ff.

Barilan, Michael Yechiel: One or Two: An Examination of the Recent case of the Conjoined Twins from Malta, J. of Medicine and Philosophy 28 (2003), S. 27

Beck-Aktuell, Redaktion: Kritik und Lob für Sterbehilfe-Entscheidung des Bundestages, in Beck-online, becklink 2001602, beck-online, 9. November, 2015
Zitiert als: Kritik und Lob für Sterbehilfe-Entscheidung des Bundestages, Artikel der Redaktion von beck-aktuell, Verlag C.H.BECK, 9. November 2015.

beck-online.GROSSKOMMENTAR: Kommentar zum BGB, Hrsg. Gsell, Beate / Krüger, Wolfgang / Lorenz, Stephan / Mayer, Jörg
Zitiert als: BeckOGK-BGB/*Bearbeiter*, §, Rn.

Beck'scher Onlinekommentar: Onlinekommentar zum BGB, 43. Edition, Hrsg. Bamberger, Heinz Georg / Roth Herbert, Stand: 15.6.2017
Zitiert als: BeckOK-BGB/*Bearbeiter*, §, Rn.

Beck'scher Onlinekommentar: Onlinekommentar zum FamFG, 23. Edition, Hrsg. Hahne, Meo-Micaela / Schlögel, Jürgen / Schlünder, Rolf, Stand: 01.07.2017
Zitiert als: BeckOK-FamFG/*Bearbeiter*, §, Rn.

Beck'scher Onlinekommentar: Onlinekommentar zum GG, Hrsg. Epping, Volker / Hillgruber, Christian, 32. Edition, Stand 1.3.2017
Zitiert als: BeckOK-GG/*Bearbeiter*, Art. 1 GG, Rn.

Beck'scher Onlinekommentar: Onlinekommentar zum StGB, Hrsg. Von Heintschel-Heinegg, Bernd, 35. Edition, Stand: 1.8.2017
Zitiert als: BeckOK-StGB/*Bearbeiter*, §, Rn.

Benda, Ernst: Verständigungsversuche über die Würde des Menschen, in: NJW 2001, S. 2147 ff.

Benzler, Susanne: Justiz und Anstaltsmord nach 1945, in: Kritische Justiz 1988, S. 137 ff.

Bernsmann, Klaus: „Entschuldigung" durch Notstand: Studien zu § 35 StGB, 1989 (Carl Heymanns Verlag)
Zitiert als: Bernsmann, „Entschuldigung" durch Notstand, S.

Berz, Ulrich: Die Bedeutung der Sittenwidrigkeit für die rechtfertigende Einwilligung, in: GA 1969, S. 145 ff.

Bhettay, E. / Nelson, M.M. / Beighton, P. Epidemic of Conjoined Twins in Southern Africa?,) The Lancet 18, S. 741
Zitiert als: Bhettay/Nelson/Beighton, Epidemic of Conjoined Twins in Southern Africa?, The Lancet 18, S.

Bien, Florian / Conzelmann, Stefan: Hirntodkriterium und Organtransplantation – Ergebnisse des ELSA-Symposiums vom 26. bis 29. Juni 1997 in Tübingen, Auflage 1998
Zitiert als: Bearbeiter in: Bien/Conzelmann, Hirntodkriterium und Organtransplantation, S.

Bienwald, Werner / Sonnenfeld, Susanne / Harm, Uwe / Bienwald, Christa: Betreuungsrecht Kommentar – Ein unentbehrliches Hilfsmittel!, 6. Auflage 2016
Zitiert als: Bienwald, Betreuungsrecht, §, Rn.

Binding, Karl / Hoche, Alfred: Die Freigabe der Vernichtung lebensunwerten Lebens – Ihr Maß und ihre Form., Auflage 1920
Zitiert als: Binding/Hoche (1920), S.

Binding, Karl / Hoche, Alfred: Die Freigabe der Vernichtung lebensunwerten Lebens -Ihr Maß und ihre Form 2. Auflage 1922
Zitiert als: Binding/Hoche, Die Freigabe der Vernichtung lebensunwerten Lebens, 2. Auflage 1922, S.

Bitter, Georg / Lutter, Marcus / Priester, Hans-Joachim / Schön, Wolfgang / Ulmer, Peter: Festschrift für Karsten Schmidt, zum 70. Geburtstag, Auflage 2009
Zitiert als: *Bearbeiter*, in: FS Schmidt, S.

Blaschke, Ulrich / Förster, Achim / Lumpp, Stephanie / Schmidt, Judith: Sicherheit statt Freiheit?: Staatliche Handlungsspielräume in extremen Gefährdungslagen, Auflage 2005
Zitiert als: Blaschke/Förster/Lumpp/Schmidt (Hrsg.), Sicherheit statt Freiheit?, 2005, S.

Blei, Hermann: Strafrecht I. Allgemeiner Teil, Auflage 1996
Zitiert als: Blei, Strafrecht AT, §

Bockelmann, Paul: Strafrecht des Arztes, Stuttgart 1968 (Hrsg. von Thieme)
Zitiert als: Bockelmann, Strafrecht des Arztes (1968), S.

Bockenheimer-Lucius, Gisela: Siamesische Zwillinge – Trennen oder nicht?, in: Ethik Med 12 (2000), S. 223 ff.

Bockenheimer-Lucius, Gisela: Siamesische Zwillinge und die „Operation Hoffnung", in: Ethik Med 15 (2003), S. 226 ff.

Böse, Martin / Sternberg-Lieben, Detlev: Grundlagen des Straf- und Strafverfahrensrechts: Festschrift für Knut Amelung zum 70. Geburtstag, Auflage 2009
Zitiert als: *Bearbeiter*, in: FS Amelung, S.

Bratton, M.Q. / Chetwynd, S.B.: One into two will not go: conceptualising conjoined twins, in: Journal of Medical Ethics 39 (2004), S. 279 ff.

Brugger, Peter: Der Wunsch nach Amputation – Bizarre Macke oder neurologische Störung?, in: Ars Medici 2 (2011), S. 59 ff.

Buchkremer, Wiebke: Präventive Verteidigung. Der präventive Defensivnotstand bei pflichtwidrigem Verhalten des Eingriffsopfers, Auflage 2008s
Zitiert als: Buchkremer, Präventive Verteidigung, S.

Burkiczak, Christian: Grundrechte/Wehrverfassungsrecht, in: JA 2006, S. 500 ff.

Byrd, Sharon / Hruschka, Joachim / Joerden, Jan C. Campbell, Alastair: Jahrbuch für Recht und Ethik, Bd. 11, Berlin 2003. Why the body matters: uses and abuses of the human body in modern medicine, in: Singapore Med J 50 (2009), S. 451 ff.

Carson, Ben: Das Ziel heißt Leben: Er trennte Tabea und Lea, 2008 Advent-Verlag
Zitiert als: Carson, Das Ziel heißt Leben, S.

Chatzikostas, Konstantinos: Die Disponibilität des Rechtsgutes Leben in ihrer Bedeutung für die Probleme von Suizid und Euthanasie, Frankfurt/Main u. a., Auflage 2001
Zitiert als: Chatzikostas, Disponibilität, S.

Chen, Wei-Jao et al.: Emergency Separation of Ischiopagus Tripus Conjoined Twins in the Newborn Period, in: Journal of Pediatric Surgery 29 (1994), S. 1417 ff.

Coeppicus, Rolf: Offene Fragen zum „Patientenverfügungsgesetz", in: NJW 2011, S. 2085 ff.

Conix, Anna: Das Solidaritätsprinzip im Lebensnotstand. Zufall, rationale Entscheidung und Verteilungsgerechtigkeit, Auflage 2012
Zitiert als: Coninx (2012), S.

Cowley, Christopher: The Conjoined Twins and the Limits of Rationality in Applied Ethics, in: Bioethics 17 (2003), S. 69

Cywes, S.: Challenges and Dilemmas for a Pediatric Surgeon, in: J. Ped. Surg. 29 (1994), S. 957 ff.

Dellinghausen, Ulrike: Sterbehilfe und Grenzen der Lebenserhaltungspflicht des Arztes, Auflage 1981
Zitiert als: Dellinghausen, Sterbehilfe und Grenzen der Lebenserhaltungspflicht des Arztes, S.

Diehm, Dirk: Die Menschenrechte der EMRK und ihr Einfluss auf das deutsche Strafgesetzbuch – Strafrechtliche Fragen der Gegenwart, Auflage 2006
Zitiert als: Die EMRK und das deutsche Strafgesetzbuch, S.

DNotI-Report: DNotI-Report: Informationsdienst des Deutschen Notarinstituts, Heft 20/2010
Zitiert als: DNotI-Report 2010, S.

Drake, Donald C.: Siamese Twins – The surgery: An Agonizing Choice – Parents, Doctors, Rabbis In Dilemma, in: The Philadelphia Inquirer v. (1977)
Zitiert als: Drake, The surgery: An agonizing choice. The Philadelphia Inquirer v. 16.10.1977

Dreger, Alice Domurat: One of Us. Conjoined Twins and the Future of Normal, Auflage 2005
Zitiert als: Dreger, One of Us. Conjoined Twins and the Future of Normal, S.

Dreher, Eduard: Anmerkung zum BVerfG, Beschl. V. 10 1972 (Gesundbeter), in: JR 1972, 342 ff

Dreher, Eduard: Der Irrtum über Rechtfertigungsgründe, Festschrift für Ernst Heinitz zum 70. Geburtstag: Auflage 1972
Zitiert als: *Dreher*, in: FS Heinitz, S.

Dreier, Horst: Grenzen des Tötungsverbotes, in: JZ 2007, S. 261 ff., S. 317 ff.

Duttge, Gunnar: Der BGH auf rechtsphilosophischen Abwegen – Einwilligung in Körperverletzung und „gute Sitten", in: NJW 2005, S. 260 ff.

Dworkin, Ronald: Is Democracy Possible Here? Principles for a New Political Debate, Auflage 2008
Zitiert als: Dworkin, Is Democracy Possible Here? Principles for a New Political Debate, 2008, S.

Eder, Max / Gedigk, Peter: Allgemeine Pathologie und Pathologische Anatomie, 33. Auflage 1990
Zitiert als: Eder/Gedigk, Allgemeine Pathologie, S.

Edmonds, LD / Layde, PM: Conjoined twins in the United States, 1970–1977, in: Teratology 25 (1982), S. 301 ff.

Eidam, Lutz: Wider die Bevormundung eines selbstbestimmten Sterbens. Zugleich Besprechung von BGH, Urteil vom 25.6.2010, in: GA 2011, S. 232 ff.

Einbecker Empfehlungen: Grenzen ärztlicher Behandlungspflicht bei schwerstgeschädigten Neugeborenen, in: MedR 1992, S. 206 f.

Engisch, Karl: Ärztlicher Eingriff zu Heilzwecken und Einwilligung in: ZStW 58 1939, S. 1 ff.

Engisch, Karl / Bockelmann, Paul: Festschrift für Karl Engisch zum 70. Geburtstag, Frankfurt/Main, Auflage 1969
Zitiert als: *Bearbeiter*, in: FS Engisch, S.

Erb, Volker: Der rechtfertigende Notstand, in: JuS 2010, S. 108 ff.

Erfurter Kommentar zum Arbeitsrecht: Kommentar zum Arbeitsrecht, Hrsg. Dr. Rudi Müller-Glöge, Prof. Dr. Dr. h.c. Ulrich Preis, Ingrid Schmidt, 17, Auflage 2017
Zitiert als: ErfK/*Bearbeiter*, § Rn.

Eser, Albin / Fletcher, George P.: Rechtfertigung und Entschuldigung. Rechtsvergleichende Perspektiven, Bd. 1, Auflage 1987
Zitiert als: Eser/Fletcher, Rechtfertigung und Entschuldigung, Rechtsvergleichende Perspektiven, Bd. 1, 1987, S.

Everschor, Monika: Probleme der Neugeboreneneuthanasie und der Behandlungsgrenzen bei schwerstgeschädigten Kindern und ultrakleinen Frühgeborenen aus ethischer Sicht, Auflage 2001
Zitiert als: Everschor, Probleme der Neugeboreneneuthanasie und der Behandlungsgrenzen bei schwerstgeschädigten Kindern und ultrakleinen Frühgeborenen aus ethischer Sicht, 2000, S.

Fagundes, David: What We Talk About When We Talk About Persons: The Language of a Legal Fiction, in: The Language of a Legal Fiction, Harvard Law Review 114 (2001), S. 1746 ff.

Felder, Andreas: Aufgaben und Prüfungsumfang der Ethikkommissionen, in: PharmR 2007, S. 226 ff.

Filler, Robert M.: Conjoined twins and their separation, in: Seminars in Perinatology 10 (1986), S. 82 ff.

Filler, Robert M. / Crocker, D.: Conjoined twins, in: Pediatric Surgery 3, S. 809 ff.
Zitiert als: Filler/Crocker, Conjoined twins, Pediatric Surgery 3, S.

Fischer, Thomas: Kommentar zum StGB. Mit Nebengesetzen, 64. Aufl. 2017
Zitiert als: Fischer, StGB, §, Rn.

Fletcher, George P.: Rethinking Criminal Law, 1978
Zitiert als: Fletcher, Rethinking Criminal Law, 1978, S.

Fomes, P / Hoeffel, Cristine / Ngyuen, KQ / Phan, HT / Truong, NH / Nguyen, TS / Tran, TT: Fetus in Fetu: A Case Report and Literature Review, in: Pediatrics 105 (2000), S. 1335 ff.

Forschner, Maximilian / Horn, Cristoph Höffe, Ottfried / Vossenkuhl, Wilhelm: Lexikon der Ethik, 7. Auflage 2008
Zitiert als: Forschner, Lexikon der Ethik, S.

Frister, Helmut: Strafrecht Allgemeiner Teil, 7. Auflage, München 2015
Zitiert als: Frister, AT, Kapitel, Rn.

Grabitz, Eberhard / Hilf Meinhard / Nettesheim, Martin: Das Recht der Europäischen Union, 61. EL 2017
Zitiert als GHN/*Bearbeiter*, Art. Rn.

Gaede, Karsten: Durchbruch ohne Dammbruch – Rechtssichere Neuvermessung der Grenzen strafloser Sterbehilfe, in: NJW 2010, S. 2925 ff.

Gärditz, Klaus: Das Verbot der geschäftsmäßigen Sterbehilfe – Anmerkungen zu einem neuen Straftatbestand, in: ZfL, S. 114 ff.

Geerds, Friedrich: Einwilligung und Einverständnis des Verletzten im Strafrecht in: GA 1954, S. 262 ff.

Geilen, Gerd / Hirsch, Hans / Jakobs, Günther / Kaufmann, Armin / Loos, Fritz / Schreiber, Hans-Ludwig / Stratenwerth, Günter: Festschrift für Hans Welzel zum 70. Geburtstag am 25. März 1974, Auflage 1974
Zitiert als: *Bearbeiter*, in: FS Welzel, S.

Gernhuber, Joachim / Coester-Waltjen, Dagmar: Familienrecht, 6. Auflage 2010
Zitiert als: Gernhuber/Coester-Waltjen, Familienrecht, §, Rn.

Gillon, R.: Imposed Separation – Moral Hubris by the English Courts, J. of Medical Ethics 27 (2001), S. 3

Golloday, E.S. / Williams, GD Seibert, JJ / Shenefelt, R: Dicephalus Dipus Conjoined Twins: A surgical Separation and Review of Previously Reported Cases, in: J. Ped. Surg. 17 (1982), S. 259 ff

Göbel, Alfred: Die Einwilligung im Strafrecht als Ausprägung des Selbstbestimmungsrechts, Auflage 1992
Zitiert als: Göbel, Einwilligung, S.

Gössel, Karl Heinz / Dölling, Dieter: Strafrecht Besonderer Teil 1, 2. Aufl., 18. Auflage 2016
Zitiert als: Gössel/Dölling, BT 1, §, Rn.

Glöckner, Markus: Ärztliche Handlungen bei extrem unreifen Frühgeborenen. Rechtliche und ethische Aspekte, in: Schriftenreihe Medizinrecht (2007)
Zitiert als: Glöckner, Handlungen, S.

Gropp, Walter: Der Radartechniker-Fall – ein durch Menschen ausgelöster Defensivnotstand? Ein Nachruf auf § 14 III Luftsicherheitsgesetz, in: GA 2006, S. 284 ff.

Grover, V. / Chawla, R. / Mishra, S.L.: Management of conjoined twins, in: International Journal of Gynecology and Obstetrics 31 (1990), S. 67 ff.
Zitiert als: Grover/Chawla/Mishra, Management of conjoined twins, International Journal of Gynecology and Obstetrics 31, S.

Gutmann, Thomas / Fateh-Moghadam, Bijan: Rechtsfragen der Organverteilung. In Grundlagen einer gerechten Organverteilung. Medizin-Psychologie-Recht-Ethik-Soziologie, Auflage 2003
Zitiert als: Gutmann/Fateh.Moghadam, Rechtsfragen der Organverteilung II, S.

Gutmann, Thomas / Land, Walter: Ethische und rechtliche Fragen der Organverteilung: Der Stand der Debatte, in: Brudermüller/Sellmann: Organtransplantation – Schriften des Instituts für angewandte Ethik e. V. 2 2000, S. 87 ff.

Gutmann, Thomas / Schroth, Ulrich / Schneewind, Klaus / Schmidt, Volker / Elsässer, Antonellus / Land, Walter / Hillebrand, Günter: Grundlagen einer gerechten Organverteilung: Medizin, Psychologie, Recht, Ethik und Soziologie, Auflage 2002

Hanack, Ernst-Walter: Die Sterilisation aus sozialer Indikation, in: JZ 1964, S. 393 ff.

Hanstein, Peter: Persönlichkeit in der Demokratie. Festschrift für Erich Schwinge zum 70. Geburtstag (1973)
Zitiert als: Bearbeiter, in: FS Schwinge, S.

Hardtung, Bernhard: Die guten Sitten am Bundesgerichtshof, in: Jura 2005, S. 401 ff.

Hardwig, Werner: Betrachtungen zur Frage des Heileingriffs, in: GA 1965, S. 161 ff.

Harris, SB / Goldenthal, EI.: Conjoined twins (Cephalothoracopagus) in a Charles River CD rat, in: Veterinary Pathology 14 (1977), S. 519 f.

Hart, Dieter: Heilversuch, Entwicklung therapeutischer Strategien, klinische Prüfung und Humanexperiment, in: MedR 1994, S. 94 ff.

Hay, S / Wehung, DA: Congenital malformations in twins, in: American Journal of Human Genetics 22 (1970), S. 662 ff.

Heinemann, Nicola: Frau und Fötus in der Prä- und Perinatalmedizin aus strafrechtlicher Sicht, Auflage 2000
Zitiert als: Heinemann, Frau und Fötus, S.

Heinrich, Bernd / Hilgendorf, Eric / Mitsch, Wolfgang / Sternberg-Lieben, Detlef: Festschrift für Ulrich Weber, Auflage 2004
Zitiert als: *Bearbeiter*, in: FS Weber, S.

Helgerth, Roland: Sterbehilfe durch Behandlungsabbruch (Anmerkung zu BGHSt 40, 257), in: JR 1995, S. 338 ff.

Herberger, Maximilian / Martinek, Michael / Rüßmann, Helmuth / Weth, Stephan: juris PraxisKommentar BGB, 7. Auflage 2014
Zitiert als: jurisPK-BGB/*Bearbeiter*, § Rn.

Herzberg, Rolf / Herzberg, Annika: Der Beginn des Menschseins im Strafrecht – Die Vollendung der Geburt, in: JZ 2001, S. 1106 ff.

Hettinger, Michael / Hillenkamp, Thomas / Köhler, Michael: Festschrift für Wilfried Küper zum 70. Geburtstag, Auflage 2007
Zitiert als: *Bearbeiter*, in: FS Küper, S.

Hiersche, H.-D.: Schwangerschaftsabbruch und Anencephalus, in: MedR 1984, S. 215 ff.

Hildebrandt, Helmut: Pschyrembel Klinisches Wörterbuch, 258. Auflage 1998
Zitiert als: Hildebrandt, Pschyrembel Klinisches Wörterbuch, S.

Hilgendorf, Eric: Tragische Fälle. Extremsituationen und strafrechtlicher Notstand (IN: Sicherheit statt Freiheit!), in: Schriften zum Öffentlichen Recht (2005), Band 1002
Zitiert als: Hilgendorf, Tragische Fälle, S.

Hillgruber, Christian: Der Staat des Grundgesetzes – nur „bedingt abwehrbereit"? Plädoyer für eine wehrhafte Verfassungsinterpretation, in: JZ 2007, S. 209 ff.

Hillgruber, Christian: Die Menschenwürde und das verfassungsrechtliche Recht auf Selbstbestimmung – ein und dasselbe?, in: ZfL 2015, S. 80 ff.

von Hirsch, Andrew: Fairness, Verbrechen und Strafe: Strafrechtstheoretische Abhandlungen, Auflage 2005
Zitiert als: v. Hirsch (Hrsg.), Fairness, Verbrechen und Strafe: Strafrechtstheoretische Abhandlungen, 2005, S.

Hirsch, Hans Joachim: Anmerkung zum BGH 2 Str 505/03, in: JR 2004, S. 475 ff.

Hörnle, Tatjana: Die wichtigsten Änderungen des besonderen Teils des StGB durch das 6. Gesetz zur Reform des Strafrechts, in: Jura 1998, S. 169 ff.

Hoerster, Norbert: Forum – Ein Lebensrecht für die menschliche Leibesfrucht?, in: JuS 1989, S. 172 ff.

Hoerster, Norbert: Föten, Menschen und "Speziesismus" – rechtsethisch betrachtet, in: NJW 1991, S. 2540 ff.

Hoerster, Norbert: Neugeborene und das Recht auf Leben (suhrkamp taschenbuch wissenschaft), Auflage 1995
Zitiert als: Hoerster, Neugeborene und das Recht auf Leben, 1995, S.

Hochhuth, Martin: Militärische Bundesintervention bei inländischem Terrorakt. Verfassungsänderungspläne aus Anlass der Flugzeugentführungen vom 11. September 2001, in: NZWehrR 2002, S. 154 ff.

Hoffmann, Birgit: Personensorge – Erläuterungen und Gestaltungsvorschläge für die rechtliche Beratung nach der Reform von Sorge- und Umgangsrecht 2013, 2. Auflage 2013
Zitiert als: Hoffmann, Personensorge, 2. Auflage 2013, S., Rn.

Hoffmann, Birgit: Zwangsbehandlung Minderjähriger vor dem Hintergrund der jüngeren Rechtsprechung des BVerfG und des BGH, 2015
Zitiert als: Hoffmann, NZFam 2015, S.

Hofmann, Hasso: Die versprochene Menschenwürde, in: AöR 118 (1993), S. 353 ff.

Hohn, Hannsjosef: Zur Kollision zwischen Sittenverständnis und Generalklauseln, in BB Heft 32 (1991), S. 2290 ff.

Holcomb, George / O'Neill, James: Conjoined Twins, in: Ashcraft/Holder (Hrsg.), Pediatric Surgery, 2. Auflage 1993, S. 951 ff.
Zitiert als: Holcomb/O'Neill, Conjoined Twins, in: Ashcraft/Holder (Hrsg.), Pediatric Surgery, 1993, S.

Hoppe, Jörg-Dietrich: Grundsätze der Bundesärztekammer zur ärztlichen Sterbebegleitung, in: Deutsches Ärzteblatt Jg. 108 (2011), S. A-346 ff.

Hoyer, Andreas / Müller, Henning Ernst / Pawlik, Michael / Wolter, Jürgen: Festschrift für Friedrich-Christian Schroeder zum 70. Geburtstag, Auflage 2006
Zitiert als: *Bearbeiter*, in: FS Schroeder, S.

Hruschka, Joachim: Strafrecht nach logisch-analytischer Methode: Systematisch entwickelte Fälle mit Lösungen zum Allgemeinen Teil, 2. Auflage 1988
Zitiert als: Hruschka, Strafrecht nach logisch-analytischer Methode, S.

Hung, Wen-Tsung / Wei-Jao, Chen / Han-Tien, Chen / Hsu, Te-Chin / Chao, Chi-Ching / Wu Trang-Tiau: Successful Separation of Ischiopagus Tripus Conjoined Twins, in: J. Ped. Surg. 21 (1986), S. 920 ff.

Ingelfinger, Ralph: Grundlagen und Grenzbereiche des Tötungsverbots: Das Menschenleben als Schutzobjekt des Strafrechts, Auflage 2004
Zitiert als: Ingelfinger, Grundlagen und Grenzbereiche des Tötungsverbots, S.

Jahn, Matthias / Kudlich, Hans / Streng, Franz: Strafrechtspraxis und Reform: Festschrift für Heinz Stöckel zum 70. Geburtstag, Auflage 2010
Zitiert als: *Bearbeiter*, in: FS Stöckel, S.

Jakobs, Günther: Strafrecht Allgemeiner Teil, 2. Auflage 1991
Zitiert als: Jakobs, Strafrecht AT, §, Rn.

Jakobs, Günther: Das erlaubte Kausieren verbotener Taten – Regressverbot, in: Jakobs Himeji Law Review (2004), S. 346 ff.

Jäger, Christian: Die Abwägbarkeit menschlichen Lebens im Spannungsfeld von Strafrechtsdogmatik und Rechtsphilosophie, in: ZStW 115 (2004), S. 765 ff.

Jäger, Christian: Auf Leben und Tod (Fortgeschrittenenklausur) – Sonderheft Zwischenprüfung, in: Jura 2004, S. 34 ff.

Jäger, Christian: Folter und Flugzeugabschuss – rechtsstaatliche Tabubrüche oder rechtsgüterhaltende Notwendigkeiten?, in: JA 2008, S . 678 ff.

Jäger, Christian: Examens-Repetitorium Strafrecht Allgemeiner Teil, 7. Auflage 2015
Zitiert als: Jäger, AT, S.

Jescheck, Hans-Heinrich / Weigend, Thomas: Lehrbuch des Strafrechts. Allgemeiner Teil, 5. Auflage 1996
Zitiert als: Jescheck/Weigend, Strafrecht AT, S.

Joerden, Jan C.: Menschenleben. Ethische Grund- und Grenzfragen des Medizinrechts, 1. Auflage 2003
Zitiert als: Joerden, Dürfen siamesische Zwillinge getrennt werden?, in: Menschenleben, S.

Junghanns, Ray: Verteilungsgerechtigkeit in der Transplantationsmedizin: Eine juristische Grenzziehung, Auflage 2001
Zitiert als: Junghanns, Verteilungsgerechtigkeit, S.

Kamps, Hans: Arzt- und Kassenarztrecht im Wandel. Festschrift für Prof Dr. iur. Helmut Narr zum 60. Geburtstag, Auflage 1988
Zitiert als: *Bearbeiter*, in: FS Narr, S.

Kaufmann, Arthur: Festschrift für Paul Bockelmann zum 70. Geburtstag am 7. Dezember 1978, Auflage 1978
Zitiert als: *Bearbeiter*, in: FS Bockelmann, S.

Kaufmann, Arthur: Zur ethischen und strafrechtlichen Beurteilung der sogenannten Früheuthanasie, in: JZ 1982, S. 481 ff.

Kaufmann, Arthur / Mestmäcker, Ernst-Joachim / Zacher, Hans: Rechtsstaat und Menschenwürde: Festschrift für Werner Maihofer zum 70. Geburtstag, Auflage 1988
Zitiert als: Bearbeiter, in: FS Maihofer, S.

Kaufman, Arthur: The Embryology of Conjoined Twins, in: Child's Nervous System 20 (2004), S. 508 ff.

Kastenbaum, Hannah et al.: Janiceps Conjoined Twins with Extreme Asymmetry: Case Report with Complete Autopsy and Histopathologic Findings, in: Pediatric and Developmental Pathology 12 (2009), S. 377 ff.

Kern, Bernd-Rüdiger: Fremdbestimmung bei der Einwilligung in ärztliche Eingriffe, in: NJW 1994, S. 753 ff.

Kern, Bernd-Rüdiger: Anmerkung zu BGH, in: MedR 1998, S. 416 ff.

Khan, Zahid Husein / Hamidi, Saeed / Miri, Seyed Mojtaba: Craniophagus, Laleh and Ladan Twins, Sagital Sinus, in: Turkish eurosurgery 17 (2007), S. 27 ff.

Klee, Ernst: „Euthanasie" im NS-Staat: Die „Vernichtung lebensunwerten Lebens", 10. Auflage 2001
Zitiert als: Klee, „Euthanasie" im NS-Staat, S.

Klefisch, Theodor: Die nationalsozialistische Euthanasie im Blickfeld der Rechtsprechung und Rechtslehre, in: MDR 1950, S. 258 ff.

Klinge, Ines: Todesbegriff, Totenschutz und Verfassung. Der Tod in der Rechtsordnung unter besonderer Berücksichtigung der verfassungsrechtlichen Dimension, Auflage 1996
Zitiert als: Klinge, Todesbegriff, Totenschutz und Verfassung, 1996, S.

Koch, Arnd: Tötung Unschuldiger als straflose Rettungshandlung? Problemaufriss ausgehend von NS-Anstaltstötungen, in: JA 2005, S. 745 ff.

Koch, Arnd: Strafbarkeit der Trennung siamesischer Zwillinge?, in: GA 2011, S. 129 ff.

Kohlhaas, Max: Die rechtfertigende Einwilligung bei Körperverletzungstatbeständen: in NJW 1963, S. 2348.

Kokcu, Arif: Conjoined Twins: Historical perspective and report of a case, in: The Journal of Maternal-Fetal and Neonatal Medicine 20 (2007), S. 349 ff.

Koriath, Heinz: Das Brett des Karneades, in: JA 1998, S. 256 ff.

Kubiciel, Michael: Zur Verfassungskonformität des § 217 StGB, in: ZIS, 2016, S. 396 ff.

Kudlich, Hans: Grenzen des Tötungsvorsatzes im Medizinstrafrecht, in NJW 2011, S. 2856.

Kuhse, Helga: Die „Heiligkeit des Lebens" in der Medizin, Eine philosophische Kritik, Auflage 1994
Zitiert als: Kuhse, Die „Heiligkeit des Lebens" in der Medizin, S. 117 f.

Kühl, Kristian: „Wer einen Menschen tötet" – Der objektive Tatbestand des Totschlags gemäß § 212 StGB, in: JA 2009, S. 321 ff.

Kühl, Kristian: Strafrecht Allgemeiner Teil, 8. Auflage 2017
Zitiert als: Kühl, AT, §, Rn.

Küper, Wilfried: Grund- und Grenzfragen der rechtfertigenden Pflichtenkollision im Strafrecht, Auflage 1979
Zitiert als: Küper, Grund- und grenzfragender rechtfertigenden Pflichtenkollision, S.

Küper, Wilfried: Tötungsverbot und Lebensnotstand. Zur Problematik der Kollision „Leben gegen Leben", in: JuS 1981, S. 785 ff.

Küper, Wilfried / Zopfs, Jan: Strafrecht Besonderer Teil: Definitionen mit Erläuterungen, CF Müller 2012 (neueste Version ist jetzt: Küper/Zopfs, 9. Auflage 2015)
Zitiert als: Küper, BT, S.

Laber, Jörg: Die rechtlichen Probleme der Früheuthanasie, in: MedR 1990, S. 182 ff.

Lachmann, Rolf / Meuter, Norbert: Medizinische Gerechtigkeit: Patientenauswahl in der Transplantationsmedizin, Auflage 199
Zitiert als: Lachmann/Meuter, Medizinische Gerechtigkeit, S.

Ladiges, Manuel: Die Bekämpfung nicht-staatlicher Angreifer im Luftraum – unter besonderer Berücksichtigung des § 14 Abs. 3 LuftSiG und der strafrechtlichen Beurteilung der Tötung von Unbeteiligten, Auflage 2007
Zitiert als: Ladiges, Die Bekämpfung nicht-staatlicher Angreifer im Luftraum, 2007, S.

Ladiges, Manuel: Nochmals: Notwehr gegen Schwangere, in: JR 2007, S. 105 ff.

Ladiges, Manuel: Die notstandsbedingte Tötung von Unbeteiligten im Fall des § 14 Abs. 3 LuftSiG – ein Plädoyer für die Rechtfertigungslösung, in: ZIS 2008, S. 129 ff.

Lackner, Karl / Kühl, Kristian: Kommentar zum StGB, 28. Auflage 2014.
Zitiert als: L/K/*Bearbeiter*, § Rn.

Leipziger Kommentar zum StGB: Kommentar zum StGB, Hrsg. Laufhütte, Heinrich Wilhelm / Tiedemann, Klaus / Rissing-van Saan, Ruth, 12. Auflage 2006
Zitiert als: LK/*Bearbeiter*, § Rn.

Laufs, Adolf: Die Verletzung der ärztlichen Aufklärungspflicht und ihre deliktische Rechtsfolge, in: NJW 1974, S. 2025 ff.

Laufs, Adolf / Uhlenbruck, Wilhelm: Handbuch des Arztrechts, 4. Auflage 2010
Zitiert als: Laufs/Uhlenbruck, Handbuch des Arztrechts, §, Rn.

Lee, Hyung Kook: Interessenabwägung und Angemessenheitsprüfung im rechtfertigenden Notstand des § 34 StGB, Auflage 1978
Zitiert als: Lee, Interessenabwägung und Angemessenheitsprüfung im rechtfertigenden Notstand des § 34 StGB, S.

Lenk, Hans / Ropohl, Günther: Technik und Ethik, in: Reclam 1987, S. 112 ff.

Lenckner, Theodor: Der rechtfertigende Notstand. Zur Problematik der Notstandsregelung im Entwurf eines Strafgesetzbuches (E 1962), Auflage 1965
Zitiert als: Lenckner, Der rechtfertigende Notstand, S.

Lenckner, Theodor: Wertausfüllungsbedürftige Begriffe im Strafrecht und der Satz „nullum crimen sine lege" in: JuS 1968, S 249 ff.

Lipp, Volker: Erwachsenenschutz und Verfassung – Betreuung, Unterbringung, und Zwangsbehandlung in FamRZ 2013, S 913 ff.

Lindner, Josef Franz: Theorie der Grundrechtsdogmatik, in: Mohr Siebeck (2005)
Zitiert als: Lindner, Theorie der Grundrechtsdogmatik, S.

Lindner, Josef Franz: Grundrechtsfragen aktiver Sterbehilfe, in: JZ 2006, S. 373 ff.

Luckhardt, A.B.: Report of the autopsy of the Siamese twins together with other interesting information covering their life, in: Surgery, Gynecology & Obstetrics 72 (1941), S. 116 ff.

Luther, Martin: Die Bibel – Altes und Neues Testament, Übersetzung von Martin Lut her, Textfassung 1912. Gebundene Ausgabe – 1. Februar 2016

Lüttger, Hans: Der Tod und das Strafrecht, in: JR 1971, S. 309 ff.

Lüttger, Hans / Blei, Hermann / Hanau, Peter: Festschrift für Ernst Heinitz zum 70. Geburtstag am 1. Januar 1972, Auflage 1972
Zitiert als: *Bearbeiter*, in: FS Heinitz, S.

Machin, GA: Conjoined Twins: Implications for Blastogenesis, in: Birth Defects 29 (1993), S. 141 ff.

Mangakis, Georgios: Die Pflichtenkollision als Grenzsituation des Strafrechts, in: ZStW 84 (1972), S. 447 ff.

Marquardsen, Heinrich: Die Lehre vom Notstande mit Beziehung auf einen merkwürdigen Rechtsfall mitgeteilt, in: Archiv des Criminalrechts 2 N.F. Bd. 38 (1857), S. 396 ff.

Martius, Heinrich: Die geburtshilflichen Operationen, Auflage 1934
Zitiert als: Martius, Die geburtshilflichen Operationen, S.

Martius, Gerhard: Lehrbuch der Geburtshilfe, 12. Auflage 1988
Ziticrt als: Martius, Lehrbuch der Geburtshilfe S.

Matt, Holger / Renzikowski, Joachim: Kommentar StGB, 1. Auflage 2013 München
Zitiert als: Matt/Renzikowski/*Bearbeiter*, § Rn.

Maunz, Theodor / Dürig, Günter: Kommentar zum GG, 79. Auflage 2016
Zitiert als: Maunz/Dürig/*Bearbeiter*, Art. Rn.

Maurach, Reinhart / Schroeder, Friedrich-Christian / Maiwald, Manfred: Strafrecht Besonderer Teil, 10. Auflage 2009
Zitiert als: Maurach/Schroeder/Maiwald, Strafrecht BT, §, Rn.

Maurach, Reinhart / Zipf, Heinz: Strafrecht Allgemeiner Teil, 8. Auflage 2014
Zitiert als: Maurach/Zipf, AT, S.

Merkel, Reinhard: Tödlicher Behandlungsabbruch und mutmaßliche Einwilligung bei Patienten im apallischen Syndrom. Zugleich eine Besprechung von BGH NJW 1995, 204, in: ZStW 107 (1995), S. 545 ff.

Merkel, Reinhard: Ärztliche Entscheidungen über Leben und Tod in der Neonatalmedizin, in: JZ 1996, S. 1145 ff

Merkel, Reinhard: Hirntod und kein Ende. Zur notwendigen Fortsetzung einer unerledigten Debatte, in: Jura 1999, S. 113 ff.

Merkel, Reinhard: Früheuthanasie. Rechtsethische und strafrechtliche Grundlagen ärztlicher Entscheidungen über Leben und Tod in der Neonatalmedizin, Auflage 2001
Zitiert als: Merkel, Früheuthanasie, S.

Merkel, Reinhard: Gründe für den Ausschluss der Strafbarkeit im Völkerstrafrecht, in: ZStW 114 (2002), S. 437 ff.

Merkel, Reinhard: § 14 Abs. 3 Luftsicherheitsgesetz: Wann und warum darf der Staat töten?, in: JZ 2007, S. 373 ff.

Merkel, Reinhard: An den Grenzen von Medizin, Ethik und Strafrecht:Die chirurgische Trennung sogenannter siamesischer Zwillinge, in: Roxin und Schroth (Hrsg.), Handbuch des Medizinstrafrechts., Auflage 2010. S. 632 ff
Zitiert als: Merkel, An den Grenzen von Medizin, Ethik und Strafrecht: Die chirurgische Trennung sogenannter siamesischer Zwillinge, in: Roxin/ Schroth, Handbuch des Medizinstrafrechts, S.

Milzer, Lutz: Verfassungsmäßigkeit der Koppelung einer Zwangsbehandlung an eine freiheitsentziehende Unterbringung in NZFam 2015, S 780
Zitiert als: Milzer, NZFam 2015, S.

Mitsch, Wolfgang: „Luftsicherheitsgesetz" – die Antwort des Rechts auf den „11. September 2001", in: JR 2005, S. 274 ff.

Mitsch, Wolfgang: Notwehr gegen Schwangere., in: JR 2006, S. 452 ff.

Mitsch, Wolfgang: Flugzeugabschüsse und Weichenstellungen. Unlösbare Strafrechtsprobleme in ausweglosen Notstands-situationen, in: GA 2006, S. 11 ff

Mosbacher, Andreas: Anmerkung zum BGH, Urtl. Vom 11.12.2003–3 StR 120/03, in: JR 2004, S. 390 ff.

Möller, Tina: Die medizinische Indikation lebenserhaltender Maßnahmen, Auflage 2010
Zitiert als: Möller, Indikation, S.

Musielak, Hans-Joachim / Borth, Helmut / Grandel, Mathias: Familiengerichtliches Verfahren: FamFG 1. + 2. Buch, 5. Auflage 2015
Zitiert als: Musielak/Borth/Grandel, §, Rn.

Mutinelli, F. / Nani, S. / Zampiron, S.: Conjoined twins (Thoracopagus) in a Wistar Rat (Rattus norvegicus), in: Laboratory Animal Science 42 (1992), S. 612 f.

Münchener Kommentar: Kommentar zum BGB, Hrsg. Schwab, Dieter, 7. Auflage 2017
Zitiert als: Müko-BGB/*Bearbeiter, §, Rn.*

Münchener Kommentar: Kommentar zum StGB, Hrsg. Joecks, Wolfgang / Miebach, Klaus, 3. Auflage 2017
Zitiert als: MüKo-StGB/*Bearbeiter*, § Rn.

Münchener Kommentar: Kommentar ZPO, Hrsg. Krüger, Wolfgang / Rauscher, Thomas, 5. Auflage 2016
Zitiert als: MüKo-ZPO/*Bearbeiter*, § Rn.

Neumann, Ulfrid: Rechts- und Sozialphilosophie in Deutschland heute. Beiträge zur Standortbestimmung., in: ARSP-Beiheft Nr. 44 (1991), S. 253 ff.

Neumann, Ulfrid / Hassemer, Winfried / Schroth, Ulrich: Verantwortetes Recht-Die Rechtsphilosophie Artur Kaufmanns, in: ARSP Beiheft Nr. 100 (2005), 151 f.

Neuner, Jörg: Zur Rechtsfähigkeit des Anencephalus, MedR 31 (2013), S. 647 ff.

Niedermair Harald: Körperverletzung mit Einwilligung und die Guten Sitten: zum Funktionsverlust einer Generalklausel, Auflage 1999
Zitiert als: Niedermair, Körperverletzung mit Einwilligung und die guten Sitten, S.

Noltenius, Bettina: Grenzenloser Spielraum des Gesetzesgebers im Strafrecht? Kritische Bemerkungen zur Inzestentscheidung des Bundesverfassungsgerichts vom 26. Februar 2008, in: ZJS 2009, S. 15 ff.

Nomos Kommentar: Kommentar zum BGB, Hrsg. Dauner-Lieb, Barbara / Heidel, Thomas / Ring, Gerhard, 2. Auflage 2016
Zitiert als: NK-BGB/*Bearbeiter*, § Rn.

Nomos Kommentar: Kommentar zum GG, Hrsg. Hömig, Dieter / Wolff, Heinrich Amadeus, 11. Auflage 2016
Zitiert als: NK-GG/*Bearbeiter*, Art. Rn.

Nomos Kommentar: Kommentar zum Strafgesetzbuch, Hrsg. Kindhäuser, Urs / Neumann, Ulfrid / Paeffgen, Hans-Ullrich, 5. Auflage 2017
Zitiert als: NK-StGB/*Bearbeiter*, § Rn.

Nomos Kommentar: Kommentar zum Medizinrecht, Hrsg. Bergmann, Karl Otto / Pauge, Burkhard / Steinmeyer, Heinz, 2. Auflage 2014
Zitiert als: NK-Medizinrecht/*Bearbeiter*, § Rn.

Odendahl, Kerstin: Der Umgang mi Unbeteiligten im Recht der Gefahrenabwehr: Das LuftSiG als verfassungsgemäßer Paradigmenwechsel, in: Die Verwaltung 38 (2005), S. 447 ff.

Odgen, Charles Kay: Five Types of Ethical Theory, London, Auflage 1930
Zitiert als: C.K. Odgen: Five Types of Ethical Theory, London 1930, S.

Oelert, Uta: Allokation von Organen in der Transplantationsmedizin, Auflage 2002
Zitiert als: Oelert, Organallokation, S.

O'Neill, James A. Jr. / Ross, Arthur / Holcomb, George W. / Bishop, Harry / Schaufer, Louse / Templeton, John / Duckett, John / Norwood, William / Ziegler, Moritz / Koop C. Everett: Surgical Experience with Thirteen Conjoined Twins, Annals of surgery 208 (1988), 303 ff

Oswald, Katja: Heilversuch, Humanexperiment und Arzneimittelforschung, in Roxin/Schroth, Handbuch des Medizinrechts, 4. Auflage 2010, S. 669 ff.
Zitiert als: Oswald, Heilversuch, Humanexperiment und Arzneimittelforschung, S.

Otte, Lars: Der durch Menschen ausgelöste Defensivnotstand, Auflage 1998
Zitiert als: Otte, Der durch Menschen ausgelöste Defensivnotstand, S.

Otto, Harro: Pflichtenkollision und Rechtswidrigkeitsurteil 3. Auflage 1978
Zitiert als: Otto, Pflichtenkollision und Rechtswidrigkeitsurteil, S.

Otto, Harro: Neue Entwicklungen im Bereich der vorsätzlichen Tötungsdelikte, in: Jura 2003, S. 612 ff.

Otto, Harro: Die strafrechtliche Beurteilung der Kollision rechtlich gleichrangiger Interessen, in: Jura 2005, S. 470 ff

Otto, Harro: Grundkurs Strafrecht Allgemeine Strafrechtslehre, Band 1, Auflage 2014
Zitiert als: Otto, AT, §, Rn.

Palandt: Bürgerliches Gesetzbuch: BGB, 76., neubearbeitete Auflage 2017
Zitiert als: Palandt/Bearbeiter, §, Rn.

Pawlik, Michael: Der rechtfertigende Defensivnotstand, in: Jura 2002, S. 26 ff.

Pawlik, Michael: Der rechtfertigende Notstand. Zugleich ein Beitrag zum Problem strafrechtlicher Solidaritätspflichten, Auflage 2002
Zitiert als: Pawlik, Der rechtfertigende Notstand, S.

Pawlik, Michael: Der rechtfertigende Defensivnotstand im System der Notrechte, in: GA 2003, S. 12 ff.

Pawlik, Michael: § 14 Abs. 3 des Luftsicherheitsgesetzes – ein Tabubruch?, in: JZ 2004, S. 1045 ff.

Pawlik, Michael / Zaczyk, Rainer: Festschrift für Günther Jakobs zum 70. Geburtstag am 26. Juli 2007, Auflage 2007
Zitiert als: *Bearbeiter*, in: FS Jakobs, S.

Pawlowski, Kai: Die strafrechtliche Bewertung der Organtransplantation, Auflage 2007
Zitiert als: Pawlowski, Die strafrechtliche Bewertung der Organtransplantation, S.

Pearn, John: Bioethical Issues in Caring for Conjoined Twins and Their Parents, in: The Lancet 357 (2001), S. 1968 ff.

Peters, Karl: Zur Lehre von den persönlichen Strafausschließungsgründen, in: JR 1949, S. 496 ff.

Peters, Karl: Zur Frage der Ausstrahlungswirkung des Grundrechts der Glaubensfreiheit auf die Bestrafung wegen unterlassener Hilfeleistung, in: JZ 1972, S 85 ff

Philipps, Lothar: Sinn und Struktur von Normlogik, in: ARSP 52 (1966), S. 195 ff.

Prütting, Dorothea: Medizinrecht Kommentar, 4. Auflage 2016
Zitiert als: Prütting/*Bearbeiter*, Medizinrecht, §, Rn.

Quaas, Michael / Zuck, Rüdiger: Medizinrecht Kommentar, 3. Auflage 2014
Zitiert als: Quaas/Zuck, Medizinrecht, §, Rn.

Quigley, Christine: Conjoined Twins – An Historical, Biological and Ethical Issues Encyclopedia, Auflage 2003
Zitiert als: Quigley, Conjoined Twins – An Historical, Biological and Ethical Issues Encyclopedia, S.

Radbruchs, G.: Des Reichsjustizministeriums Ruhm und Ende. Zum Nürnberger Juristen-Prozess, in: SJZ 1948, S. 57 ff.

Rauscher, Thomas: Familienrecht, in: CF Müller, 2. Auflage 2008
Zitiert als: Rauscher, Familienrecht, S.

RGRK-BGB: Das Bürgerliche Gesetzbuch mit besonderer Berücksichtigung der Rechtsprechung des Reichsgerichts und des Bundesgerichtshofes, Hrsg. von den Mitgliedern des BGH. 12. Auflage 1975–1999, 2001
Zitiert als: RGRK-BGB/*Bearbeiter*, §, Rn.

Reinhardt, Uwe: Einige Bemerkungen zum Dohrn-Urteil, in: JR 1964, S. 368 ff.

Rejjal, AL / Nazer, HM / Abu-Osba, YK / Rifai, A / Ahmed, S: Conjoined twins: medical, surgical and ethical challenges, in: Australian and New Zealand Journal of Surgery 62 (1992), S. 287 ff.

Rengier, Rudolf: Strafrecht Besonderer Teil II, 18. Auflage 2017
Zitiert als: Rengier, BT 2, §, Rn.

Renzikowski, Joachim: Notstand und Notwehr, Auflage 1994
Zitiert als: Renzikowski, Notstand und Notwehr (1994), S.

Renzikowski, Joachim: Entschuldigung im Notstsand, in: Jahrbuch für Recht und Ethik 11 (2003), 269 ff.

Richieri-Costa, A / Guion-Almeida, ML: Heteropagus Epignathus: Report on a Brazilian twin, in: Birth Defects Original Article Series 29 (1993), S. 383 ff.

Richter, Hans-Peter: Siamesische Zwillinge: Inszeniertes Medienspektakel, in: Deutsches Ärzteblatt 30 (2003), S. A-1979 ff.

Ricken, Friedo: Allgemeine Ethik, 5. Auflage 2012
Zitiert als: Ricken, Allgemeine Ethik, S. 304 ff

Rixen, Stephan: Buchbesprechung zu Reinhard Merkel, Früheuthanasie. Rechtsethische und strafrechtliche Grundlagen ärztlicher Entscheidungen über Leben und Tod in der Neonatalmedizin, Baden-Baden 2001, in: GA 2002, S. 293 ff.

Robertson, E. Greame: Craniopagus parietalis; report of case, in: Archives of Neurology and Psychiatry 70 (1953), S. 189 ff.

Rogall, Klaus: Anm. zu BGH, in: NJW 1978, S. 1206 ff.

Rogall, Klaus / Puppe, Ingeborg / Stein, Ulrich / Wolter, Jürgen: Festschrift für Hans-Joachim Rudolphi zum 70. Geburtstag, Auflage 2004
Zitiert als: *Bearbeiter* in: FS Rudolphi, 2004, S.

Rogall, Klaus: Ist der Abschuss gekaperter Flugzeuge widerrechtlich?, in: NStZ 2008, S. 1 ff.

Rohrbach, Heinz: Beschreibung eines Thoracocephalopagus monosymmetros, in: Zentralblatt der Allgemeinen Pathologie u. pathologische Anatomie Band 86 (1950), S. 378 ff.
Zitiert als: Rohrbach, Beschreibung eines Thoracocephalopagus monosymmetros, Zentralblatt der Allgemeinen Pathologie 86, S.

Rotzoll, Maike / Hohendorf, Geritt / Fuchs, Petra / Mundt, Christoph / Eckart, Wolfgang U.: Die nationalsozialistische „Euthanasie"-Aktion „T4" und ihre Opfer – Geschichte und ethische Konsequenzen für die Gegenwart, Auflage 2010
Zitiert als: Rotzoll et al., Die nationalsozialistische „Euthanasie" Aktion, S.

Roxin, Claus: Verwerflichkeit und Sittenwidrigkeit als unrechtsbegründende Merkmale im Strafrecht in: JuS 1964, S. 373 ff.

Roxin, Claus / Bruns, Hans-Jürgen / Jäger, Herbert: Grundfragen der gesamten Strafrechtswissenschaft: Festschrift für Heinrich Henkel zum 70. Geburtstag am 12. September 1973, Auflage 1973
Zitiert als: *Bearbeiter*, in: FS Henkel, S.

Roxin, Claus: Strafrecht Allgemeiner Teil, 4. Auflage 2006
Zitiert als: Roxin, AT/I, §, Rn.

Roxin, Claus: Zur strafrechtlichen Beurteilung der Sterbehilfe, in: Roxin/Schroth, Handbuch des Medizinstrafrechts, 4. Auflage 2010, S. 75 ff.
Zitiert als: Roxin, Zur strafrechtlichen Beurteilung der Sterbehilfe, S.

Roxin, Claus: Der Abschuss gekaperter Flugzeuge zur Rettung von Menschenleben, in: ZIS 2011, S. 552 ff.

Rönnau, Thomas: Willensmängel bei der Einwilligung im Strafrecht, Auflage 2001
Zitiert als: Rönnau, Willensmängel, S.

Rüping, Hinrich: Zur Problematik des Mordtatbestandes, in: JZ 1979, S. 617 ff.

Sagal, Nancy: Entwined Lives: Twins and What they tell us about human behavior, Auflage 2000
Zitiert als: Sagal, Entwined Lives: Twins and What They Tell Us about Human Behavior, S.

Satzger, Helmut / Schluckebier, Wilhelm / Widmaier, Gunter: StGB – Strafgesetzbuch: Kommentar; Hrsg. Widmaier Gunter, 3. Auflage 2017.
Zitiert als: SSW/*Bearbeiter*, §, Rn.

Sax, Walter: Zur rechtlichen Problematik der Sterbehilfe durch vorzeitigen Abbruch einer Intensivbehandlung, Überlegungen zum „Unterlassen durch Tun" zum „Schutzzweck der Norm" und zur „scheinbaren Rechtsgutsverletzung", in: JZ 1975, S. 137 ff.

Schröder-Bäck, Peter: Ethische Prinzipien für die Public-Health-Praxis: Grundlagen und Anwendungen, Auflage 2014
Zitiert als: Schröder-Bäck, Ethische Prinzipien für die Public-Health-Praxis: Grundlagen und Anwendungen, S.

Schild, Wolfgang / Berg, Michael: Rechtliche Fragen der ärztlichen Behandlung und der Begleitung im Sterben, S. 35–55 in: Hankemeier, Ulrich /Krizanits, Franz /Schüle-Hein, Karin, Tumorschmerztherapie, Auflage 2004
Zitiert als: Schild/Berg, Rechtliche Fragen der ärztlichen Behandlung, S.

Schild, Wolfgang: Die strafrechtsdogmatischen Konsequenzen des rechtsfreien Raums, in: JA 1978, S. 449 ff., 570 ff., 631 ff.

Schily, Otto: Das Notstandsrecht des Grundgesetzes und die Herausforderungen der Zeit, in: EuGRZ 2005, S. 290 ff.

Schlake, Hans-Peter / Roosen, Klaus: Der Hirntod als der Tod der Menschenwürde, Auflage 1997
Zitiert als: Schlake/Roosen, Der Hirntod als der Tod der Menschenwürde, S.

Schmidt, Eberhard: Anmerkung zu OGH für die Britische Zone, in: SJZ 1949, S. 559 ff.

Schmidt, Peter / Madea, Burkhard: Grenzen ärztlicher Behandlungspflicht am Ende des Lebens, in: MedR 1998, S. 406 ff.

Schmitt, Rudolf: Das Recht auf den eigenen Tod, in: MDR 1986, S. 617 ff.

Schmitt-Glaeser, Walter: Das elterliche Erziehungsrecht in staatlicher Reglementierung, Auflage 1980
Zitiert als: Schmitt-Glaeser, Das elterliche Erziehungsrecht in staatlicher Reglementierung, 1980, S.

Schöch, Heinz: Beendigung lebenserhaltender Maßnahmen, in: NStZ 1995, S. 153 ff.

Schöning, Rolf: Rechtliche Aspekte der Organtransplantation: Unter besonderer Berücksichtigung des Strafrechts, Auflage 1996
Zitiert als: Schöning, Rechtliche Aspekte der Organtransplantation, S.

Schönke, Adolf / Schröder, Horst: Kommentar zum Strafgesetzbuch, 29. Auflage 2014
Zitiert als: Sch/Sch/*Bearbeiter*, § Rn.

Schroeder, Friedrich Christian: Festschrift für Reinhart Maurach zum 70. Geburtstag, 1972, Auflage 1972
Zitiert als: *Bearbeiter*, in: FS Maurach, S.

Schroth, Ulrich: Die strafrechtlichen Tatbestände des Transplantationsgesetzes – Aporien einer paternalistischen Gesetzgebung, in: JZ 1997, S. 1149 ff.

Schünemann, Bernd / Achenbach, Hans / Bottke, Wilfried / Haffke, Bernhard / Rudolphi, Hans-Joachim: Festschrift für Claus Roxin zum 70. Geburtstag am 15. Mai 2001, Auflage 2001
Zitiert als: *Bearbeiter*, in: FS Roxin, S.

Schott, Markus: Patientenauswahl und Organallokation, Auflage 2001
Zitiert als: Schott, Organallokation, S.

Schultz, Paul: The Necessity Defense Revisited: An Examination Through the Case of Regina v. Dudley & Stephens and President Bush's Order to Shoot Down Hijacked Aircraft in the Wake of September 11, 2001, in: Rutger J.L. Relig. 3 (2003), para. 12, S.

Schumacher, Gert-Horst/Gill, Harriet / Gill, Hartmut: Zur Geschichte angeborener Fehlbildungen unter besonderer Berücksichtigung der Doppelbildungen, in: Anatomischer Anzeiger 164 (1987), S. 225 ff.

Schwab, Dieter: Elterliche Sorge bei Trennung und Scheidung der Eltern – Die Neuregelung des Kindschaftsreformgesetzes, in: FamRZ 1998, 457 ff

Schwalbe, Ernst: Die Morphologie der Missbildungen des Menschen und der Tiere, Band 2, Auflage 1906, S 1871–1920
Zitiert als: Schwalbe, Die Morphologie der Missbildungen des Menschen und der Tiere, S.

Sellmaier, Stephan / Vossenkuhl Wilhelm: Moralische Ansprüche von Patienten und die Allokation von Spenderorganen, Auflage 2003
Zitiert als: Sellmaier/Vossenkuhl, Patientenansprüche und Organallokation, S.

Seubold, Günter / Hillgruber, Christian: Humantechnologie und Menschenbild, Auflage 2006
Zitiert als: Seubold/Hillgruber, Humantechnologie und Menschenbild 2006, 87, S.

Singer, Peter / Kuhse, Helga: Muss dieses Kind am Leben bleiben? Das Problem schwerstgeschädigter Neugeborener, Auflage 1993
Zitiert als: Singer/Kuhse, Muss dieses Kind am Leben bleiben?, S.

Sinn, Arndt: Tötung Unschuldiger auf Grund § 14 III Luftsicherheitsgesetz – rechtmäßig?, in: NStZ 2004, S. 585 ff.

Sitter-Liver, Beat: Gerechte Organallokation: Zur Verteilung knapper Güter in der Transplantationsmedizin, Auflage 2003
Zitiert als: Sitter-Liver, Gerechte Organallokation, Zur Verteilung knapper Güter in der Transplantationsme-dizin, S.

Soergel, Theodor: Bürgerliches Gesetzbuch mit Einführungsgesetz und Nebengesetzen: BGB, Band 1: Allgemeiner Teil 1. §§ 1–103 BGB, 13., vollständig überarbeitete u. erweiterte Auflage 2000
Zitiert als: Soergel/*Bearbeiter*, §, Rn.

Sowada, Christoph: Der strafrechtliche Schutz am Beginn des Lebens, in: GA 2011, S. 389 ff.

Spencer, Rowena: Conjoined Twins, in: Ashcraft, Keith (Hrsg.), Pediatric Surgery, 3. Auflage 2000, S. 1040 ff.
Zitiert als: Spencer, Conjoined twins, S.

Spendel, Günter: Luftsicherheitsgesetz und Bundesverfassungsgericht. Eine notwendige Kritik, in: RuP 2006, S. 131 ff.

Spickhoff, Andreas: Medizinrecht Kommentar, 2. Auflage 2014
Zitiert als: Spickhoff/*Bearbeiter*, Medizinrecht Kommentar, Art./§, Rn.

Spitz, L / Capps, SN / Kiely, EM: Xiphoomphaloischiopagus Tripus Conjoined Twins: Successful Separation Following Abdo-minal Wall Expansion, in: J. Ped. Surg. 23 (1991), S. 26 ff.

Spitz, Lewis: Conjoined Twins, in: Prenatal Diagnosis 25 (2005), S. 814 ff.

Starck, Christian: Anmerkung zu BVerfG vom 15.02.2006, in: JZ 2006, S. 417 ff.

Von Staudinger, Julius: Kommentar zum BGB, 15. Auflage 2011
Zitiert als: Staudinger/*Bearbeiter*, § Rn.

Sternberg-Lieben, Detlev: Tod und Strafrecht, in: JA 1997, S. 80 ff.

Stoffers, Kristian / Murray, Marc: Der praktische Fall – Strafrecht – „Zeugen Jehovas", in: JuS 2000, S. 986 ff.

Stratenwerth, Günter / Kaufmann, Armin / Geilen, Gerd / Hirsch, Hans: Festschrift für Hans Welzel zum 70. Geburtstag am 25. März 1974, Auflage 1974
Zitiert als: *Bearbeiter*, in: FS Welzel, S.

Stree, Walter: Anmerkung zu BGH 2 StR 505/03, in: NStZ 2005, S. 40 ff.

Stringer, MD / Capps, SNJ: Conjoined twins, in: Freeman, Neil / Burge, David / Griffith, Mervyn, Surgery of the Newborn (1994), S. 558 ff.
Zitiert als: Stringer/Capps, Conjoined Twins, S.

Tag, Brigitte: Der Körperverletzungstatbestand im Spannungsfeld zwischen Patientenautonomie und Lex artis. Eine arztstrafrechtliche Untersuchung, Auflage 2000
Zitiert als: Tag, Der Körperverletzungstatbestand im Spannungsfeld zwischen Patientenautonomie und Lex artis, S.

Tolmein, Oliver: Trennen, damit der Tod Euch scheide: Siamesische Zwillinge und die Gewalt des Staates, in taz (11.09.2000)
Zitiert als: Tolmein, taz 11.9.2000, S.

Tröndle, Herbert: Zum Begriff des Menschseins, in: NJW 1991, S. 2542 ff.

Ullmann, Christian: Neues Kriterium für Fehlgeburt, in: NJW 1994, S. 1575 ff.

Ulsenheimer, Klaus: Verweigerung der Bluttransfusion aus Religiösen Gründen, in: Geburtsh. u. Frauenheilk. (1994). M 83, M S7

Ulsenheimer, Klaus: Therapieabbruch beim schwerstgeschädigten Neugeborenen, in: MedR 1994, S. 425 ff.

Ulsenheimer, Klaus: Der Arzt im Konflikt zwischen Heilauftrag und Selbstbestimmungsrecht des Patienten – in dubio pro vita ? Sonderdruck aus Menschengerechtes Strafrecht, FS für Albin Eser zum 70. Geburtstag (2005)
Zitiert als: Ulsenheimer, FS Eser, 2005, 1225, S.

Ulsenheimer, Klaus: Arztstrafrecht in der Praxis, 4. Auflage 2008
Zitiert als: Ulsenheimer, Arztstrafrecht in der Praxis, S.

Valerius, Brian: Übungsklausur – Strafrecht: Der Untergang Babylons (Offenbarung 18), Grundrechte als Rechtfertigungsgrund, in: JuS 2007, S. 1105 ff.

Valerius, Brian: Der so genannte Ehrenmord: Abweichende kulturelle Wertvorstellungen als niedrige Beweggründe?, in: JZ 2008, S. 912 ff.

Valerius, Brian: Stammzellgesetz und grenzüberschreitende Forschung, in: NStZ 2008, S. 121 ff.

Vogel, Harald: Familiengerichtliche Genehmigung der freiheitsentziehenden Unterbringung bei Kindern und Jugendlichen nach § 1631b BGB, in: FamRZ 2015, S. 1 ff.

Vogel, Harald: Antragserfordernis beim Haupt- und einstweiligen Anordnungsverfahren nach § 1631b BGB, in: FamRB 2015, 291 ff.

Vogler, Theo / Herrmann, Joachim / Krümpelmann, Justus / Moos, Reinhard: Festschrift für Hans-Heinrich Jescheck zum 70. Geburtstag, Auflage 1985
Zitiert als: *Bearbeiter*, in: FS Jescheck, S.

Von Thannhausen, Marie-Sophie Freiherrin: Der Todesbegriff im Strafrecht, Auflage 2013
Zitiert als: v. Thannhausen, Der Todesbegriff im Strafrecht, S.

Verrel, Torsten: Ein Grundsatzurteil? – Jedenfalls bitter nötig! – Besprechung der Sterbehilfeentscheidung des BGH vom 25. 6. 2010–2 StR 454/09 (Fall Fulda), in: NStZ 2010, S. 671 ff.

Walker, Marion / Browd, Samuel : Craniopagus twins: embryology, classification, surgical anatomy and separation, in: Child's Nervous System 20 (2004), S. 554 ff.

Weishäupl, Maike: Bericht über zwölf siamesische Zwillingspaare, die 1959 und 1998 in München an der Kinderchirurgischen Universitätsklinik behandelt wurden, Auflage 2004
Zitiert als: Weishäupl, Bericht über zwölf siamesische Zwillingspaare, S.

Welzel, Hans: Anmerkung zu OGH, Urteil vom 5.3.1949, in: MDR 1949, S. 373 ff.

Welzel, Hans: Zum Notstandsproblem, in: ZStW 63 (1951), S. 47 ff.

Wendeling-schröder, Ulrike: Gewissen und Eigenverantwortung im Arbeitsleben, in BB Heft 25 (1988)

Wermke, Matthias / Kunkel, Razum / Scholze-Stubenrecht, Werner: Duden – Das Fremdwörterbuch, Band 5, 9. Auflage 2006
Zitiert als: Duden, *Begriff*.

Wessels, Johannes / Hettinger, Michael / Armin Engländer: Strafrecht Besonderer Teil 1, 41. Auflage 2017
Zitiert als: Wessels/Hettinger, BT 1, Rn.

Wessels, Johannes / Beulke, Werner / Satzger, Helmut: Strafrecht Allgemeiner Teil, 46. Auflage 2016
Zitiert als: Wessels/Beulke/Satzger, Strafrecht AT, Rn.

Wilkinson, Stephen / Gunning, Jennifer / Holm, Søren: Separating Conjoined Twins: The Case of Ladan and Laleh Bijani, in Ethics, Law and Society: Volume 1, Auflage 2005
Zitiert als: Wilkinson, Separating Conjoined Twins 2005, S.

Wilson, Edward: On Human Nature, Auflage 1993
Zitiert als: Wilson, On Human Nature, S.

Woesner, Horst: Generalklausel und Garantiefunktion der Strafgesetze, in: NJW 1963, S. 273 ff.

Wolf, Kathrin Saskia: Trennungsoperationen siamesischer Zwillinge, Auflage 2012
Zitiert als: Wolf, Trennungsoperationen siamesischer Zwillinge, S.

Wolf, Manfred / Neuner, Jörg: Allgemeiner Teil des Bürgerlichen Rechts, 10. Auflage 2012
Zitiert als: Wolf/Neuner, AT des Bürgerlichen Rechts, 10. Auflage 2010, §, Rn.

Wolfslast, Gabriele: Grenzen der Organgewinnung – Zur Frage einer Änderung der Hirntodkriterien, in: MedR 1989, S. 163 ff.

Wolter, Jürgen: Systematischer Kommentar zum StGB, 9. Auflage 2017
Zitiert als: SK-StGB/*Bearbeiter*, § Rn.

Ziemann, Sascha: Moral über Bord? Über das Notrecht von Schiffbrüchigen und das Los der Schiffsjungen, in: ZIS 2014, S. 479 ff.

Zimmermann, Till: Rettungstötungen – Untersuchungen zur Strafrechtlichen Beurteilung von Tötungshandlungen im Lebensnotstand, Auflage 2009
Zitiert als: Zimmermann, Rettungstötungen, S.

www.ingramcontent.com/pod-product-compliance
Ingram Content Group UK Ltd.
Pitfield, Milton Keynes, MK11 3LW, UK
UKHW021836210426
5322IPUK00021B/308